R

37231

INTRODUCTION

A L'ETUDE

DE LA PHILOSOPHIE.

TOME IV.

Autre ouvrage du Traducteur :

LES ANIMAUX PARLANTS,

Poëme Héroï-Comique

TRADUIT DE L'ITALIEN

DE CASTI.

IMPRIMERIE DE MARTIAL PLACE.

INTRODUCTION

A L'ÉTUDE

DE LA

PHILOSOPHIE,

Par M. l'Abbé Vincent GIOBERTI,

OUVRAGE TRADUIT DE L'ITALIEN
PAR M. L.-J. ALARY.

TOME QUATRIÈME.

MOULINS,
MARTIAL PLACE, LIBRAIRE-EDITEUR,
PARIS,
DUMOULIN, DÉPOT CENTRAL DE LA LIBRAIRIE DE PROVINCE,
13, Quai des Augustins.

1847.
1848

CHAPITRE HUITIÈME.

DES RAPPORTS DE LA FORMULE IDÉALE AVEC LA RELIGION RÉVÉLÉE.

Dans les chapitres précédents il m'est arrivé bien souvent de parler de religion, sans que je sois certain d'avoir plu à mes lecteurs ou d'avoir mérité leur approbation. Maintenant que me voici arrivé à la fin de mon premier livre, je ne crois pouvoir mieux le clore qu'en traitant d'une manière plus spéciale ce noble sujet, et en examinant les rapports de la formule idéale avec la révélation, et des sciences philosophiques avec la théologie. Ce travail est nécessaire pour compléter la partie doctrinale de la présente *Introduction*, selon le but que je me suis proposé de traiter sommairement les principes de la formule et ses rapports avec tout l'intelligible. Or, la révélation est la partie la plus importante de celui-ci, et la science qui s'en occupe, participant de la dignité du sujet qu'elle embrasse, est la plus belle et la plus grande de toutes. Il est bien vrai qu'on n'admet pas cela aujourd'hui ; car, non-content de ne pas reconnaître l'excellence particulière de la théologie, on va même jusqu'à lui refuser le titre de science. Mais je crois avoir déjà averti que je n'entends point écrire pour cette partie de mes contemporains qui sont avides de tout ce qui est à la mode, mais bien plutôt pour une génération qui n'est peut-être pas bien éloignée. Si cette génération ne doit pas venir, et si les hommes de mon temps dédaignent les choses très graves et très importantes auxquelles je travaille, selon mon pouvoir, je me contenterai d'écrire pour personne ; et ce n'est peut-être pas ce qui puisse m'arriver de plus fâcheux, lorsque les écrivains qui se conforment au goût du jour et qui se plient aux caprices du siècle s'exposent au danger bien plus grave et plus douloureux de survivre à leurs opinions, s'ils ne se décident pas à en changer comme on change d'habit ; tant est rapide et merveilleux le progrès de notre époque ! C'est, à mon avis, un malheur beaucoup plus tolérable pour un auteur de voir mourir ses écrits, pour ainsi dire avant qu'ils naissent, que d'assister à leurs funérailles après une vogue de quelque temps. Ainsi un père éprouve moins de douleur à perdre un fils à son berceau que de le voir s'éteindre sous ses yeux dans un âge plus avancé, quand il lui offre l'espoir d'une longue existence. Avec la permission du siècle, je parlerai donc de théologie, sans sortir cependant du sujet de mon livre ; et j'en parlerai avec d'autant plus de franchise, que, touchant au terme de la première partie de mon travail, je puis espérer que le petit nombre de lecteurs qui auront eu la patience de me suivre jusqu'à ce point, ne sont pas de ceux pour qui les choses catholiques sont des objets d'un mortel ennui. Quant à ceux qui sont assez peu robustes pour supporter un pareil voyage, il n'est pas probable qu'ils aient suivi mes pas jusqu'ici. Je me trouve, à cet égard, dans la position d'un homme qui, devant discourir dans un cercle, sur des choses délicates et peu goûtées de la généralité des assistants, est d'abord dans l'embarras et voudrait se tirer d'affaire le plus brièvement possible; mais qui reprend tous ses esprits et parle fort au long, quand la foule des auditeurs qui bâillent ou s'endorment a disparu et l'a laissé seul en compagnie d'un petit nombre d'amis.

La révélation se fonde sur deux concepts rationnels qui réunissent la connaissance naturelle de l'homme avec cette lumière qui agrandit la nature, et la philosophie avec les sciences théologiques. Le surintelligible et le surnaturel ont, d'une part, leur source dans l'esprit humain et dans la condition native des choses; d'autre part, ils composent le système révélé en lui fournissant, avec le mystère et le miracle, ce double ordre d'idées et de choses qui appartient à son essence propre. Il est donc très important de se former, le mieux qu'on le peut, un concept clair et distinct de ces deux éléments.

Et d'abord, que l'homme ait l'idée du surintelligible et soit persuadé qu'il trouvera beaucoup de vérités inaccessibles à son appréhension, c'est là un fait qui ne sera nié de personne, puisque, dans tous les systèmes, on est bien forcé d'admettre certaines choses qui ne se comprennent pas, et que toute science contient en abondance des secrets inexplicables. Le sceptique qui rejette ce qui est clair, à cause de ce qui ne l'est pas, au lieu d'éviter le mystère, l'accroît en le rendant universel (*). Mais ce qu'il est difficile de déter-

---

(*) *Théor. du Surnat.*, not. 73.

miner, c'est la source de ce concept. Serait-ce la raison ? Mais comment la raison, dont l'essence est de comprendre, pourrait-elle nous donner une notion de son plus grand contraire, c'est-à-dire du surintelligible ? Que l'intelligence nous fasse pressentir et deviner ce qui la surpasse, cela répugne. On pourrait dire que l'intelligence révèle l'incompréhensible, comme la lumière fait voir l'ombre ; car l'ombre est visible en tant qu'elle est une lumière plus faible ; mais cette métaphore manque ici de justesse. Pour la faculté qui comprend, ce qui n'est pas intelligible est un simple rien, une pure négation, comme le sont les ténèbres par rapport à nos yeux ; et cela ne peut être une chose positive et réelle comme le vrai surintelligible. On pourrait supposer encore que la réalité du surintelligible dérive de ses relations avec les choses que nous comprenons ; mais pour saisir une relation, il faut d'abord connaître les termes d'où elle résulte ; par conséquent, on ne peut connaître les intellections dans leur rapport avec le surintelligible, si l'on n'a pas l'appréhension de celui-ci. On dira peut-être que les difficultés insolubles, auxquelles la raison arrive au moyen de ses déductions, prouvent qu'il existe certaines réalités supérieures à notre esprit ? Mais c'est là une pétition de principes, puisque toute difficulté inextricable présuppose logiquement le concept du surintelligible. Il y a beaucoup de problèmes que l'esprit ne peut résoudre, parce qu'il trouve en eux quelque chose qui surpasse son appréhension, et il n'acquiert pas l'idée générique du non-appréhensible, parce que ces problèmes sont insolubles (1). Ce sont ces raisons qui, dans un autre de mes ouvrages, m'ont déterminé à déduire la connaissance du surintelligible d'une faculté spéciale, que j'ai appelée *surintelligence;* je me suis contenté de l'indiquer, sans en faire l'analyse, attendu que, pour être bien comprise, celle-ci demandait l'exposition préliminaire de ma formule (*). Je vais maintenant combler, le plus brièvement possible, cette lacune.

Les facultés se distinguent entre elles selon l'objet auquel elles se rapportent, ou le mode sous lequel elles le considèrent. Ainsi, la différence qui se trouve entre les sensibles et les intelligibles absolus, entre ces derniers et les intelligibles relatifs, nous conduit à distinguer les trois puissances de la sensibilité, de la raison et de l'intellect (**). Les diverses manières suivant lesquelles l'esprit s'exerce sur les intelligibles, nous font distinguer l'attention, le jugement, le raisonnement, l'abstraction, la mémoire, l'imagination et les autres facultés non productives qui s'exercent sur les éléments déjà reçus, sans pouvoir en créer substantiellement de nouveaux. Or, le surintelligible étant un objet intrinsèquement différent des autres, doit être rapporté à une faculté spéciale, différente des autres puissances de l'ame, non-seulement par la nature de son objet, mais encore par le mode particulier selon lequel elle le cherche et l'atteint.

En effet, toutes les autres facultés entrent en communication avec leur objet propre, qui les complète en quelque sorte et contribue à les former. Ainsi, par exemple, la raison est formée par l'Idée omniprésente aux esprits, qui opère sur eux par l'immanence de l'action créatrice et met en acte leur vertu intuitive. On pourrait en dire autant des puissances moins nobles, qui toutes appréhendent immédiatement leur objet. Mais l'objet de la surintelligence est l'incompréhensible, qui ne peut certainement pas opérer sur l'esprit humain ;

(*) *Théor. du surnat.*, num. 56-68.

(**) Je prends les mots de raison et d'intellect dans le sens le plus usité depuis Kant, et qui est en partie tout l'opposé de celui que l'on donnait anciennement à ces termes. J'ai cru devoir me conformer à la glossologie la plus commune aujourd'hui.

celui-ci, de son côté, ne peut pas non plus réagir sur lui et l'atteindre par sa puissance appréhensive; car, dans les deux cas, s'il en était autrement, l'incompréhensible ne serait point tel et se confondrait avec son contraire. Le signe caractéristique du surintelligible est dans notre inaptitude à le comprendre, d'où il suit qu'il y a une opposition radicale entre les autres puissances, qui reçoivent ce nom parce qu'elles ont la vertu d'atteindre leur objet, et la surintelligence qui est impuissante à le saisir et qui repose essentiellement dans cette impuissance. Par conséquent, il y a, par rapport à cette faculté, d'un côté absence de l'objet pensable, de l'autre insuffisance absolue; et le concept du surintelligible résulte de ces deux conditions, de l'inexcogitabilité objective et de l'impuissance subjective réunies.

On pourrait conclure de là que le surintelligible est une chimère, en ce que, objectivement, il n'est rien par rapport à nous, et que, subjectivement, il est une pure impuissance, qui ne paraît pas pouvoir constituer une faculté de l'ame, puisque toute faculté est une espèce quelconque de puissance. Cependant, le surintelligible n'est point un pur néant, puisque personne ne doute de sa réalité; et la surintelligence n'est pas non plus une simple impuissance, puisque nous en avons la participation. De même que, hors de nous, il existe une réalité surintelligible, de même il y a en nous le sentiment de notre incapacité à la connaître. Il reste donc à considérer la surintelligence comme une faculté complétement spéciale, qui ne dépend en aucune manière de l'action de son objet sur notre esprit, mais simplement de la nature et de l'explication intérieure du sujet. Les autres facultés sont subjectives et objectives tout à la fois, parce que leur objet concourt à les effectuer; la surintelligence, au contraire, est une faculté purement subjective qui s'effectue sans le concours de son objet. D'où il suit que les autres facultés sont l'œuvre de leur objet, lequel mouvant la puissance, la réduit en acte; tandis que, dans la surintelligence, l'objet est fourni par la faculté elle-même. Ainsi, il est vrai de dire que l'intelligible crée l'intuition de l'homme, en tant qu'il la met en action, et qu'il en est précisément tout au contraire pour le surintelligible, la seule notion négative que nous puissions avoir de cet objet nous étant donnée par la surintelligence.

Il y a dans l'homme, considéré comme être sensitif, une espèce de facultés qui, à certains égards, ont beaucoup de rapports avec celle dont nous parlons. Ce sont les dispositions instinctives de notre ame sentante. L'instinct est un mouvement aveugle de l'ame vers un objet inconnu, mouvement qui procède de l'ame même et non de l'action, au moins connue, de l'objet. L'instinct procède seulement du dedans au-dehors et non pas du dehors au-dedans, autant que cela puisse nous être connu, et il est purement subjectif. Or, qu'est-ce que l'instinct, sinon une puissance cachée de l'ame, laquelle se développe par une vertu qui lui est propre? Quand l'objet est présent, la force instinctive le saisit par un mouvement qui lui est intrinsèque, s'actualise en le saisissant et est satisfaite. Si l'objet manque, elle tend en vain à s'actualiser, et cet effort inutile produit un sentiment sourd et inexplicable de malaise. Une grande partie des misères de l'humanité, et cette anxiété douloureuse qui est inhérente à notre nature, et qui se fait sentir même dans l'abondance de tous les plaisirs terrestres, procèdent d'un désir non satisfait, mais enraciné dans les parties les plus intimes de l'ame et qui ne peut être ni éteint ni étouffé (*). Or,

---

(*) *Théor. du Sutnat.* num. 64-67.

la faculté surintelligente consistant dans l'impuissance de connaître l'incompréhensible, et dans le sentiment de cette impuissance, peut à juste titre être appelée un instinct, comme nous l'avons déjà fait remarquer ailleurs (*).

Du phénomène de l'instinct on doit inférer nécessairement que l'homme a quelque sentiment de ses puissances non encore actualisées. C'est ce qui se vérifie même hors des ordres sensitifs ; comme on le voit chez les hommes doués d'un grand génie. Ceux-ci en effet, avant de connaître distinctement leurs propres forces, en ont un pressentiment confus, et souvent même, après les avoir mieux connues, ils vivent encore un certain temps sans en tirer d'autre fruit qu'un pressentiment obscur des inventions ou des découvertes qu'ils feront par la suite. Les poëtes, les artistes, les mathématiciens illustres, avant d'arriver à pouvoir concevoir clairement le beau et le vrai, avant de pouvoir lui donner un caractère propre et le faire comprendre à l'ame des autres hommes, les voient confusément et comme à travers un nuage, de la même manière qu'un voyageur qui marche à travers un brouillard épais, aperçoit par intervalles l'image indécise et indéterminée des objets qui se présentent sur son chemin. Or, qu'est-ce que cette progression de la pensée dans le développement idéal, sinon le sentiment que l'homme a du mouvement d'évolution fait par ses facultés ? Car, de la part de l'objet, il n'y a ni changement ni développement de ce genre. Le développement du beau et du vrai idéal, privilége du génie, n'est donc en substance pas autre chose que le développement des facultés de ce génie, en tant qu'opérateur et contemplateur. L'homme a de lui-même un sentiment universel qui embrasse

---

(*) *Théor. du Surnat.*, num 6o.

toute son ame, et qui comprend aussi les puissances qui s'y trouvent contenues, avant quelles arrivent à un état de développement parfait. Je dis de développement parfait, parce que la puissance, dans tout être créé, n'est pas une pure abstraction ou une force morte, et contient nécessairement un développement initial.

La puissance emporte, selon l'excellente doctrine de Leibniz, un effort, un *nisus*, un commencement d'action, un je ne sais quoi d'intermédiaire entre la force vivante et la force morte, en prenant celle-ci dans le sens ordinaire que les physiciens lui donnent ; et toute force est une tendance à l'acte, c'est-à-dire une puissance. Toute force est une simple puissance, si on la considère dans le principe de cet effort, et elle se transforme en acte à mesure que ce même effort produit son effet. Ainsi, la puissance n'est véritablement telle que dans le premier cycle créatif ; le second cycle une fois commencé, elle s'actualise successivement, bien qu'elle n'arrive au faîte de l'actualisation qu'après en être sortie. Par conséquent, le second cycle créatif se pourrait définir : *l'actualisation successive des puissances créées*. Or, la puissance consistant dans un effort spontané et dans un acte commencé, il est clair que l'homme doit avoir le sentiment distinct ou confus de toutes ses facultés, proportionnellement à leur énergie et au degré de leur développement. Une puissance non sentie absolument, implique contradiction. Le sentiment de la puissance est inséparable de la nature de l'ame considérée comme force qui se développe, et résulte nécessairement du concept dynamique de la substance créée.

La puissance intellective se développe et s'actualise successivement dans tous les hommes, et donne naissance au progrès de la civilisation et de la science, tant chez les individus en particulier, que dans toute l'espèce. Chaque individu a la conscience de ses intellections actuelles ; mais il sent aussi qu'une bonne partie de sa vertu intellective n'est point encore passée en exercice, et par consequent il a le sentiment non-seulement de l'acte, mais encore de la puissance. Or, la puissance de comprendre les choses ne peut se développer parfaitement ici-bas, quand même on supposerait une suite infinie de générations, parce que notre condition organique emprisonnant la pensée dans de certaines limites, ne le comporte pas. Les conditions extérieures ne mettent pas efficacement en acte nos puissances, qui naissent toutes d'un principe interne ; mais celui-ci ne peut opérer sans les conditions requises extérieurement. La puissance compliquée se développe avec le concours de l'acte créatif, et l'espace total de ce développement constitue le seconde cycle, lequel étant le retour de l'existant à l'Etre, se trouve placé dans l'écoulement de la durée temporaire. Le complément du développement et le passage parfait de l'existence potentielle à l'existence actuelle, forment la fin du second cycle en réunissant de la manière la plus intime l'existant à son principe, sans perdre son individualité propre. Dans cette seconde période, l'existant est perfectible, et il ne devient parfait qu'après l'avoir accomplie, et lorsque l'éternelle immanence succède au temps. Le développement successif de nos puissances est la période de la perfectibilité des existences ; son complément est l'état parfait. Il est donc évident que l'actualisation totale de nos puissances ne pouvant prévenir la sortie du dernier cycle, notre faculté intelligente ne peut complétement s'actualiser dans les ordres de la vie terrestre. La surintelligence n'est donc autre chose que *le sentiment de la vertu intellective, qui ne peut être développée dans le cours du temps et avant sa sortie du second cycle créatif;* voilà pourquoi nous avons défini la mort *la conversion du surintelligible en intelli-*

gible et le complément de la connaissance idéale (*).

Le même principe qui nous fait pressentir cette vertu intellectuelle, inféconde ici-bas, nous la révèle comme intrinsèquement différente de celle qui s'actualise successivement sur la terre, en nous en montrant l'accomplissement futur, non plus comme une simple extension de notre appréhension, mais comme une connaissance d'un autre genre. Et cela ne doit pas nous paraître trop surprenant, puisque c'est conforme à la nature de l'instinct, qui ne se sent pas lui-même, mais qui se distingue des autres inclinations d'une espèce différente. Or, comme toute puissance accuse un objet correspondant, le surintelligible n'est point conçu par nous comme une amplification de l'intelligible gagnant seulement en extension et en degrés, mais comme une entité objective du vrai idéal, totalement différente de celle qui tombe sous notre appréhension. Mais en quoi consiste cette différence ? c'est ce que nous ne pouvons savoir ; car autrement le surintelligible ne serait point tel. Toutefois, le sentiment que nous avons de notre puissance est suffisant pour attester le fait et pour nous en fournir une connaissance générique déduite de l'analogie de l'intelligible. Or, celle-ci se fonde sur le sentiment que nous avons de la puissance compliquée, et est corroborée par la religion, qui ne pourrait nous révéler les mystères à l'aide des concepts analogiques, s'il n'existait une convenance et une ressemblance réelles entre l'intelligible et le surintelligible.

La conscience d'une vertu implicite présente l'idée générique de son développement et de l'acte qui la conduit à son accomplissement. Or, comme comprendre, présuppose un objet intelligible, la puissance de comprendre accuse un objet

---

(*) Tom. I, p. 142.

susceptible d'intelligibilité. Ainsi donc, de cette partie de la force intellective, qui ne peut s'actualiser dans l'ordre présent des choses, se déduit l'existence d'un objet proportionné et d'un surintelligible objectif ; de sorte que le concept de celui-ci naît de la surintelligence et n'est point transformé, ce en quoi consistent, comme nous l'avons fait remarquer, la spécialité de cette puissance intellective et sa ressemblance avec l'instinct. L'idée du surintelligible, comme vrai et comme bien, dérive du sentiment obscur et profond que nous avons de pouvoir connaître et jouir, non-seulement avec plus d'étendue, mais d'une autre manière qu'on ne connaît et qu'on ne jouit dans cette vie. Un pareil concept naît subjectivement du sentiment de notre puissance ; mais il devient objectif, parce que toute vertu sentie suppose un objet. Or, comme l'objet actuel de notre esprit est la formule idéale, il en résulte en nous la notion vague et générique, d'un côté caché de la même formule dans lequel réside l'objet mystérieux de la surintelligence. De là vient que nous nous représentons le surintelligible sous le concept de l'Etre pris abstractivement ; car l'Etre concret et absolu étant le terme actuel de l'esprit, le développement possible de la faculté intellective doit avoir pour objet un je ne sais quoi d'inimaginable, un rapport caché de l'Etre et des choses réelles qui ne peut être pensé autrement qu'avec le concept générique de ce même Etre, dépouillé de sa concrécité. L'idée abstraite d'entité est un pur symbole du concret, formant le surintelligible (*), lequel réside par conséquent dans l'Etre et dans l'existant, en tant qu'ils peuvent être saisis ; mais ils ne le sont pas réellement par l'esprit, et, sous ce rapport, il acquiert une valeur totalement objective.

(*) *Théor. du Surnat.*, num. 61.

En vertu de ce caractère objectif du surintelligible, notre esprit le considère comme incorporé aux divers membres de la formule idéale, et place en lui l'origine du lien mystérieux que le terme moyen a avec les deux extrêmes. L'Idée, quand il la considère, se présente à lui comme sous deux faces, et ce double aspect se renouvelle dans tous les intelligibles. Elle est claire et obscure, lumineuse et ténébreuse en même temps ; elle se communique à l'intuition par son côté clair, mais sa lumière part d'un point très obscur. La face claire, et pour ainsi dire, le disque visible de l'Idée, est le seul de ses points qui soit en rapport avec l'intellect en l'éclairant de sa propre lumière. La face obscure lui échappe, ne se laisse pressentir que par son obscurité, se montre en quelque sorte en fuyant, n'est saisie par notre esprit que comme les ténèbres le sont par les yeux du corps. Or, qu'est-ce que cette concomitance du surintelligible avec l'intelligible, sinon l'effet qui résulte de ce que nous savons, qu'à tout acte de l'esprit se joint une puissance intellective, supérieure à la connaissance que nous avons réellement ? Mais s'il y a de notre côté possibilité de connaître davantage, il doit se trouver dans l'objet une puissance d'être connu plus étendue que celle qui nous est manifestée ; et la partie objective qui n'est pas connaissable doit être plus grande que l'autre, soit parce qu'elle se lie avec le concept générique de l'infinité idéale, soit parce que la puissance implicite d'entendre, que nous sentons en nous, surpasse la puissance développée.

De plus, la puissance est plus grande que l'acte, non-seulement parce qu'elle est plus étendue et qu'elle se répand davantage, mais encore parce que l'acte dérive de la puissance, et non pas celle-ci de l'acte. En réunissant la prééminence extensive avec la prééminence logique de la faculté sur l'acte, et en la transportant dans l'objet, en l'identifiant, comme cela est nécessaire, avec l'infinité objective de l'Idée, nous en déduisons la supériorité ontologique du surintelligible sur l'intelligible, laquelle dérive de ce que le surintelligible est beaucoup plus vaste que l'intelligible et constitue son principe logique. Le surintelligible, considéré sous ce double rapport vis-à-vis de l'intelligible, donne naissance au concept métaphysique d'essence. L'essence est donc ce qui, dans une chose, ne peut pas être connu, considéré comme plus étendu que ce qui peut être connu, et comme son principe.

L'essence est en effet la source de toutes les propriétés qui se trouvent dans les objets. Elle forme le côté obscur de l'Etre, et conséquemment des existences; et attendu sa supériorité ontologique sur l'intelligible, nous considérons l'essence comme principe constitutif des choses, et non pas les choses comme principe de l'essence. Que l'illustre Rosmini me pardonne si je prends le mot d'essence dans un sens différent de celui qu'il lui a donné, et si, m'écartant de sa manière de voir, je crois mieux me conformer à la signification primitive et plus légitime de ce terme. Il entend par essence les caractères distinctifs des choses, en tant qu'elles sont connues et pensées par nous comme possibles. Je ne combats point cette application du mot, approuvée par l'usage; mais je crois que pour obéir à ce dernier, et en même temps pour observer la précision scientifique, il est bon d'appeler avec beaucoup de philosophes les caractères précédemment énoncés, essences rationnelles, afin de les distinguer des essences réelles qui sont inimaginables (*). Dans le premier cas, l'emploi même du mot en accuse la moins grande propriété, l'usage étant d'ap-

---

(*) Le mot *essence* peut encore s'employer seul, dans le sens que lui donne Rosmini, toutes les fois que le contexte en détermine le sens, et qu'il n'y a pas à craindre d'équivoque.

peler essences les caractères génériques ou spécifiques des objets, parce que ces caractères sont, relativement aux accidents, ce qu'est l'essence dans la signification la plus propre, relativement à l'intelligible, c'est-à-dire sa base logique. C'est ce qui me paraît résulter autant de la valeur que l'on donne au mot dans le langage érudit et scientifique, que de celle qui lui est ordinairement attribuée par le peuple (2).

La supériorité ontologique du surintelligible sur l'intelligible, et de l'essence sur l'Etre, ne fut pas complètement ignorée des philosophes païens (3). Dans les doctrines de l'émanatisme antique et du panthéisme qui en dérive, le surintelligible, c'est-à-dire l'Etre non révélé, inimaginable et ineffable, est considéré comme l'Etre premier et la source secrète de l'intelligibilité même (*). Selon la mythologie zendique, Arimane paraît plus ancien que Ormuzd, son divin compétiteur (**), non pas, il est vrai, comme symbole du mal, mais comme emblème de l'incompréhensibilité de Zervane et des ténèbres éternelles; car le dualisme iranique semble symboliser en partie le double aspect sous lequel l'Idée se montre et se cache à nous. Et réellement, l'image des ténèbres immenses et éternelles, que nous trouvons dans les traditions les plus antiques, représente la prééminence du surintelligible (***), et elle a été employée dans les divines

---

(*) Nous montrerons dans notre second livre les traces de cette idée, spécialement dans les doctrines iraniques, indiennes, égyptiennes et pélagiques.

(**) Anquetil, *Mém. de l'acad. des Inscript.*, tom. 37. Le concept original d'Arimane, ou *Aghrô mainyus*, a beaucoup de rapport avec celui des déesses-mères, dont nous parlons dans le chapitre précédent. Lajard conjecture que les Chaldéens l'appelaient *Sitna*, nom qui n'est certainement pas sans quelque rapport avec le *Satan* de la Bible.

(***) Les Égyptiens, selon Damascius, considéraient les *ténèbres inconnues*, et *l'obscurité impénétrable*, comme le premier principe. — Mignot, *Mém. de l'Acad. des Inscript.*, tom. 21.

Ecritures comme un symbole propre à signifier l'incompréhensibilité perpétuelle, qui fera le supplice intellectuel des réprouvés, empêchés de pouvoir accomplir le second cycle créatif, et moralement séparés de l'Intelligible ; celui-ci devenant, jusqu'à un certain degré, surintelligible pour les réprouvés, comme le surintelligible se fait intelligible pour ceux qui sont appelés à le comprendre.

Mais pour en revenir à l'opinion des émanatistes, il faut remarquer qu'elle sépare le surintelligible de l'intelligible, par un artifice de l'imagination ; tandis que la distinction affective qu'il y a entre eux n'accuse point dans l'Etre une multiplicité réelle (relativement aux ordres purement rationnels), mais seulement un défaut dans notre vertu intuitive. Le surintelligible est l'Etre, comme inimaginable, et placé dans l'acte absolument premier ; son concept, passant dans le troisième terme de la formule à l'aide du second, crée la notion de la matière première et informe, si chère aux cosmologues et aux philosophes de l'antiquité païenne. Comme la lumière fut la première forme créée, qui rendit visible l'informe chaos ; de même l'intelligible est la lumière spirituelle, l'Etre dans l'acte second et extrinsèque (selon notre manière de concevoir), qui dévoile en partie à l'esprit le surintelligible absolu, c'est-à-dire, l'Etre dans l'acte premier, intrinsèque et immanent. Et comme la lumière en se manifestant elle-même, se répand encore et se réverbère plus ou moins sur les parties obscures des objets ; de même l'intelligible éclaire en quelque sorte de son propre éclat les vérités qui surpassent notre compréhension et nous les montre à la lueur des analogies. La révélation fait dans l'ordre spirituel ce que fait dans l'univers matériel la lumière réfléchie ou réfractée.

Le surintelligible est véritablement, sous le rapport de la nature subjective de son principe, le *noumène* d'Emmanuel

Kant et la base de la seule philosophie transcendentale qui soit possible à l'esprit humain. Le philosophe allemand a établi son système sur une confusion de l'intelligible avec le surintelligible, et attribué à celui-là ce qui appartient à celui-ci. Nous voyons le premier en lui-même, et, au moyen de lui, nous saisissons le second, qui ne peut être pensé s'il n'est revêtu d'une forme cogitative ; et celle-ci étant douée d'une réalité objective, pour ce qui a rapport à l'intelligible, devient subjective et phénoménale, en tant qu'elle s'applique au surintelligible, qui répond, comme réalité non réalisable, au *noumène*, et comme notion objective, au transcendental de la philosophie critique. Seulement, les formes subjectives de Kant ont une pure apparence objective ; tandis que l'objectivité du surintelligible nous est certifiée par celle de l'intelligible. Mais cette différence exceptée, l'identité entre les deux concepts du criticisme et du nôtre est parfaite ; voilà pourquoi nous avons dit ailleurs que le surintelligible est une inconnue objective, qui pense les autres, en la symbolisant au moyen d'un concept subjectif, né de l'intelligible et dépouillé d'objectivité, à l'aide du procédé abstrayant de la réflexion (*).

Ce point capital de la philosophie critique contient une erreur de méthode et d'application. L'idée générale, qui a fourni sa base à la première critique de Kant, est vraie en elle-même ; l'erreur consiste à attribuer à la raison une qualité qui ne convient qu'à une faculté supérieure et supra-rationnelle. Le philosophe allemand s'est écarté de la vérité en échangeant le sujet de la théologie révélée contre celui de la métaphysique, et en subjectivant absolument l'intelligible, qui est objectif en lui-même, et ne peut perdre cette pro-

---

(*) *Théor. du Surnat.* num. 59.

priété qu'autant qu'il est employé comme un pur signe du surintelligible. Ainsi l'Idée exprime en elle-même la réalité suprême ; mais le concept abstrait de l'Etre, qui s'en déduit et qui s'accommode au surintelligible, n'est qu'un simple phénomène intellectif, comme toute autre abstraction, et un symbole employé pour exprimer un concept parfaitement inconnu. Le criticisme, pressé logiquement par son principe, déclare impossible toute métaphysique, en échangeant la partie la plus noble de la philosophie naturelle contre la métaphysique révélée, la seule science rationnellement inaccessible à l'esprit humain. Mais cette qualité même de la théologie positive présuppose nécessairement qu'il existe une science rationnelle possible ; autrement ce problème, loin de pouvoir être résolu, ne saurait même ni être proposé, ni pensé. C'est ce qu'aurait dû remarquer Emmanuel Kant, dont les conclusions sur l'impossibilité de la métaphysique, étant dogmatiques et non pas sceptiques, prouveraient, si elles étaient vraies, une doctrine plus haute et plus solide.

Et remarquons ici une chose singulière : c'est que l'ennemi mortel de la métaphysique, l'homme qui rejeta toute ontologie rationnelle comme une tentative d'une réussite impossible, introduisit en religion un pur rationalisme théologique (*). Ainsi, tandis que, d'un côté, il ouvrait au scepticisme un champ très large dans les sciences spéculatives, en changeant l'intelligible en surintelligible, il niait, de l'autre, le surintelligible véritable et naturel, en le convertissant en son contraire. Il est vrai que son Christianisme rationnel se fonde sur la raison pratique et non pas sur la raison pure, et que, comme travail scientifique, c'est une chose très faible et peu digne d'un si grand

---

(*) Voyez son opuscule sur la Religion réduite aux termes de la raison.

philosophe. Mais il est vrai aussi que la Raison pratique du criticisme répugne totalement à sa sœur, et ne se peut, sous aucun rapport, concilier avec les principes spéculatifs et fondamentaux de tout le système critique. Ainsi, ce profond génie, après avoir solennellement banni la raison humaine, est arrivé à affirmer que le Christianisme n'est pas autre chose que la raison même, c'est-à-dire une chimère ; tant il est difficile au rationalisme d'être d'acord avec lui-même et avec le droit sens des hommes.

Le surintelligible est connu positivement au moyen de l'analogie révélée. Hors de la révélation, on n'en a qu'un concept très général, composé de la notion abstraite d'être et d'un rapport négatif avec l'intelligible. Mais cette notion complètement générique reçoit pourtant de la raison quelques déterminations spéciales auxquelles l'esprit est conduit par la synthèse des intelligibles, c'est-à-dire par le raisonnement. De là naissent les mystères naturels, c'est-à-dire quelques surintelligibles particuliers et déterminés, comme par exemple, l'éternité et l'immensité divines, que nous sommes forcés d'admettre en vertu des intelligibles (*). Ces mystères rationnels ne sont en substance autre chose que le mystère très universel du surintelligible, c'est-à-dire l'essence, en relation avec quelques intelligibles spéciaux. Pour pouvoir les penser, nous sommes forcés de les revêtir de symboles intellectifs, lesquels, si au lieu d'être pris pour ce qu'ils sont réellement, comme de simples emblèmes et des concepts d'une valeur subjective, sont au contraire regardés comme doués d'objectivité et de concrécité, occasionnent une foule d'antinomies rationnelles, analogues à celles de la philosophie cri-

---

(*) *Théor. du Surnat.*, not. 29, 38, 41.

tique. Ainsi, par exemple, les concepts de l'éternité et de l'immensité divine deviennent antinomiques, si, confondant le symbole avec la chose symbolisée, on les prend pour un temps et un espace infinis; si l'on se représente l'immense et l'éternel avec les images de l'étendue et de la succession. La véritable antinomie ne consiste pas, comme le veut Kant, dans le combat des intelligibles avec eux-mêmes, mais bien dans celui des surintelligibles avec les intelligibles, combat qui a lieu toutes les fois que l'élément concret des seconds est transporté aux premiers. Par conséquent, dans le concept des mystères rationnels, il faut distinguer soigneusement l'idée effective et réelle de la chose d'avec le symbole ou le phénomène qui la recouvrent et la revêtent. Ce dernier seul a une valeur subjective; car on ne peut attribuer une réalité de cette nature à l'élément rationnel, transporté hors de son propre siége et appliqué à un objet différent, avec lequel il a un rapport uniquement analogique et très éloigné.

La réalité du surintelligible accuse l'imperfection de l'intelligible, relativement à nous; parce que, si celui-ci était absolu, celui-là ne pourrait se donner en nature. L'Etre est intelligible par lui-même, les existences le sont par le moyen de l'Etre : l'essence, qui se dérive du premier membre dans le dernier, en passant par le terme moyen (puisque l'essence absolue crée les essences relatives), surpasse complétement l'appréhension humaine. L'incompréhensibilité des essences prouve que l'intelligibilité absolue nous est communiquée d'une manière très imparfaite, et que par conséquent notre intelligence n'est pas identique avec celle de Dieu, comme le veulent les panthéistes. Les essences comprises dans l'Intelligible absolu, tel qu'il est en lui-même, sont intelligibles par rapport à Dieu, bien qu'elles dépassent les limites de l'intelligible relatif, qui est comme une lumière réfléchie répandue dans les esprits créés. Mais l'Intelligible est en soi un, indivisible, parfait, incommutable. Donc la différence qui sépare l'intelligibilité absolue de la relative, ne peut procéder du caractère intrinsèque de l'intelligible, mais seulement de nos rapports avec lui.

La vertu intellective de l'homme étant contingente et finie, ne peut participer d'une manière adéquate à la nature de l'Intelligible absolu. Par conséquent, l'esprit qui le comprend ne peut jouir de l'Intelligible et le posséder de la même manière qu'il se possède lui-même, comme intelligent. Notre intelligence est défectueuse, parce qu'elle est créée ; et elle est créée, parce qu'elle est existante ; d'où il suit qu'entre l'intelligible absolu et l'intelligible relatif, il y a le même intervalle qu'entre l'Etre et l'existence. L'existence présuppose l'Etre, elle est en lui et par lui, mais elle n'est point l'Etre ; ainsi encore l'intelligibilité relative présuppose l'absolue, la pénètre, s'en déduit, mais en est complètement distincte. Or, qu'est-ce que l'intelligible absolu, sinon le surintelligible ? Donc la différence qu'il y a entre l'intelligible par rapport à nous et le surintelligible, et le lien qui les unit ensemble, ressemblent à la différence et au rapport de l'existant envers l'Etre. Ainsi de la même manière que l'Etre crée l'existant, le surintelligible produit l'intelligible relatif, et a, par rapport à lui, une supériorité ontologique, comme la cause créatrice en a une sur ses créatures. Le mystère est supérieur à l'axiome et au théorème rationnels, la foi à la connaissance, la révélation à la raison, la théologie à la philosophie, sans que pour cela le premier terme fasse tort à l'indépendance rationnelle du second dans chacun de ces accouplements. Cela ne s'accorde pas trop bien, il est vrai, avec les opinions à la mode ; mais il faut s'armer de patience et se résigner de bonne grâce à l'inexorable nécessité des choses et de la logique, qui se jouent de nos répugnances, et même (témérité étrange), du temps et de la mode.

La prétention de nier le surintelligible ou de l'expliquer, en le faisant descendre de sa hauteur, en le subordonnant à l'intelligible et en le travestissant à sa manière, est une ancienne erreur de la philosophie. Les sectes sacerdotales de l'Orient, et les écoles de génie hiératique, bien que laïques, qui florissaient dans l'ancienne Grèce, pressentirent le surintelligible rationnel, tout comme elles conservèrent quelques traces traditionnelles du surintelligible révélé; mais elles ne surent point l'analyser philosophiquement, ni le rattacher à l'intelligible. Platon lui-même, autant du moins qu'il nous est possible de pénétrer les ténèbres répandues sur cette partie de sa doctrine, n'acquit que très imparfaitement la connaissance de l'Intelligible, puisque les idées multiples qui composent son Logos, sont l'Idée considérée, non pas en elle-même, mais dans ses rapports avec les existences qui en dérivent, non comme d'une cause créatrice, mais comme d'une cause simplement ordonnatrice. Et réellement, le disciple de Socrate ne pouvait s'élever plus haut, attendu le faux procédé scientifique qu'il avait reçu de l'émanatisme primitif, et qui se trouvait plus ou moins identifié avec le génie de tous les anciens peuples hétérodoxes.

Les néoplatoniciens essayèrent d'aller plus avant, et s'aidant des débris des diverses traditions, mettant en œuvre toutes les forces d'un grand génie spéculatif, profitant de tous les secours de la civilisation ancienne, ils s'élevèrent jusqu'à l'Idée et touchèrent aux régions supérieures et inaccessibles auxquelles l'esprit humain est forcé de s'arrêter. Mais comme ils avaient pris pour point de départ l'existant, et qu'ils marchaient sans le savoir, dans le chemin du psychologisme, ils s'égarèrent en échangeant les concepts rationnels et les dogmes de la tradition contre les vaines abstractions de l'esprit et contre les fantômes de l'imagination. De plus, non contents d'épurer la réalité du surintelligible, ils voulurent le pénétrer et l'expliquer concrètement, à l'aide de leur imagination, et en employant, comme matériaux de leur édifice fantastique, les symboles de l'intelligence.

Ces erreurs et ces vices sont plus ou moins communs aux Pythagoriciens anciens et aux panthéistes modernes d'Allemagne et de France. Platon cependant pèche par défaut, les autres par excès. Le premier, dans sa marche spéculative, ne s'élève pas suffisamment et reste en-deçà du but; les seconds ont voulu monter trop haut et planer dans ces espaces immenses et sublimes où ne peut se diriger le faible vol de l'esprit humain. L'un s'arrête à l'intelligible secondaire et réfléchi, et n'arrive pas à l'intelligible primitif, ni à sa source, qui est la borne assignée à la marche philosophique; les autres l'ont dépassé et arrivant à ce qui peut être connu, à l'inexplicable, à l'ineffable, s'enveloppant de phrases vides de sens, comme on le voit dans les derniers Alexandrins et notamment dans Damascius (*), ont tué la science, en la rendant impossible, en étouffant toute lumière sous les nuages d'une mysticité excessive et ridicule.

Telles furent les dernières conséquences de l'émanatisme et du psychologisme antique, qui ne pouvant, malgré des efforts incroyables, s'élever à la Vérité pure, devait s'anéantir de lui-même et fermer le cycle de la philosophie païenne; car celle-ci périt par le vice interne qui la rongeait, bien plus que par la haine hypocrite de Justinien ou par la royale indifférence de Chosroës. La reconnaissance du surintelligible,

---

(*) Ritter, *Hist. de la Phil.*, liv. 13, ch. 3.

comme tel, est absolument nécessaire pour sauver la philosophie des défauts et des excès qui tendent également à la corrompre (*). La pusillanimité et la présomption doivent être également écartées de la méthode philosophique, qui est la morale appliquée à la science. Le surintelligible et l'intelligible, l'essence et l'Etre, l'infini et le fini, le mystère et l'évidence, la révélation et la raison, le surnaturel et la nature constituent la grande dualité objective de la pensée humaine, que l'on ne peut dépasser ou laisser de côté, sans nuire au vrai savoir, sans conduire la philosophie elle-même à une mort fatale, après un moment de prospérité effrénée. Cette dualité suprême, qui forme l'anneau primitif entre la science et la foi, est également utile à la religion, en l'élevant au-dessus de l'homme, en la plaçant sur un autel inaccessible aux sacriléges et aux déplorables hardiesses de l'esprit humain.

Si le surintelligible général ne se peut logiquement séparer de l'intelligible, les surintelligibles particuliers, tant naturels que révélés, sont aussi nécessaires à la science rationnelle parfaite. En effet, les intelligibles sont remplis de défauts et de lacunes; or, ces lacunes ne peuvent être comblées que par les mystères naturels et chrétiens, lesquels ne sauraient être remplacés par de vaines formules algébriques, fabriquées par l'intelligence qui abstrait, ou par les fictions poétiques de l'imagination. Mais quiconque rejette les mystères révélés doit aussi, en vertu de la bonne logique, rejeter les mystères naturels, en confondant ensemble les choses et les concepts pour supprimer les intervalles immenses qui les séparent. De là viennent ces efforts puissants ou faibles d'un panthéisme déclaré ou déguisé, qui composent la marche hétérodoxe des

---

(*) *Théor. du Surnat.*, not. 29, 69.

doctrines. Vouloir supprimer les mystères, ce n'est pas accroître la science, mais l'ignorance ; et en échange des mystères particuliers, qui éclairent et complètent les intelligibles, c'est finir par admettre un mystère universel qui les annulle tous (*). De là dérivent ce scepticisme désespéré qui ne nuit pas moins à la vie active qu'à la vie spéculative, et ce dogmatisme faux et puéril qui rappetisse et affaiblit les intelligences, réduit la philosophie aux bégaiements de l'enfance, nuit ou porte obstacle aux autres branches du savoir, et étouffe toute grandeur morale et politique ; toutes infirmités aujourd'hui très fréquentes, et qui corrompent les germes féconds de notre culture sociale, en introduisant un divorce absolu entre la science et la religion. Le catholicisme seul, en maintenant dans son intégrité le mystère révélé, et en en consacrant l'inviolabilité suprême, pourvoit à la conservation des mystères naturels, assure aux diverses sciences une liberté légitime, les préserve de l'appauvrissement, de la petitesse, de l'affaiblissement, de la violence, de l'anarchie, de la corruption, en contribuant à les mettre en honneur et à les enrichir par des acquisitions nouvelles.

Les surintelligibles révélés, pris isolément, et pour ainsi dire, par pièces et morceaux, se présentent à l'esprit comme quelque chose d'arbitraire, de frivole, de capricieux. Et cela doit nous apparaître ainsi, car autrement ce ne seraient point des surintelligibles. Mais si on les considère dans leur ensemble et dans leurs rapports réciproques, autant en eux-mêmes qu'avec les intelligibles, les choses changent de face, et on aperçoit entre ces divers éléments une harmonie telle qu'en supprimant, en divisant, ou en altérant le surintelligible, on

---

(*) *Théor. du Surnat.*, not. 73.

détruit plus ou moins les vérités rationnelles. Le surintelligible révélé fait partie de l'Idée parfaite : sans lui, la connaissance idéale est tronquée, divisée, obscure et privée de sa lumière propre et naturelle. L'Idée du philosophe déiste, quand même elle ne serait point séparée de la formule rationnelle parfaite, est de beaucoup inférieure à celle du théiste chrétien; les idées platoniques, aussi améliorées qu'on les veuille faire, ne peuvent entrer en parallèle avec les idées évangéliques. Socrate, celui de tous les philosophes de l'antiquité païenne en qui se personnifie le mieux le type de l'idée rationnelle, n'est certainement pas comparable, même philosophiquement parlant, au Christ qui est l'idée humainement parfaite.

Outre les points capitaux, clairement exprimés par la révélation et déterminés par l'enseignement authentique, les surintelligibles révélés contiennent un certain espace moins clair et moins distinct, qui donne place à la variété et à la liberté catholique des opinions, et qui souvent se rattache aux dépendances de l'intelligible naturel, et spécialement à celles de la philosophie. On trouve dans les livres sacrés et dans les dépôts les plus anciens, les plus immédiats, et pour ainsi dire les plus vivants de la tradition, une riche mine de pensées, d'indications, d'allusions relatives à l'origine et à la nature des choses, au progrès successif des existences, à d'autres points de cosmologie et de métaphysique, de nature à jeter quelque lumière sur les parties les plus mystérieuses de la science humaine et à faciliter les inductions et les recherches de l'érudit et du philosophe. Voilà pourquoi nous prenons plaisir à comparer ces indications authentiques avec les fragments dispersés dans les mémoires du paganisme. Mais ces recherches ne sont point fructueuses, et deviennent même ridicules, si elles ne sont accompagnées, chez celui qui les fait, de deux conditions, qui se trouvent rarement réunies : d'un savoir vaste et profond pour l'interprétation exacte des monuments, et d'une critique subtile et sévère qui sache se mettre en garde contre les frivolités et les chimères, peser avec justesse les probabilités et ne pas aspirer au certain quand les esprits judicieux se contentent du vraisemblable. Sans cela, on rend méprisables les autorités les plus graves et les choses les plus respectables ; car, d'après la trempe de l'esprit humain, le passage est glissant du sublime au ridicule.

Ce qui me fait parler ainsi, c'est qu'il me semble que certains auteurs modernes, habitués à se complaire dans ces sortes de recherches, font, malgré toute la bonté de leurs intentions et la pénétration de leur esprit, que l'on a réellement pitié d'eux. C'est ce qui est arrivé à un académicien de notre temps qui a trouvé, entre autres découvertes, que la demeure de Satan est sous l'Équateur, et qui attribue à ce génie du mal la chaleur brûlante des sables du désert, la couleur noire et l'inaptitude pour les progrès civils, communes aux habitants de l'Afrique centrale. Si le défaut de droit sens accuse peu de dispositions à s'approprier les bienfaits de la civilisation, les Nègres devraient croire que l'auteur du beau système auquel nous faisons ici allusion est un de leurs confrères, né et élevé sous la zone torride.

Le concept du surnaturel est le frère jumeau de celui du surintelligible et exprime, dans l'ordre des faits, ce que l'autre signifie dans l'ordre des idées. Le surnaturel est, sous quelques rapports, le surintelligible outrepassé et mis en acte dans le cercle des existences, et répond principalement au troisième terme de la formule idéale, comme le surintelligible consiste spécialement dans le premier (4). Le surnaturel est le miracle pris dans sa signification la plus large, comme le surintelligible est le mystère; et de même que celui-ci est une vérité reposant radicalement dans l'Etre (*), celui-là est un fait qui arrive dans le cercle des existences et se rattache à l'Etre par le moyen de la création. L'acte créatif explique donc le miracle, comme il explique les existences. Le surnaturel, considéré *a priori*, prend l'aspect d'une seconde création ; parce que tout acte créatif produit un assemblage harmonique d'existences, que les Grecs appellent Cosmos ; et comme la nature est une, son acte créatif se présente à nous aussi comme unique. Or, l'ordre surnaturel étant un nouveau cours d'existences, un nouveau cosmos spirituel, distinct du premier, il nous apparaît comme l'effet d'un second acte créatif. Je dis qu'il nous apparaît, et non pas qu'il soit réellement ; parce qu'en Dieu l'action créatrice est une et parfaitement simple. Mais dans son terme extrinsèque, cet acte se multiplie, autant que se multiplient ses effets organiques, c'est-à-dire les harmonies créées. La nature et le surnaturel sont deux harmonies distinctes, bien qu'elles se mêlent dans le temps et dans l'espace, et concourent à produire une harmonie universelle et unique comme leur principe. On voit pourtant que le concept de surnaturel indique une relation, et par conséquent une distinction de deux ordres harmoniques et composant le vaste ensemble des choses créées. Les peuples les plus grossiers admettent confusément autant d'actes créatifs qu'il y a de phénomènes sous leurs yeux ; c'est pour cela que, pour eux, tout est miracle. C'est ce que l'on voit surtout clairement dans le culte des fétiches, dans lequel, de même que l'Idée se multiplie à proportion des individus, de

---

(*) Le mystère se fonde toujours sur l'essence des choses. Or, l'essence des existences, comme possibles, fait partie de l'essence incréée.

même on introduit cette multiplicité dans son action causante et mondiale (*).

De là naît encore l'idée de magie, commune à tous les peuples barbares ou sauvages, et à la multitude ignorante, même chez les peuples civilisés; mais plus particulièrement répandue chez les nations idolâtres et adonnées au culte des fétiches. Chez ces nations, en effet, on la confond très souvent avec la religion, ou bien elle occupe une place à part, mais qui n'est pas moins importante que celle de la religion, elle a ses prêtres, ses lois, sa discipline et forme une société distincte, puissante et redoutable (**). L'idée de magie est le

---

(*) J'en ai fait la remarque dans le chapitre précédent, à propos des Mochisses du Loango.

(**) L'histoire de la magie, et spécialement de la magie goétique, est encore couverte d'épaisses ténèbres. Toutefois, je remarque que les deux races chez lesquelles elle paraît avoir eu le plus d'empire, depuis les temps les plus anciens jusqu'à nous, sont les Finnois, branche mongolique, et les Nègres qui leur sont si opposés par la couleur, la conformation, le climat et le pays qu'ils habitent. Je prends le nom de Finnois dans un sens général, pour désigner cette partie de la race jaune, qui habite au nord de notre continent, au-delà du 60ᵉ degré de latitude boréale, et qui se subdivise en un grand nombre de peuples divers.

Or, les Finnois et les Nègres s'accordent à faire profession de dualisme, et nous indiquent une même origine iranique, origine qui du reste est naturelle à tous ou à presque tous les peuples. Le Ioumala et le Perkel des Biarmiens ou Permianiens, et des Lapons sont assez connus. Le Zambi et le *Zambi-a-n'bi* des habitants du Loango, le Sumàn et l'Alastòr des Fantas, le Gunia et le Tuquoa des Hottentots, et les autres dualismes africains le sont moins; car il y a peu de tribus idolâtres de la Nigritie qui n'admettent pas la doctrine des deux principes.

Or, la magie goétique se rattache évidemment au culte du mauvais principe et ne peut marcher sans lui; de sorte que, si l'on considère la nature de cette superstition et enfin son nom même, on trouve que son origine iranique est très probable. Cette probabilité est encore fortifiée par les rapports historiques et ethnographiques.

Quant aux Nègres, je me réserve de prouver que la race éthiopique eut une origine asiatique, et qu'elle fut florissante dans l'Iran, dans l'Inde, et peut-être

concept du surnaturel corrompu et altéré par les fantômes de l'émanatisme et du polythéisme, comme on peut le conclure des étymologies des anciens Irlandais (*). À mesure que l'esprit

même dans une partie de l'Océanie, avant de se répandre dans le continent africain, et j'ai l'espoir de répandre quelque lumière sur ce point difficile de géographie historique. Je montrerai que les inductions historiques fortifient les inductions morales. En effet, la barbarie de cette race infortunée, que quelques écrivains voudraient faire passer pour incapable de participer aux bienfaits de la civilisation, recouvre bien souvent les vestiges d'une ancienne culture qui se décèle tantôt dans des langages admirables, tantôt dans les restes des castes iraniques, tantôt dans certains usages religieux ou civils, tantôt dans ces institutions singulières, moitié religieuses et moitié politiques, qui présupposent une civilisation moins jeune; tels sont le Moumbo Ioumbo des Mandingues, le Pourra des Foulhas, l'Egbo des Calabarais, les Atombalis du Congo et d'autres encore.

D'un autre côté, la parenté des Égyptiens avec les Indiens, et celle de ces deux peuples avec les Chinois et les anciens habitants du Mexique, prouvée par des monuments authentiques, nous montre que les hommes blancs et jaunes répandus depuis le Gariep (l'Orange), depuis Meroë, depuis Titeroigotra (Lanzarota), depuis Semiramocerte (Van), et depuis Bactres (Balkh), jusqu'à Culuhacan et à Tula, dans le Nouveau-Monde, possédèrent dans l'origine une civilisation unique et habitèrent les mêmes pays, qui ne peuvent être que l'Iran ou les contrées qui l'avoisinent. Or, ces points une fois établis, non pas sur des conjectures frivoles d'analogies fortuites, mais sur des probabilités solides et réelles, il n'y a plus de difficulté à comprendre comment le dualisme et les rites théurgiques et goétiques, qui l'accompagnent, ont également jeté des racines parmi les nations finnoises, avant que ces peuples n'eussent été refoulés vers le pôle par les irruptions successives des Scandinaves et des Slaves, et qu'ils eussent abandonné les régions moins boréales que rappellent la beauté et la sonorité de leurs langues et les traditions mêmes de leurs ennemis.

(*) Pictet, *Du culte des dieux cab*. La définition que cet auteur donne du dieu Aesar, qui est le premier Avasta de l'émanatisme hibernique, rend parfaitement l'idée du surnaturel : « Il est l'essence de l'essence, le moteur du premier
» mobile, le lien mystérieux des choses invisibles avec celles qui sont visibles,
» des choses cachées avec celles qui sont manifestes. Il est la puissance incom-
» préhensible, qui, par un miracle perpétuel, amène à l'acte les êtres potentiels
» et qui est au-dessus de la loi des effets et des causes. Son pouvoir a les carac-
» tères de la vertu magique, ce qui fait que Aesar était regardé comme un sor-
» cier. »

de l'homme s'instruit et s'élève à la contemplation des lois générales de la nature, le cercle de l'extraordinaire se resserre pour lui; voilà pourquoi les peuples les plus civilisés limitent l'acte créatif aux événements les plus éloignés de l'ordre ordinaire, comme les anciens Étrusques et les anciens Romains, qui regardaient comme des prodiges les foudres, les monstres et tous les accidents qui avaient quelque chose d'étrange et de singulier. Par une raison analogue, le faux raffinement du savoir, dégénérant en sensisme et en rationalisme (lequel est une véritable barbarie sous des dehors de civilisation), comme celui de notre époque, croit avoir atteint le faîte de la sagesse en supprimant complétement le surintelligible; sans s'apercevoir qu'en l'annullant il annulle la nature, qui ne peut être comprise séparément de son corrélatif. La nature étant une, selon le panthéiste, s'identifie avec le concept de surnaturel, et ne diffère pas essentiellement, sous ce rapport, du sentiment grossier de celui qui adore les fétiches; tant il est vrai que les faux progrès ramènent l'esprit aux rudiments d'où il est parti. La vraie philosophie et la science parfaite, considérant l'ensemble des phénomènes et des lois universelles du monde comme une harmonie unique, bien loin de rejeter le surnaturel, l'admet au contraire, comme un ordre tout différent qui coexiste et s'accorde merveilleusement avec celui de la nature.

Et non-seulement les deux concepts du surnaturel et de la création se mêlent l'un à l'autre, mais encore ils sont indivisibles et inséparables. En effet, la nature étant l'œuvre de la création, l'acte créatif est surnaturel, comme la cause efficiente est supérieure à son effet. De plus, l'ordre admirable du monde prouve l'intelligence de son auteur, et la sagesse de l'ouvrier emporte nécessairement une fin vers laquelle tend son ouvrage ; car, hors d'une fin dernière, on ne peut admettre aucun acte cogitatif. La nature a donc une fin qui doit être au-dessus d'elle aussi bien que son principe. Ainsi donc la cause efficiente et la cause finale des choses créées, l'origine et la fin des existences, présupposent également le surnaturel, lequel une fois supprimé, l'univers se trouve privé de cause et de but convenable, et devient par conséquent inexplicable. D'un autre côté, le principe et la fin surnaturelle du monde, se ramenant à l'Etre même en relation avec ses créatures, nous ne pouvons ni les diminuer ni les supprimer sans obscurcir ou éteindre la vérité idéale, et sans transformer la nature en absolu, en la considérant comme principe et fin d'elle-même. Il ne faut donc pas être surpris si le mépris ou la négation du surnaturel ont produit, dès les temps les plus anciens, l'émanatisme, le polythéisme, l'athéisme et les autres folies de la pensée spéculative ; si le rationalisme théologique de notre époque et l'incrédulité de tous les temps, ramènent au panthéisme, quand on veut les réduire à une rigueur scientifique.

La formule de la raison nous donne donc le concept générique du surnaturel aussi bien que celui du surintelligible. Et comme le surintelligible, qui est l'Etre dans la réalité mystérieuse de sa nature, est supérieur ontologiquement à l'intelligible ; de même le surnaturel, qui se rapporte au concept des existences, moyennant l'idée de création, a sur elles une supériorité également ontologique. D'autre part, si la vertu créatrice de l'Etre dérive de son essence, le surnaturel a sa source dans le surintelligible. Et lorsque ensuite on considère la nature comme déjà existante, toute nouvelle création prend vis-à-vis d'elle l'aspect du surnaturel, et celui-ci nous apparaît comme une création nouvelle. Et réellement, le miracle est la production d'une force nouvelle, et ceux qui croient pouvoir l'expliquer sans avoir recours à la vertu créatrice, ne savent guère ce qu'ils disent.

Il faut donc distinguer deux ordres de surnaturel : l'un absolu et extra-temporel, qui est la création considérée en général ; l'autre relatif, qui est une création particulière et excentrique, faite dans le cercle d'un ordre déjà créé, durant une époque temporelle qui a précédemment commencé. L'usage ordinaire restreint à cette dernière signification le mot de surnaturel ; nous suivrons cet usage, sans cependant nous interdire la reproduction du sens primitif, lorsque la suite du raisonnement nous y amènera et que notre sujet nous en fera une loi. Selon le sens commun, le surnaturel appartient au second cycle créatif et peut être défini : *la direction spéciale donnée par l'Etre aux existences, pour les ramener à soi, comme à leur fin dernière* (5).

La formule rationnelle ne nous donne qu'une notion générale du surintelligible et du surnaturel ; la révélation les détermine et les concrétise. Et comme le surintelligible est une vérité et le surnaturel un fait, la révélation circonscrit le premier comme doctrine, et le second comme histoire. Elle est, relativement au surintelligible, une doctrine de mystères, et relativement au surnaturel, une histoire de prodiges. Or, le prodige se rattache étroitement à la marche de la nature, comme le mystère aux vérités rationnelles. Si vous ôtez du dogme le mystère, la science devient impossible ; si vous écartez la merveille des événements, l'histoire se trouve inexplicable. L'incrédulité aux dogmes mystérieux de la révélation a nui considérablement aux sciences spéculatives ; le doute à l'égard des prodiges a fait le plus grand tort à la philosophie de l'histoire créée par l'illustre Vico, et l'a empêchée de faire des progrès solides et durables. Ce qu'on appelle aujourd'hui en France, philosophie de l'histoire, n'est le plus souvent qu'un tissu de vaines généralités, d'abstractions sans consistance, de capricieux traits d'esprit, d'hypothèses en l'air ou contredites par des faits, de contradictions, de frivolités et de chimères ; tellement qu'il est difficile de donner tort à ceux qui refusent à ces passe-temps, même le nom de science. Le vice toutefois n'est pas inhérent à la matière, mais bien à ceux qui la traitent. Un grand nombre de ces derniers ne manquent pas de talent, quelques-uns même sont riches en érudition ; mais tous ou presque tous pèchent du côté de la méthode et sont pauvres en solides principes spéculatifs ; toutes choses pourtant dont ne peut se passer la philosophie historique, puisqu'elle en est une application spéciale. Cette noble création du génie, produite en Italie par un catholique, et indignement négligée par les Italiens, peu soucieux de leur propre gloire et curieux seulement de futilités étrangères, tomba peu après entre les mains des Allemands, hommes profonds et savants, mais détournés du vrai par une erreur déjà fort ancienne ; de là, elle est passée chez les Français, peuple spirituel et frivole ; et chez les uns comme chez les autres, elle a été gâtée par abus ou par défaut de bonnes doctrines, par les absurdités de l'incrédulité vulgaire, et par le rationalisme théologique. Il serait bien temps que les Italiens revendiquassent cette science comme leur propriété spéciale, et que, la dégageant des rêves et des absurdités dont on l'a surchargée, ils la ramenassent vers ses principes en lui donnant pour base cette grande et incontestable vérité : *que l'ordre surnaturel est la seule clé qui puisse nous ouvrir et nous expliquer parfaitement l'histoire idéale du genre humain.*

Le caractère divin, consistant dans le surnaturel, se trouve affaibli et altéré toutes les fois qu'on ne considère Dieu que comme l'auteur de la nature, sans remarquer en lui le principe d'un ordre plus excellent, et de merveilles plus sublimes. La nature, en effet, autant qu'on en agrandisse et qu'on en exalte le concept, est trop disproportionnée à la majesté suprême, et très éloignée de répondre à la vertu causante et infinie, comme le fait l'action morale et ineffable de la grâce. La réforme fondamentale de la pensée moderne et la critique efficace du sensisme ne pourront jamais atteindre leur but et déraciner les erreurs, si elles se contentent d'admettre l'intelligible, sans s'élever jusqu'au surintelligible, en considérant ce dernier comme la source du premier. Le rationalisme bâtard des modernes se contente d'une connaissance idéale, subordonnée à l'analyse et à l'expérience, pourvue de conditions sensitives, réduite à l'état de simple fait et de phénomène, et par conséquent rendue sensuelle par la manière dont elle est conçue, et complétement étrangère à la majesté et à la pureté originelle de l'objet de l'intuition. Une pareille méthode, qui assimile essentiellement le caractère de l'intelligible à celui du sensible, entraîne après soi la négation du surintelligible, qui ne peut se prêter aussi légèrement à la transformation. Mais la vérité est que l'intelligible des rationalistes modernes n'est qu'une ombre vaine, un fantôme trompeur, qui n'a que peu de chose, ou même rien de commun avec le concept exprimé par ce mot; car on ne peut le regarder comme un fait, ni le soumettre aux limites de l'observation et de l'expérience successive.

Par conséquent, lorsque l'intelligible est pris dans son vrai sens et pour ce qu'il est réellement, l'intervalle immense qui le sépare du surintelligible se trouve diminué, et nous sommes conduits à la connaissance de l'un et de l'autre par une méthode analogue. Ainsi, le surintelligible est véritablement extra-temporel; et non-seulement les dogmes mystérieux, mais même les événements ultra-naturels, bien que dans leur sensibilité apparente ils appartiennent au cours du temps, en ne se mêlant pas naturellement avec les phénomènes antérieurs ou postérieurs, en se manifestant comme des cas isolés, dénués de causes et d'effets naturels, et en partant d'un principe extrinsèque et supérieur, sortent de la succession temporelle, et n'ont point de valeur, ni de retour, ni de progrès. Par là disparaît la principale objection des sensistes et des rationalistes contre les miracles et les mystères, et qui est tirée de ce que les premiers sont opposés à la continuité des lois naturelles, aux données de l'expérience, et les seconds à l'évidence de la raison. En effet, le domaine du miracle étant, comme celui du mystère, supra-expérimental et supra-rationnel, et la révélation qui enseigne le premier résidant hors du temps, comme la force qui produit le second, leur apparition doit être discontinue et instantanée, et elle ne peut avoir de connexion avec la durée successive qu'en ce qui regarde les événements naturels qui précèdent ou qui suivent.

L'ordre surnaturel de la grâce compose, relativement aux hommes, le second cycle créatif. L'effet de la création première est la nature ; celui de la seconde, la grâce. L'une est auteur de la vie temporelle et peut nous donner le moyen et l'appareil ; l'autre engendre la vie éternelle et a en soi la puissance du terme et de l'accomplissement. Et de même que le premier cycle créatif peut, relativement à la nature matérielle, se diviser en deux époques, l'une de création primitive, et l'autre de formation cosmogonique ; de même le cycle surnaturel peut se diviser aussi en deux espaces différents, dont l'un, de mouvement et de préparation, s'étend jusqu'au Christ, et l'autre, d'accomplissement et de repos, doit durer jusqu'à la fin des temps. Dans cette seconde période, la connaissance de l'Idée, devenue incapable de nouveaux acquêts intégrants, (très différents des scientifiques, qui ne peuvent et ne doivent pas avoir de fin), préside à la cosmogonie spirituelle, et organise successivement le Cosmos chrétien, c'est-à-dire l'Eglise. Mais le cycle surnaturel peut nous paraître arbitraire et nous offrir l'image d'une addition capricieuse, si nous ne faisons pas attention à ses rapports avec le premier cycle créatif; et bien qu'en raisonnant *a posteriori*, il soit le résultat du fait, il n'est pas possible d'en reconnaître *a priori* la légitimité rationnelle, si l'on ne met en lumière son lien intrinsèque avec la formule idéale.

Celle-ci, comme nous l'avons déjà dit, emporte un second cycle, parce que l'existant n'étant point absolu, et ne pouvant avoir de raison de fin, doit converger vers l'Etre, en suivant un procédé contraire à celui dont il reçut le mouvement quand il sortit de la main du Créateur. La finalité de l'Etre démontre apodictiquement le second cours, comme la causalité accuse la subsistance du premier. Celui-ci, en effet, si on le compare, non pas avec les existences, selon le langage des émanatistes, mais avec les essences possibles et éternelles des choses, est un retour en arrière, c'est-à-dire un départ de l'Etre; l'autre, au contraire, est un progrès des existences elles-mêmes. Le retour et le progrès se présentent à nous comme contemporains, c'est-à-dire regardant l'éloignement d'un terme passé et le rapprochement d'un but à venir; et, sous ce rapport, la succession temporelle se peut comparer à un cercle, dont la ligne qui décrit la circonférence retourne au point de départ, c'est-à-dire à l'immanence éternelle. Le retour et le progrès sont la divergence du surnaturel et la convergence vers lui; puisque la nature sort de ce terme et aspire vers lui, comme le principe et la fin du mouvement sont tous deux dans le repos.

L'existant, participant de l'Etre et du néant, et se mêlant à l'un et à l'autre, dans le passage de l'état idéal de pure puissance à l'état réel, sort de l'Etre et s'approche du néant; sous ce rapport, la création est une sorte de chute et constitue le mal métaphysique des Scolastiques. Si l'existant s'arrête fatalement dans le dernier point de la divergence, sans remonter vers son origine, par défaut d'activité intelligente et libre, on a alors le concept de matière; car celle-ci est une existence qui ne peut se replier de l'état réel vers l'état idéal, ni concourir à ce mouvement. L'esprit, au contraire, doué comme il l'est de connaissance et de libre arbitre, peut remonter, par la volonté, à son principe; et ce retour s'effectue au moyen de l'amour, qui, dans son point initial, est la moralité, et, dans son accomplissement, la béatitude. Relativement à l'existant libre, il y a donc cette différence entre les deux cycles, que le premier est fatal et purement ontologique pour lui-même, comme pour tout le reste de l'univers; tandis que le second est psychologique, volontaire, moral, et a par conséquent besoin d'un libre choix.

Si, abusant de ce privilége sublime, l'esprit, au lieu d'aspirer à l'Etre par l'affection, s'en éloigne et se repose en lui-même, comme dans sa fin dernière, il trouble, autant qu'il dépend de lui, l'ordre moral de l'univers, se place dans un rang pareil à celui de la matière, se rapproche du néant (autant que peut le faire une force finie, incapable d'anéantir complétement, comme de créer l'existence), et se met dans l'impossibilité d'accomplir la carrière qui lui est assignée. Cette insistence finale des esprits créés en eux-mêmes, ce divorce spontané de l'affection d'avec l'Etre, telles sont les sources de l'immoralité et de ce repos funeste dans le mal, qui complète le retour en arrière, et qui, le perpétuant, tire de la faute la douleur qui la punit. Ce retour est libre dans son principe, puisqu'il naît de l'élection; mais à peine est-il commencé, qu'il engendre une espèce de nécessité, non pas physique et absolue, mais morale, par laquelle l'homme déchu de sa perfection native, n'a plus la force d'y retourner; car, bien que sa volonté ne soit pas éteinte, elle est tellement brisée et affaiblie, qu'elle est incapable de rien faire, si la vertu créatrice ne vient au secours de sa faiblesse, en versant en elle une vie nouvelle.

La cause d'une si grande impuissance, c'est que l'esprit créé, se dérobant à l'amour de son principe, devient esclave du corps et des choses sensibles : l'ordre violé dans la région supérieure occasionne un désordre équivalent dans l'inférieure, et l'esprit qui s'est abaissé et avili en se faisant l'égal de la matière aveugle et incapable de connaître son auteur, tombe même au-dessous de celle-ci qui le dirige et le domine. Ainsi le mal moral change en esclave le roi de la création, le fait passer du premier au dernier degré des existences; le rend plus abject que le vermisseau qui ne comprend pas et que la boue qui ne sent pas ; le rapproche du néant d'où il a été tiré, sans cependant l'y replonger complétement, parce que ceci est un privilège de la puissance créatrice. Or, toute notre espèce, depuis les temps les plus anciens jusqu'à nous, se trouve naturellement placée dans cette humble et misérable condition. L'homme naît et grandit, bercé et nourri dans l'amour des choses sensuelles, et il vit esclave des plus ignobles penchants, si le bras puissant de la religion ne vient le relever, le retirer du bourbier infect dans lequel il se trouve engagé, pour le transporter, sur les ailes de la foi et de l'amour, sous un ciel calme et serein, où il peut respirer un air pur et salubre.

La race humaine tout entière est affligée et tourmentée d'une corruption chronique, enracinée dans sa nature, ce qui fait que le germe du bien, non encore étouffé, ne peut cependant s'effectuer d'une manière conforme à la vocation et aux besoins de celui qui le possède. S'il n'en était ainsi, comment expliquer cette perpétuelle succession de calamités et de revers qui sont le patrimoine de notre espèce, et qui font de la vie humaine un martyre tout particulier, dans lequel le martyrisé et le bourreau ne sont pas distincts l'un de l'autre? L'étude psychologique du cœur humain, que chacun de nous peut faire sur les autres et sur lui-même, confirme la vérité douloureuse d'un fait dont la lumière céleste peut seule nous montrer l'origine. Le dogme de la faute primitive, c'est le surintelligible révélé, qui illumine le fait présent et universel de l'impuissance où est l'homme d'accomplir sa destinée, et rend raison d'un phénomène en opposition avec l'harmonie générale de l'univers.

La nécessité rationnelle du second cycle créatif, et l'insuffisance native des hommes à atteindre le but, sont deux faits humainement certains, mais difficiles à faire marcher ensemble, sans un troisième fait qui s'interpose, en guise de moyen dialectique, entre les deux premiers, et les accorde l'un avec l'autre. Or, ce troisième fait consiste dans la réhabilitation de l'homme et dans le rétablissement des ordres naturels, qui doivent nécessairement avoir pour origine un principe plus élevé. La réalité de l'ordre surnaturel est donc certaine *à priori*, et il ne nous reste plus qu'à en chercher le concret dans la révélation, seule capable de déterminer le remède du mal, comme elle en spécifie l'origine. Dans les deux cas, la lumière naturelle ne nous présente qu'une notion confuse et générale qui a besoin d'être particularisée et circonscrite par un enseignement plus élevé et plus étendu.

Le dogme qui concrétise la notion très générale de la restauration surnaturelle, est le fait de la rédemption, qui résume et rend possible le second cycle créatif. Aussi le premier rite évangélique, qui initie à la grâce du divin rachat est-il appelé dans le langage chrétien une régénération et une renaissance, parce que l'homme retourne par là à l'état où il se trouvait quand fut accompli le premier cycle de la création. En le rappelant vers son principe, cette régénération lui donne la facilité de marcher vers sa fin dernière, ce qui lui serait, sans cela, trop difficile et même impossible, parce que l'antique faute a substitué un germe de retour en arrière à cette vertu de perfectionnement dont l'architecte suprême avait doué ses créatures.

L'annullation du retour et le rétablissement du progrès, autant chez l'individu que dans toute l'espèce humaine, sont un effet de la rédemption, lequel commencé et accru par la promesse et l'accomplissement de l'œuvre divine, ne sera parfaitement accompli qu'à la fin des siècles et par la transformation palingénésiaque de la créature. L'histoire nous montre face à face le principe rétrograde de la nature humaine et le principe progressif de la grâce ; elle nous les montre marchant parallèlement et se succédant en même temps, luttant ensemble, l'emportant tantôt l'un, tantôt l'autre, formant un combat qui doit durer autant que le monde, et parfaitement figuré par les mythes zendiques. La prédominance du retour est l'état païen, le triomphe de progrès est l'état chrétien : dans l'un, la nature vainct la grâce ; dans l'autre, la grâce subjugue et ennoblit la nature. Le gentilisme et le christianisme précédèrent le fait surnaturel de la rédemption et ils le suivent ; car, avant le Christ, la race élue participait à la lumière de l'Evangile, moyennant la doctrine acroamatique ; et après le Christ, les hérésies, les schismes, l'incrédulité et les faux cultes subsistant chez beaucoup de nations, continuent et renouvellent les ténèbres du paganisme.

La gentilité antique se divise en deux périodes : l'une mythique, poétique, sacerdotale ; l'autre, historique, laïque et spécialement philosophique : celle-ci particulière, pour ainsi dire, à la Grèce et à l'Italie ; celle-là, dominante dans les contrées orientales. Le paganisme des temps modernes se divise aussi en deux périodes : l'une, théologique, contemplative, synthétique et hiératique, chez les Ariens du Levant et les Protestants d'Allemagne, pays où domine le génie oriental ; l'autre, philosophique, analytique et séculière, qui règne principalement en France, où se trouve plus vivement empreint le caractère des peuples de l'Occident. Dans la première partie de chaque époque, le surnaturel s'altère seulement ; dans la seconde, il décline complétement et s'anéantit. Toutefois, la rédemption une fois accomplie, la rétrogradation païenne cesse de prévaloir tant en extension, qu'en intensité et en force, et, à sa place, apparaît le Christianisme, qui tend ouvertement à triompher des restes du paganisme subsistant encore, et à conquérir la domination de tout le globe terrestre (6).

La rédemption étant dans les ordres restauratifs du retour en arrière ce qu'est la création dans ceux de la sortie, est une véritable récréation, si je peux m'exprimer ainsi, effectuée moyennant un mérite divin et infini. Par conséquent, la formule chrétienne : l'*Etre rachète l'existant*, répond parfaitement à la formule rationnelle : l'*Etre crée l'existant*, et met en lumière le rapport et l'harmonie admirable des deux cycles créatifs. La rédemption étant le moyen terme du second cycle, comme la création celui du premier, est une médiation, et a sa source, comme tout acte intermédiaire, dans la dialectique créatrice ; et le Christ est médiateur, c'est-à-dire second créateur, en vertu de l'acte créatif, qui se trouve porté à une hauteur beaucoup plus sublime par la divinité de l'effet et l'union théandrique. Le concept de médiateur est partie intelligible, partie surintelligible. Il est intelligible dans sa généralité abstraite, c'est-à-dire en tant qu'il exprime le second terme de la formule idéale, dans l'ordre du dernier cycle créatif. Il est surintelligible dans l'élément concret qui nous est enseigné par la révélation. Le rachat est relativement au surintelligible de la formule chrétienne, exprimant l'ordre de la grâce, ce qu'est la création par rapport à l'intelligible de la formule rationnelle selon les ordres de nature.

L'idée de médiateur se trouve figurée dans tous les cultes qui se rattachent au dogme hétérodoxe de l'émanatisme, né de l'altération du dogme orthodoxe de la création ; et bien que, quand il s'agit de semblables analogies, on doive y regarder de près avant d'admettre le rapport de l'Orus égyptien, du Mithra persique, du Vichnou et du Bouddha indiens, du Casmilo des Cabires, du Saman des Gaëls avec le concept acroamatique des Israélites sur le Messie et avec le mystère chrétien, ce rapport ne me paraît cependant pas tellement éloigné qu'on puisse sans hésiter l'attribuer au caprice ou au hasard. La saine critique interdit de rejeter les ressemblances et les rapports qui résultent d'une manière spontanée et naturelle de la seule comparaison des faits, de même qu'elle défend de suppléer aux faits ou de leur faire violence au moyen des ressources de l'esprit et des rêves de l'imagination.

Le cycle chrétien exprimé par la formule : *l'Etre rachète l'existant*, comprend synthétiquement dans chacun de ses termes plusieurs concepts dont l'explication appartient à la théologie révélée. Aussi cette formule très générale peut-elle se résoudre en d'autres formules moins génériques, suivant la spécialité de l'application ; la plus importante de celles-ci est la suivante : *Dieu, par le moyen du Christ, crée l'Eglise ;* cette formule exprime les rapports du rachat avec la réordination organique, surnaturelle et perpétuelle du genre humain. L'Eglise, en effet, dans son triple règne militant, souffrant et triomphant, est le cosmos de la grâce, qui correspond, dans les ordres ultra-naturels au cosmos des existences dans le cercle de la nature. Et comme la rédemption, en restaurant la nature elle-même, est la source de tout perfectionnement individuel et social, non-seulement dans les parties les plus nobles et relativement à la vie future, mais même dans la sphère des choses matérielles et temporelles; la société chrétienne demande à être considérée comme principe et siége de la civilisation universelle, et le foyer très efficace des progrès humains. Aussi ne s'interpose-t-elle pas directement dans les affaires des hommes, ne se jette-t-elle pas dans les brigues et les querelles politiques pour exciter les peuples à se révolter, ou les princes à les gouverner despotiquement, suivant les conseils de quelques imprudents ou les calomnies de la malveillance; mais elle est seulement attentive à conserver intact le dépôt des vérités idéales, c'est-à-dire *la connaissance des rapports qui existent entre le Créateur et les esprits créés, et qui lient ces derniers mutuellement les uns aux autres.*

Or, c'est dans cette connaissance que repose toute la philosophie et le comble de la sagesse humaine. Car la civilisation n'est point, comme quelques-uns voudraient le faire croire, une affaire de politique proprement dite, comme elle n'est pas non plus un article de modes; bien que cependant ce soit de son ressort de veiller à ce qu'on ait un bon gouvernement et d'apprendre à se vêtir avec décence ou même avec élégance. Elle réside dans une sphère plus élevée, c'est-à-dire dans l'esprit et dans l'ame de l'homme, capable du vrai et du faux, du bien et du mal, capable de s'unir à son divin principe par la connaissance et par l'amour, ou de s'en éloigner et de s'abandonner à l'empire des choses abjectes qui n'ont ni pensée ni raison. Chacune de ses parties procède directement de la pensée, et sa source est la notion de la vérité idéale ; car la vérité suprême ne peut être pleinement connue, sans qu'on l'aime bien et qu'on n'y conforme ses actions.

Celui qui comprend et aime l'Idée est disposé à connaître et à aimer le vrai et le bien, en quelque lieu qu'ils se trouvent, et à y conformer de tout son pouvoir ses actions ; aussi l'Eglise a-t-elle pourvu efficacement à favoriser les progrès civils, en conservant incorruptible le dogme idéal et en le propageant de génération en génération parmi les hommes. Or, elle le propage par-desssus tout en le représentant et le rendant visible en elle-même ; puisque *la société catholique est la raison objective, rendue extrinsèque et sensiblement appréhensible*. Mais le vrai idéal ne serait pas incorporé et pour ainsi dire personnifié dans la société chrétienne, si celle-ci n'était immuable dans son essence, comme lui, constituée dans l'éternité simultanée, et à l'abri de tout changement.

Qu'ils se trompent donc grossièrement ceux qui voudraient que la religion changeât chaque jour, que le christianisme allât en variant et se transformant, selon certains caprices qu'ils se plaisent à baptiser des noms de progrès et de perfectionnements !..... J'ignore jusqu'à quel point tout cela est raisonnable ; mais je sais bien que si l'Evangile eût été une invention humaine, et que ses fondateurs l'eussent confié à des mains françaises, ou même à la prudence romaine, pour le développer et le propager, on pourrait douter si son nom même existerait encore aujourd'hui sur la terre.

Mais laissons-là ces folies, et adorons la Providence, qui, pour faire ce don divin aux mortels, a choisi les moyens naturels les plus convenables, et a confié le dépôt sacré aux héritiers de ceux qui, par l'élévation de leurs pensées, par leur force d'ame, par la puissance et la sagesse de leurs travaux, furent les maîtres de l'univers. La perfection de la société spirituelle réside précisément dans son immobilité, sans cela elle ne pourrait être la base des progrès civils ; ainsi le levier perdrait sa force motrice, s'il n'avait pas un point fixe sur lequel il pût s'appuyer. Ainsi c'est l'Italie, siège du culte immuable, que l'on doit regarder comme le centre naturel de cette civilisation inséparable du vrai idéal ; et quelles que soient les misères, quel que soit l'abaissement des Italiens modernes, et certes il y a plus que surabondance, l'espoir des peuples est cependant encore sur l'Arno et sur le Tibre, et non pas sur la Tamise ou sur la Seine.

L'immutabilité de l'enseignement authentique auquel Dieu confia le trésor précieux de la vérité, a sauvé celle-ci de toute corruption et de ce syncrétisme d'éléments hétérogènes que nous avons reconnu se trouver plus ou moins dans toutes les fausses religions, d'où il est passé dans les divers systèmes spéculatifs. L'éclectisme religieux ou philosophique est une véritable chimère, parce que n'ayant pas une règle ferme et stable, il dégénère en syncrétisme. Or, on ne peut éviter cet écueil qu'à l'aide d'une règle sûre, d'une loi intellectuelle qui embrasse synthétiquement toute la vérité, c'est-à-dire de la vraie formule ; mais si on s'appuie de cette dernière, tous les éléments idéaux s'y trouvant contenus et n'ayant besoin que de la logique pour être développés et mis en évidence, l'éclectisme devient inutile. La révélation avait fourni la règle et la société chrétienne l'a conservée, de là vient que la vraie religion a eu un mouvement et un cours distincts de ceux de la civilisation et des révolutions qui ont agité les hommes et les empires. Les communications des peules et des individus, dans la vie publique et dans la vie privée, amènent beaucoup de biens, mais aussi quelques maux : tel est, par exemple, ce mélange d'opinions natives ou étrangères qui altèrent peu à peu la religion, comme la rouille le bon métal, et dont il est impossible de se préserver lorsque l'on considère le culte comme une simple dépendance de l'ordre civil. Le seul remède à cela, c'est de placer la religion dans la condition de société distincte, ayant un gouvernement, une hiérarchie, des lois et des réglements propres, conformément à l'institution divine qui a renouvelé l'état primitif de l'homme (*). C'est grâce à cette société élue que nous voyons la vérité idéale se conserver intacte et inaltérable à travers les diverses superstitions qui naissent et meurent, qui se succèdent, se croisent, se confondent, se transforment sur la face de la terre ; que nous voyons la la ligne droite de la révélation se perpétuer visible et distincte, sans se mêler avec les lignes convergentes ou divergentes qu'elle rencontre sur son passage : tel un rayon de vive et pure lumière passe et reluit, sans altérer sa limpidité native, à travers le chaos ténébreux décrit par Hésiode et Ovide, et dans lequel les éléments séparés les uns des autres se rapprochent, se mêlent se désagrégent sans cesse et forment un désordre immense, un combat éternel.

Il ne faut pourtant pas conclure de là que les vices et les caprices des hommes n'aient pas essayé plusieurs fois d'altérer la vérité révélée, et de la surbordonner au syncrétisme particulier aux faux cultes. En effet, ils y sont parvenus, toutes les fois que les individus et les nations se sont séparés de la société élue, unique dépositaire et conservatrice du vrai absolu. Mais si une folle témérité a été nuisible aux malheureux qui ont prêté l'oreille aux promesses et se sont laissés prendre aux appâts des séducteurs ; elle n'a pas tourné au préjudice de l'Eglise qui a perdu, il est vrai, une partie de ses enfants, mais en a acquis d'autres et a conservé intactes ses divines

---

(*) *Théor. du Surnat.* num. 174.

prérogatives. Avant le Christ, la révélation s'altéra chez la plus grande partie du genre humain ; après le Christ, elle se corrompit ou s'éteignit dans une partie notable de la chrétienté. Car l'hérésie est réellement, dans tous les cas, *l'altération des idées révélées, à l'aide des éléments naturels et hétérogènes.*

L'élément corrupteur de la révélation peut être de deux sortes : l'un intellectuel, donné par la réflexion ; l'autre sensible, fourni par l'imagination. Le premier a produit toutes les hérésies que l'on peut appeler rationnelles (si toutefois il est permis de donner le nom de raison à son abus le plus grave), depuis les Sabelliens jusqu'aux rationalistes de nos jours, en donnant la prédominance à la connaissance naturelle sur la connaissance innée, à la philosophie sur la théologie, et en viciant ou écartant le surintelligible en faveur de l'intelligible. Mais l'intellect n'est, relativement au temps, ni la première ni la seule puissance des individus et des peuples : en effet, il est presque toujours précédé et souvent même surpassé par l'imagination ; de là vient que dans l'antiquité païenne, l'émanatisme et le polythéisme, l'idolâtrie embellie par les poëtes et les cultes grossièrement fantastiques précédèrent le panthéisme et les autres raffinements de la philosophie hétérodoxe. Ainsi les hérésies intellectuelles furent précédées par les erreurs de l'imagination qui aspiraient à convertir la foi en poésie, comme les premières tendent à en faire une spéculation philosophique. Et comme, même chez les philosophes, l'imagination l'emporte souvent sur la raison, en prend les apparences et en fait les fonctions ; le rationalisme hérétique, admet aussi fréquemment non-seulement l'abus des idées, mais encore celui des images, ainsi qu'on peut le voir dans ses disciples même les plus modernes.

Mais dans les hérésies les plus anciennes, l'imagination

domine d'une manière toute particulière, ainsi qu'on le voit dans le Gnosticisme et le Manichéisme, précurseurs et compagnons de l'hérésie arienne, qui ont entremêlé aux dogmes évangéliques le merveilleux chimérique du paganisme. Tel fut aussi le culte mythriaque, très ancien d'origine, qui, vaincu ou réformé par le Mazdéanisme et ressuscité ensuite sous d'autres formes, fit irruption dans l'Occident et fut regardé par saint Augustin comme une secte du christianisme, parce qu'en effet c'était un syncrétisme des mythes zendiques et de quelques dogmes chrétiens. Le surnaturel et le surintelligible des hétérodoxes sont des fictions poétiques ou rationnelles; car lorsque l'homme ignore ou rejette les vérités qui surpassent la nature et l'esprit fini, il est obligé de recourir aux rêves de son imagination et de son intelligence. Les peuples, qu'ils soient grossiers ou civilisés, ont tous besoin de croyances vraies; et quand ils n'en ont pas, ils y suppléent par des fables, qui se ressemblent autant entre elles, quelle que soit la variété de leurs formes, qu'elles se distinguent des vraies croyances. En effet, la nature des hommes est substantiellement une, qu'ils soient sauvages comme les populations indigènes de l'Afrique et de l'Amérique, ou civilisés comme les académiciens de Berlin et de Paris; et tout ce qu'ils peuvent faire c'est de fabriquer un manitou et un fétiche, ou d'inventer quelqu'une de ces formules transcendantales qui sont les idoles spéculatives des modernes philosophes. Voilà pourquoi, dans le gentilisme renouvelé, les hommes sont redevenus idolâtres, comme ils l'étaient dans l'ancien. L'idolâtrie est le seul culte possible, d'après le dogme des polythéistes, qui nous représente un panthéisme grossier et populaire.

Le panthéisme, qui est substantiellement un acomisme, est sous d'autres rapports un véritable théocomisme, c'est-à-dire une composition à contre-temps de l'Etre et de l'existant, et un accouplement bizarre de concepts incompatibles. Or, les philosophes modernes, sortis de l'école protestante, et de l'hérésie rationnelle de Descartes, sont tous plus ou moins panthéistes. Et qu'a-t-on fait depuis Fichte, sinon diviniser l'homme et la nature et par conséquent les adorer? En effet, en vertu d'une loi téléologique de notre esprit, tout acte humain est dirigé vers une fin dernière et s'y arrête; et cette direction est un véritable acte d'adoration d'autant plus grand que le culte du cœur est au-dessus des rites et des sacrifices. L'athée lui-même est obligé d'avoir une religion, et qu'il le veuille ou non, l'hommage qu'il refuse à la divinité, il se le rend à lui-même et à la nature corporelle. Ainsi cette Eglise, que les premiers protestants accusaient d'idolâtrie et de superstition, est aujourd'hui la seule qui maintienne la connaissance et la pratique du culte véritable. Or, celui-ci consistant dans la soumission de l'ame à l'objet suprême de l'esprit, il est inséparable de la connaissance idéale et en dépend. Avant de se produire en public en se personnifiant dans un rituel extérieur, l'adoration des idoles commence par régner dans l'esprit; et tout homme qui n'a pas une pure connaissance et l'amour de l'Idée est naturellement et irrésistiblement idolâtre.

Que dirons-nous donc de la nouvelle sagesse de quelques modernes, qui se font les amis et les promoteurs du christianisme sans établir la distinction entre l'Eglise catholique et les sectes hétérodoxes? Un écrivain d'un grand sens et d'un savoir profond, mais qui, dans les choses religieuses, paie quelquefois tribut au génie du siècle, a écrit naguère quelques pages où, après avoir fait l'éloge des catholiques et des protestants, il les engage à persévérer fermement dans leurs croyances respectives, déclare impossible l'unité de foi entre les hommes, et proclame cependant la divinité du

Christianisme et la nécessité de la religion (7). Si l'auteur de cet article n'était pas un homme aussi grave, aussi sensé, aussi respectable par ses sentiments et par son caractère, que l'est réellement M. Guizot, je ne pourrais me rendre compte des motifs qui l'ont porté à s'exprimer de la sorte. Comment peut-on admettre qu'il ne se soit pas aperçu que la neutralité, en religion, c'était l'indifférence? En matière politique, où il s'agit de choisir et de mettre en œuvre, entre plusieurs partis, celui qui est le plus convenable, il y a souvent de la sagesse à se tenir dans le juste-milieu; la modération politique est une vertu d'autant plus estimable qu'elle est plus difficile et plus rare. Mais quand il s'agit de croire, il est absurde de vouloir qu'on se tienne entre la vérité et l'erreur. Les Protestants et les Catholiques ont ou tort ou raison; et comme ils sont opposés les uns aux autres, et que, sur beaucoup de points très essentiels, le protestantisme est la négation de la foi orthodoxe, la vérité ne peut être commune aux deux parties; mais l'erreur pourrait également se trouver chez l'une et chez l'autre, si l'on parvenait à démontrer la fausseté du christianisme. Celui donc qui veut rester neutre et ne pas se prononcer entre les deux, n'est ni catholique ni protestant, et par suite il n'est pas non plus chrétien.

M. Guizot, guidé par des intentions excellentes assurément, et voulant développer les sentiments et les croyances les plus nobles, en est venu, tout au contraire, à donner une leçon de doute théologique telle que les Pyrrhoniens n'en auraient pu imaginer de plus forte. S'il a cru faire preuve de sentiments libres et nobles, en se plaçant au-dessus des sectes dissidentes et en s'élevant dans une sphère supérieure où n'arrivent point les opinions rivales, il ne s'est pas aperçu, je le répète, que la religion n'est pas comme la politique. La vérité ne consiste pas dans l'équilibre des contraires en tant qu'ils se répugnent mutuellement, ni dans l'équation des contradictoires. La vérité ne ressemble point aux ordres civils, dans lequel les divers pouvoirs doivent se faire équilibre, ni aux opinions humaines dans lesquelles le bien et le mal sont confondus et que le sage doit distinguer avec soin à l'aide de la logique ; aussi ce qui est modération et sagesse dans l'homme d'état, devient scepticisme chez le théologien et le philosophe, quand il est question de la substance des dogmes idéaux. La modération est assurément nécessaire même dans le champ des doctrines ; mais elle consiste à embrasser toutes les vérités, sans en exclure aucune, et non pas à vouloir mêler le vrai avec le faux et à leur donner également raison à tous deux. La vérité n'est point relative et variable, selon l'opinion de Protagore, mais immuable et absolue. Quiconque veut se placer au-dessus du Vrai et le dominer, le perd en punition de sa témérité sacrilège ; car le Vrai est Dieu et constitue le point culminant des esprits et de l'univers. Le protestantisme est précisément la relativité du vrai appliqué à la religion ; chercher donc un compromis entre cette croyance et la foi opposée, c'est contredire le principe catholique, c'est se déclarer protestant d'une manière toute spéciale, c'est réduire son impartialité à une vaine apparence. Le catholicisme seul exige un assentiment complet, parce que seul il comprend la vérité absolue dans la religion ; les autres sectes, au contraire, qui abandonnent plus ou moins la foi au caprice et à la volonté de chacun, se contentent de la vérité relative, et se condamnent ainsi elles-mêmes.

— Mais, dira-t-on, l'unité de la religion est une chimère.

— C'est donc aussi une chimère que l'unité de la morale, des sciences, du bien et du vrai en général ; il est donc inutile et ridicule de la chercher ; il faut excuser les erreurs et les vices des hommes ; Dieu a donc eu tort de descendre du ciel sur la terre pour rappeler les mortels à la paix et à la concorde, et pour recomposer l'unité perdue de notre famille ; le Christ a donc eu tort d'envoyer ses apôtres prêcher à toutes les nations, de fonder son Eglise sur l'unité de la foi, du culte et du sacerdoce, et de demander au Père céleste que tous les hommes ne formassent qu'un seul troupeau sous un seul et même pasteur.

— Mais l'union religieuse s'oppose à la variété des esprits.

— Dites plutôt à leur corruption ; car les idées ne diviseraient point les hommes, si les passions ne fomentaient pas la discorde. L'hérésie, le schisme, l'incrédulité ont leur principe dans la passion ; l'hérésiarque, avant d'être tel, est un homme passionné ; l'orgueil et la corruption, voilà les ancêtres de l'erreur, car les égarements du cœur précèdent toujours, ou presque toujours, ceux de l'esprit. Quand une hérésie est établie, il peut se faire que ceux qui naissent et qui sont élevés dans son sein soient dans une autre condition ; mais son principe est toujours tel que je viens de le dire. Toute l'histoire est là pour le prouver, depuis Simon, le gnostique, jusqu'à Luther et aux hérétiques de notre époque.

— Mais l'unité religieuse est une chose impossible à réaliser, et elle n'aura jamais lieu sur la terre.

— Et qui vous le dit ? qui vous en donne l'assurance ? Voulez-vous en savoir à cet égard plus que Dieu qui ne nous défend pas de l'espérer ? voulez-vous devancer les conseils et raccourcir le bras de la Providence ? Mais qu'il en soit même comme vous le voulez, qu'importe cela ? De ce que ce grand bien de l'unité religieuse parfaite ne sera jamais atteint par les hommes, s'en suivra-t-il que nous ne devions pas nous appliquer à nous en approcher le plus qu'il sera possible ? De ce que nous ne pouvons faire disparaître les divisions, ne chercherons-nous pas à les diminuer ? De ce que l'erreur

aura toujours ses victimes, ne chercherons-nous pas à accroître
le nombre des défenseurs de la vérité ? Toujours aussi il y
aura des vices et des crimes, et cependant c'est un devoir
pour chacun de nous de les combattre, de les détruire, de les
empêcher, selon les limites de notre pouvoir. Et les misères
et les calamités, elles aussi n'auront point de fin, et néanmoins c'est une grande consolation pour des ames bien nées
d'y apporter quelque remède, de les alléger et d'en affaiblir le
nombre. Si nous trouvons recommandables et dignes d'éloges
les hommes généreux qui travaillent à l'abolition universelle
de l'esclavage, en faisant participer tous les hommes à la communauté des droits civils ; n'aurons-nous aucune louange
pour ceux qui cherchent à détruire la servitude de l'erreur,
qui n'assujettit pas les corps mais les esprits, et l'emporte
d'autant plus sur l'autre en funestes effets, qu'elle est plus
intime, plus profonde, plus difficile à déraciner, et qu'elle
vicie l'homme tout entier, en le privant non plus d'un bonheur
temporaire, mais de la béatitude éternelle ?

Si le Christ avait été de votre avis, il n'aurait pas prêché
et scellé de son sang l'Evangile, pour fonder une Eglise unique, qui n'est selon vous qu'une chimère. La rédemption est
à vos yeux une utopie, et l'Homme-Dieu est mort pour un
rêve ; et quand vous exprimez cette opinion inouïe, vous vous
appelez chrétiens et vous prétendez presque être catholiques !
Mais de quelle espèce est donc votre Christianisme ! Si vous
aviez vécu au temps des apôtres, vous auriez peut-être écrit
un article d'éclectisme religieux, pour prouver que le gentilisme et le nouveau culte devaient vivre en bons frères, et
qu'ils étaient tous les deux également fondés et légitimes.
Cette théologie tolérante et pacifique aurait certes épargné
beaucoup de sang ; car l'Eglise n'aurait pas à se glorifier de
tant de martyrs. Mais elle aurait empêché le Christianisme

de se répandre et de grandir; elle l'aurait fait languir et mourir, comme une secte théurgique, comme une école de philosophes; elle lui aurait ôté la conquête du monde; le paganisme régnerait encore en Europe; la civilisation moderne ne serait pas née; nous serions barbares comme les peuples de l'ancienne Germanie, ou efféminés et corrompus comme les citoyens de Rome sous l'empire. Mais pourquoi en a-t-il été tout autrement? Parce que le Christ a prêché sa religion comme le vrai absolu et l'unique moyen de salut; parce qu'il a condamné l'erreur sans conditions, sans tempérament, sans limites; parce qu'il fut aussi sévère, aussi inflexible, aussi inexorable à son égard, qu'il se montra humain, doux, bon, patient, tolérant envers ceux qui avaient le malheur de la professer. Il a affirmé qu'il venait apporter au monde non pas la paix, mais la guerre; guerre incessante, terrible, implacable, immortelle, contre l'erreur. Tel fut l'exemple qu'il nous donna, tel l'enseignement qu'il nous a laissé; quiconque agit ou pense autrement ne mérite point le nom de son disciple.

Il n'y a point de condition, de pays ni de temps qui nous dispense de ce précepte souverain, qui nous délivre de l'obligation de chercher et de provoquer sérieusement l'unité religieuse du genre humain. — Mais nous n'y arriverons pas?... Cela peut être; la Providence ne nous a pas fait connaître d'une manière claire et précise les desseins de l'avenir. Mais au jour du jugement suprême, il ne nous sera pas demandé si nous avons trouvé le but, mais si nous l'avons cherché, si nous avons fait tous nos efforts pour y arriver. L'homme est tenu de répondre de sa volonté et non pas du résultat; celui-ci, en effet, ne dépend pas toujours de nous, celle-là, au contraire, est toujours en notre pouvoir. Appliquons-nous donc à concourir avec une sage ferveur à cette entreprise sainte, à l'exemple du divin maître, et tenons pour certain que, quelle que soit l'issue de nos efforts, ils ne resteront pas sans produire des fruits. Mais si nous voulons atteindre ce but, gardons-nous surtout d'être tolérants et indulgents pour l'erreur, de la flatter, de la caresser, de l'approuver, de pactiser avec elle, de la mettre sur le même rang avec la vérité, et, par-dessus tout, de prétendre introduire, comme on le fait aujourd'hui, l'éclectisme dans la religion.

Pour en revenir à la foi catholique, son identité avec l'Idée rendue visible, et revêtue d'une forme sociale, répond suffisamment à ceux qui la traitent de superstition. La superstition c'est *la religion séparée de l'Idée*, et réduite à une vaine forme, expression du faux, c'est-à-dire du néant. Or, voyons comment le catholicisme, qui est la religion idéale par excellence, peut être superstitieux, et si cette épithète ne convient pas plutôt à toute opinion et à toute croyance qui s'en écarte. Le ridicule mépris de la superstition naît précisément de ce vide idéal et de ce défaut de substance qui font du culte extérieur un vain fantôme; car toutes les fois que les signes extérieurs ne sont point dictés par la pensée ou par le sentiment, ils ne peuvent que provoquer le rire, attendu qu'ils sont dénués de toute intention, de tout dessein sérieux. C'est ce qui n'a pas lieu lorsque la démonstration extérieure, quelle qu'elle soit, exprime le vrai idéal; car alors on porte ses yeux sur la chose exprimée, la valeur du symbole étant le résultat de l'objet symbolisé.

Beaucoup de personnes ont l'habitude de tourner en dérision les rites sacrés, et les cérémonies catholiques les plus belles et les plus respectables, en s'arrêtant à l'extérieur, sans s'inquiéter d'en pénétrer le sens. D'où ce vice peut-il venir, sinon de cette légèreté incroyable qui ne sait pas envisager l'Idée sous les formes qui la revêtent? Comment se fait-il, en effet, que les uns ne regardent pas ou même méprisent ces mêmes emblèmes qui inspirent aux autres un profond et affectueux respect? Serait-ce, par hasard, de la corruption et de la bassesse des sentiments? Mais parmi ceux qui les tournent ainsi en dérision, il se trouve parfois des hommes honorables, de mœurs régulières, de noble cœur. Serait-ce de l'inégalité des esprits? je ne le crois pas. Saint Cyprien et Bossuet avaient pour le moins autant de talent naturel que Celse et que Voltaire. La raison, la voici : c'est que l'homme religieux voit sous les dehors du rite légitime une idée divine, tandis que l'homme profane n'y aperçoit autre chose qu'une pure forme. Ce dernier s'arrête au sensible, l'autre remonte à l'intelligible. Si vous supprimez le concept idéal, le prêtre du Christ qui célèbre les divins mystères, et le saltimbanque ou le bateleur qui gesticule sur la place publique, au grand ébahissement de la foule, peuvent vous paraître deux personnages de la même troupe; tout comme vous ne ferez pas de différence entre un fils qui baise la main de son père en signe de respect, et un singe qui imite la même action.

Mais pénétrer l'enveloppe des symboles et des institutions religieuses, c'est chose aujourd'hui d'autant plus difficile, que notre siècle frivole ne sait apprécier ni les nobles sentiments de l'ame, ni les sublimes pensées de l'esprit. Aussi une infinité de choses, qui nous paraissent ridicules ou sans valeur, exciteraient en nous le respect ou l'admiration, si nous savions en apprécier l'excellence idéale. Nos philosophes sourient, par exemple, quand ils voient une pauvre femme imprimer un baiser affectueux sur le signe sacré de la rédemption, et le presser sur son cœur. Les malheureux ! S'ils n'étaient absorbés par l'étude et par l'amour des choses qui paraissent et qui ne sont point, ils apprendraient que cet acte d'humilité, pourvu qu'il parte d'un vif sentiment de charité et d'espérance, est une chose moralement plus noble, plus belle et plus grande que la découverte de l'Amérique, et que toutes les victoires d'Alexandre et de Napoléon.

De la formule catholique : *Dieu, par le moyen du Christ, crée l'Eglise*, il résulte que l'Eglise est en Dieu, et que Dieu est dans l'Eglise ; de là vient, entre la pensée orthodoxe et l'Idée, une équation parfaite, par laquelle les deux notions se joignent ensemble et se réduisent à un concept unique. De là vient que le catholique fait hommage de son culte à la divinité, parce qu'il voit dans son fondateur non pas un homme singulier et extraordinaire, comme les rationalistes et les Sociniens ; non pas un homme divin, comme Nestorius ; mais un Homme-Dieu, en qui la nature humaine est élevée à un degré d'excellence incomparable par le principe divin et personnel qui la forme. Par conséquent l'esprit du chrétien suit, en admettant la formule catholique, un procédé analogue à celui de tout autre homme dans l'intuition idéale. Comme dans les ordres de celles-ci, l'esprit passe de l'Etre à l'existant, par le moyen du concept intermédiaire de création, et non pas vice-versa ; de même, dans la formule catholique, il part du concept de Dieu, comme essence surnaturelle et surintelligible, et, par le moyen du Médiateur, il descend à la société divine, instituée par celui-ci sur la terre. En effet, de la réunion de la notion de l'Etre créateur avec celle du surintelligible et du surnaturel, naît l'idée de révélation, qui n'est autre chose que la création relativement au surnaturel et au surintelligible.

Le procédé du fidèle est donc *a priori*, et conforme à l'ordre logique des choses. En effet, prenant pour point de départ le concept générique de l'Etre incompréhensible et surnaturel, il passe aux concepts concrets du Christ et de l'Eglise, et s'arrête dans leur concrétion parce qu'il les voit sortir de l'action révélatrice. C'est dans ce raisonnement intuitif de l'esprit que consiste l'essence intime de la foi chrétienne, car il n'embrasse pas seulement les preuves internes, mais aussi les externes; puisque tous les signes externes de la révélation, qui forment son cortège surnaturel et sensible, sont parties intégrantes de l'Idée parfaite. Mais de tels signes, qui équivalent à de véritables preuves, et ont une vertu démonstrative dans l'ordre de la réflexion, sont de simples conséquences dans la sphère de l'intuition ; car celle-ci raisonnant de l'Etre à l'existant, passe en effet de l'Idée qui se révèle à ses significations sensibles, et non point de celles-ci à la révélation ; de même que l'esprit qui contemple va de l'Idée à la parole qui l'exprime, bien que l'esprit réfléchissant s'élève de la parole à l'Idée. Voilà pourquoi, dans le langage biblique, les preuves externes reçoivent le nom de signes et non pas d'arguments du vrai, attendu que, de leur nature, elles se réduisent à signifier l'Idée, qui est à elle-même sa preuve, en vertu de son évidence intrinsèque et intuitive.

L'acte accompli de la foi catholique consiste donc dans l'assentiment libre et réfléchi que l'on donne aux trois idées fondamentales de Dieu révélé, de Christ et d'Eglise, coordonnées conformément à leur caractère intrinsèque et aux choses qu'elles représentent. Mais comment l'esprit du chrétien peut-il partir de Dieu pour descendre à l'Eglise, s'il ne s'élève d'abord de l'Eglise, dont il est un des membres, au concept et au sentiment de Dieu ? L'homme, à sa naissance, se trouve placé dans l'Eglise, comme dans le sein d'une société visible, qu'il ne peut, dans son appréciation, distinguer essentiellement de toute autre société, tant qu'il n'est pas croyant en acte, mais seulement en puissance. De plus, son ame absorbée dans les choses sensibles et attachée fortement aux existences, ne peut, par sa seule vertu, s'élever plus haut, sans entraîner à sa suite le poids qui l'accable, selon la doctrine vicieuse des psychologistes, qui aboutit à l'émanatisme, principe de toute erreur. Ainsi celui qui aspire à s'élever au sommet d'une montagne très haute, ne pouvant s'y transporter en volant, ni s'y élancer d'un bond, est obligé de gravir pas à pas la pente escarpée, et d'entraîner avec lui la force d'attraction terrestre qui augmente son propre poids.

L'esprit trouve bien moins d'obstacles et d'embarras dans la conscience de soi-même, dans laquelle se résume le sentiment de la nature matérielle et tout l'ensemble des sensibles externes; d'où il est impossible, comme nous l'avons vu plusieurs fois, de s'élever jusqu'à l'Idée pure. Et comme il n'est pas plus facile à notre esprit qu'à la nature de procéder par bonds, et que la pensée marche continuellement par degrés, l'existant ne pourra jamais sortir de lui-même et franchir l'intervalle effrayant qui le sépare de l'Etre. Ainsi l'homme, placé dans la sphère de la réflexion, ne peut de lui-même se placer au point primitif de l'intuition. Il faut nécessairement qu'une force puissante et extérieure l'y conduise; et cette force, c'est la parole de la société ecclésiastique, qui enseigne et prescrit la foi, en l'introduisant par l'ouïe dans le sanctuaire de l'intelligence (*). Voilà pourquoi il faut distinguer dans la formule théologique deux cycles révélatifs, correspondants aux deux cycles créatifs de la formule rationnelle. Le premier, nous l'avons inscrit plus haut : *Dieu, par le moyen du Christ, crée l'Eglise*, et il exprime l'ordre originel des choses. Le second, que l'on peut rendre ainsi : *l'Eglise, par le moyen du Christ, ramène à Dieu*,

---

(*) Rom. x, 7.

signifie l'ordre complémentaire du premier cycle. Et comme du second cycle créatif naissent les notions naturelles de vérité et de vertu, avec la logique et la morale qui en sont l'art et la science; ainsi du second cycle révélatif dérivent la foi et la charité, qui ont la même valeur dans les ordres placés au-dessus de la nature, en donnant naissance à la logique et à la morale de la révélation (*). La foi et la charité sont le retour à Dieu comme vérité et bien surnaturel ; et la charité comprend l'espérance, comme une de ses propres dépendances, de même que l'éthique comprend l'eudémonologie.

Comme l'homme naît avec un penchant excessif et pervers pour les créatures, son esprit est incapable de s'élever à l'intuition du premier cycle, si d'abord il n'accomplit le second au moyen de la société chrétienne. Voilà pourquoi, relativement à la connaissance réfléchie, le second cycle précède chronologiquement le premier. Par conséquent, si le premier cycle exprime l'ordre réel des choses et l'ordre logique de la foi, le second représente l'ordre disciplinaire et pédagogique de l'éducation chrétienne. Le fidèle, aussitôt qu'il est capable de faire usage de sa raison, est transporté de l'Église en Dieu, par le moyen du Dieu fait homme, et il descend ensuite de Dieu à l'Église par le moyen du même médiateur. L'acte accompli de la foi, consistant dans l'assentiment libre de l'esprit aux vérités exprimées par la révélation, ne peut s'effectuer que par l'accomplissement du second cycle religieux, quand la réflexion de l'homme, déjà transportée et affermie en Dieu, est capable de donner son plein assentiment à la parole divine, en embrassant avec l'Idée toutes ses dépendances, en vertu de cette même Idée. Le

---

(*) Voir le tableau de l'arbre encyclopédique, au ve chapitre de ce livre.

second cycle exprime donc le cours préparatoire de la foi ; et le premier, la foi elle-même dans son accomplissement. Et par conséquent les scolastiques agissaient avec sagesse, lorsqu'ils donnaient le nom de préliminaires et non pas d'articles de foi, à ces vérités qu'on doit admettre pour être en état de faire un acte accompli de profession catholique.

Cette matière est d'une si haute importance, non-seulement pour la théologie, mais encore pour la philosophie, qu'elle doit être étudiée et méditée avec la plus grande attention. En effet, la foi catholique, telle que nous l'avons définie, n'est pas seulement nécessaire pour rendre l'homme religieux et chrétien, mais encore pour faire le parfait philosophe. On trouvera ceci singulier et difficile à croire ; mais cependant il est aisé de prouver qu'il en est ainsi. La philosophie est l'œuvre de la réflexion, qui, pour raisonner sainement, doit reproduire, dans ses spéculations le procédé intuitif. La première condition pour bien philosopher, c'est donc le transport de la pensée réfléchie dans la région idéale, de laquelle doit partir toute synthèse et tout raisonnement. Or, la parole est le seul moyen capable de mettre l'esprit qui réfléchit en communication avec l'Idée. Mais une parole imparfaite ne peut nous révéler l'Idée parfaite ; et la connaissance de celle-ci sera toujours plus ou moins voilée par des fantômes et des impressions sensitives. La parole parfaite, c'est le Verbe religieux et révélé, conservant son intégrité primitive, tel qu'il est conservé lui-même et transmis par l'enseignement catholique, hors duquel il est impossible de le trouver. La juste direction de l'esprit vers l'Idée, et le transport de la pensée réfléchie dans le domaine des vérités idéales, qui sont la première condition requise pour bien philosopher, sont donc l'œuvre de la parole hiératique.

Mais l'Eglise ne nous révèle pas seulement l'Idée, comme

Être; elle nous la fait encore connaître analogiquement, comme essence; elle nous montre en elle le principe effectif du surnaturel et du surintelligible, l'auteur de la nature et de la grâce, de la raison et de la révélation, le créateur et rédempteur tout-puissant de ses ouvrages. Or, qu'est-ce que l'affectueuse adhésion à l'Idée ainsi exprimée, sinon la foi catholique? Par la foi, on croit à l'existant, en vertu de l'Etre, et non pas réciproquement : on croit à Dieu et aux autres premiers points de doctrine, par Dieu lui-même et par la société divine qui en conserve et en promulgue les oracles. La foi est synthétique, de sa nature; elle procède *a priori* et non *a posteriori*, et elle renferme en elle la seule expression adéquate et vraiment complète, sous tous les rapports, de la formule et du procédé idéal, en imprimant à l'esprit cette habitude ontologique qui est d'une si haute importance dans l'usage du génie spéculatif (*).

De la foi dépendent et découlent les deux autres vertus théologales qui s'accordent, comme elle, avec le second cycle créatif. En effet, comme la foi est la logique religieuse, qui transporte l'esprit dans l'Etre, comme vrai; de même la charité et l'espérance sont une éthique surhumaine, qui le transportent dans le même Etre, comme Bien. Et ces trois vertus réunies forment le principe de la vie de l'ame et du souffle idéal; d'où il suit que l'homme habite mentalement dans l'Idée, comme principe et fin, comme prémisse spéculative de la pensée, et terme opératif de l'affection et de la volonté créées. Exaltation intellectuelle et morale, apothéose légitime de l'esprit, qui commence à s'élever au-dessus de lui-même en ce monde, et se prépare

---

(*) Ci-dessus, chap. 3.

à cette possession intime et substantielle de l'Idée, qui complétera le second cycle, en rendant éternel et parfait le rudiment idéal commencé ici-bas. Si l'homme perd la foi avec ses dépendances, il se concentre dans les choses sensibles, s'y repose, y place son bonheur, s'identifie avec elles, et se sépare moralement de sa fin dernière ; ce qui n'est pas seulement la mort éternelle de l'ame, mais encore la mort perpétuelle de la philosophie et de la science. Tant il est vrai qu'on ne peut être philosophe parfait si l'on n'est catholique, et que le psychologisme cartésien, qui rompit le lien sacré des sciences rationnelles avec la foi, est la faute capitale et la ruine de la spéculation moderne.

Le Christianisme, par son procédé, rend l'homme non pas croyant, mais philosophe, en l'initiant à la connaissance de ces premières vérités, sans lesquelles la philosophie est impossible. Il y a trois états dans lesquels peuvent se trouver les esprits créés, relativement à la vérité : la compréhension, la connaissance et l'ignorance. La compréhension est l'intuition adéquate, la pleine évidence, la science parfaite, que l'on appelle métaphoriquement vision. La connaissance est une appréhension imparfaite, dont on ne peut admettre l'ignorance absolue, parce qu'alors la pensée serait complétement éteinte, un exercice quelconque de la vertu cogitative étant impossible, si l'on ne connaît et si l'on n'affirme d'abord quelque chose. Notre ignorance est, par conséquent, toujours mêlée de connaissance, et de ce tempérament naissent deux états intermédiaires : le doute et la foi ; le doute, quand l'ignorance prévaut sur la connaissance ; la foi, quand c'est le contraire qui a lieu. A ces trois dispositions intellectives correspondent autant de conditions morales et pratiques du côté de la volonté humaine, savoir : la possession complète, ou la jouissance, qui répond à la compréhension ; la certitude active, corrélative à la connaissance et à la foi ; la recherche, qui se rattache au doute et à l'ignorance.

L'homme n'est point capable de la jouissance parfaite du vrai dans le cours de cette vie mortelle. Mais il est susceptible de connaissance et de foi ; bien plus, il en a besoin ; car, sans elles, il ne peut ni agir, ni vivre, comme homme, ni accomplir la destinée que la nature lui a marquée. En effet, comment pourra-t-il avoir un but, s'il ne connaît point le vrai ? comment pourra-t-il agir, s'il ne se propose un but ? puisque la finalité est une loi absolue et objective de l'esprit. Mais il ne suffit pas d'avoir un but ; il faut encore que ce but soit moral ; autrement celui qui opère descendrait au rang des brutes et même au-dessous d'elles, car, manquant de la prévoyance de l'instinct, d'après laquelle celles-ci se gouvernent, et s'abandonnant au hasard à l'impétuosité de ses passions et au caprice de sa volonté, l'individu et la société périraient également. Or, un but moral présuppose le devoir, qui emporte un jugement affirmatif et vraiment dogmatique, impossible à se former, sans la connaissance et la profession du vrai. Supprimez celui-ci, vous êtes réduit à le chercher ; mais qui cherche ne possède pas avant qu'il n'ait trouvé ; qui cherche la vérité, fondement de la morale, ne pouvant connaître les conséquences sans les prémisses, n'est point obligé de les mettre en œuvre. Par conséquent, nul ne peut dire à celui qui cherche à connaître son devoir : tu es obligé de faire ceci ; mais seulement et tout au plus : tu seras obligé de faire telle chose avec le temps, c'est-à-dire lorsque tu auras trouvé ce que tu cherches.

Or, sans la religion, qu'est-ce que la philosophie, sinon une recherche ? *Les Grecs cherchent la sagesse*, dit saint Paul ; et ces paroles sont applicables à tout philosophe qui n'édifie point sur la religion ; *mais nous, nous prêchons le*

Christ crucifié (*); voilà la possession du vrai et le caractère dogmatique de la foi. La foi étant donc requise pour la profession du vrai, et celle-ci devenant nécessaire pour la vie morale et matérielle de l'individu, et pour l'accomplissement de sa fin temporelle et perpétuelle, quel est l'homme qui n'apercevra pas, dans cette intime et étroite union de la religion avec la nature, la vérité du catholicisme?

 Qu'on ne nous objecte pas qu'une grande partie du genre humain a vécu et vit encore sans ce bienfait; car il n'y a pas un seul homme qui ne participe de quelque façon à la révélation primitive ou à la révélation renouvelée. On trouve partout des traces nombreuses de foi et de catholicité, germes bienfaisants, dont la Providence se sert pour maintenir l'existence de la famille humaine, ruines vitales, dont se nourrissent les nations et les empires. Assurément, chacun de nous subsiste corporellement et spirituellement, en tant qu'il croit à quelque chose : les philosophes croient, les incrédules croient, les sceptiques croient, parce que, sans la foi, on ne pourrait non-seulement penser et philosopher, mais même vivre un seul instant. La recherche même et la spéculation présupposent quelque point absolu de doctrine, qui sert de point de départ; parce que l'on ne peut bâtir sur le vide et avec le néant. Si Descartes ne s'en est pas aperçu, cela prouve que le droit sens est plus nécessaire qu'il n'est commun, même parmi les philosophes.

 Mais ces restes de foi qui alimentent les hommes en particulier et les peuples, sont l'effet de la parole, et remontent par son intermédiaire à la révélation. Et comme ils sont très imparfaits, s'ils sont suffisants pour empêcher la ruine des

---

(*) Cor. 1, 22, 23.

nations, ils ne le sont pas pour fonder leur prospérité; car les nations, quand elles ne sont point croyantes, sont et se montrent barbares. La barbarie, source de tout mal, est un défaut de connaissance et par conséquent de foi; or, les degrés de cette dernière sont la meilleure mesure de la civilisation d'une époque ou d'un pays en particulier, proposition d'autant plus vraie, d'autant plus facile à prouver, qu'elle est malaisée à croire à ceux qui se tiennent pour satisfaits et contents de la culture de notre siècle.

La doctrine catholique est la seule qui s'accorde parfaitement avec les dispositions psychologiques de l'esprit humain. Elle prend l'homme dès sa naissance et l'initie à l'école de la vérité au moyen de ce rite simple et auguste auquel Dieu a donné le pouvoir de faire habiter dans l'ame la vie idéale, avant que le développement de ses diverses puissances lui permette de la réduire en acte. Aussitôt que la raison de l'enfant commence à se développer, l'Eglise, qui remplit à son égard le devoir pieux et sacré de mère spirituelle, lui révèle l'Idée par les moyens et les figures que comporte son âge encore tendre, et elle le nourrit du lait de sa parole. L'idée, avec son cortège historique et rationnel, apparaît à l'esprit de l'enfant comme le vrai absolu, et, secondée par les douces et pénétrantes influences de la grâce, elle obtient de lui, sans efforts, une croyance affectueuse. En croyant à l'Idée, il croit à celui qui la lui fait connaître, et sa foi instinctive envers l'Eglise sa mère, à une simple autorité naturelle, devient foi chrétienne aussitôt qu'il reconnaît l'identité de la doctrine qui lui est enseignée avec le céleste précepteur; celui qui enseigne le vrai absolu ne pouvant être un menteur. Il croit donc à la divine maternité de l'Eglise, en vertu de l'idée qui lui est enseignée, comme il croit à celui qui lui a donné la vie du corps, par l'affection instinctive de la nature, par les services pleins de tendresse qu'il en reçoit, par l'autorité irrécusable des autres hommes.

Personne, assurément, ne pourrait décrire avec précision le mélange admirable de la nature et de la grâce dans l'ame de l'enfant chrétien, et suivre la main de Dieu dans le mystérieux travail dont les effets seuls sont visibles. Les miracles de l'éducation catholique peuvent être plus ou moins rares; mais ils sont communs à tous les temps, et c'est même au moyen de l'éducation que la religion influe plus généralement et plus efficacement sur les hommes. D'un monstre, Dieu peut faire (et il le fait quelquefois), un héros et un martyr, comme il peut des pierres susciter des fils à Abraham; mais, selon le cours le plus ordinaire des choses, la piété et la vertu dépendent des habitudes contractées dans les premières années. Une bonne éducation implante dans le cœur de l'homme un germe de foi précieux, qui peut être étouffé et comprimé par les illusions du monde et par les passions d'une jeunesse bouillante, mais qui ne s'éteint pas et se ranime tôt ou tard. Celui qui a eu le bonheur de goûter une fois la beauté et la vérité de l'Idée, bien qu'ensuite il la perde de vue, bien qu'il retombe en quelque sorte dans les ténèbres du gentilisme, sent de temps en temps renaître en lui un souvenir de ces premières affections, et un douloureux regret d'avoir perdu un si grand bien; il éprouve un vif désir de le reconquérir, de recouvrer avec lui les habitudes de l'innocence et cette jeunesse posthume de l'ame, qui console et fortifie au déclin de la vie.

Hors du catholicisme il ne peut y avoir d'éducation idéale, non-seulement parce que la connaissance de l'Idée est un de ses privilèges, mais parce que son enseignement est le seul qui soit proportionné à l'enfance. Chose merveilleuse! l'Idée, qui est le comble de la sagesse, et dont l'acquisition fait reculer les génies les plus éminents, est cependant la connaissance la plus à la portée, la seule même à la portée de l'intelligence des enfants, et du peuple qui a tant de ressemblance avec les enfants. Mais l'Idée ne peut s'adapter à la capacité du peuple et des enfants qu'autant qu'elle est enseignée avec autorité ; elle ne le peut pas, s'il faut la chercher, quoique pourtant cette recherche soit réputée possible. Celui qui voudrait enseigner la philosophie aux enfants et au peuple se ferait moquer de lui. Enseigner la philosophie ? Mais comme d'après votre propre aveu, celle-ci n'est point une croyance; comme c'est un examen, une enquête longue, embrouillée, très difficile; comment voulez-vous la communiquer à ceux qui ne sont pas en état d'entreprendre cet épineux travail ? Autant vaudrait-il inviter un enfant qui balbutie et se traîne à peine, à pénétrer dans les calculs de la géodésie ou à faire avec vous le tour du monde.

La philosophie est le faîte de l'encyclopédie, et la fleur de la spéculation est la plus tardive à s'épanouir, même dans ceux qui en ont le germe; car, chez beaucoup de personnes, l'impuissance philosophique est perpétuelle. Le jeune homme peut étudier la physique, les mathématiques, la littérature, bien long-temps avant de pouvoir se livrer à la philosophie, quand même il aurait le génie de Platon et de Vico ; d'où il suit que la philosophie pure n'est possible que dans le christianisme, parce que là, la religion peut exister sans elle. Chez les Gentils, qui étaient dépourvus de culte légitime, la philosophie était forcée de tenir la place de la foi; mais, d'un autre côté, comme ils manquaient de religion, ils se trouvaient aussi privés des principes d'une solide spéculation. Les protestants et les hérétiques de toutes les couleurs, n'ayant point un enseignement extérieur et authentique, seul propre à instruire les enfants et le peuple, se trouvent dans un état peu différent des précédents, et leurs sectes, pour parler rigoureusement, ne méritent pas le nom de religions ni de croyances. Le Protestantisme est une recherche, et par conséquent il n'est point en substance une communion religieuse ; mais une secte philosophique, et un rejeton des doctrines psychologiques. La foi chrétienne est impossible, d'après le dogme fondamental de Luther, qui l'annulle essentiellement et y substitue son plus grand contraire ; car l'hétérodoxe commence avec le doute, ce qui revient à dire avec un acte d'incrédulité. Par conséquent, l'interdiction de l'examen dubitatif, dont les esprits légers font un reproche aux catholiques, comme un indice d'erreur, est la plus belle preuve de leur raison ; et ce n'est pas le seul cas où la critique moderne ait coutume de voir ses objections rétorquées et servir à lui répondre ; cela peut servir du moins à abréger les discussions. L'interdiction de l'examen est une conséquence nécessaire de la possession de la vérité ; aussi le Protestant, qui commence à lire la Bible, peut, en vertu de ce qu'il n'est pas chrétien, douter des dogmes qui y sont contenus. En somme, la négation du catholicisme est purement et simplement la négation du christianisme.

La profession catholique est l'unique forme de la révélation, qui place l'homme dans son état naturel, et lui assure la possession du vrai, impossible à obtenir sans elle, et d'autant plus aisé à perdre qu'il est difficile à acquérir. La rejeter, c'est faire reculer l'homme de la condition normale de possession à laquelle il a été élevé par la révélation, vers l'état contre nature d'ignorance et de doute, et le dépouiller complétement du vrai, qui est le trésor de l'esprit et le principe de toute humaine grandeur. C'est ce que beaucoup de gens regardent aujourd'hui comme un bien ; aussi donnent-ils à ceux qui sapent la foi le nom d'hommes progressifs, d'apôtres de perfectibilité, éloge qu'on pourrait fort bien leur passer, puisqu'on le donne pareillement à ceux qui savent alléger la bourse et la casette des habitants de nos villes. Seulement, les voleurs profitent en quelque façon de ce qu'ils dérobent, tandis que ceux qui enlèvent la foi, ceux qui détruisent la religion, n'en jouissent pas eux-mêmes, et périssent de misère, aussi bien que ceux qu'ils ont dépouillés. Le scepticisme est une marchandise qui ne profite à personne.

Loin de là, il accuse chez celui qui en fait ses délices ou égarement du cœur ou imperfection de l'esprit. Voilà pourquoi les penseurs les plus éminents, dans l'histoire du savoir humain, furent tous dogmatiques, et que les sceptiques même les plus spirituels ont laissé une renommée, non-seulement moins pure, mais encore moins grande que les premiers. Démocrite, Gorgias, Prodicus, Protagoras et tous ces hommes subtils et diserts, qui, sous le nom de sophistes, remplirent la Grèce de bruit et de trouble, sont complètement éclipsés aux yeux de la postérité, par l'éclatante gloire de Pythagore et de son illustre école. Qui oserait opposer Pyrrhon, Carnéade, Sextus Empiricus, quelque savants et subtils qu'ils soient, à Aristote et à Platon? Chez les modernes, David Hume eut certainement peu de rivaux, pour la pénétration d'esprit et la force de la logique; mais son talent n'est cependant nullement comparable à la vaste et profonde intelligence de Leibniz et de Vico. Michel Montagne est un rare et délicieux écrivain; mais qui s'aviserait de le comparer, en philosophie, à Malebranche; en éloquence, à Pascal et à Bossuet? Kant lui-même serait-il aussi illustre qu'il l'est réellement dans l'histoire de la philosophie, s'il n'avait en partie réparé dans sa morale les attaques audacieuses de sa critique spéculative? En somme, dans la longue série des sceptiques, il ne s'en trouve peut-être pas un seul qui soit digne de figurer au premier rang parmi ces hautes intelligences qui honorent le plus l'espèce humaine. La raison en est, que l'esprit ne suffit pas pour donner une grande célébrité ; le génie, en devenant sceptique, prend la place de l'esprit, et descend de sa propre hauteur idéale, de la possession du vrai, de la contemplation du divin dans laquelle il habite naturellement, jusqu'à ferrailler dans les champs de la logique et des vaines abstractions.

L'homme a, par sa nature, la puissance de saisir le vrai ; mais il n'est pas apte à le comprendre parfaitement. Par la première qualité, il ressemble au Créateur ; par la seconde, à la créature. Un esprit bien fait reconnaît ces deux conditions, et observe l'une sans dommage pour l'autre. Mais les esprits faibles et incomplets ne savent ni garder l'équilibre, ni éviter les excès ; ils dépassent les bornes d'un ou d'autre côté ; ils veulent s'élever jusqu'aux étoiles, ou ramper sur la terre ; ils pèchent par témérité et par arrogance, ou bien par timidité ou par couardise. Ainsi, les uns deviennent dogmatiques absolus, aspirent à tout connaître, prétendent tout savoir, sans peser les forces de l'homme en général, et celles de leur propre esprit en particulier ; les autres, au contraire, révoquent tout en doute et répudient la science, sous prétexte qu'elle est défectueuse et incapable d'épuiser complètement son objet. De plus, le sentiment qu'ils ont tous du surintelligible, favorise même l'assertion des sceptiques ; et comme, plus le génie est grand, plus vive et forte est chez lui la conscience de son inaptitude à pénétrer le mystère universel des choses, il peut sembler que, sous ce rapport, la valeur de l'esprit est favorable aux conclusions désolantes des Pyrrhoniens. Mais si les esprits privilégiés ont mieux la conscience des ténèbres qui les entourent, ils reçoivent, d'un autre côté, une impression plus vive de la lumière, saisissent le vrai d'une manière plus parfaite, et jouissent de l'avantage que chez eux le mystère est balancé par l'évidence. L'histoire fait souvent mention de pareils hommes, qui furent agités et combattus par des doutes très graves et très pénibles, et qui ont même passé plusieurs années dans cette situation difficile; mais la foi l'emporte enfin, et l'intuition conserve son empire; au contraire, dans les esprits étroits et faibles, ou trop habitués à compter sur leurs propres forces, s'il y a lutte, le doute reste ordinairement maître du champ de bataille (*).

Le dogmatisme chrétien est seul raisonnable et étranger à tout excès, parce qu'il se gouverne avec de judicieux tempéraments et avec le sens propre de la foi. Le chrétien croit à l'Idée comme intelligible et comme surintelligible, sans sortir, sous ce dernier rapport, des termes prescrits de la révélation. La foi est libre, parce que la splendeur de l'Idée étant ici-bas mêlée d'ombres et de ténèbres, l'homme peut arrêter ses yeux sur le côté obscur ou sur celui qui est lumineux, et par conséquent y croire ou n'y pas croire, selon sa volonté. Souvent il arrive qu'il n'y croit pas, entraîné qu'il est à cela par les sens qui s'accommodent fort mal des lumières idéales, en ce qu'elles sont opposées aux mauvais penchants, et il s'estime heureux d'avoir un prétexte spécieux de les repousser, en alléguant l'épouvantail des mystères qui les accompagnent. La foi est donc libre et méritoire. En effet, si l'homme triomphe, par un magnanime effort, de la passion qui le met en révolte contre l'Idée, s'il ouvre son ame à son ardeur bienfaisante et à sa pure et agréable lumière; s'il s'incorpore avec elle, en l'étreignant par une croyance

---

(*) *Théor. du Surnat.*, not. 29.

affectueuse et puissante (beaucoup plus forte que la catalepsie stoïque), son ame alors contracte cette divine habitude qui ressemble à la sainteté incréée. La perfection morale résulte de l'union élective de l'esprit créé avec l'Etre, et de la synthèse du contingent et de l'absolu, moyennant l'embrassement volontaire de l'objet infini, et l'identification de l'intuition et de l'activité libre avec le vrai et avec le bien idéal. Par conséquent, quoique la foi puisse demeurer séparée de la charité qui sanctifie le cœur de l'homme, elle renferme toujours un mouvement d'amour initial; voilà pourquoi on la définit d'ordinaire : *un pieux assentiment aux vérités révélées,* c'est-à-dire à l'idée parfaite; et lorsque ce mouvement parvient à s'habituer dans notre ame, à y dominer, il devient charité, il vivifie spirituellement le cœur qui le possède, et lui fait goûter, au milieu des misères terrestres, un bonheur qui est comme un avant-goût de la béatitude qui lui est promise (8). La vie morale est donc libre; l'homme a le sublime et redoutable privilége de pouvoir choisir entre la vie et la mort, entre une mort éternelle et une immortalité bienheureuse. L'incrédulité est le suicide de l'ame, et toute philosophie qui se sépare de la foi est homicide à soi-même.

La foi et l'amour qui produisent l'espérance, constituent la vie idéale, par laquelle l'esprit s'élevant au-dessus des choses sensibles, se trouve transporté jusqu'au sein de la société divine, et placé dans un degré conforme à la dignité originelle de sa nature. Et cette vie idéale influe sur toutes les parties de son être, même sur celles qui paraissent le moins en rapport avec la vertu et la religion; car il est rationnel que ce soit de la domination de l'Idée dans l'individu que provienne sa perfection, comme c'est de cette même domination que dérivent, dans le monde, la beauté et l'harmonie universelles. L'influence des habitudes chrétiennes sur tout l'homme mérite d'être prise en grande considération par le moraliste, par le précepteur et par le philosophe. Elle est surtout remarquable dans l'ordre de la science, et principalement des sciences spéculatives. Et comment la philosophie, qui est la science idéale par excellence, pourrait-elle non pas fleurir, mais même subsister, si le culte de l'Idée ne réside pas dans ceux qui la professent? La première condition, pour l'homme qui se prépare à l'étude de la vérité idéale, c'est de s'en approcher le plus possible, d'y conformer ses affections et ses volontés, de mettre en harmonie avec elle toutes les parties de sa vie. C'est à quoi lui sert par-dessus tout la foi, qui répand en lui, ou qui y perfectionne cette force spirituelle, que l'on peut appeler le caractère de l'intelligence. En effet, elle possède la triple prérogative d'être raisonnable, forte et constante. Par la première de ces qualités, elle combat l'ignorance, l'erreur, les préjugés, sources ordinaires de la superstition et du fanatisme. Par la seconde, elle combat les fluctuations de l'esprit et cette faiblesse, cette irrésolution mentale, qui produisent l'indifférence en matière de religion, le doute et l'incrédulité. Par la troisième, elle met un frein à ce désir continuel du changement, qui est une maladie de l'intelligence aussi bien que du cœur humain, et à laquelle sont exposés les esprits, même les plus forts, quand ils ont secoué le joug salutaire de la religion.

L'avantage qui résulte de pareilles habitudes ne se trouve pas resserré dans les limites de la vie contemplative; car la vigueur et la constance dans l'acte supposent la vigueur et la constance dans la croyance. Il faut procéder avec circonspection avant d'embrasser une opinion, afin de ne pas s'exposer à rendre au faux l'hommage qui n'est dû qu'au vrai; mais quand la vérité est connue, il faut l'embrasser fortement et la conserver avec constance. Celui qui ne pense pas et ne croit pas fortement, est nécessairement faible et léger à opérer; car la pensée répond en tous points à l'action, dont elle est le principe, la règle et le mobile. Il est donc très sage le précepte catholique qui interdit de révoquer en doute, même pour un seul instant, la vérité connue. La faiblesse et la légèreté de l'esprit humain sont si grandes, qu'il n'est aucune vérité, quelque conviction intime et profonde qu'on en ait, contre laquelle il ne s'élève quelquefois des difficultés capables de produire momentanément quelque impression sur l'esprit; et si l'homme s'y arrête, en doutant du vrai qu'il possède déjà, il prend peu à peu une habitude de scepticisme qui ne laisse plus intacte aucune croyance; au contraire, s'il résiste courageusement à de pareils assauts, et méprise ces nuages involontaires de l'esprit, l'obscurité se dissipe bientôt, le calme renaît, et se riant de ses propres doutes, au lieu de les redouter, il s'étonne qu'ils aient pu se présenter à lui sous un aspect sérieux. Le sophisme prend quelquefois aux yeux de l'intelligence, comme la passion à ceux du cœur, une forme spécieuse et séduisante, qui s'évanouit bien vite, si l'homme est fort et ne cède point aux apparences.

La foi chrétienne produit même une autre habitude philosophique, qui se rattache encore plus intimement à l'objet propre des études spéculatives. Cette habitude provient en partie de la discipline opérative, en partie des doctrines sublimes du Christianisme. L'Evangile, en conférant à l'esprit la domination des sens et des passions, et en le fortifiant par les pratiques du culte, de la sobriété et de la modération; en prescrivant une vigilance assidue sur les pensées et les affections, en accoutumant l'homme à la vie intérieure et lui donnant l'habitude de la contemplation et de la méditation, est très propre à développer et à perfectionner cette espèce de génie qu'on appelle psychologique et ontologique, et qui est absolument indispensable aux études du philosophe. D'autre part, l'objet de la religion consistant dans l'Idée elle-même, le chrétien qui répond dignement à sa vocation, se familiarise avec elle : il s'en approche d'un pas d'abord lent et incertain, et puis enfin dégagé et ferme : il lui parle dès le principe avec quelque timidité, mais il acquiert par la suite des temps cette noble hardiesse qui naît de l'habitude : il s'accoutume à la regarder, à en soutenir l'éclat, à fixer des yeux, comme l'aigle fixe le soleil, cette splendeur éternelle et éblouissante, fortifiant et développant, par un exercice assidu, sa vertu visuelle ; et moyennant cet affectueux commerce avec le vrai, il diminue l'intervalle effrayant qui sépare la créature de son Auteur. En effet, l'objet de la connaissance peut se rendre effectuellement conforme au sujet, et bien loin qu'on doive dire avec Emmanuel Kant, que celui-ci imprime dans celui-là sa propre forme, c'est précisément le contraire qui a lieu ; parce que, généralement, l'esprit est tel qu'est le terme de sa pensée. De cette manière, on acquiert une pénétration mentale de beaucoup supérieure à celle qui se trouve chez le commun des hommes, plongés et absorbés dans l'étude et l'amour des choses terrestres ; car la vue idéale et réfléchie n'est point l'œuvre de la nature, mais de l'art, comme dans l'ordre des sens, l'appréhension et l'appréciation visuelle de la distance, sont l'œuvre des impressions du toucher, combinées avec les enseignements de la réflexion.

Une conséquence de cette disposition cogitative, naturelle à l'habitude chrétienne, *c'est de croire fermement à la possibilité, à la convenance et à la réalité de l'ordre surnaturel,* auquel personne ne peut réellement résister, si l'on admet la supériorité de l'esprit sur la matière, de l'Etre sur l'existant, et la continuité immanente de la création. Mais le christianisme est merveilleux, parce qu'il fait passer cette persuasion dans les esprits les moins disposés et les moins habitués aux matières spéculatives. Notons bien qu'autre chose est admettre la possibilité et la convenance du prodige en général, autre chose en reconnaître la réalité concrète dans un cas particulier. Cette reconnaissance spéciale dépend des preuves historiques, et c'est faire preuve d'un grand sens que d'y apporter de la circonspection, afin de ne pas s'exposer à confondre la religion avec la superstition, et les fables qui ont cours parmi le peuple avec les faits éclatants et inébranlables de l'Evangile. Mais les esprits nourris dans les idées chrétiennes diffèrent en cela des esprits profanes, qu'ils admettent en général la crédibilité du prodige, bien que, sachant qu'il ne peut être continu ni universel, précisément parce qu'il est prodige, ils n'en connaissent l'actualité extérieure que s'ils la saisissent accompagnée de signes authentiques; tandis que l'incrédule le rejette absolument en vertu de son essence. J.-J. Rousseau le dit de la manière la plus expresse (*), et tous les sophismes de Hume se réduisent à cette préoccupation (**). Le chrétien, en un mot, admet toujours l'idée, sans croire au fait, quand les preuves nécessaires ne se présentent pas; tandis que le déiste et le rationaliste combattent toujours le fait, parce qu'ils rejettent l'idée. Mais l'idée du prodige présuppose que le fait correspondant a lieu dans les ordres du monde et dans le cours du temps; voilà pourquoi ils sont dans l'erreur ceux qui tiennent les miracles pour accessoires à l'institution chrétienne.

Nul plus que moi n'est persuadé que l'Idée seule peut suf-

(*) *Émile*, iv. — *Lettr. de la Mont.*, t. 3. — *Lettr. à l'Arch. de Paris.*
(**) *Ess. on the mirac.*

fire aux esprits pénétrants et bien faits, pour reconnaître la divinité de l'Evangile. Mais si, en pareil cas, le miracle ne prouve pas l'Idée, je dis que l'Idée prouve toujours le miracle ; bien plus elle l'embrasse et le contient comme partie intégrante de lui-même, puisque l'idée parfaite ne peut exister sans le surnaturel, et que celui-ci emporte le miracle, qui est par rapport à la création de la grâce ce qu'est le phénomène ordinaire relativement à celle de la nature. De plus, la foi dans les œuvres au-dessus de la nature, clairement attestées par l'histoire, contribue à créer cette habitude mentale qui distingue le chrétien des autres hommes. Sentir sans cesse la présence de Dieu ; voir dans tout événement la main créatrice et directrice de la Providence ; croire à la domination divine sur toute la nature ; estimer que le prodige est aussi facile au Tout-Puissant, que la création ; que les œuvres divines sont l'effet d'un dessein libre et sage ; que le salut d'une ame est plus important que la création d'un nouvel univers ; que l'action de la cause première sur la volonté créée, et les victoires de la grâce qui convertit, améliore et sanctifie les hommes, surpassent en excellence et en merveilleux *susciter des pierres des fils à Abraham ;* voilà des sentiments et des dispositions inséparables de la profession de vrai chrétien. Mais comment peut-on avoir l'ame ainsi conformée, si l'on ne croit pas aux événements qui sont au-dessus des lois de la nature ? Ceux qui pensent, en supprimant les miracles, servir la foi, font une chose vaine et qui répugne, de même que ceux qui veulent fortifier la vertu, en altérant la morale. La vertu et la foi sont deux victoires de la volonté sur les sens ; il apprend mal à vaincre celui qui conseille de céder à l'ennemi. La foi de certains nouveaux théologiens, comme la vertu de quelques moralistes, est un compromis entre la religion et l'incrédulité, entre Dieu et

Bélial, entre l'Evangile et le monde ; compromis substantiellement absurde, qui ne sauve que les apparences.

Le Christianisme, en perfectionnant l'intellect par l'habitude de la foi, améliore aussi les autres puissances de l'ame, qui dépendent toutes plus ou moins de la vertu intellective. Bien plus, comme il est hors de doute que la volonté chez l'homme tient le premier rang, puisque dans l'activité intime, dont elle est une forme, prend racine l'individualité personnelle, cause seconde du mérite et par conséquent de l'excellence morale ; c'est surtout à son éducation et à son amélioration que tend la religion, laquelle ne fait attention aux autres puissances qu'autant qu'elles se rapportent à la volonté. La foi renforce et agrandit la faculté élective, accroît la connaissance et la conscience que l'homme a de lui-même, le soustrait à la domination tyrannique des sens et des passions désordonnées, et le rend véritablement libre en l'assujettissant à la domination civile et paternelle du vrai idéal, qui seul peut affranchir et racheter de l'esclavage impérieux des sens ses propres adorateurs. Et comme, d'autre part, elle complète et éclaircit la notion de l'Idée elle-même, les salutaires influences d'une telle habitude embrassent en même temps l'objet et le sujet, le terme des opérations spirituelles et les forces naturelles de l'esprit. Si, dans l'éducation humaine, on sépare ces deux choses l'une de l'autre, l'harmonie de nos facultés se trouve altérée, et l'homme devient un contemplateur inerte ou un sensuel égoïste.

Le Christianisme, en incorporant l'individu à une société militante, travaille à le rendre plus actif, plus fort, plus courageux ; voilà pourquoi la discipline catholique peut se définir : *l'éducation de la volonté, au moyen de la parfaite raison*. La foi commence et l'amour accomplit cette éducation morale, aidée pourtant en cela par l'espérance qui, s'interposant entre les deux, répand dans l'ame une douce sérénité, une joie digne et égale, qui sert à former la constance laborieuse et la dignité de la vie. La sagesse moderne a voulu corriger l'œuvre de l'Evangile, en négligeant les parties idéales de l'homme, et en donnant tous ses soins à en accroître la volonté, sans faire attention que la liberté, lorsqu'elle est exempte de tout frein, se transforme en tyrannie ou en licence, et s'éteint d'elle-même. Nous avons déjà vu ailleurs quelle est aujourd'hui la valeur de l'homme, quelle est la vigueur qui règne maintenant dans les ames et dans les esprits, et jusqu'à quel point la civilisation européenne, en déchaînant la volonté, dans l'intention de lui donner plus de force, a atteint le but qu'elle se proposait, le bonheur de l'espèce humaine.

L'accusation portée contre la foi catholique, de réduire l'homme à l'inertie des mystiques, est donc complètement irrationnelle. Réduire l'homme à l'inertie? Bon Dieu! tandis que le but suprême du Christianisme est de rendre la volonté puissante, forte, laborieuse, maîtresse d'elle-même, inébranlable contre les accidents extérieurs, indomptable contre les assauts intérieurs des sens, de l'imagination et des passions. L'activité chrétienne, il est vrai, est grave, prudente, circonspecte, sensée, et ne ressemble nullement à cette frénésie que l'on estime et que l'on déifie en ce siècle frivole ; mais voilà précisément pourquoi elle est digne d'un éloge tout particulier. Remerciez la religion, au lieu de l'accuser, si, au milieu de cette manie indicible de tout rapetisser qui possède notre époque, elle conserve encore l'esprit de la virilité antique. — Mais elle favorise le génie des mystiques. — Distinguons la mysticité chrétienne, puisqu'on veut bien l'appeler ainsi, de celle des sectes hétérodoxes ; l'essence de la première est l'action, et non pas une contemplation. Le bon mystique est certainement méditatif et contemplateur, puisque c'est en cela que consiste la perfection de la vie idéale; et il serait ridicule de blâmer dans la religion une faculté excellente en elle-même et nécessaire au vrai philosophe. Mais la contemplation chrétienne est active et non point passive, elle emporte une grande intensité d'attention, une grande efficacité de volonté et d'énergie d'esprit, qui consiste dans la direction donnée par le libre arbitre à la vertu intuitive. Le bon mystique peut quelquefois négliger complétement la pensée de l'action extérieure, et donner, sous ce rapport, dans quelque exagération; mais il est toujours actif au-dedans, plein de sollicitude, prompt et vigilant pour appaiser les affections rebelles, à leur premier mouvement de révolte, et conserver entières sa conscience et son autorité.

En somme, l'intuition contemplative n'affaiblit pas la personnalité de l'ame, mais elle la fortifie, et elle a la valeur d'une vertu particulière, parce qu'elle part de l'élection (*). La contemplation païenne et orientale, au contraire, comme celle des Sannias et des Gioguis, dans l'Inde; des Taosi, dans la Chine; des disciples de Bouddha et de Fô, dans ces deux pays (**); des Sophis, chez les Perses, et de beaucoup de sectes européennes et syriennes du moyen-âge, et même d'une époque plus moderne, est une passivité absolue, un effort tendant à annuler tout raisonnement de l'esprit, et à éteindre, autant que possible, le sentiment et la pensée elle-même. Dans un pareil état, l'Idée absorbe et annule l'intuition réfléchie; tandis que, dans la véritable contempla-

---

(*) *Théor. du Surnat.* not. 88.

(**) Sur ces quatre ou huit degrés de perfection du système de Fô, dont le dernier est une apathie absolue, voyez Deguignes (*Mém. de l'Acad. des inscript.*, tom. LX, pag. 204, 255, 256.)

tion, l'acte réflectif saisit l'Idée, en conservant entre l'objet et le sujet un tempérament harmonique. Dans le premier cas, l'activité est totalement objective, et toute libre coopération du sujet se trouve affaiblie, son efficacité se réduisant à cette pure entité substantielle qui résulte de l'acte créatif; dans le second, l'objet et le sujet déploient, en tant que causes libres, leurs forces, chacun dans sa sphère ; et si l'Idée est active en pénétrant et impressionnant l'ame, lorsqu'elle l'a crée, celle-ci, en vertu précisément d'une telle action créatrice, est opérative quand elle reçoit les influences idéales.

Le premier système est un vrai suicide de l'esprit, un attentat de l'homme contre l'œuvre divine, un effort absurde et ridicule pour annuler l'existence ou pour la répandre dans son principe, un mouvement contraire à la direction de la vertu créatrice; et c'est en cela que consiste l'unification et l'entrée dans le Nirvana (*), ou Nivritti, représenté par les Oupanichads, le Vedanta, le Mimansa, le Svabava et autres écoles bramaniques et bouddhiques, comme le comble de la perfection et de la béatitude. Le second système, au contraire, est seulement une abnégation sage et modérée, qui supprime tout excès et purifie l'ame en en éloignant ce qui est en désaccord avec la règle suprême du Vrai et du Bien et avec l'harmonie universelle; de telle sorte que, en vertu de lui, au lieu de s'abattre et de s'affaiblir, la volonté augmente d'efficacité et de force. D'un côté, en un mot, la vertu contemplative, inoccupée et oisive, est un sommeil, une léthargie, un repos inerte, un abandonnement, une mort, ce qui fait que souvent elle entraîne à sa suite les dérèglements des sens et les débordements de la chair, dont l'empire

---

(*) Voyez Deguignes (*Mém. de l'Acad. des inscript.*, t. LX, p. 257, 258.)

remplace celui de l'esprit ; de l'autre, elle emporte une vigilance assidue, une surveillance active des sens, disposition nécessaire à la constitution de toute vertu, et à toutes les positions de la vie.

La foi est la vraie liberté de l'esprit, parce qu'elle le fait sujet à Dieu, et qu'elle conserve intacts les droits de cette monarchie idéale, d'où procède toute liberté. L'autonomie rationnelle des rationalistes modernes, en révoltant l'homme contre l'Idée, essaie, en effet, de subordonner cette même Idée à la volonté créée, de limiter la liberté divine par la liberté humaine, de substituer l'existant à l'Etre, en ôtant à Dieu son autorité suprême, et en divinisant la créature. Depuis Luther et Descartes, introducteurs de cette liberté mensongère, jusqu'à nous, la déification de l'homme a été l'objet final de toute innovation philosophique et religieuse ; et s'il y a peu de penseurs qui aient eu assez de sagacité pour le reconnaître ou assez de hardiesse pour l'avouer, comme l'a fait un écrivain célèbre d'Allemagne, tous ont renouvelé d'une manière déguisée, et souvent même sans le savoir, l'antique suggestion de l'esprit rebelle : *eritis sicut dii* (*), qui fut le principe des fautes et des calamités du genre humain ; aussi peut-on dire que *le gentilisme moderne est le culte de l'homme divinisé sous toutes les formes.*

De plus, c'est faire un abus de mots que de nous parler, comme le font plusieurs, d'autonomie rationnelle pour légitimer l'absurde apothéose de l'homme. La raison est certainement autonome ; mais c'est celle de Dieu, et non pas la nôtre ou celle de tout autre esprit créé. Une telle prérogative n'est pas du ressort de l'esprit humain, à moins que la

---

(*) Gen. III, 5.

vérité divine ne se révèle à son intuition ; et comme la vérité divine est en grande partie supra-rationnelle, vouloir la rejeter parce qu'elle surpasse notre faible appréhension, c'est renouveler la folie de Protagore, faire de l'esprit créé la mesure du vrai, et affirmer en substance que la raison divine ne s'étend pas au-delà de celle de ses créatures. Autrement, à quel titre pourrait-on refuser à l'une toute domination sur l'autre ? Ainsi nos philosophes, afin de donner à l'homme un privilége qui ne peut convenir à aucune créature, dépouillent Dieu de ses propres perfections ; afin de conférer à la raison humaine une autonomie impie et chimérique, ils nient l'autonomie de la raison suprême et la subordonnent à la volonté de ses créatures.

Dieu étant le souverain suprême et la source unique de cette souveraineté, qui se sépare et se divise en une infinité de branches entre les intelligences créées, la foi à sa parole est comme l'acte de soumission et de vasselage par lequel l'homme reconnaît et adore sa domination absolue. D'où il suit que Dieu ne peut être jugé ; et il le serait si l'on pouvait soumettre à l'examen les décrets de la Providence. Une fois qu'il a connu le bon plaisir divin, l'homme doit courber la tête, et l'adorer humblement ; il doit assujettir sa propre raison à celle de son Auteur. Annuler l'intelligence humaine devant l'intelligence infinie, c'est la suprême sagesse. Si, au lieu de cela, on veut soumettre à l'examen les œuvres de Dieu, et rejeter ses préceptes absolus, parce qu'ils paraissent à notre faible raison incompatibles avec la vérité, ou avec la bonté et la justice, c'est une extrême folie, dont la conséquence est l'incrédulité, qui, comme mort de l'ame, est la peine capitale au moyen de laquelle la majesté violée du prince et juge suprême châtie en cette vie ceux qui sont rebelles à sa loi. Celui qui contrôle les oracles divins, finit d'ordinaire par douter de Dieu lui-même. Pour lui, l'Idée s'obscurcit, disparaît, et, au lieu de cette lumière parfaite à laquelle il aspirait si témérairement, il trouve des ténèbres profondes. Or, l'Idée une fois perdue, comment pourrait-il philosopher? Par conséquent, la foi, qui conserve ce précieux trésor, est d'une grande importance pour la spéculation et pour toute la science. C'est elle qui maintient dans le procédé discursif de l'homme l'ordre intrinsèque des choses, exprimé par la formule, et qui subordonne l'existant à l'Etre, le raisonnement à l'intuition, le sujet à l'objet, la connaissance à la vérité connue. Lorsque cette harmonie vient à être troublée, et que la pensée réfléchie s'insurge contre l'esprit qui crée et anime, contre la parole du souverain maître qui donne la forme et la vie aux esprits créés, l'anarchie entre dans l'intelligence et ensuite dans les autres puissances de l'ame; et la vertu cogitative se retourne enfin contre elle-même et s'éteint par le scepticisme. La religion et la science sont donc inséparables.

J'insiste sur ce point, parce qu'il est de la plus haute importance. L'incrédulité si profondément enracinée et si étendue, de notre époque, est la conséquence et la peine de la première révolte excitée contre Dieu et contre l'Eglise par Descartes et par Luther. Dans la société civile, quand les peuples sont entrés dans la voie des révolutions, et que les sujets se sont habitués à être leurs propres maîtres et à gouverner, c'est une chose très difficile que de relever dans les esprits le principe de la vraie et légitime souveraineté nationale, l'autorité des lois, l'obéissance aux magistrats et à ceux qui dirigent l'Etat. Il en est de même dans la communauté religieuse; quand la raison de l'individu s'est accoutumée à force de temps à la témérité sacrilège de citer Dieu et celui qui le représente, à son propre tribunal, la soumission religieuse est chose difficile à rétablir. La foi est comme la pudeur ; il est plus aisé de la conserver que de la reconquérir. Qu'on n'aille pourtant pas s'effrayer de cette difficulté, qui cède aux ames fortes et fermes dans leurs bons désirs, et qui augmente le mérite de la lutte par l'importance de la victoire. Si cette force est rare aujourd'hui, cela vient précisément de cette nonchalence, de cette mollesse auxquelles une longue incrédulité a accoutumé les ames, et dont les funestes effets se montrent dans toutes les parties de la vie morale et civile. Comme la foi est la vigueur et pour ainsi dire le caractère de l'intellect, dans les époques d'impiété ou d'indifférence, comme la nôtre, les esprits et les volontés, se trouvant agités par une inconstance perpétuelle, sont le jouet des caprices du hasard. Et comment une société sceptique pourrait-elle penser et agir fortement ? Et pourtant cette plaie subsistera tant qu'une excellente éducation n'y viendra pas porter remède, en se servant des mœurs pour recréer religieusement les ames, et de la religion pour jeter les semences d'une génération plus virile et plus généreuse que la nôtre.

Tous les dogmes catholiques étant au-dessus de la capacité de l'intelligence humaine, l'accoutument à reconnaître sa faiblesse et ses limites, la forcent à se soumettre à la souveraineté d'une raison supérieure, et sont très propres à créer une habitude d'esprit vraiment philosophique, dont l'efficacité bienfaisante embrasse même les puissances qui diffèrent de la puissance intellective ; de sorte que la foi aux mystères révélés se peut définir en général : *la subordination de la pensée et de toutes les facultés humaines à l'Idée*. Chaque mystère, pris en particulier, se rapporte à une faculté spéciale, et détermine plus proprement sa subjection à l'égard du Vrai absolu. Ainsi, par exemple, le mystère de la Trinité emportant la prédominance du surintelligible sur l'intelligible divin lui-même, considéré dans l'ordre de notre esprit, assujettit l'intuition, qui saisit l'Idée, à cette même Idée, en tant qu'elle surpasse l'intuition. L'Incarnation, en nous révélant dans le Christ l'unité et la divinité personnelle, qui complètent en lui l'humaine nature et l'exaltent infiniment par l'union de la nature divine, subordonne généralement l'individualité créée, si chère à la vanité de l'homme, à la personnalité incréée, et annulle l'orgueil des mérites finis devant un mérite infini. De même, la grâce emporte la subjection de la volonté à l'Idée ; la prédestination, celle du droit ; l'éternité des peines, celle du sens, et ainsi de suite. Il ne faut donc pas s'étonner si l'hétérodoxie moderne, qui consiste essentiellement dans le psychologisme, c'est-à-dire dans la *supériorité du sens sur l'Idée,* n'est pas moins opposée au mystère qu'au miracle. C'est ce qui a lieu principalement pour les deux dogmes que nous venons de mentionner ci-dessus, qui, dans tous les temps et spécialement de nos jours, ont été l'objet de prédilection des railleries, non-seulement des ennemis de la foi, mais encore de bien des gens qui font profession d'y être attachés ; aussi peut-on dire qu'on ne les trouve plus dans le monde, hors du sein de la société catholique.

La prédestination gratuite, dans le sens orthodoxe du mot, établit, sans rien retrancher de la liberté humaine ni de la bonté divine, la domination absolue de Dieu sur l'univers, et même sur les esprits libres, qui, en leur qualité de parties et de forces intégrantes de l'harmonie générale, et tirant leur activité de l'immanence de l'influence créatrice, doivent être soumis à la Cause première ; car celle-ci tirant du néant la volonté humaine, est en état de l'actualiser avec une efficacité infaillible, sans la nécessiter ou sans faire violence à sa nature. La prédestination est la conséquence apodictique du droit absolu, qui appartient à Dieu, et sans lequel Dieu cesserait d'être Cause première. En effet, la volonté humaine, une fois indépendante de son principe, s'égalerait à lui, comme opérant librement, et il s'introduirait un véritable dualisme dans le gouvernement de l'univers. Or, cela ne pourrait se faire sans renverser de fond en comble les principes de l'ontologie, de la morale, de la politique, de toute philosophie, et sans annuler la formule idéale ; de sorte que la liberté finie n'étant plus actualisée par son principe, il n'y aurait plus de ce côté, entre l'existant et l'Etre, ce lien apodictique qui consiste dans la plénitude de l'acte créatif. Les hommes sont substantiellement égaux entre eux ; mais cette égalité n'est point une relation qui puisse influer sur les jugements divins, puisque Dieu en est le suprême et libre ordonnateur, et que pouvant rendre les hommes inégaux dans l'ordre temporel, il peut aussi les distinguer et les différencier dans l'ordre éternel, sans blesser en rien pour cela les priviléges de sa bonté et de sa justice infinie. Si vous considérez l'égalité humaine comme suffisante pour constituer un droit envers Dieu, vous annullez le droit absolu de ce même Dieu ; et comme sur la notion du droit absolu reposent celles du devoir absolu et des devoirs et droits relatifs, c'est-à-dire la morale, la politique, la religion, on voit sans peine à quelles conséquences on arrive. Si vous dites que Dieu est nécessité par sa bonté et sa sagesse à égaliser les destinées éternelles des hommes, comme il l'est véritablement à maintenir l'inviolabilité de l'ordre moral identique à son essence, vous placez sur la même ligne l'absolu et le relatif, le nécessaire et le contingent, et vous détruisez ce même ordre que vous prétendez défendre avec votre doctrine. Dieu ne peut, bien certainement, punir l'innocent, parce que cela répugne à sa nature ; mais ne pourra-t-il pas distribuer à son gré les priviléges de la grâce, ne pourra-t-il pas prédestiner une partie des esprits créés à un bonheur surnaturel, lorsque l'exclusion des autres provient de leur faute et de l'abus qu'ils font de ces dons naturels qui ont été accordés plus ou moins à tous ? Nier la prédestination catholique, c'est saper les bases de l'ordre moral, annuler la souveraineté divine et altérer essentiellement l'intégrité de l'Idée.

Il en est de même de l'éternité des peines, dogme formidable pour les hommes faibles d'intelligence, et d'un cœur corrompu, et au sujet duquel un écrivain de nos jours osait naguère affirmer qu'en le professant l'Eglise catholique souscrivait à sa propre condamnation. Je crois, tout au contraire, que l'Eglise, en maintenant cette partie de la doctrine divine, sans se laisser effrayer par les clameurs, par les sophismes ou par les passions de ses ennemis, a souscrit la condamnation des sectes qui la combattent, et a ajouté une belle et forte preuve aux titres nombreux de sa divine origine. Je crois qu'il viendra un temps où tout moraliste de quelque poids, tiendra pour vrai ce dogme redoutable et salutaire, et le regardera comme inséparable de la notion du devoir et du salut de la société civile ; de telle sorte que ceux qui le combattront seront réprouvés par l'opinion publique, comme aujourd'hui, par exemple, elle condamne ceux qui fondent la morale sur l'égoïsme, bien que pourtant cette doctrine ait été en honneur au siècle dernier, et que l'opinion contraire y ait été traitée de ridicule et d'insensée (*).

Je cite cet exemple pour faire voir que l'universalité d'une opinion fausse ne doit pas nous effrayer, par le temps qui court.

(*) Bien entendu que je parle du pur dogme catholique, et non pas des opinions, explications et exagérations qui ont eu cours dans beaucoup d'écoles, du moyen-âge spécialement. L'article *Enfer*, de l'*Encyclopédie nouvelle*, se fonde sur la confusion de l'enseignement divin avec les conjectures humaines.

Le progrès est si prompt! Et qu'importe si aujourd'hui beaucoup de personnes répudient le dogme évangélique? Croirons-nous pour cela que les journalistes, les encyclopédistes et les romanciers, qui remplissent l'Europe du bruit de leur nom, doivent prévaloir sur l'autorité des siècles, sur l'évidence des oracles révélés, sur la voix de la saine raison, sur le consentement unanime de tous les hommes éminents, non-seulement catholiques, mais encore protestants, qui ont courbé le front devant ce dogme redoutable, enfin sur la gentilité elle-même, qui en avait conservé des vestiges? Pourrons-nous penser que les Français eux-mêmes soient capables de préférer la foi et la morale nouvelle des romans, des gazettes, des dictionnaires philosophiques à celle de Pascal, de Fénelon, de Bossuet et des autres grands hommes qui ont fait l'honneur de leur patrie? Laissons-là ces enfantillages, sur lesquels nous ne pourrions nous arrêter sans rougir.

L'éternité des peines est un article du code criminel établi par Dieu et promulgué avec la révélation. L'homme n'a pas le droit de juger la légitimité de la loi et l'équité du châtiment. La jurisprudence divine n'est pas comme celle des dix tables, qui furent exposées en public afin que les citoyens donnassent leur avis avant qu'elles fussent promulguées (*). La raison humaine ne possède ni les principes, ni l'autorité judiciaire nécessaires pour examiner le code divin (**). Au lieu de répudier l'éternité du supplice, parce qu'elle lui paraît trop sévère ou inique, elle doit la tenir pour très juste et très convenable, puisqu'elle lui est révélée par Celui qui ne peut mentir. Le raisonnement humain ne peut prévaloir contre un

---

(*) Les douze tables n'étaient qu'au nombre de dix pendant la première année du décemvirat.

(**) *Théor. du surnat.*, num. 74-82.

fait divin, mais le fait divin doit convaincre le raisonnement humain. Voilà la seule méthode raisonnable ; on ne peut procéder autrement sans une confusion complète dans les choses et dans les idées. Dieu est l'unique auteur de la loi qui nous est imposée, parce qu'il est l'unique principe de l'ordre moral et universel ; l'homme n'est à ses yeux que coupable et sujet. En Dieu, il n'y a point division des pouvoirs politiques ; sa souveraineté est absolue et parfaite ; il est loi et légiste tout ensemble ; il est législateur, juge, exécuteur ; il fait la loi, la promulgue, l'applique, l'exécute ; on ne voit à son tribunal ni témoins, ni jurés, qui dirigent, restreignent ou fortifient l'autorité du juge. La loi divine est, parce qu'elle est juste, et elle est juste parce qu'elle est ; l'entité et la justice s'y pénètrent et s'y confondent.

Mais s'il est absurde de transporter en Dieu les conditions de la justice humaine, il n'est pas moins irraisonnable d'introduire dans les ordres religieux cette confusion de rapports qui s'écartent du droit public. En effet, dans les procès qui s'élèvent entre les hommes, le coupable n'est ni législateur ni juge ; l'auteur de la loi n'est pas celui qui rend la sentence, les jurés ne possèdent pas non plus ni l'une ni l'autre de ces deux prérogatives. Or, quand l'homme coupable (et quel est celui qui ne l'est pas ?), dit que l'éternité des peines est injuste et par conséquent chimérique, il s'attribue tous les pouvoirs qui, dans le cours de la justice humaine, se trouvent divisés, puisqu'il agit tout à la fois comme législateur, juge et juré, c'est-à-dire en souverain absolu, tandis qu'il est coupable et sujet, et il juge Dieu lui-même pour se soustraire à sa sentence. Que dirait-on d'un tribunal humain où l'on donnerait à l'accusé la permission de décider sur sa propre condamnation et de choisir entre les diverses peines celle qui lui semblerait proportionnée à son délit ? Et ce qui serait intolérable dans notre société, on voudrait l'établir vis-à-vis de Dieu ? Car c'est à cela que conduit le simple doute qui fait demander si les peines sont éternelles et conformes aux oracles divins. Peut-on imaginer une absurdité plus grande (9) ?

On loue avec raison Emmanuel Kant d'avoir donné aux idées morales un procédé rigoureux et scientifique, en mettant en lumière la valeur absolue et apodictique de l'idée souveraine du devoir. Or, le dogme du châtiment éternel se lie logiquement à cette doctrine, puisqu'il emporte *l'identité absolue du malheur et de la faute*. Dire que la peine sera sans fin, c'est affirmer qu'elle durera autant que la faute elle-même, laquelle deviendra éternelle aussitôt que le coupable étant sorti du temps, c'est-à-dire de l'état de milieu, de passage et d'épreuve, aura mis le pied dans cette éternité qui doit être le terme, le but et la rémunération de la vie. On ne peut donc combattre ce dogme catholique, sans toucher substantiellement à la morale, c'est-à-dire à l'essence apodictique du devoir.

C'est donc se tromper gravement que d'estimer ce dogme contraire aux règles de la raison; c'est bien plutôt l'opinion opposée des rationalistes qui y répugne ; car une peine finie présuppose une violation du même genre, et si le mal moral est fini, temporaire, comment peut-il avoir une valeur absolue et apodictique ? C'est être pareillement dans l'erreur que de réclamer pour l'hérésie la clémence et la bonté divine qui ne peuvent s'exercer, en violant l'ordre moral de l'univers, au préjudice éternel de la sagesse et de la justice. La bonté divine, qui est favorable à une ame repentante et passagère sur la terre, ne peut pardonner à un esprit volontairement endurci dans le mal, et qui est sorti de la voie d'expiation, bien que cependant elle puisse rendre, même pour lui, la punition moins dure et moins cruelle.

La bonté divine n'est point sensitive comme celle de l'homme, mais souverainement rationnelle, et elle s'identifie essentiellement avec les autres perfections de l'Etre absolu. Le sentiment ne peut être un bon appréciateur du juste et du vrai, et il doit être subordonné à la raison, lors même qu'il part d'un principe noble et généreux. Le Christ lui-même, comme homme, frémissait et pleurait, en pensant au malheur des réprouvés; et qui pourrait rivaliser pour la tendresse et la profondeur d'une affection parfaitement pure, avec cette ame divine? Mais il courbait la tête devant les décrets de son Père, et il immolait les instincts les plus nobles et les plus doux à la raison incréée. Tel est le devoir de ses disciples, de ceux qui se glorifient de porter son nom; pour eux, le sentiment ne saurait être ni plus impérieux, ni plus absolu qu'il ne l'a été pour leur maître incomparable et surhumain. Le christianisme est la raison des forts, et il impose à quiconque le professe l'obligation de subordonner non-seulement les sentiments vulgaires et méprisables aux sentiments moraux, mais même ces derniers, quoique très nobles, à la raison absolue; car le sentiment ne peut jamais, quelque pur, beau et grand qu'il soit, dominer au-dessus de l'Idée. Quiconque n'est pas capable de ce sacrifice, ne peut s'élever à la dignité de chrétien.

Je comprends que dans ce siècle efféminé et frivole, où les hommes font assaut de puérilité et de légèreté avec les femmes, on abuse de ces sentiments de générosité et de bienveillance qui nous attachent à nos frères (sentiments que Dieu mit dans nos ames et qui ont dans l'ordre des temps un champ très vaste où ils peuvent et doivent librement se développer), pour envahir les raisons de Dieu et des choses éternelles, en rejetant sous un spécieux prétexte, une vérité formidable pour les désirs déréglés des sens; mais la religion et la philosophie légitime ne seront jamais complices de pareils sophismes.

Il y a deux sortes de morales, celle du sentiment et celle de la raison. Si l'on maintient entre elles l'harmonie convenable, en gouvernant la première par la seconde, loin de se nuire, elles s'aident mutuellement, comme dans la nature physique la chaleur accompagne la lumière et concourt avec elle à produire la beauté et la fécondité de l'univers. Mais si l'éthique sentimentale veut prévaloir, se placer sur le trône, commander en despote, contredire les principes de l'autre, la remplacer en tout, elle perd son prix et ses droits et cesse d'être morale, puisque toute morale a sa source dans l'Idée et en procède. Déchue de sa haute dignité, elle devient un pur sensisme, dont la doctrine des Épicuriens et les autres turpitudes des immoralistes sont des corollaires inévitables. Ainsi, toutes les fois qu'il se révolte contre la règle idéale, le sentiment perd ce qui l'ennoblit, et s'avilit ou s'éteint lui-même.

Le Christianisme prescrit la subordination des affections et des penchants les plus magnanimes et les plus agréables, aux volontés divines, et de l'amour du prochain, précepte secondaire, à l'amour de Dieu, précepte et règle suprême. C'est vers ce but que tendent une foule de faits et d'enseignements bibliques, qui ont servi aux incrédules et aux rationalistes pour calomnier la morale révélée, quand ils auraient dû accroître leur admiration pour elle. En effet, ces faits et ces enseignements ayant pour objet de faire prédominer l'Idée sur le sentiment, aguerrissent l'homme contre les séductions de son cœur, et composent ce stoïcisme chrétien hors duquel la vertu est une chimère ou une futilité. Mais il ne faut pas s'étonner que les philosophes modernes ne s'inquiètent pas d'être des stoïciens de cette trempe, et qu'ils fassent une objection de la plus belle preuve intrinsèque de la foi chrétienne; car, sensistes comme ils le sont, et par conséquent, implicitement athées (bien qu'ils ne s'en doutent pas), ils ne peuvent sans répugnance subordonner les mouvements et les impulsions de l'ame au vrai absolu et idéal.

Tout concourt donc dans le christianisme à établir la domination suprême de l'Idée sur les cœurs et les doctrines, à introduire et graver dans les esprits une disposition véritablement philosophique. Ce qui forme le génie et détermine la profession du philosophe, ce n'est nullement la liberté désordonnée de penser et de raisonner, mais bien la soumission à l'Idée, comme règle souveraine et absolue; puisque toute science exprimant une harmonie idéale, et la philosophie étant la science première, il est trop inconvenant d'en aborder l'étude avec l'anarchie de l'intelligence. Si l'on trouve que je répète trop souvent cette vérité, je répondrai que je cherche à la considérer et à la faire envisager sous toutes ses faces, parce que je la tiens pour la plus importante que l'on puisse proclamer de nos jours.

C'est surtout dans les sciences philosophiques que cette haute importance se révèle; car elles ne peuvent être une étude scientifique, si elles ne sont d'abord une religion. Comme religion, elles possèdent et maintiennent la formule idéale; comme recherche, elles l'expliquent successivement, et elles mettent en acte les diverses vérités qui s'y trouvent contenues en puissance. Mais la philosophie ne peut avoir l'usufruit de l'Idée, si elle ne la reçoit de la parole révélée, au moyen de cette science qui a pour sujet propre et immédiat la révélation. Or, cette science, c'est la théologie qui surpasse scientifiquement, comme parole protologique et universelle, et en dignité, comme verbe divin, la philosophie et toute science humaine. Je tiens pour certain que la spéculation rationnelle arrivera un jour à un degré de maturité, confessera spontanément et écrira au frontispice de la méthodique universelle, *la supériorité et l'inviolabilité scientifique de la théologie*, correspondante dans les ordres de la science à l'inviolabilité de la religion et du pouvoir souverain dans les ordres moraux et civils. Et en effet, les priviléges de la foi dans la vie publique ne peuvent subsister sans l'immunité doctrinale. Comme Dieu commande à l'univers et ne peut être jugé par ses ouvrages, de même la science religieuse ne peut être critiquée par les autres ; l'autonomie de la raison et l'indépendance absolue de la philosophie sont impies et absurdes. La théologie est sacrée, comme le temple et l'autel ; elle a droit à ne pas être inquiétée par les autres, comme aussi elle a pour devoir de n'être pas usurpatrice, de ne pas outrepasser les limites du sujet sur lequel elle opère.

Je sais qu'on a refusé d'admettre toutes ces choses-là, qu'aujourd'hui même encore on ne veut pas les entendre, et que, bien loin d'admettre la théologie, telle que je viens de la définir, les savants ne la respectent point comme la science première et souveraine. Cependant (tant est curieuse la logique qui court par le monde !) on voit fréquemment des gens qui ont la manie de parler théologie à tout propos ; moins on s'entend en choses sacrées, plus on en veut raisonner longuement. C'est au point qu'aujourd'hui la théologie des savants est critiquée et tournée en dérision ; on n'apprécie, on n'honore, on ne vénère que celle qui est, je ne dirai pas cultivée, mais effleurée par les ignorants. Si quelqu'un de mes lecteurs sourit en lisant ces lignes, je me garderai bien de m'en formaliser ; je le prierai seulement de me dire pourquoi personne ne se fait un cas de conscience de porter la faux dans les choses sacrées et d'en faire table rase ? D'où vient ce privilége singulier, accordé à la religion, qu'il soit permis à chacun de la manier sans scrupule, et que l'on regarde comme un trait de politesse relativement à elle, ce qui

des beaux-arts, et non pas comme la vérité première et le souverain bien de tout esprit créé.

Or, pour remédier à cette déplorable légèreté, il faut rétablir l'harmonie des choses qui a été interrompue, ce que nous pouvons différer ou accélérer à notre gré, puisque nous sommes libres, mais non pas empêcher. En effet, le cycle de l'erreur, comme celui du désordre et de la licence, ne peut être perpétuel, et doit finir par la guerre civile ou par lassitude. Que ceux donc qui voient avec peine les souffrances de ce siècle et qui s'efforcent d'y porter remède, s'appliquent à établir moralement dans les esprits la vérité et l'inviolabilité du dogme religieux; car de même que les actions des hommes jaillissent des pensées; de même la réforme de la vie civile doit naître de la science. Et celle-ci ne pourra jamais se réorganiser et fleurir, si l'on n'inscrit sur le fronton du temple de l'encyclopédie profane la prééminence de la religion. La pensée et l'action, qui ont besoin l'une de l'autre, seraient cependant divisées si elles ne se mêlaient ensemble au moyen d'un troisième élément qui participe de la nature de toutes les deux et les surpasse en efficacité et en excellence. Or, cet élément ne peut être ni la philosophie purement spéculative, ni les ordres civils purement pratiques. La religion seule est active et contemplative tout à la fois, parce qu'elle embrasse conjointement le principe et la fin des choses, en les dominant par la sublimité de son origine et l'universalité de sa doctrine; elle a donc le droit et le pouvoir de composer les objets les plus disparates en les ramenant à l'harmonie et en commandant en souveraine dans le champ du réel et du possible.

La religion catholique est inflexible, immuable, comme dogme, et elle est perfectible, comme science. L'invention ne peut être plausiblement admise dans les ordres idéaux.

L'idée se présente à l'esprit comme antérieure, primitive et même éternelle. La réminiscence platonique et le dogme de la vie primordiale ne s'écartent de la vérité qu'en ce qu'elles transportent dans le sujet et dans le temps une propriété éternelle et objective. Les découvertes idéales éclaircissent ce qui est connu, et ne trouvent rien d'inconnu; elles débarrassent la vérité des nuages qui la voilent, et qui sont le produit des sens et de l'imagination. Voilà pourquoi, hors de la perfection catholique, les institutions religieuses et philosophiques qui veulent se rapprocher de la vérité, doivent être des restaurations et des réformes. L'esprit inventif est une qualité plus parfaite de l'intelligence, qui ne découvre pas des idées neuves mais de nouvelles relations d'idées, moyennant le sentiment vif et précis des analogies et des différences grammaticales et philologiques; sentiment que le commun des hommes ne possède que d'une manière très confuse. Voilà pourquoi les découvertes les plus belles de la spéculation dépendent de la langue qu'on emploie. En effet, l'idée ne pouvant être repensée que par le moyen de la parole, organe de la réflexion, la connaissance que l'on a de l'une est proportionnée à la bonté de l'autre. Par conséquent la philologie est sœur de la philosophie, comme l'avait fait remarquer Vico, et le langage est d'une très haute importance pour la pensée; il faut donc prendre en pitié ces philosophes qui font peu de cas de la culture des langues et l'appellent dédaigneusement une étude de phrases et de mots. Comme si, sans les mots, on pouvait connaître les choses !

La spéculation et la civilisation ne valent chez un peuple que ce que vaut l'idiome qu'il parle; ce dernier est la mesure, l'image, à certains égards, la source de la première. La branche italo-pélasgique, d'où naquit la langue latine, ne nous aurait-elle laissé d'autres vestiges de sa première culture que la distinction précise entre les mots *esse* et *existere*, qui renferme substantiellement la formule idéale, nous pourrions, à ce titre seul, l'exalter comme l'idiome le plus parfait des peuples occidentaux, sortis de l'antique Orient. Voilà pourquoi Dieu étant l'unique inventeur des langues est aussi, à la rigueur des termes, le seul chef d'école et de secte ; car après avoir conféré à l'homme, avec la révélation, le patrimoine des dogmes idéaux, en même temps qu'il lui donnait par la création la terre où il devait habiter et régner en maître, moyennant l'Idée, il a rafraîchi et renouvelé plusieurs fois dans la suite son enseignement primitif. Cette vérité n'était pas complètement inconnue des législateurs et des sages de l'antiquité, qui rattachaient au ciel le premier anneau de la chaîne civile, et renouaient le fil interrompu des traditions, pour restaurer ou rétablir le cours des doctrines. C'est ce que l'on voit figuré dans les trois cycles des mythologies grecque et égyptienne, dans les trois lois iraniques, dans la série des législateurs doriens, depuis Egimius jusqu'à Pythagore et même jusqu'à Platon, dans les trois formes brahmaniques, dans la succession de leurs avatars, dans les diverses époques du Bouddhisme (*), et dans beaucoup d'autres faits historiques ou mythiques dont nous aurons occasion de parler ailleurs.

A ce concept de la divine origine de la science, de sa perpétuité fondée sur une tradition continue, et du principe surhumain de toute réforme légitime, se rapporte le dogme des théophanies, dogme universel et très ancien. La théophanie, en effet, dégagée des embellissements essotériques et des accessoires erronnés et superstitieux, est *l'intervention*

(*) Il y en a trois, suivant les Bouddhistes chinois, et elles portent le nom de Tsingfa, Siangfa et Mofa, comme on peut le voir dans Deguignes (*Mém. de l'Acad. des inscript.*, tom. LX, pag. 201 et suiv.)

sensible de l'Idée, qui vient se rafraîchir et s'éclaircir elle-même dans l'esprit des hommes, où elle réside comme supra-sensible, en vertu de la révélation primitive, et où elle a été obscurcie dans la suite par la prédominance des sens et de l'imagination (10). Il est impossible de ne pas apercevoir dans les théophanies et dans les avatars la réminiscence, non pas platonique, mais traditionnelle du dogme primitif, et la nécessité de l'intervention divine pour accomplir le second cycle créatif.

Les raisonnements superficiels ont aujourd'hui tellement le dessus, qu'au lieu de combattre la foi avec des objections au moins spécieuses, on l'attaque en rétorquant contre elle ses propres preuves, et en lui faisant un crime de l'évidence. Quand le droit devient un tort, il est difficile d'avoir raison. Si l'on voulait convaincre de leur erreur les gens qui raisonnent de la sorte, on pourrait bien se trouver aussi embarrassé que celui qui voudrait prouver qu'il ne fait pas nuit en plein jour, à un individu qui objecterait, pour démontrer le contraire, l'éclat des rayons solaires. Jusqu'ici on avait cru que l'ancienneté et l'immutabilité de la doctrine catholique étaient un magnifique et puissant argument de sa vérité. Aujourd'hui on affirme le contraire; et les apôtres du progrès ont découvert que le vrai, pour être tel, doit varier continuellement. On voit sans peine que, sous ce rapport, une croyance aussi ancienne que les siècles, doit être l'erreur la plus grande et la plus grossière qu'il y ait au monde. Ces gens-là font fi de la théologie catholique, la traitent de doctrine épuisée, stérile, vieillie et rouillée, bonne à ensevelir dans l'oubli, et affirment qu'elle appartient à un état de choses qu'il est impossible de ressusciter. Pauvres gens! quand bien même vous le penseriez, serait-ce à vous de le dire et de vous en vanter? Croyez-vous par hasard que la postérité s'occupe plus de vos journaux, de vos encyclopédies, de vos livres, que vos ascendants? Car si la doctrine du progrès est vraie, comme vous le dites, elle devra bientôt être oubliée et donner lieu à une opinion toute contraire; sans cela elle serait évidemment fausse.

Mais celui qui rejette le catholicisme, en croyant seulement répudier les croyances passées, rejette en effet celles de l'avenir. Le catholicisme est plus nouveau que les doctrines qui viennent de naître et qui mourront demain, précisément parce qu'il est plus ancien qu'elles, parce qu'il n'y a ni institution ni invention qui le surpasse en ancienneté. Il est assuré de survivre à toutes les opinions, parce qu'il n'a été précédé par aucune; il est certain de posséder complétement l'avenir, parce qu'il possède le passé dans toute sa plénitude; d'être immortel, parce qu'il est inné et aussi vieux que la parole créatrice. Ce qui est nouveau vieillit, et une fois vieilli, s'éteint; mais ce qui a une antiquité vraie et parfaite, ne peut jamais vieillir et est perpétuellement nouveau. Qu'y a-t-il de plus âgé que la nature? cependant elle jouit d'une fraîcheur perpétuelle. La religion catholique est comme la nature, elle possède une fleur de jeunesse perpétuelle, parce qu'elle est la chose la plus ancienne qu'il y ait au monde. Et de même que la nature, bien qu'elle vieillisse à l'approche de la froide saison, rajeunit au printemps, se couvre de nouveau de verdure et de fleurs; de même la religion a de temps en temps ses hivers, durant lesquels le ciel et les éléments en fureur conspirent pour l'étouffer, et il semble presque que toute vie soit éteinte dans son sein. Mais bientôt après, le calme succède à la tempête, le ciel reprend sa sérénité, l'air se réchauffe, la terre se recouvre de verdure et de fleurs, les doux fruits reparaissent et la foi reprend sa vigueur première.

Laissons donc les esprits frivoles parler de la mort de la religion catholique et célébrer ses funérailles. Pourquoi ne célébreraient-ils pas aussi celles du Décalogue ? Peut-on imaginer rien de plus vieux que la loi naturelle, aussi antique que notre père Adam, que le monde lui-même ! Et si l'on ne peut dire de la morale ni qu'elle est vieille, ni qu'elle est récente, parce qu'elle est éternelle, comment ose-t-on tenir un autre langage au sujet de la religion ? En effet, la morale et le religion sont inséparables ; bien plus, la seconde est au-dessus de la première, parce que l'Idée ne dépend pas du devoir, mais le devoir de l'Idée. Il ne faut pas confondre la longévité du vrai avec la décrépitude des opinions ; celle-ci est l'avant-courrière de la mort, celle-là la caution certaine de l'éternité. L'histoire de la philosophie offre beaucoup d'exemples d'une fortune ainsi différente. Les doctrines de Platon, si on les prend dans leur substance et qu'on en écarte ce qu'elles renferment d'hypothétique et d'imparfait, sont aussi jeunes et aussi vigoureuses que lorsqu'elles apparurent pour la première fois à Athènes ; les opinions des sensistes, au contraire, qui ne sont que d'hier, sont vieillies et décrépites. Emmanuel Kant, dans sa Critique de la raison pure, a donné au mauvais germe du Cartésianisme toute la perfection et la profondeur dont il était capable; cependant il n'y a pas, que je sache, en Europe, un seul penseur au-dessus du commun, qui professe le scepticisme radical du philosophe allemand. Tous les juges compétents, au contraire, s'accordent à vanter, comme le traité le plus parfait de morale scientifique qui existe, la Critique de la raison pratique, qui est un excellent commentaire spéculatif de la Bible et des Évangiles. Qui parle encore de Jérémie Bentham, légiste distingué d'ailleurs, pour ce qu'il a écrit sur la science des mœurs ? Sa Déontologie, imprimée il y a fort peu d'années, est déjà une vieillerie que ronge la poussière des bibliothèques. En résumé, l'erreur est passagère et périssable, la vérité seule est immortelle.

Cela devrait consoler certains faiseurs de lamentations, qui s'accordent avec ceux dont nous venons de parler pour croire que le christianisme est mort ou près de mourir; mais qui, au lieu de s'en réjouir, s'en plaignent au contraire et remplissent, à cette occasion, l'air de leurs gémissements et de leurs plaintes. Leur douleur est respectable, parce qu'elle part d'un bon principe; cependant, en pareil cas, je serais moins tendre ou plus cruel qu'eux et je ne pourrais guère m'apitoyer sur la perte d'une doctrine qui, en mourant, prouverait qu'elle était fausse. Toutefois, le chagrin sincère de ces sortes de gens prouve que leur cœur est meilleur que leur raison. Mais qu'ils se consolent et se rassurent; le christianisme est bien vivant et ne peut périr. Le sort des autres croyances et des autres opinions suffit pour rassurer sur son existence; autrement, toute vérité serait éteinte et il ne serait jamais possible de raviver l'esprit humain. La Providence a, dès le commencement du monde, jeté sur la terre une semence de vie, destinée à féconder la société et les pensées des hommes, et elle l'y conservera tant que vivra notre espèce. Cette semence, c'est la vérité révélée. La zizanie des erreurs la recouvre quelquefois et l'étouffe en apparence; mais ne peut ni l'éteindre ni l'anéantir; les mauvaises herbes une fois arrachées ou desséchées, elle germe de nouveau, refleurit et porte une nouvelle moisson. Le christianisme est véritablement mort pour ceux qui s'obstinent à ne pas le reconnaître; il est toujours vivant et prêt à désaltérer, comme une source d'eau vive, les lèvres de ceux qui ont recours à lui. Mais, pour en jouir, il faut le connaître, l'étudier, et pénétrer dans sa nature. Nul ne peut saisir la vérité de l'Idée, nul ne peut s'habituer à la goûter et à l'apprécier convenablement, s'il ne s'incorpore à elle de cœur et d'esprit.

Le remords qu'ont plusieurs personnes d'avoir perdu la religion, est comme un sentiment survivant et confus de sa vérité. L'impuissance de croire, dont se plaignent tant de personnes, provient de la langueur des ames, qui est le défaut général de notre siècle; car la *soumission* de la foi, bien que *raisonnable*, emportant un effort sur le sens, est l'héroïsme de l'intelligence. Il est des gens qui voudraient croire, mais sans étude, sans méditation, sans travail, comme d'autres voudraient être des héros, sans le courage; ce serait, à vrai dire, difficile. Il y a une langueur d'esprit, une énervation de sentiments et d'affections, qui empêchent l'acquêt de la foi, comme elles nuisent aussi à sa conservation. Un poëte illustre de notre siècle en a donné naguère un exemple trop fameux, pour qu'on puisse l'oublier ou le passer sous silence. Que de vers n'a-t-il pas consacrés à déplorer l'obscurcissement des vérités chrétiennes, à se plaindre de l'affaiblissement de la foi dans son cœur, à protester qu'il l'aimait, comme un bien que l'on craint de perdre, à se gourmander lui-même, comme un amant qui reproche à l'objet de son amour de lui être infidèle et de ne pas répondre à ses affections et à ses soins assidus ! Ces lamentations avaient une apparence de piété et de religion ; mais elles n'étaient en substance qu'un principe d'apostasie et de sacrilége, car c'est blasphémer la religion que de lui attribuer les nuages de son propre esprit; c'est absolument comme celui qui accuserait de faiblesse les rayons du soleil, dont ses yeux ne pourraient supporter l'éclat. Sans compter que de pareilles plaintes sont funestes à la foi des faibles et d'un dangereux exemple.

Si un homme a par hasard le malheur de douter de la vérité, qu'il ensevelisse sa déplorable hésitation au fond de son cœur, qu'il prie secrètement Dieu de l'en délivrer, qu'il recoure à celui à qui nous pouvons découvrir non-seulement sans crainte, mais encore avec fruit, les misères de notre conscience ; mais qu'il se garde bien de la publier ni en vers ni en prose. Autrement il se fera l'instrument de la ruine de plusieurs, et se créera une occasion de remords éternels. Chacun sait à quoi ont abouti les prières profanes du poëte illustre dont nous parlons ici, et comment il a traité la religion dans deux compositions d'où il semble, qu'avec la foi qui animait ses premiers vers, se soit aussi évanouie cette inspiration féconde et cette fleur d'élégance qui enflamment et embellissent les œuvres du poëte. Il avait bien raison de se plaindre que ce Christianisme était mourant, non pas pour les autres, mais pour lui. Génie infortuné !.....

Mais pour en revenir aux faiseurs de doléances, qui voudraient croire et qui se plaignent de ne pouvoir le faire, je leur demanderai s'ils ne trouvent pas suffisants les arguments qui ont persuadé la vérité du Christianisme aux esprits les plus supérieurs des temps modernes, de Dante à Napoléon, sans parler des temps plus anciens. Or, le Christianisme n'a pas changé ; il est le même qu'il a été jadis ; ses épreuves n'ont pas perdu de leur force avec la marche des siècles, et ce sont pourtant elles qui ont convaincu les hautes intelligences des Pascal, des Bossuet, des Newton, des Leibniz et des Vico. Les raisons ne sont pas comme les habits qui s'usent avec le temps. Celles qui ont été assez puissantes pour subjuguer ces fortes têtes doivent suffire encore aujourd'hui, à moins que nos contemporains ne s'attribuent le privilége d'être des génies plus difficiles à satisfaire.

— Mais, dit-on, les temps sont changés, les sciences se sont développées, et ce qui était croyable alors, ne l'est plus aujourd'hui.

— Et pourquoi, s'il vous plaît? La crédibilité dont vous nous parlez, à quoi se rapporte-t-elle? Est-ce par hasard aux raisons qui prouvent le Christianisme, ou aux objections qui le combattent? Si c'est aux premières, voulez-vous en inférer que les démonstrations, bonnes il y a un siècle, ne sont d'aucune valeur dans le nôtre? Et d'où vient, dites-moi, cette différence? Serait-ce des esprits? Si vous prétendez que les génies du jour, tels que vos journalistes, vos romanciers, vos encyclopédistes, qui amusent et dirigent le monde, sont plus spirituels, plus instruits, plus profonds, plus puissants en un mot que les grands écrivains des siècles précédents, je ne puis que m'en remettre au jugement du vingtième siècle; et encore même ne sais-je pas si celui-ci sera en état de trancher le débat, car il est probable que nos affaires ne l'intéresseront guère plus que les siennes ne nous touchent.

La différence procéderait-elle des objets eux-mêmes qui, vrais en un temps, auraient cessé de l'être? Mais comment la vérité peut-elle varier, s'altérer, périr, se changer en son contraire, devenir erreur? Quelle est donc cette alchimie qui soumet le vrai aux ravages du temps, comme les manuscrits et les livres qui la renferment? Une preuve qui, hier, était solide, juste, excellente, propre à persuader un Dante, un Euler, un Haller, un Anquetil, un Maffei, un Muratori, ne pourrait plus produire aujourd'hui ni demain les mêmes effets? Elle ne saurait suffire à ces auteurs d'articles de journaux et de brochures qui vivent sous nos yeux? Et Dieu sera obligé de faire des miracles en faveur d'un siècle, parce qu'il ne lui plaira pas de se tenir pour satisfait des raisons qui ont paru suffisantes à ses prédécesseurs? En vérité, cette prétention du dix-neuvième siècle est bien singulière, et prouve du moins une chose, c'est que l'époque, comme les individus et les peuples, est devenue difficile, et a une haute idée d'elle-même.

Voudrait-on dire encore que la religion a cessé d'être plausible à cause de certaines objections nouvelles, nées des découvertes les plus récentes faites dans les sciences physiques ou en archéologie? Mais on devrait savoir qu'il n'y a pas une seule de ces objections qui soit concluante; parce que, ou bien elles reposent sur des faits faux, ou bien ce sont des hypothèses en l'air, ou elles ne vont pas à leur but, et leur antagonisme avec la religion n'est qu'apparent. Cela a été prouvé cent fois, et il serait à désirer que si l'on a quelque doute nouveau à proposer, on s'exprimât clairement. Mais si l'on ne fait que rafraîchir de vieilles objections, on n'est pas en droit d'exiger que les réponses soient toutes nouvelles. Je ne trouve pas qu'aucun grand génie des derniers siècles se soit aperçu que les découvertes modernes étaient en opposition avec la religion. Le premier géologue, le premier naturaliste du siècle passé croyait à la Bible. Ampère, l'un des physiciens les plus profonds, l'un des savants les plus universels de son temps, était profondément catholique. Il serait trop long de compter les philologues qui ont rendu et qui rendent encore hommage à la religion; il suffit de citer Sylvestre de Sacy, qui fut regardé comme le prince des érudits.

S'il y a quelques savants illustres qui ne croient pas, remarquez que leur incrédulité est un tribut qu'ils paient à l'habitude, et non pas un effet de ce savoir singulier, de ces inventions merveilleuses qui les distinguent des autres hommes. Les découvertes, en effet, loin d'être un obstacle à la religion, lui sont au contraire d'un puissant secours, en réduisant à néant certaines objections, que l'ignorance érudite du siècle dernier élevait contre les livres sacrés; telles sont, par exemple, celles que l'on tirait de l'ancienneté supposée du globe terrestre, de quelques nations et de leurs monuments. Ce n'est donc point l'affaiblissement des raisons favorables à la cause de la religion, ni l'augmentation en force et en nombre de celles qui lui sont contraires, qui produisent le changement dont on se plaint. Savez-vous d'où il vient ce changement? Je vais vous le dire franchement : de l'opinion dominante, qui pousse à l'incrédulité. Or, qui a formé cette opinion? Elle naquit, dans le siècle dernier, non point de la coopération des savants illustres qui florissaient à cette époque, et qui furent tous profondément religieux, mais des efforts d'une multitude d'esprits vulgaires, avec lesquels faisait chorus un petit nombre de talents distingués, chez lesquels l'esprit et l'imagination l'emportaient sur le savoir et la raison. Ils étouffèrent la religion au milieu d'un peuple éminemment frivole, et transmirent à leurs descendants un funeste héritage. Ainsi, vous ne croyez pas, parce qu'un grand nombre de vos contemporains, qui sont infectés d'un vice légué par la légèreté de leurs pères, ne croient plus. Voilà à quoi se réduit ce grand changement des temps. Vous êtes les jouets de la mode, les esclaves de l'opinion, et d'une opinion née d'hier, mise en avant par des hommes dont la valeur scientifique ne peut vous inspirer une véritable estime. Vous obéissez aveuglément, dans les choses les plus importantes, à l'autorité de gens que vous rougiriez de regarder comme vos maîtres dans les matières profanes de la plus mince importance. Et qui professe aujourd'hui ces opinions que vous adorez? La multitude, qui fut dans tous les temps *bellua multorum capitum*, mais qui n'a jamais mieux mérité cette qualification que dans ces temps remarquables par une légèreté et une médiocrité universelles.

Et quand je dis la multitude, je ne parle point de la plèbe, qui, dans beaucoup de parties de l'Europe, conserve encore le précieux patrimoine de ses aïeux; je parle de ce vulgaire qui a dissipé cet héritage sacré, du vulgaire riche, du vulgaire brillant, du vulgaire demi-savant, du vulgaire oisif et élégant, qui est le pire de tous. Voilà en substance l'oracle auquel vous prêtez l'oreille, le maître sublime qui dirige vos opinions. Et vous ne rougissez pas de honte? et vous ne trouvez pas que c'est être vil que de se soumettre aux préoccupations d'autrui, de s'asservir aux caprices et aux sottises de la foule ! Un homme de cœur méprise et foule aux pieds l'opinion, quand elle n'est pas d'accord avec la vérité, et il ne se laisse épouvanter ni par le nombre ni par les cris de ses contradicteurs. Apôtre intrépide de la vérité, il l'annonce et la défend hardiment, quand même il serait seul à la professer et qu'il aurait contre lui le genre humain tout entier. Cessez donc de vous plaindre que le Christianisme ne suffit plus aux besoins du siècle et des esprits. Le Christianisme n'est véritablement proportionné aux ames faibles qu'en cela qu'il a la vertu de les fortifier; mais il est apte, aujourd'hui comme toujours, à ravir les grandes intelligences et à les élever au-dessus d'elles-mêmes. Embrassez-le avec ardeur et il répondra surabondamment à tous vos désirs; il vous donnera un repos d'esprit et de cœur, doux, profond, inaltérable, et qui vous fera espérer la plus grande récompense. Sans cela, vous n'aurez qu'à vous plaindre de vous-mêmes; vous serez comme un insensé, qui, assis sur le bord d'un bassin plein d'une eau vive et fraîche, meurt de soif et s'évanouit plutôt que de se donner la peine nécessaire pour l'atteindre, afin de rafraîchir son gosier desséché.

Le Catholicisme est, comme science, l'explication de la formule idéale et des formules définitives établies par l'Eglise. Considéré sous ce rapport, il est perfectible indéfiniment, et sa perfectibilité, au lieu de répugner comme œuvre scientifique à l'immutabilité qui en est le privilége, comme dogme, ne peut avoir lieu sans elle; puisque le progrès de toute science dépend de la solidité de sa méthode et de ses principes. Les mathématiques et la physique sont aujourd'hui d'autant plus florissantes qu'elles procèdent directement et se fondent sur une base stable. La physiologie, au contraire, la médecine et quelques autres sciences sont encore incertaines, ou moins certaines que ces dernières, parce qu'elles n'ont pas encore eu le même bonheur. Il en est arrivé autant à la philosophie, du moment qu'elle a voulu se séparer de la religion, et qu'elle a répudié son but suprême sous le prétexte de liberté. L'Idée catholique est la plus large, et comme l'on dit aujourd'hui, la moins exclusive de toutes, et voilà pourquoi le philosophe catholique est vraiment libre, et le seul libre. Elle s'étend autant que le vrai, elle est infinie comme lui et ne connaît d'autres limites que celles qui séparent l'Etre du néant et la réalité des chimères. Elle est par conséquent essentiellement positive, tandis que les autres idées tiennent plus ou moins du négatif, et sont d'autant plus sujettes à l'erreur qu'elles excluent une partie de la vérité.

Les esprits légers, qui regardent comme esclave l'homme catholique, parce qu'il est soumis à une règle, ne s'apperçoivent pas que cette règle, qui n'est autre chose que la vérité elle-même, est une source de liberté. La règle catholique est *le principe qui empêche l'esprit humain de diminuer la vérité, et par conséquent de resserrer les limites dans lesquelles il peut s'étendre.* En effet, du moment que l'esprit ne peut s'égarer dans le vide, et le néant, où il n'y a pas même de quoi poser le pied, la seule arène où il puisse s'exercer et déployer ses forces, c'est celle de la vérité. Par conséquent, la loi qui conserve la vérité, comme élément vital et domaine de l'esprit, est aussi nécessaire à la liberté philosophique, que celle qui interdit au chef de l'Etat l'aliénation du territoire est indispensable à la liberté et à l'indépendance des empires. La liberté négative de la fausse philosophie a réduit cette science, la plus noble de toutes, à la pauvreté et à la nullité où nous la voyons aujourd'hui. Chez qui croyez-vous en effet qu'il y ait eu plus de liberté et de franchise dans les études philosophiques? Chez les modernes sensistes, qui sont contraints de voler terre à terre, ou de ramper avec tout leur esprit dans la fange et la poussière, ou bien chez Pythagore, Platon, saint Augustin, Leibniz, Vico, qui se sont élevés jusqu'au ciel sur les ailes de l'ontologie chrétienne?

Si la religion est nécessaire pour la prospérité des sciences philosophiques, celles-ci sont pareillement indispensables pour le bon état de la théologie, qui ne peut faire de progrès, comme science, si elle n'est soutenue par l'autorité de la philosophie. Je laisse de côté les rapports communs aux deux disciplines, en tant qu'ils roulent sur le même sujet, c'est-à-dire sur la formule idéale, — bien qu'ils la considèrent sous un aspect différent, — et qu'ils se confondent par le moyen du surintelligible dont la philosophie fournit le concept rationnel et générique, et la théologie les déterminations spécifiques et révélées; de telle sorte que, sous ce rapport, le second est à l'égard de la première ce que sont les mathématiques à l'égard de la théorie spéculative de l'espace et du temps. Je laisse également de côté les avantages qui reviennent à la science religieuse de l'habitude psychologique et ontologique de l'esprit, dont l'acquisition confère l'usage de philosopher. Mais je dis que la philosophie est surtout profitable à la théologie en ce que le rapprochement des idées rationnelles avec les idées révélées amène la découverte d'une foule de relations entre les deux ordres de sciences, et fournit à celle qui a la primauté d'origine une direction salutaire. Cette science, en effet, est aujourd'hui dans une espèce de léthargie et de torpeur qui lui sont funestes; elle n'ose presque plus faire autre chose que répéter ce qui a été déjà dit; elle craint de marcher, de faire quelques pas en avant; elle se renferme et se resserre en elle-même; elle se tient scrupuleusement à l'écart de toute autre doctrine; et bien qu'elle soit toujours vivante et florissante dans le dogme éternel, elle paraît, comme science, éteinte et réduite à l'état de cadavre. Et cependant la théologie, fixe et immobile sur sa base divine, qui est la foi, doit être progressive, comme travail scientifique; car toute science étant *l'explication discursive d'une donnée intuitive*, consiste dans le mouvement et non dans le repos. C'est dans l'accord de l'immutabilité avec le progrès que consiste la perfection de la science par excellence.

La doctrine des Protestants et des psychologistes est mobile, mais sans base solide; aussi son mouvement n'a point de résultats, ne donne naissance qu'à une opinion incertaine, au lieu de produire une véritable science. La théologie catholique est la seule qui soit digne de ce nom, parce que procédant d'une formule organique, et ayant une base inébranlable, elle joint à la stabilité religieuse le perfectionnement scientifique. La formule révélée et ecclésiastique est la théologie en puissance, comme la science théologique est la formule en acte. Or, cet acte étant successif, perfectible, toujours capable de nouveaux incréments, la théologie doit marcher en avant comme les autres sciences. Si elle vient à s'arrêter, elle déchoit et perd de sa force, comme on le voit de nos jours; et alors la défaveur qui s'attache à la science rejaillit sur son objet, c'est-à-dire sur la religion. Si l'incrédulité règne dans les pays catholiques, depuis un siècle, c'est bien certainement à la décadence des études bibliques, traditionnelles, apologétiques qu'il faut en partie l'attribuer, puisqu'il répugne que l'Idée révélée se maintienne à son rang dans le domaine de l'action, si elle n'est en honneur et ne règne point dans celui de la spéculation.

La théologie catholique ayant le privilége de posséder l'Idée exprimée, comme une chose qui lui est propre, est le principe actif et génératif par excellence, qui féconde les sciences spéculatives. Mais elle ne peut concevoir et fructifier à elle toute seule ; il faut y joindre un autre principe, qui, dans son premier exercice, est passif et non opératif, c'est-à-dire l'esprit humain. Celui-ci s'actualisant sous la main du Créateur, s'ouvre par la première intuition à l'Idée qui le fait et le forme, et la reçoit en lui, comme un sol fécond qui s'ouvre pour recevoir la semence divine. L'esprit humain, ainsi fécondé, devient actif et crée les sciences idéales, c'est-à-dire la théologie, qui développe la formule révélée, et la philosophie qui explique la formule rationnelle. Ces deux sciences, qui sont sœurs jumelles, doivent s'aider mutuellement, puisque leur divorce rendant l'une inerte et l'autre insubsistante, enlève à la première le pouvoir d'aller en avant et à la seconde le fondement sur lequel elle s'appuie.

Tel est l'état déplorable dans lequel elles se trouvent aujourd'hui : la philosophie marchant sans ordre et sans frein, s'est suicidée de sa propre main ; les sciences sacrées, confinées dans les écoles, y restent inactives et stériles. — Quoi ! stériles ? Oui certainement ; mais non pas toutefois par leur propre faute, puisque la religion est si loin d'être infructueuse, même intellectuellement parlant, qu'elle peut seule ranimer les études spéculatives. En effet, ceux chez qui la vue de l'esprit n'est pas totalement couverte d'un voile impénétrable, devraient voir clairement aujourd'hui que le génie européen, s'il n'est pas mort pour toujours, ne peut être rappelé à une nouvelle vie dans le cercle des études les plus élevées, que par la foi catholique. La nullité de la capacité intuitive dans les matières rationnelles ne fut jamais aussi grande ni aussi évidente que de nos jours.

D'où vient donc l'aridité apparente de la théologie, qui, riche en germes inépuisables, ne produit cependant presque plus aucun fruit? J'entre ici dans une matière délicate; mais comme mes intentions sont droites, et que je désire être utile, autant que le comportent mes lumières, je dirai franchement ma pensée. La théologie est devenue stérile, parce que depuis un siècle, *le sacerdoce catholique, qui, selon l'idée de tout corps hiératique, doit être un concile de savants, est devenu tout simplement une société religieuse.* Bien entendu que je ne parle qu'en général et que je n'exclus pas les exceptions. Dans un siècle où l'archéologie, la philologie classique et orientale, la psychologie, l'histoire, la littérature sont cultivées avec un rare bonheur par quelques prêtres italiens illustres; dans un siècle qui conserve encore dans toute sa fraîcheur la mémoire de Muratori, de Piazzi, de Gerdil, de Caluso, de Giorgi, de P. Beccaria, et de tant d'autres savants que le sacerdoce italien a donnés à l'Europe, il serait ridicule de dire d'une manière absolue que le clergé a abandonné le domaine de la science. Toutefois, je ne pense pas qu'il y ait de la témérité à affirmer qu'en général, et spécialement hors de l'Italie, le clergé est beaucoup moins instruit qu'autrefois. Et ce n'est pas seulement des sciences profanes que je parle, mais encore des sciences sacrées, qui sont, le plus souvent, traitées par les prêtres comme un capital mort qui doit se transmettre de génération en génération, sans le diminuer ni l'accroître, au lieu d'être regardé par eux comme un trésor qu'il faut vivifier et multiplier par le commerce de l'intelligence. En d'autres termes, on confond la science avec le dogme et la théologie avec le catéchisme.

Du reste, il n'est pas étonnant qu'il en soit ainsi, car les études sacrées se mêlant de mille manières avec les profanes, il est impossible que les unes fleurissent véritablement sans le secours et le concours des autres. Par conséquent, lorsque je dis que le sacerdoce doit être un concile de savants, je n'entends pas lui assigner un but mondain et en faire une société littéraire ni une académie. Je tiens au contraire pour constant que, hors le cas d'une stricte convenance ou d'une extrême nécessité, il doit s'abstenir des affaires temporelles, des intrigues politiques, et se tenir en garde contre le désir dangereux de vouloir régner dans ce monde. L'introduction des ecclésiastiques dans les affaires séculières ruine le clergé et porte, à la longue, préjudice à la religion. Mais la pensée n'est pas l'action et la science n'est pas la politique. La théologie est la science sacerdotale par excellence; mais elle ne peut être cultivée comme il faut, si elle n'est accompagnée des autres sciences. Elle est la fin ; l'encyclopédie profane lui fournit des moyens qui lui sont favorables. Autant le soin des affaires, la passion du gain et l'ambition déshonorent et avilissent le clergé, autant un savoir universel lui donne d'éclat et lui attire de respect. Un prélat intrigant et courtisan est détesté et méprisé par l'opinion publique; mais tout le monde estime et vénère un prélat d'un profond savoir, un Zurla qui éclaircit la géographie et l'histoire du moyen-âge, un Maï qui ressuscite l'antiquité, un Piazzi, qui découvre une nouvelle étoile. La science n'est pas comme le travail; celui-ci est profane toutes les fois qu'il se rapporte à des œuvres terrestres; celle-là est sacrée par sa propre essence; puisqu'elle s'occupe non pas d'intérêts et d'honneurs, mais de la vérité ; et la vérité, c'est Dieu. La culture des sciences est retirée, solitaire, pacifique, austère, digne, et ne blesse sous aucun rapport la sainteté du sacerdoce. Le prêtre ne saurait se mêler long-temps parmi les hommes du siècle sans prendre leurs défauts, sans partager leurs passions; mais il peut les étudier sans porter préjudice à sa dignité; il peut contempler dans les animaux et dans les plantes la sagesse du Créateur, il peut chercher dans les merveilles du calcul, la géométrie de l'architecte suprême, sans oublier pour cela les pensées pures et sacrées de son ministère.

Je ne veux pas en conclure que tout le clergé doive s'adonner aux sciences profanes; ce serait absurde et ridicule. Chaque chose doit avoir sa place, et la variété des moyens sagement ordonnés doit tendre à un but unique. L'Apôtre, en décrivant le type de la société ecclésiastique, la dépeint comme un corps bien organisé, composé de divers membres, comme une hiérarchie d'offices, dans laquelle chaque partie concourt diversement à l'harmonie du tout (*). Il nomme spécialement les *docteurs*, qui sont les gardiens, les promoteurs de la science sacrée, et qui la perfectionnent; or, ceux-ci ne pourraient pas atteindre complétement leur but s'ils ne participaient à la culture intellectuelle de leur siècle tout entière. Cette culture varie, selon les lieux et les temps; d'où il suit que l'instruction sacerdotale doit aussi varier sous ce rapport; la mesure de cette instruction pouvant être exprimée par cette règle générale, que *le sacerdoce catholique doit posséder des hommes éminents dans toutes les branches de la science humaine, et qui ne soient inférieurs à personne pour le siècle dans lequel ils vivent.* Telle fut la société ecclésiastique dans l'âge d'or du Christianisme, et durant les deux grandes époques des Pères et des Scolastiques. Clément d'Alexandrie, Origène, Athanase, Basile, Grégoire de Nazianze, Chrysostome, saint Augustin, saint Jérôme, Béda,

---

(*) I Cor. xii, 28, 29.

Sylvestre II, Anselme, saint Bernard, saint Bonaventure, saint Thomas, Roger Bacon, Gerson, Nicolas V, égalaient ou surpassaient, pour le génie et le savoir, les hommes les plus fameux de leur époque. Tel fut aussi en partie le clergé français du dix-septième siècle.

J'ai dit des hommes éminents, parce que la science n'est pas profitable, si elle n'est vaste et profonde ; la science superficielle, si elle est seule, n'est pas utile et nuit même quelquefois. Il ne faut pourtant pas mépriser les esprits et les travaux médiocres, ni leur refuser les éloges qu'ils méritent; loin de là, car ils peuvent, aux yeux de Dieu qui scrute les cœurs, l'emporter en mérite sur les travaux les plus excellents, lorsque la pensée qui y préside est plus pure et plus sainte. Mais, humainement parlant, la valeur ordinaire n'en est pas évidente, si elle ne s'appuie sur la grandeur humaine. Une teinture des diverses sciences chez les ecclésiastiques peut être profitable, lorsque, à côté de cette heureuse médiocrité, il existe des hommes qui possèdent une science plus profonde et plus élevée, et qu'ils la répandent, au besoin, dans les divers membres du corps sacré. Et comme les sommités n'abondent jamais dans une société particulière ni dans un corps quelconque, on voit bien que je ne parle pas du plus grand nombre. De toute manière, il est hors de doute que les sciences ecclésiastiques ne se relèveront, que le sacerdoce ne recouvrera son ancien éclat, que la foi ne dominera de nouveau sur les intelligences et sur les opinions, que le jour où les princes de la science appartiendront en partie au corps ecclésiastique.

Un bon évêque, un bon curé, un bon missionnaire seront toujours, aux yeux de Dieu et des gens sensés, plus admirables et plus respectables que tous les lettrés du siècle; mais la multitude à demi-cultivée et initiée aux lettres, qui est si grande de nos jours, ne croira jamais à la raison de l'obéissance catholique, à moins qu'elle ne voie quelques-uns de ses ministres réunir l'éclat des sciences profanes aux mérites de la vertu. Or, bien que cette opinion repose sur une erreur, le clergé est tenu de s'y conformer, puisqu'il peut le faire sans nuire à sa dignité, et qu'il y est obligé pour atteindre le but principal des devoirs du sacerdoce. Qu'il ne se contente donc pas de la médiocrité et qu'il aspire à la supériorité, même en fait de savoir. La médiocrité, qui règne aujourd'hui généralement partout, qui est l'arbitre de tout honneur et de tout avantage social, qui domine depuis la cour du prince jusque dans l'atelier de l'artiste, est un ver rongeur qui mine la civilisation moderne. Que le sacerdoce catholique se prémunisse contre ce fléau ; qu'il se garde bien de proclamer l'égalité et l'indépendance des esprits ; qu'il laisse ce beau privilége à la foule de ses ennemis. Pour lui, il doit aspirer à une aristocratie légitime ; il doit reconnaître, maintenir et honorer le patriciat des talents, et ne pas imiter cet ancien qui abattait la tête des fleurs les plus hautes pour que la masse des tiges fût de la même taille. Ce que je demande ici au clergé lui sera d'autant plus facile que, dans son ordre, la distribution des offices et des charges se fait par la voie infiniment sage de l'élection.

Bien que les ecclésiastiques ne doivent rester étrangers à aucune science, il y en a une qui, par son intime connexité avec la religion, doit obtenir des gardiens du sanctuaire un culte tout particulier. La philosophie et le sacerdoce sont pour ainsi dire inséparables. On ne peut être grand philosophe si l'on ne connaît plus qu'à demi les sciences religieuses : Leibniz et Vico, les deux noms les plus illustres des sciences spéculatives dans les temps modernes, y étaient très versés ; Malebranche, ce génie d'ailleurs si élevé, leur fut inférieur pour les avoir possédées moins bien qu'eux. D'un autre côté, il n'y a peut-être pas un seul théologien remarquable, depuis Clément d'Alexandrie jusqu'à Sigismond Gerdil, l'honneur de la pourpre romaine à une époque encore peu éloignée de nous (*), qui n'ait été en même temps un illustre philosophe. Et ce n'est pas sans de puissantes raisons; en effet, si l'Eglise est, comme nous l'avons prouvé, par institution et par devoir conservatrice et propagatrice du vrai idéal, le sacerdoce, qui est la partie enseignante de la société ecclésiastique, doit naturellement le cultiver et le développer. Or, l'explication de l'Idée rationnelle, c'est la philosophie.

C'est là ce que faisaient les collèges hiératiques de l'antiquité, gardiens et propagateurs de toute science, mais spécialement de ces notions idéales qui, pareilles à des étincelles d'un soleil éteint, surnageaient au milieu des ténèbres des temps. Les prêtres catholiques craindraient-ils donc de les imiter dans un devoir si noble? Seraient-ils les seuls qui renonceraient à incarner en eux-mêmes l'idée parfaite et civile de leur ministère? Voudraient-ils donner à leurs ennemis l'occasion de les croire inférieurs, sous ce rapport, aux prêtres païens de Casi, de Samothrace, d'Eleusis, de Vetulonia, de Volsinies, d'Augustodunum et de Thèbes? Les sociétés sacrées chez les païens ne se contentaient pas de cultiver la philosophie; mais elles la conservaient comme une chose qui leur était propre, elles la chérissaient comme la plus belle fleur du savoir acroamatique, et en répandaient les effets bienfaisants sur la société civile.

(*) Gerdil, qui fut sans aucun doute l'adversaire le plus spirituel, le plus savant et le plus profond des sophistes du dix-huitième siècle, et en même temps l'un des auteurs les plus agréables et les plus féconds de son temps, appartient spécialement au clergé italien, bien qu'il soit né sur les Alpes, entre la France et l'Italie, et qu'il ait écrit dans la langue de ces deux pays.

L'acroamatisme des anciens était une chose arbitraire, un monopole alors excusable et en quelque sorte opportun, mais qu'on ne peut aujourd'hui traiter de funeste par cela seul qu'il serait impossible et ridicule. Le seul privilége scientifique qui puisse avoir lieu chez les modernes, et qui soit raisonnable, c'est celui qui naît spontanément de la sublimité et de l'excellence des doctrines. Quand la science est arrivée à une certaine hauteur, elle devient naturellement le partage d'un petit nombre d'esprits d'élite; la foule en est exclue, sans qu'il y ait la moindre intervention de fraude ou de violence; et cette exclusion est légitime, parce qu'elle dérive de la nature même des choses; elle est utile, parce que le faîte du savoir ne peut être atteint que par les esprits tout-à-fait supérieurs, toujours en petit nombre. Voilà l'acroamatisme légitime auquel doit aspirer le clergé catholique et qui lui est nécessaire pour reconquérir son ancienne dignité. Il doit s'appliquer à être de nouveau *l'aristocratie élective de la science idéale,* en la cultivant avec une telle ardeur et un tel succès que les hommes studieux le reconnaissent pour leur maître et le révèrent comme tel. Et il lui sera facile d'en arriver là, s'il choisit les meilleurs esprits et leur donne la direction et les secours que requiert le but à atteindre.

Au moyen-âge, la science était le patrimoine du sacerdoce; mais il perdit ce noble privilége au commencement des temps modernes, et les laïques lui enlevèrent la culture de la philosophie. Cela eut lieu ainsi, parce que ceux qui la cultivaient précédemment s'étaient relâchés de leur zèle; parce que l'activité et par conséquent la souveraineté de l'esprit, étaient passées du sanctuaire dans les universités et les académies. Or, il serait temps que les ecclésiastiques reprissent leur propre bien et se remissent en possession du trésor sacré possédé par leurs prédécesseurs. Le moyen est prompt et facile, s'ils veulent l'employer. La seule manière de dominer une science, c'est de l'enrichir en y ajoutant de nouveaux et notables développements. Le clergé aspire-t-il à la gloire de passer pour le possesseur et le maître de la doctrine idéale? Qu'il la cultive convenablement, qu'il la propage, qu'il la perfectionne, qu'il prouve par les faits qu'il est digne et capable d'en avoir la direction, et il en sera regardé comme le possesseur par excellence. Tout homme sage reconnaîtra sa supériorité en cette matière, parce qu'elle sera raisonnable et légitime. Qu'il fasse de manière que les laïques soient obligés de recourir à lui pour puiser aux sources les plus pures et les plus abondantes de cette science qui est la plus noble entre toutes les sciences humaines, et alors sans efforts, sans artifices, sans opposition, sans se jeter dans des soins profanes, les ecclésiastiques seront encore une fois les propagateurs de la civilisation, les directeurs et les chefs de la société moderne.

Qu'on n'aille pas conclure cependant de ce que je dis ici, que je désire pour le clergé certains priviléges de culture qui lui furent jadis accordés par le cours nécessaire des choses, et par la barbarie des temps, ni que j'approuve le zèle de quelques téméraires qui voudraient renouveler à cet égard l'ordre de choses du moyen-âge. Ce seraient des vœux et des projets absurdes et risibles, et je n'ai envie d'encourir ni l'un ni l'autre de ces reproches. Je suis fâché au contraire que le siècle ne s'attache pas à rendre, par des actes, ces prétentions plus ridicules et plus impossibles encore ; car si je considère la manière dont on étudie aujourd'hui les plus nobles branches des connaissances humaines, je ne trouve pas que les laïques soient très empressés et très jaloux d'en conserver la propriété et d'empêcher les autres de l'usurper. Ce qui m'afflige surtout, bien loin de me réjouir, c'est de voir la philosophie déchue, languissante, expirante, maltraitée ou négligée par une grande partie de ses nouveaux disciples. Je voudrais que, pour la ranimer, ceux qui la voient languir sous leurs yeux et mourir entre leurs mains, reconnussent qu'ils se sont trompés de chemin et se déterminassent bravement à en changer. Je voudrais qu'il s'élevât une rivalité fructueuse, une noble émulation entre les laïques et les clercs, et que chacun des deux partis s'appliquât à surpasser l'autre dans la gloire de restaurer et d'accroître les précieux et merveilleux capitaux de l'intelligence.

Si donc j'encourage, de ma faible voix, le sacerdoce à joindre la science humaine à la divine, je ne crois pas moins opportun d'exhorter les hommes qui vivent au milieu du siècle à ranimer les études philosophiques au moyen de la religion. L'hérésie religieuse a créé en Europe une hétérodoxie rationnelle qui a abouti au sensisme anglo-français, au panthéisme allemand et à cet éclectisme qui a le singulier avantage de réunir les deux autres erreurs et de n'écarter de ces théories que la vérité. Ce fut là, en grande partie, l'œuvre des laïques ; c'est donc un devoir pour eux de réparer le mal commis, maintenant qu'ils sont forcés d'en reconnaître l'existence et qu'ils en goûtent les fruits amers. Mais pour cela il ne faut ni des palliatifs ni des réformes superficielles, qui, s'arrêtant à la superficie des choses, ne servent de rien et ne sont point durables. Il faut pénétrer au cœur, et couper d'une main ferme le mal dans ses racines. La rébellion contre l'autorité suprême a ruiné la science spéculative, l'obéissance à cette même autorité peut seule la faire revivre. Pourquoi donc une ère rationnelle nouvelle ne commencerait-elle pas sous la souveraineté intellectuelle de l'Eglise ? La science de l'Idée est subjective et objective tout à la fois ; elle est l'œuvre de l'esprit humain et du vrai idéal. Comme appartenant au sujet, c'est un travail de l'esprit ; comme fondée sur l'objet, c'est une réalité présente à l'esprit, qui n'en est que le simple spectateur. Mais cette perspective naturelle ne peut être reproduite par la pensée qu'au moyen d'un principe extrinsèque qui mette en acte la vertu spéculatrice; et ce principe, c'est la religion qui féconde la capacité philosophique par deux moyens appartenant également à l'objet et au sujet. L'un, c'est la parole, interprète du vrai; l'autre, c'est l'habitude de la foi religieuse et chrétienne. Descartes voulut fonder la philosophie sur le doute; mais il ne s'aperçut pas que le doute absolu est impossible à l'homme, et surtout à quiconque veut philosopher, et que son œuvre se réduisait à échanger la foi envers le vrai inébranlable, contre la crédulité envers des chimères.

La grande erreur de la science moderne consiste à vouloir fonder la religion sur la philosophie, au lieu de faire tout le contraire; à vouloir renverser l'ordre immuable des choses et à faire du toit la base de l'édifice. Mais toutes les forces de l'esprit humain ne pourraient suffire à la folle entreprise de ces nouveaux Titans qui, pour enlever à l'Idée son légitime empire, défient le ciel, comme les anciens fils de la Terre, et vont faire la guerre aux étoiles. Hégel prétend que la religion a péri dans les luttes antérieures, et que c'est à la philosophie de la faire renaître. Mais si la religion était vraiment morte, Dieu seul pourrait la ressusciter par un miracle. Celle qu'on veut mettre à sa place n'est qu'un mesquin et misérable fantôme, et ne saurait être autre chose; il y a une insigne folie à vouloir refondre le Christianisme, qui ayant été fait et donné par Dieu, ne peut qu'être reçu par les hommes. L'Eglise est la société divine, médiatrice, pour tout individu, du don céleste. Celui qui ne veut point marcher par cette voie, qui veut se fabriquer de ses propres mains une religion, tombe dans l'impiété; mais dans cette œuvre de mort, il ne peut cependant se glorifier d'atteindre le but caressé par son orgueil, et de ne croire à rien; puisqu'il est forcé de choisir entre les rêves de son propre cerveau. Telle est aussi la condition de l'athée et du sceptique, dont les symboles pleins d'obscurités et de ténèbres, sont assez curieux, quand ils invoquent l'évidence contre les mystères chrétiens.

Je ne connais pas de plus intrépides rêveurs que les modernes rationalistes. Ils font fi de la foi catholique, et ils croient à des systèmes bâtis en l'air, ce qui serait beaucoup plus méritoire que la soumission chrétienne, si c'était une vertu de croire aux fantômes d'un poëte ou aux songes d'un malade. Mais croient-ils véritablement? Pouvons-nous concevoir qu'un esprit sensé soit capable de donner son plein assentiment aux vaines abstractions et aux délires du panthéisme? qu'il puisse avoir, pour ces profanes trinités rationnelles, pour ces christologies, qui feraient rire si l'on n'en était empêché par l'énormité du sacrilége, une foi sincère, cette foi qui domine toutes les puissances de l'ame et inspire les sacrifices de la vertu et du martyre? Comment! un homme sensé sera prêt à donner son sang pour *le développement de l'idée*, pour *l'identité du sujet et de l'objet*, pour *la pensée vide*, pour *le néant absolu*, et autres choses pareilles, que l'on voudrait substituer aux dogmes fondamentaux de la religion (11)? En vérité, si je croyais à la foi de ces nouveaux croyants, je me regarderais comme plus crédule qu'eux. La vérité est que toutes ces choses-là ne sont que des jeux ingénieux de l'esprit, des fictions poétiques, des projets en l'air, dans lesquels leurs auteurs se complaisent, non point parce qu'ils y trouvent quelque chose de vrai, mais parce que c'est leur ouvrage. Substituer des rêves à la vérité, une faible et impuissante crédulité à la ferveur active et aux merveilles de la foi catholique, tel est donc le seul avantage dont puissent se vanter les rationalistes (12).

Depuis Hégel, il ne s'est plus élevé, du moins que je sache, parmi les philosophes allemands, aucun homme de renom ; et s'il faut en croire Odoard Gans, le cours de la philosophie est terminé, et fermée aussi est la carrière dans laquelle l'esprit humain peut s'exercer. Hégel prétendait de plus que son système était la philosophie absolue, et qu'il avait posé au génie spéculatif les colonnes d'Hercule, au-delà desquelles il ne lui est pas permis de pénétrer. Cette prétention était aussi raisonnable que celle des éclectiques français qui veulent que désormais la philosophie se borne à recueillir et à répéter les choses qui ont été déjà dites. Toutefois, il y a quelque chose de vrai dans ces singulières idées ; c'est que la philosophie hétérodoxe, née de Luther et de Descartes, est morte sans retour, de l'aveu même de ceux qui la professent, et que le cycle du protestantisme et du psychologisme est complétement fermé. La philosophie est morte, puisqu'elle est incapable de progrès ultérieurs, et les promesses magnifiques d'un rationalisme effréné se réduisent en substance à avouer et à prouver par des faits sa propre impuissance. Qu'on ne croie pas cependant que trois siècles d'égarements aient été inutiles ; ils serviront du moins à la postérité comme une longue et solennelle expérience, qui démontrera, même aux moins clairvoyants, *l'impossibilité de créer une philosophie autonome, et une religion indépendante de l'Eglise* (13). Mais comme cette douloureuse expérience est déjà trop longue et pèse d'une manière incroyable sur toute l'Europe, nos contemporains devraient ouvrir enfin les yeux et en profiter.

Le moment est du reste propice pour commencer une nouvelle ère philosophique derrière laquelle marchera une ère politique nouvelle ; car, comme l'union de la philosophie avec la vraie religion est le seul principe capable de féconder les esprits appauvris et de renouveler les sciences spéculatives ; de même la liaison de la capacité élective avec la souveraineté inviolable et divine est le seul principe capable de raviver la civilisation et de fonder la liberté des peuples. Le bonheur futur du monde dépend de la reconnaissance universelle de cette proposition, que *la sagesse et la liberté des nations doivent partir d'un principe supérieur et divin, et non pas de la raison seule, ni de la volonté unique des individus.* Je ne pense donc pas que ce soit un vain rêve d'espérer que ceux dont le regard peut lire dans l'avenir doivent mettre la main à l'œuvre, pour ce qui dépend de la volonté et du pouvoir des simples individus. La fausse philosophie est morte dans toute l'Europe ; le champ est libre pour relever à sa place la véritable. L'entreprise est noble et grande, et la Providence appelle les génies puissants à en poser les fondements.

Si je jette les yeux sur les nations européennes et que je cherche celle d'entre elles qui est la mieux préparée pour la restauration de la philosophie, je trouve que, même sous ce rapport, j'ai quelque raison de me réjouir d'être né Italien. Il n'est pas probable que la science doive renaître dans les lieux même où elle a péri naguère, par défaut de conditions vitales, et où l'on voit encore les traces de sa mort récente. Si je regarde les autres pays, je n'en trouve aucun qui soit mieux préparé que l'Italie à faire renaître, en philosophie, la gloire des temps passés. Et qui pourrait douter qu'elle ne le puisse, si elle le veut ? N'est-ce pas dans son sein que fleurirent les écoles les plus illustres de la première philosophie grecque ? Parménide, Zénon, Empédocle ne furent-ils pas des enfants de l'Italie ? La sagesse pythagoricienne ne fut-elle pas créée, cultivée, portée à sa perfection dans la partie la plus belle de cette Péninsule ? Celle-ci ne donna-t-elle pas dans Anselme, saint Bonaventure, saint Thomas, les trois penseurs les plus illustres du moyen-âge ? Ne produisit-elle pas avec le Ficin, Bruni et Campanella, les pères de la philosophie moderne ? N'a-t-elle pas fait voir dans Alighieri, Vinci, Buonaroti, Machiavel et Galilée ce que peut le génie spéculatif des Italiens, toutes les fois qu'il s'applique aux œuvres de l'imagination, aux études de la vie civile, aux recherches des mathématiques et de la physique ? N'a-t-elle pas enfin donné le jour à Vico, ce prodige des temps modernes ?

Les grandes qualités nécessaires pour faire le philosophe ne manquent certainement pas aux Italiens. Quelques-unes d'entre elles se trouvent peut-être plus puissantes chez d'autres nations ; mais aucun peuple ne les réunit toutes, je le pense du moins, avec un ensemble, une harmonie parfaite, comme nos compatriotes. Les Italiens sont également aptes à la spéculation et à l'action, aux études et à l'exécution, à la vie intérieure et à la vie extérieure. Ils peuvent faire usage de l'analyse aussi bien que de la synthèse, et ils réunissent la supériorité de l'observation et de l'expérimentation à l'habileté du raisonnement et de la déduction. La profondeur, chez eux, ne nuit pas à la clarté, ni l'imagination à la raison ; aussi associent-ils à la faculté contemplatrice des idées le talent nécessaire pour les bien exprimer, en les revêtant de formes vives, belles, bien dessinées et en relief. Or, il faut toutes ces qualités réunies et sagement tempérées les unes par les autres, pour faire le philosophe par excellence.

Bien que l'Italie soit en grande partie déchue de son ancienne splendeur, elle ne se montre pas, quant aux sciences, oublieuse de son ancienne gloire, et elle laisse voir suffisamment de quoi elle serait capable si son état politique s'améliorait. Dans cette décadence universelle des sciences spéculatives, parmi le petit nombre d'hommes qui les cultivent avec quelque bonheur et qui s'efforcent d'en soutenir l'éclat, nous voyons figurer au premier rang quelques Italiens illustres. Le vénérable Galuppi a fait à lui tout seul, avec plus de succès et de sagesse, chez nous, ce que les éclectiques ont opéré en France, en renversant les doctrines impures du sensisme. La psychologie est redevable de quelques nouvelles découvertes à Antonio Rosmini, cette lumière du clergé italien, qui a prouvé par des faits comment le génie spéculatif peut être sagement dirigé vers la religion. Terenzio Mamiani rappelle le souvenir de nos anciens sages; il a ramené la science du droit aux pures sources platoniques, il a revêtu la philosophie d'une forme agréable et élégante; il a donné enfin un utile exemple à la jeunesse, et un enseignement tacite à ceux qui croient faire avancer les sciences en y introduisant la barbarie. Je passe sous silence un grand nombre d'autres hommes de mérite dont un long éloignement de ma patrie ne me permet de connaître presque que le nom. Mais c'en est assez pour prouver que, si l'Italie est civilement infirme et décrépite, la vigueur de l'intelligence et du génie n'est pas encore éteinte dans son sein. Que les Italiens entreprennent donc la tâche glorieuse de restaurer la philosophie en la ramenant à son véritable principe. C'est là ce qui manque à l'Italie, c'est ce qui manque à l'Europe; et tant qu'on ne l'aura pas accompli, il ne faut pas espérer que le génie, même le plus puissant, que la volonté la plus énergique produisent des résultats dignes d'eux.

En effet, quand on s'égare en chemin, on ne peut arriver au but proposé. Or, le chemin qui conduit à la vérité, les Italiens n'ont pas besoin de le chercher; ils n'ont qu'à lever les yeux et à contempler le soleil qui brille au-dessus de leur tête. Cette Idée, base et règle de toute sagesse, qui reluit naturellement à l'esprit de tous les hommes, a placé en Italie son domicile visible et perpétuel. C'est là que se trouve le cœur de son vaste empire; c'est de là que partent les oracles qui tiennent le monde catholique dans l'admiration et sous le joug de la religion. C'est là qu'est le siège de cette foi, qui, dans un siècle frivole et efféminé, renouvelle encore les anciennes gloires de la vertu héroïque et du martyre. Et les Italiens pourraient se montrer insoucieux et indignes d'un si grand privilège ? Et quand je dis les Italiens, je ne parle pas du vulgaire lettré, des générations incapables et abâtardies ; je parle de ceux qui, par l'élévation et la liberté de leur esprit, par la noblesse de leur cœur, sont capables d'entreprendre l'œuvre glorieuse que je leur propose. Quant au commun des intelligences, je sais qu'il est inutile de lui adresser des exhortations et de faire appel à lui; je sais que son affaire est d'obéir à l'usage, de se laisser emporter par le torrent, tout en croyant le diriger. Ces sortes de gens crient liberté! et ils sont esclaves des opinions les plus puériles, des préoccupations les moins raisonnables. Ils accusent de simplicité ignorante celui qui croit à une religion aussi ancienne que le monde, et ils croient à une opinion née d'hier et qui mourra demain; ils croient aux caprices et aux jeux de la mode! Ils crient : Progrès! et ils ressuscitent de vieilles erreurs qui n'ont ni le mérite de la nouveauté ni la valeur d'une ancienneté authentique. Ils crient : Patrie! et ils insultent celui qui honore le plus la patrie, qui est adoré des peuples, et spécialement de cette pauvre classe inférieure dont ils se disent les amis, à laquelle ils voudraient enlever la consolation la plus efficace dans les peines de la vie, l'unique adoucissement dans les douleurs et les terreurs de la mort. Ils crient : Italie! et quand cette terre antique est profanée et foulée par les étrangers dans ce qu'elle a de plus sacré, ils se joignent aux profanateurs et se font leurs complices. Il se rencontre un prêtre français qui rompt la foi solennellement jurée sur les autels, qui attaque l'Eglise dans son vénérable chef, qui combat la religion de l'Italie, religion de tout l'univers, et il se trouve, ô honte! il se trouve des Italiens qui font écho à sa fureur sacrilége et qui applaudissent à ses blasphèmes (*)! Ces nouveaux Camilles accorderaient volontiers à Brennus les honneurs du triomphe, et lui ouvriraient, s'ils le pouvaient, les portes du Capitole.

Je cite cet exemple, parce que le scandale qu'il a produit a eu du retentissement; je pourrais en citer bien d'autres; car je ne parle pas seulement aux croyants, mais encore à tout ami sincère de la patrie. Il ne s'agit pas ici uniquement de piété et de religion, mais d'honneur et de dignité nationale; il s'agit de la majesté et des cheveux blancs du premier citoyen de l'Italie, respecté même des nations hérétiques et infidèles, et indignement outragé au milieu des applaudissements de ses compatriotes et de ses enfants! Consolons-nous par l'espoir que des faits aussi honteux seront rares; car s'ils se multipliaient, ils nous rendraient méprisables et ridicules aux yeux de l'univers. Que tous les bons Italiens se rallient donc autour de cette enseigne qui honore le plus leur nation: ceux qui croient, comme à un signe de salut et d'espérance; ceux qui ne croient pas, mais qui ne haïssent point la foi (et aucun homme de bien ne peut la haïr), comme à la bannière de l'unité nationale, comme à l'unique gloire survivante d'entre les anciennes gloires, comme au seul objet qui rende notre pays encore respectable aux re-

---

(*) En parlant ainsi d'un auteur vivant, je ne crois pas sortir des limites de la modération, de la décence et de la justice, puisqu'il s'agit ici du scandale le plus éclatant de notre siècle. Je déclare, toutefois, que je n'entends nullement attaquer les qualités privées d'un homme estimable à tant d'égards, et surtout par sa charité, par son caractère indépendant, par une générosité sans bornes.

gards du monde entier. L'unité religieuse ralliera les cœurs, l'excellence des doctrines subjuguera les esprits dociles à la vérité, ravivera les talents et les études ; un même amour et une même espérance réuniront ensemble toutes les classes des citoyens. Le savoir et la concorde, développant la civilisation, amélioreront les mœurs, rajeuniront les cœurs, triompheront de la violence et de la mauvaise fortune, et dans une époque qui n'est peut-être pas fort éloignée, les Italiens enseigneront une seconde fois par leur exemple, que l'Idée fondatrice et institutrice des peuples peut aussi les rappeler à une nouvelle vie (*).

(*) Le nouveau pape, Pie IX, dont le monde chrétien admire en ce moment le noble caractère, l'esprit éclairé, la haute portée politique, ne semble-t-il pas appelé, par une vocation toute spéciale de la Providence, à ouvrir l'ère nouvelle si chaleureusement appelée par M. Gioberti ?   T.

NOTES.

NOTES

NOTES

DU TOME QUATRIÈME.

Note 1.

L'intelligible ne peut être complétement intelligible que pour lui-même; d'où il suit que l'intelligibilité parfaite ne regarde que l'intelligence parfaite, c'est-à-dire l'Etre lui-même.

L'intelligent et l'intelligible se pénètrent dans l'Etre, comme dans l'homme la pensée se pénètre elle-même.

L'Intelligible est intelligible relativement à Dieu.

Mais l'intelligible divin est aussi intelligible pour l'homme, en vertu de l'acte créatif. L'intelligible divin devient humain, moyennant la création.

Donc, il doit y avoir la même différence entre l'intelligible divin et l'intelligible humain, qu'entre l'Etre et les existences.

C'est cette différence qui constitue le surintelligible.

L'intelligible humain est une limitation ou une négation partielle de l'intelligible divin. Le surintelligible est l'intelligible divin, en tant qu'il est exclu de l'intelligible humain.

Le surintelligible est, en lui-même, la négation de l'intelligible.

L'intelligible divin est infini et exclut le surintelligible.

L'intelligible humain étant limité, créé, contingent, ne peut être absolument positif, mais il doit contenir plus ou moins du négatif, c'est-à-dire se joindre au surintelligible.

Le surintelligible est la limite de l'intelligible humain.

De même que l'existence est la limitation de l'Etre, et le contingent celle du nécessaire, de même le surintelligible est la limitation de l'intelligible communiqué à la créature.

Or, la raison nous donne l'intelligible. La surintelligence nous le fait connaître comme étant limité, imparfait et bien loin d'embrasser tout l'Etre. L'idée de ce qui s'étend au-delà de cette limite et des raisons de l'Etre imcompréhensible par rapport à nous, prend le nom d'*essence,* si l'on considère la chose en elle-même, et de *surintelligible,* si l'on a égard à notre faculté de connaître. Platon, dans plusieurs endroits de ses ouvrages, a pressenti le surintelligible et la nécessité d'une manifestation extraordinaire (c'est-à-dire de la révélation et de la gloire, selon le langage chrétien), pour qu'il devienne intelligible. Ecoutons Henri Ritter :

« Platon..... nous assure de la manière la plus formelle,
» qu'il est impossible à l'homme mortel de connaître la vérité
» parfaite, et cette assurance n'est pas donnée sans grande
» raison et seulement pour le besoin de l'exposition du mo-
» ment, mais elle a ses racines dans toute sa philosophie ; sa
» manière d'envisager la philosophie n'a pas même d'autre
» fondement. C'est ainsi qu'il reconnaît que nous ne pourrons
» jamais posséder la science, si ce n'est après la mort ; c'est
» ainsi qu'il gémit de ce que l'homme a si peu de raison en
» partage..... C'est ainsi que, quand il parle du philosophe, il
» ne veut cependant lui accorder qu'une connaissance aussi
» précise que possible pour l'homme, de la vérité ou de Dieu.
» Ce qui s'accorde aussi avec ce que Platon dit ailleurs de

» l'idée, qu'elle ne peut être saisie que par la divination,
» comme si en quelque sorte sa réalisation était encore à
» venir ; ce qui ne s'accorde pas moins avec l'opinion de Pla-
» ton sur l'inspiration, opinion qui perce dans l'œuvre du
» philosophe. Enfin, nous ne trouvons dans tous les dialogues
» de Platon aucune expression plus scientifique sur l'idée du
» bien que celle dans laquelle il la dépeint comme l'unité qui
» donne vérité et connaissance à tout être, et qu'il est dans la
» conception de l'idée de ne pouvoir être connue nettement en
» soi, par cela même qu'elle domine la vérité ou la connais-
» sance. Il semble, d'après cela, qu'il est impossible de douter
» que Platon connaissait fort bien que l'idée de Dieu est telle,
» qu'elle ne peut jamais être réduite en science stricte, quant
» à son unité. Aussi Platon dépeint-il comme impuissant
» l'effort du philosophe pour saisir l'idée du bien, sous une
» conception générale, unique, puisqu'on ne croit pas plutôt
» la posséder sous une forme, qu'elle se montre aussitôt sous
» une autre ; en sorte qu'on se voit forcé, puisqu'on ne peut
» la saisir comme une, de l'exposer en trois idées, telle que la
» beauté, la proportion et la vérité (*). »

Le docte Allemand conclut que, selon Platon, Dieu est connaissable non pas en lui-même, mais seulement dans son image, et il s'efforce de donner ce sens aux autres passages où le philosophe athénien dit le contraire de ce qui se trouve dans ceux qui viennent d'être rappelés (**). Mais je crois que Platon s'accorde beaucoup mieux avec lui-même en distinguant l'essence de l'Etre et en appliquant seulement à la première le concept du surintelligible.

A propos du surintelligible et du mode employé par moi pour l'expliquer, je dois répondre à une objection qui m'est adressée par un habile disciple des sciences philosophiques et

---

(*) *Hist. de la phil.*, tom. II, p. 238.
(**) *Ibid.*, p. 239.

théologiques. Voici ses paroles · « L'auteur, en introdui-
» sant..... la *surintelligence*, faculté qui éclaire pour nous les
» limites de l'intellect, a peut-être été trompé par une com-
» paraison trop étroite entre la sensibilité et l'intellect. En
» effet, il est bien vrai que le sens séparé de la raison ne ver-
» rait point ses limites, parce que c'est une faculté aveugle
» qui ne voit rien, pas plus les limites qu'autre chose ; mais
» l'intellect connaît les êtres subsistants et déterminés dans
» l'idée indéterminée de l'être qui, lorsqu'elle nous apparaît
» déterminée, nous montre ses bords qui dépassent la ligne de
» délimitation ; ainsi donc, l'intelligence peut se connaître
» elle-même, saisir ses limites, sans qu'il soit besoin d'une
» autre faculté supérieure à elle (*). »

L'objection est subtile et déduite du système psychologique
de Rosmini, d'après lequel l'intellect possède l'idée de l'être
par abstraction, comme une lumière innée au moyen de laquelle il connaît les choses subsistantes qui lui sont présentées
directement ou indirectement par le sentiment. Mais je n'admets pas cette partie de la doctrine rosminienne, par les motifs
exposés en divers endroits du présent ouvrage (**). Je crois que
l'élément inné de notre connaissance consiste, non point dans
le concept abstrait et réfléchi de l'Etre possible, mais dans la
perception intuitive de l'Etre concret et réel, à laquelle succède
l'intuition du concret et du réel existant. Le concept abstrait et
réfléchi de l'être vient logiquement après cette double connaissance. Or, la notion d'essence, contemporaine de celle des
deux extrêmes de la formule, la surpasse logiquement, puisque le surintelligible est supérieur à l'intelligible. Je ne
m'arrête pas sur ce point, que je crois avoir suffisamment
éclairci dans le texte. Mais j'ajoute que, même dans le système de Rosmini, le surintelligible me paraîtrait inexplicable,

---

(*) *Essai d'une hist. de la théol.* (en italien). — Turin 1839.
(**) Voir le chapitre quatrième du 1ᵉʳ livre, et la note 38ᵉ du second volume.

sans une faculté spéciale ; et, pour le prouver, voici comment je raisonne.

Le surintelligible, considéré objectivement, c'est l'essence réelle, c'est-à-dire ce je ne sais quoi d'inimaginable qui se trouve dans les objets. Cette essence, bien que cachée, nous apparaît 1° comme concrète et réelle aussi bien que les objets eux-mêmes ; 2° comme spécifiquement différente de ce qui s'y trouve d'intelligible. Or, je le demande, l'idée de l'Etre possible contient-elle ces deux propriétés? Elle exclut assurément la subsistance, comme ne procédant, selon Rosmini, que du sentiment seul. Elle exclut aussi la qualité de surintelligible, puisque l'Etre est l'intelligibilité même, et que dans la notion de l'Etre possible on ne peut trouver le fondement d'aucune différence spécifique. Mais l'idée de l'Etre, *lorsqu'elle nous apparaît déterminée, nous montre ses bords qui dépassent la ligne de délimitation.* Soit ; mais les bords de l'Etre expriment un pur possible, et ne peuvent me donner l'idée d'une chose plus subsistante que l'Etre même. Les bords de l'Etre sont intelligibles aussi bien que l'Etre lui-même, et ils ne peuvent me suggérer la notion du surintelligible. De plus, je ne vois pas le surintelligible seulement par le bord, mais au cœur même, c'est-à-dire dans le centre de l'Etre ; je le vois non pas dans cette partie de l'Etre qui est en dehors de l'objet subsistant, et qui reste indéterminée, mais dans sa détermination, dans la chose qui subsiste. En effet, l'essence de l'existant n'est pas moins impénétrable que celle de l'Etre. Sous ce rapport, on pourrait même conjecturer que le surintelligible provient comme le veut Rosmini, de la subsistance, laquelle est, au jugement de cet auteur, inimaginable en soi, et constitue l'inimaginabilité elle-même (*).

Mais qui pourrait ne pas voir que, dans ce cas, il n'est point question de la subsistance, en tant que pensable, et qu'elle a

---

(*) Rosmini, *Nouv. essai*, t. III, p. 110.

un nom dans les langues humaines, mais en tant qu'elle échappe complétement à notre appréhension? Car, si *nous ne pouvons nommer aucune chose à moins que nous la connaissions;* si, *par conséquent, nous ne pouvons la nommer qu'en tant que nous la connaissons;* si *les mots expriment les êtres en tant que nous les concevons intellectuellement,* et si *ce qui se trouve exprimé par le vocabulaire est limité par notre connaissance,* comme le dit ailleurs le même Rosmini (*), il est trop évident que la subsistance d'une chose, en tant qu'elle est pensable, ne peut constituer l'élément inimaginable de cette chose. Que si c'est la subsistance que l'on considère comme inimaginable, elle est véritablement ce que j'appelle essence réelle et correspond, en partie, à la *matière informe* des anciens philosophes. Mais cette subsistance ne nous est point donnée par l'idée de l'Etre possible et intelligible; elle ne nous est pas donnée non plus par le sentiment, qui est subjectif de sa nature; d'où il suit qu'on ne peut l'expliquer au moyen du système de Rosmini.

Après avoir répondu à l'objection, je dois remercier le philosophe piémontais de la manière bienveillante et du langage amical avec lesquels il a mentionné mon ouvrage. Je ne saurais, à mon tour, louer comme ils le méritent le savoir solide, la justesse de raisonnement et la modération que l'on trouve à chaque pas dans son livre. Mais je saisirai cette occasion pour l'engager à poursuivre ces études dont il nous a donné un essai de nature à faire naître les plus heureuses espérances. La science et la religion attendent depuis long-temps une *histoire de la théologie chrétienne, depuis le temps des apôtres jusqu'à nos jours.* Il faut, pour combler cette lacune, un talent solide et un esprit élevé; mais cette noble entreprise ne saurait effrayer quand on est jeune d'âge, mais mûri par des études spéciales. La théologie est presque la seule science qui n'ait pas une histoire bien faite de ses vicissitudes; les travaux que

---

(*) Rosmini, *Nouv. essai,* t. II, p. 241.

l'on possède en ce genre sont si défectueux, sous le rapport de la profondeur et de l'étendue, que le terrain est pour ainsi dire encore tout neuf. Nous avons, il est vrai, des matériaux immenses qui ont été recueillis par des hommes très savants; mais, jusqu'ici, il a manqué un homme pour les mettre en œuvre, et en tirer une véritable histoire, en apportant à ce travail la patience d'un érudit, la foi d'un catholique, et la sagacité d'un philosophe. Cette dernière qualité n'est pas moins nécessaire, en effet, que les deux autres, pour faire voir comment le dogme immuable a été successivement expliqué par la science; pour montrer l'influence bonne ou mauvaise des sciences profanes et de la civilisation sur ce développement; les diverses méthodes dont on s'est servi; l'origine, les progrès, les développements, les rapports, la chute et la mort des hérésies; les avancements et les retours, la prospérité et la décadence de la science orthodoxe, et finalement le parti qu'on peut tirer de l'expérience du passé pour pourvoir aux besoins du présent et pour tirer la science la plus noble de l'abandon et du discrédit où elle est tombée. Une pareille histoire ne plairait peut-être pas beaucoup à la frivolité de notre siècle, mais elle mériterait à son auteur l'approbation du petit nombre de savants qui existent encore, et une gloire durable dans l'avenir.

Note 2.

Faire l'histoire du mot *essence* et des divers sens dérivés soit de son éthymologie, soit de l'usage qu'en ont fait les auteurs qui ont écrit en latin ou dans les langues dérivées du latin, ce serait un travail long, difficile et impossible à renfermer dans une note. Je me contenterai de justifier l'usage fréquent que je fais de ce mot, et j'exposerai les raisons qui me portent à croire que je ne m'écarte point de la pureté du langage, en l'employant différemment que ne le fait Rosmini dans ses ouvrages. Voyons d'abord quelle est la pensée de l'illustre Auteur.

« L'essence est ce qui se pense dans l'idée de la chose...
» Dire que nous connaissons les essences, dans ce sens, c'est
» une manière de parler juste et convenable... Mais on me
» dira : si telle est l'essence, elle n'est point ce qui se com-
» prend dans la définition des mots. — Précisément ! et c'est
» dans ce sens et non dans un autre que les anciens ont em-
» ployé le mot essence : *Essentia*, dit saint Thomas, *comprehendit*
» *in se illa tantum, quæ cadunt in definitione speciei*. Cette obser-
» vation démontre que les philosophes de l'école de Locke se
» sont trop légèrement moqués des anciens, parce qu'ils
» avaient dit que l'homme connaît les essences des choses...
» Les modernes ont entendu par le terme *essence* non pas ce
» que nous connaissons dans une chose, mais ce qu'il pour-
» rait y avoir encore en elle d'inconnu : dans les corps, par
» exemple, outre les propriétés que nous connaissons, il pour-
» rait y en avoir quelqu'une que nous ne connaîtrions pas du
» tout et de laquelle dépendraient les autres ; c'est ce que nous
» avons appelé *principe corporel*, et non pas essence corporelle.
» Je m'explique.

» Nous connaissons le corps par une action, par un effet
» qu'il produit en nous ; nous connaissons donc une *activité*
» déterminée par l'effet, et cette activité est l'essence dans
» notre idée de corps. Or, ne pourrait-il pas se faire qu'une
» semblable *activité* fût un effet partiel d'une autre activité à
» nous inconnue ? Nous ne pouvons ni l'affirmer, ni le nier :
» cette activité, complétement inconnue, n'a point de nom ;
» cependant, comme on ne peut dire qu'elle soit absurde, elle
» a fait affirmer à certains philosophes que nous ne connais-
» sons pas l'essence des corps ; tandis qu'ils auraient dû se
» contenter de dire que nous ne connaissons pas si cette
» essence, que nous appelons corps, dépend et résulte de quel-
» que autre essence inconnue, en tant qu'effet ou acte en
» cause ou en puissance. Il y a une très grande différence

» entre ces deux propositions ; car ceux qui soutiennent la
» seconde ne disent pas que le corps nous est inconnu, mais
» que c'est une chose toute autre que le corps, et de laquelle
» dépend celui-ci. Nous trouvons encore ici une preuve de la
» légèreté des esprits..... Au lieu de s'arrêter à la définition
» de l'*essence*, ils la laissent de côté, et se formant de l'essence
» une autre idée capricieuse et toute gratuite, ils combattent à
» outrance contre leur propre imagination, et s'évertuent à
» prouver que l'homme ne connaît point l'essence, quand c'est
» au contraire la seule chose qui lui est connue (*). »

Ailleurs il tient ce dialogue avec son interlocuteur Maurizio :

« M. — Je vois très clairement maintenant que ceux qui
» disent ne pas connaître les essences ne comprennent pas ce
» que c'est que ces essences. — A. — Et moi je le crois aussi
» comme vous ; ils confondent, voyez-vous bien, l'*essence* avec
» la *substance*, et avec la *subsistance* des choses..... — M. — Je
» reconnais franchement que je confondais dans mon esprit la
» question des *subsistants* avec celle des *essences*, qui constituent
» l'ordre des choses purement possibles. »

Il y a, selon nous, bien des remarques à faire sur ces passages de l'illustre Auteur. Et d'abord, il nous semble être tombé dans ce défaut d'impropriété des termes qu'il reproche aux écrivains dont il fait la critique. En effet, si son blâme était exact, leur faute se réduirait à un vice de langage, à prendre improprement le mot *essence*. Mais ils *s'attachent à prouver que l'homme ne connaît pas l'essence, qui est pourtant la seule chose qui lui soit connue*. Oui, parce qu'ils prennent le mot *essence* dans une signification différente de celle que lui donne l'illustre Auteur, et qu'ils entendent par là ce qu'il avoue lui-même ne pas être accessible à la connaissance. Ne nous dit-il pas que par *essence*, ils entendent la *subsistance* ? Et la subsistance, n'est-

---

(*) *Nouv. essai*, tom. III, pag. 136.

elle pas, dans son système, inimaginable par elle-même, ne constitue-t-elle pas précisément la partie inconnue des choses? Je ne cherche pas ici si cette opinion est fondée, et si les philosophes mis en cause entendent, par essence, la subsistance? mais je dis que leur faute, d'après notre Auteur, ne touche pas à la vérité des choses, mais à la propriété des termes. Or, confondre ensemble ces deux choses, n'est-ce pas une erreur, ou du moins une grave impropriété de langage?

2° L'Auteur met en doute si dans les corps (et je crois aussi dans toute autre substance), *il peut, outre les propriétés que nous connaissons, y en avoir quelqu'une qui ne nous soit nullement connue, et de laquelle dépendent les autres;* en effet, dit-il, *nous ne pouvons ni l'affirmer ni le nier*, tout ce que nous savons, c'est que *cette activité inconnue ne peut être traitée d'absurde*. — Donc il n'est pas certain, d'après lui, qu'il y ait dans les corps ni dans toutes les autres substances un élément qu'on ne peut penser, à la réalité duquel nous croyons, bien que nous ne puissions en avoir qu'une idée négative et très générale ; il n'est pas certain que cet élément inimaginable soit de beaucoup la plus importante, la plus essentielle des propriétés qui nous sont connues ; il n'est pas certain que ces propriétés soient un effet, une dépendance, une manifestation extrinsèque de ce je ne sais quoi de caché, qui échappe à notre appréhension, et dont la réalité est cependant regardée comme indubitable par le sens commun des hommes. Quel est l'homme, en effet, qui, interrogé s'il connaît d'une manière concrète l'intime substance des corps ou de son propre esprit, et si les propriétés des uns et les facultés de l'autre ne sont pas une dérivation de la substance inconnue, ne répondra pas négativement à la première et affirmativement à la seconde de ces questions? Mais, selon l'illustre Auteur, nous ne sommes pas certains de cette réalité fondamentale et inconnue, et tout ce que nous pouvons affirmer, c'est qu'elle n'est point absurde. D'où il suit que la réalité du surintelligible est problématique, et qu'il peut très bien se faire que la connaissance de l'homme épuise la source du vrai et égale même l'intelligence divine. Mais, dans ce cas, comment expliquer les mystères naturels, dont Rosmini reconnaît pourtant la réalité et la multitude? Comment prouver la convenance des mystères chrétiens et la nécessité de la révélation, dont notre Auteur est l'avocat sincère et dévoué?

3° Telle n'est pas certainement la doctrine de l'Auteur sur beaucoup d'autres points, comme nous le prouvent les principes mêmes de son système. En effet, tant s'en faut que l'élément inconnu des choses ait une réalité incertaine, qu'au contraire, c'est en lui-même que consiste la réalité. Car la réalité, selon Rosmini, est dans la subsistance, qui ne peut, d'après lui, tomber sous la connaissance humaine, et est, par elle-même, inconnue et inimaginable. J'ai rapporté ailleurs (*) les principaux passages dans lesquels il explique cette doctrine et où il établit que le seul objet de la connaissance humaine est l'être abstrait et idéal, et que l'esprit humain ne connaît rien *exactement*, hors de lui-même. Je laisse de côté, pour le moment, la contradiction qu'il y a entre cette opinion et l'expérience, qui nous apprend que nous connaissons *exactement* un grand nombre de choses concrètes; ainsi que celle qui se trouve entre cette même opinion et la doctrine de l'Auteur, qui n'étant ni sceptique, ni nulliste, et parlant continuellement de subsistance et de choses subsistantes, suppose par conséquent que nous les connaissons. Me limitant au sujet présent, voici comment je raisonne : La seule chose que l'esprit humain connaisse dans les objets, c'est l'être abstrait, et non pas leur subsistance ; et cependant nous sommes certains de cette subsistance, et par conséquent persuadés qu'il se trouve dans les choses une réalité inimaginable. Mais qu'est-ce que cette réalité inimaginable, sinon l'*essence*, dans le sens des auteurs modernes, mot, selon Rosmini, synonyme de *subsistance*? Donc, l'élément inconnu des corps et des autres subs-

---

(†) Voir la note 37 du 2° volume.

tances n'est pas seulement possible et probable, mais encore certain, et aussi certain que la subsistance des choses ; donc, les auteurs modernes ont raison d'affirmer qu'il y a une inconnue dans les choses, et tout leur tort, si tort il y a, c'est de lui donner le nom d'*essence*. Nous verrons bientôt que cette accusation même n'est pas plus fondée que les autres.

4° L'Auteur appelle l'inconnue problématique des corps, *principe corporel*. Personne ne peut assurément contester à un écrivain la faculté de se fabriquer une glossologie particulière, s'il le juge convenable ; mais on a le droit de demander que les nouveaux termes soient clairs, précis, exempts de toute équivoque, et que l'écrivain évite d'innover, de créer des mots toutes les fois que ce n'est point nécessaire ou du moins opportun. Or, je ne trouve pas que l'expression introduite par l'illustre Auteur remplisse ces conditions. Elle n'est assurément ni claire, ni à l'abri de toute ambiguité ; car il n'y a rien de plus ambigu que le mot *principe*, qui peut signifier cause efficiente ou matérielle ou occasionnelle, une relation temporelle ou extra-temporelle, un élément physique, un concept logique ou moral, etc. Elle n'est pas non plus nécessaire, puisque, en disant *essence réelle*, on évite toute équivoque, et l'on s'exprime de manière à être parfaitement entendu de tout le monde. Comment donc se fait-il qu'au moment même où il rejette comme impropre cet usage du mot *essence*, l'auteur ne s'aperçoive pas que le terme qu'il met à la place est beaucoup plus impropre encore, et manque de précision ? Supposons, en effet, que quelqu'un dise : *le principe corporel est inconnu*, il ne sera pas compris de quiconque n'aura pas lu l'ouvrage de Rosmini ; on ne saura pas s'il parle de la nature de l'élément corporel ou bien de la substance, ou de la force, ou de la cause générative des corps, etc. Si l'on dit : *l'essence des corps est inconnue*, cette proposition sera comprise sur-le-champ par toute personne qui a quelque connaissance élémentaire en philosophie.

5° Mais appliquer le mot *essence* pour signifier l'inconnue des substances, n'est-ce pas une faute grammaticale, comme le prétend notre Auteur. Tel n'est pas mon avis, et je pense que l'on peut employer cette façon de parler sans pécher le moins du monde contre la propriété des termes. Pour déterminer le sens primitif d'un mot, il faut consulter autant son éthymologie que l'usage du peuple et des écrivains. Or, l'emploi moderne du mot essence est parfaitement justifié sous ce triple rapport.

Commençons par l'éthymologie. — *Essence* (en italien *essenza*), vient de *essere* (être). Le mot *essere* exprime l'Etre absolu, et conséquemment la relation de l'existant avec l'Etre absolu ; et en vertu de cette seconde signification, il est souvent synonyme du mot *essistere* (exister). Or, les relations de l'existant avec l'Etre sont au nombre de deux ; l'une d'incidence interne, comme possible, l'autre d'incidence externe, comme réelle. L'existant, comme possible, fait partie de l'Etre et appartient à son essence, comme intelligence infinie. Comme réel, il est soutenu par l'Etre, comme substance première, et produit par lui, comme cause première, au moyen de l'acte créatif. Le mot *essere* (être) exprime donc un concret et un abstrait, un réel et un possible ; mais le possible se fonde sur le réel et l'abstrait sur le concret. Le mot *essence* signifie un absolu et un concret, mais avec cette différence qu'il signifie l'absolu en soi, et le relatif dans sa dépendance de l'absolu. Voilà l'origine de l'usage impropre du premier de ces deux termes, quand on le fait synonyme de celui d'*exister*, comme par exemple quand on dit : *je suis ;* proposition où le verbe *être* équivaut à celui d'*exister*, puisqu'il exprime le double rapport que la créature parlante a, comme possible et réelle, avec l'intelligence créatrice. Cela suffirait pour confirmer notre doctrine, que l'homme a l'intuition continue de l'acte créatif, et que cette intuition forme le principe intime de la pensée humaine ; sans cela cette manière de parler, qui est si commune, serait inexplicable.

L'usage du verbe auxiliaire *être*, employé pour exprimer la synthèse de tout jugement, a le même fondement ; car l'union entre le sujet et le prédicat dérivant de la nature de l'Etre, si elle est absolue, et de l'acte créatif, si elle est contingente, la copule exprime l'une ou l'autre de ces relations. Ainsi, par exemple, quand on dit : *tout phénomène est l'effet d'une cause première*, le mot *est* indique un lien absolu, qui dérive de la nature de l'Etre, dans lequel se concrétisent de toute éternité la figure géométrique et l'axiome métaphysique ; mais quand on affirme que *la neige est blanche* ou que *le corps est pesant*, le mot *est* exprime un lien contingent et relatif qui dépend de l'action libre et créatrice. On voit donc que le mot *être* peut avoir divers usages, et signifier le possible et le réel, l'abstrait et le concret, le nécessaire et le contingent, l'absolu et le relatif, mais que, dans tous les cas, il exprime toujours l'Etre ou une relation avec lui. Or, l'Etre est réel, concret, nécessaire, absolu ; donc le mot *être* ne se sépare jamais complétement de ces notions, et par conséquent il exprime dans tous les cas la réalité et l'idéalité des choses dans toute leur étendue. Mais la réalité des choses est-elle connaissable sous tous les rapports ? Ne contient-elle pas un côté obscur, qui accompagne toujours le côté lumineux de l'Idée, et qui la suit sous ses diverses formes d'abstrait et de concret, d'absolu et de relatif, etc. ? Y a-t-il un seul objet qui se présente à l'esprit de l'homme entouré de tous côtés d'une évidence telle que celui qui le contemple puisse être certain d'en apercevoir le fond ? Non, bien certainement ; car il est indubitable que c'est le contraire qui a lieu ; dans les choses même les plus manifestes, l'esprit a la conscience de ne pouvoir épuiser actuellement la connaissance des objets qui se présentent à lui.

Le surintelligible est donc aussi universel que l'intelligible, c'est-à-dire autant que l'Etre, et aussi réel que lui ; et comme toute réalité se conçoit abstraitement et génériquement avec l'idée d'être, nous appliquons cette idée, dans son abstraction, et le terme qui l'exprime, à ce même surintelligible, et cette application est parfaitement légitime. Or le mot *essenza* (es-

sence), dérivé de *essere* (être), ne doit avoir ni plus ni moins
d'étendue que sa racine, en vertu même de l'éthymologie : il
doit donc être applicable au concret et à l'abstrait, au possible
et au réel, au nécessaire et au contingent, à l'absolu et au relatif, à l'intelligible et au surintelligible, comme le terme d'où
il dérive. Si l'on peut donc exprimer par le mot *essence*,
comme le fait Rosmini, le côté abstrait, possible et intelligible des choses, on pourra, avec d'autres philosophes, appliquer avec non moins de raison, le même nom au concret, au
réel et au surintelligible de ces mêmes choses. Cela ne saurait
être interdit, d'après les raisons de l'éthymologie, à moins
qu'on ne démontre que le mot *être* ne peut recevoir les mêmes
applications, ou bien que le mot *essence* n'est pas un simple
dérivé du précédent. Ces deux conclusions me paraissent également difficiles à déduire.

Mais ce n'est pas assez que d'observer les règles de l'éthymologie, pour parler purement, il faut encore se conformer
à l'usage ; or, celui-ci peut être de deux sortes, scientifique
ou populaire, dépendre des savants ou du vulgaire. Je n'examinerai pas ici dans quels cas ces deux usages diffèrent l'un
de l'autre, auquel des deux l'écrivain est tenu de se conformer-
mer; cela n'est pas nécessaire dans le cas où je me trouve,
car je crois avoir en même temps pour moi l'usage des lettrés
et celui du peuple. Or, comme Rosmini et moi nous écrivons
tous deux en italien, je me bornerai, relativement au second,
à expliquer le sens que le peuple italien donne au mot *essence;*
il serait trop long et même inutile de faire le même travail
pour les autres idiomes également dérivés du latin. Et quand
même en français, en espagnol, en portugais et anglais le mot
essence n'aurait pas le sens que j'indique (ce qui n'a pas lieu),
il me suffirait que cette acception fût usitée dans la langue
dont je me sers. J'ouvre le vocabulaire de la Crusca et j'y lis :
« *essenza* et anciennement *essenzia*. L'Etre de toutes les choses
» ou leur Constitutif; le principe Inconnu de leurs propriétés
» naturelles. » Voyez-vous, par ce peu de mots, comment le

mot *essenza* (essence) a autant d'étendue que celui de *essere* (être), et signifie aussi bien le commun que le propre, l'intelligible que le surintelligible des choses? Voyez-vous comment cette définition indique spécialement cette inconnue, qui est le principe caché des propriétés manifestes des choses; ce qui est précisément le sens repoussé par Rosmini? De plus, les exemples cités à l'appui par le lexicographe, étant pris dans le Dante, dans un ancien commentateur de ce grand poëte, dans Bocace, dans Varchi, dans le Berni, n'appartiennent certainement pas à la classe de ces auteurs modernes que notre philosophe accuse d'avoir introduit cette manière de parler qu'il trouve impropre.

Viennent ensuite deux acceptions secondaires du même mot; dans l'une, *essenza* est synonyme de *realita* (réalité), c'est à-dire du concret de la chose; dans l'autre, qui est complétement métaphorique, mais très en usage parmi le peuple, on entend par ce mot *toute espèce de liqueur obtenue d'un corps, par la distillation, et que l'on croit en contenir les vertus les plus pures.* Mais cette métaphore même confirme notre sentiment; car le peuple n'aurait jamais pensé à se servir du mot *essenza* pour exprimer ce qu'il y a de plus fin et de plus pur dans les liqueurs, si le sens propre de ce mot ne se rapportait à ce qu'il y a de plus intime et de plus substantiel dans les objets présents à notre pensée. Les définitions données par le lexicographe pour les mots dérivés tels que *essenziale, essenzialissimo, essenzialita, essenzialmente* tendent au même but. Je pourrais alléguer d'autres exemples puisés dans nos meilleurs et dans nos plus anciens écrivains, antérieurs à Locke et à Descartes, et qui tous confirmeraient la définition de la Crusca; mais je crois que l'autorité de ce vocabulaire et des textes dont il s'appuie, suffit pour montrer jusqu'à l'évidence que le mot *essenza* a, dans la langue nationale de l'Italie, le sens même que Rosmini voudrait lui refuser. Et notons bien que les écrivains dont l'autorité est ici invoquée n'appartiennent point à la foule obscure et ignorante; loin de là, quelques-uns d'entre eux, comme

Dante, Boccace et Varchi, sont très versés dans la langue des écoles, et joignent à une pureté élégante du langage l'exactitude scientifique des expressions et des termes.

Quant à l'usage des savants, il est parfaitement d'accord avec celui du peuple, et conserve au mot *essenza* toute l'étendue qui lui appartient, en sa qualité de dérivé d'*essere*. Mais comme cette étendue de signification pourrait nuire à la précision et à la clarté, lorsque le véritable sens du mot ne serait pas suffisamment indiqué par le contexte ; beaucoup de philosophes ont introduit l'usage d'appeler *essenza reale* (essence réelle) l'inconnu concret des choses, et *essenza rationale* (essence rationnelle) le concept abstrait que nous nous faisons de leurs propriétés génériques et spécifiques. Je ne refuse pas d'adhérer à cette façon de parler, toutes les fois que la clarté et l'exactitude le demandent. Mais il ne suit pas de là qu'il faille ôter au mot *essenza* le sens que nous défendons ; et quand même il serait vrai que ce sens-là eût été introduit par les disciples de Locke, comme il est aujourd'hui devenu universel, ce ne serait pas une raison pour prononcer son exclusion et pour le taxer d'impropriété ; car l'usage est le véritable maître et même le tyran légitime des langues.

Mais cette manière de parler est-elle véritablement l'œuvre de l'école de Locke, comme paraît l'insinuer notre Auteur, ou bien n'est-elle pas au contraire commune aux philosophes et aux théologiens de toutes les sectes? Parmi les théologiens, je ne citerai que Bossuet, qui n'était certainement pas le disciple de Locke, et qui, bien que son contemporain, paraît n'avoir pas eu connaissance de ses ouvrages. Or, voici comment il s'exprime à propos de l'opinion de Descartes sur l'essence des corps : « Sans... entrer en dispute sur l'essence des corps, » je puis répondre qu'il me suffit que Dieu y puisse connaître » *ce quelque chose de plus foncier*, pour ainsi parler, que ce que » nous y reconnaissons ; ce qui n'empêchera pas que nous ne » définissions le corps, par rapport à nos usages et à nos idées, » sans préjudice des droits de Dieu, et de sa science ou puis-

» sance absolue. » Après avoir cité un passage du cartésien
Rohault, il poursuit : « Il montre, par ces paroles, qu'en définis-
» sant le corps une *substance étendue*, il n'a prétendu le définir
» que par rapport à nos idées naturelles, sans pour cela sup-
» poser qu'il n'y ait pas dans le corps quelque chose de plus
» profond et de plus intime. » Et il conclut que « sans renver-
» ser la définition ordinaire, par laquelle on pose que le corps
» est la substance étendue, de même qu'on pose que l'ame ou
» l'esprit est la substance qui pense..... et qu'ainsi l'on défi-
» nisse les choses par leur acte, ce n'est pas à dire pour cela
» qu'on en constitue l'essence dans l'acte même. (*) »

La belle expression de Bossuet, *ce quelque chose de plus foncier que ce que nous y reconnaissons*, répond au *principe inconnu des
propriétés naturelles* du vocabulaire du la Crusca, et exprime
merveilleusement la supériorité logique et ontologique du
surintelligible, c'est-à-dire de l'essence. Le langage ordinaire
des théologiens est conforme à celui de ce grand écrivain ; ils
affirment tous que l'homme ignore les essences des choses, et
ils se servent de ce principe pour combattre les objections
élevées contre les mystères révélés. Et en vérité, je ne pourrais comprendre comment Rosmini, accordant avec peine qu'il
puisse y avoir dans les corps un principe corporel inconnu,
comme il l'appelle, pourrait être en mesure de répondre aux
sarcasmes des incrédules contre le dogme eucharistique.
Quant aux philosophes, Leibniz peut répondre pour beaucoup
d'autres. Opposé aux Cartésiens, dont il ne tenait que peu ou
point de compte, et adversaire de Locke, voici comment il
s'exprimait, dans l'ouvrage même qu'il écrivait contre le philosophe anglais : « La pensée est l'action et non l'essence de
» l'ame (**). » Pourrait-il y avoir rien de plus précis, de plus
clair et de plus opposé à Rosmini? Celui-ci, en effet, suivant

---

(*) Ap. Arnauld, *Œuvres*; Paris, 1780, t. I, p. 279, 280.
(**) *Œuv.*, édit. Raspe, p. 120.

l'usage des Scolastiques, place l'essence des choses dans l'acte qui nous les manifeste, tandis que Leibniz dit que cette action est un résultat de l'essence et non l'essence elle-même.

Mais l'illustre Auteur nous dira qu'il a pour lui saint Thomas et toute son ancienne école. Examiner l'opinion de ce grand penseur sur l'essence, ce serait dépasser les bornes d'une note; d'autant plus que pour bien éclaircir ce point, il faudrait en discuter beaucoup d'autres et embrasser presque toute la métaphysique, car il est peu de questions qui soient aussi vastes et aussi complexes que celle de l'essence. J'aurai occasion d'examiner ailleurs la doctrine du saint docteur sur la vision idéale, et de montrer en quoi il s'éloigne des réalistes ses devanciers ou ses contemporains, sur ce sujet important. Pour le moment, je me borne à dire que l'usage fait par saint Thomas du mot *essence*, dans le passage en question, et dans quelques autres, n'exclut pas, comme le voudrait Rosmini, la signification que nous donnons à ce mot, et qu'au contraire il la présuppose. Il ne l'exclut pas, puisque le mot *essenza*, comme celui de *essere*, est aussi applicable au concret qu'à l'abstrait, au surintelligible qu'à l'intelligible. Il la présuppose, puisque l'*essence*, dans le sens adopté par Rosmini, ayant rapport à notre manière de connaître et ayant par conséquent une valeur relative, accuse une essence purement objective et qui ne peut être connue en elle-même, dont l'autre est une conséquence. Tel fut certainement le sens primitif du mot latin *essentia*, employé comme synonyme de *natura*, qui exprime tout ce qu'il y a de réel et de substantiel dans les objets, encore que cela échappe à notre connaissance. Sidonius, qui précéda de beaucoup les Scolastiques, s'exprime ainsi dans une de ses lettres : « Sicut ab eo quod est, v. gr. sapere et in-
» telligere, sapientiam et intelligentiam nominamus ; regula-
» riter et ab eo quod est, essentiam non tacemus. » Voyez-vous comme le mot *essenza* a une étendue aussi grande que le mot *essere*? Et comme l'intelligible est contenu dans ce qui est objectivement, comment pourra-t-on à bon droit priver cette

réalité du nom d'*essence*, qui étant l'équivalent de celui de *nature*, exprime le réel des choses dans toute son étendue ?

Mais comme notre esprit s'arrête sur ce qu'il connaît, c'est-à-dire sur le concret de l'Etre et des existences, et le généralise par l'usage de l'abstraction, il est naturel qu'il se serve du mot *essence* pour exprimer l'abstrait de ce qui peut être connu, sans que pour cela il exclue une signification plus profonde mais moins fréquente et moins familière parmi les hommes. Et cela est d'autant plus facile chez nos philosophes, qu'ils exagèrent l'usage des abstractions, et que pour elles ils négligent la considération des concrets, comme le faisaient plus ou moins tous les scolastiques du moyen-âge, à l'exception des réalistes purs, qui étaient fort peu nombreux. Le semi-réalisme, qui prédominait alors, ayant abandonné, ou affaibli par des tempéraments équivoques la véritable théorie de la vision idéale, et réduit le premier psychologique à l'être abstrait, était naturellement porté à négliger les essences réelles et concrètes et à ne faire cas que des abstraites et des rationnelles, en considérant les choses plutôt par rapport à nous et dans la connaissance réfléchie, qu'en elles-mêmes et dans l'appréhension intuitive. L'illustre Rosmini a ressuscité ce système ; et bien que le talent de l'architecte et les particularités dont il a enrichi l'édifice, puissent faire passer cette restauration pour une véritable création ; cependant les points fondamentaux de la théorie sont ceux, ni plus ni moins, qui régnaient parmi les Péripatéticiens du moyen-âge, c'est-à-dire parmi les semi-réalistes, lesquels étaient avec les réalistes à peu près dans le même rapport qu'Aristote avec Platon. Or, dans ce système, la faculté architectonique n'est pas véritablement la raison, mais l'intellect abstrayant; et celui-ci unifiant tout par les abstractions, tient l'esprit de l'homme comme suspendu et vacillant entre le nullisme et le panthéisme, et ne parvient à éviter ce double écueil qu'en se renfermant dans les contradictions et les obscurités. Nous avons vu que toute la sagacité de Rosmini n'a pu le préserver de ce fatal résultat de son système, pour le concept de l'être (*); il nous reste à rechercher s'il ne lui en est pas arrivé autant relativement au concept d'essence.

Comme l'être possible est, d'après Rosmini, le seul objet de la connaissance, l'essence ne peut être, à ses yeux, autre chose qu'une application de ce concept unique; une essence concrète et impénétrable répugne au principe fondamental de son système. Voilà pourquoi notre Auteur est si ennemi de l'essence, dans le sens de ce mot qu'il appelle moderne. Mais, d'un autre côté, si la seule chose connaissable est l'être abstrait, et si celui-ci est un simple mode de l'esprit, on tombe nécessairement dans le nullisme; si l'être abstrait subsiste hors de l'esprit, dans son universalité, on se précipite dans le panthéisme. Pour éviter ces deux écueils, Rosmini a recours à un parti qui répugne à un principe fondamental, et il établit que l'homme peut, au moyen du sentiment, connaître l'action des objets externes dans son ame, et par conséquent saisir la pluralité des choses subsistantes. Or, celles-ci exercent sur nous une action continue, dont le terme est le sentiment; de sorte que, en percevant le sentiment, au moyen de l'être idéal, nous percevons avec lui la subsistance de l'activité qui le produit. Comment le sentiment peut-il connaître, au moyen de l'être idéal, quand de l'avis même de Rosmini, la connoscibilité de l'être est incommunicable, et que l'esprit ne connaît pas autre chose que l'être même? c'est ce que je ne saurais comprendre, et j'attendrai qu'on me l'explique. Mais ce n'est pas ce qui doit nous arrêter.

Admettons que je perçoive, par le moyen de l'Etre idéal, l'action que les choses extérieures produisent sur mon ame sentante, je demande ce que c'est, sous ce rapport, que l'essence des choses externes, c'est-à-dire des corps. L'auteur me répond qu'il fait « consister l'essence des corps dans *une*

(*) Note 37ᵉ du deuxième volume.

» *certaine* action, que nous sentons se faire en nous, dans une
» énergie qui nous rend passifs, et que notre intelligence per-
» çoit comme un être distinct de nous-mêmes, qui opère en
» nous (*). » Donc, lui dirai-je, l'essence des corps est *une certaine action et une énergie qui nous rend passifs*. Accordons que
nous connaissions, au moyen de l'Etre idéal, l'impression qui
naît de cette action et de l'énergie qui opère en nous ; connaî-
trons-nous pour cela l'action et l'énergie en elles-mêmes ?
Et comment pourrions-nous les connaître si la seule chose
appréhensible pour nous est le terme de cette action, c'est-à-
dire l'impression que nous en recevons ? Donc, l'action et
l'énergie en elles-mêmes nous sont essentiellement inconnues.
C'est ce que notre Auteur donne lui-même à entendre, quand
il appelle cette énergie *une certaine action*, et qu'il exprime par
ce mot *une certaine* le vague et le mystérieux d'une cause oc-
culte. Or, cette certaine action est *l'essence des corps*. Donc,
selon Rosmini, l'essence du corps n'est pas complétement
connaissable ; elle peut être perçue comme impression, comme
terme de l'action, mais elle est inimaginable, comme action
en elle-même, comme énergie.

« Les corps existent ; ils sont des substances différentes de
» Dieu et de nous ; ils occasionnent, comme cause prochaine,
» nos sensations ; leur essence consiste dans une certaine
» énergie qui opère sur nous, et par rapport à laquelle nous
» sommes passifs (**). » Voilà encore *une certaine énergie qui
opère sur nous*, et dont l'effet est l'impression que nous en recevons. Or, nous percevons cette impression et non point l'énergie en elle-même ; d'un autre côté, l'énergie est l'essence du
corps. Donc, l'essence du corps est inconnue et inimaginable.

« La force corporelle, qui répond à l'essence des corps, agit
» en nous ; donc, nous la percevons comme subsistante(***). »

(*) *Nouv. essai*, tom. II, p. 265.
(**) *Ibid.*, p. 251.
(***) *Ibid.*

Ces paroles sont moins claires et moins précises que les précédentes. Qu'est-ce que cette essence des corps, à laquelle répond la force corporelle ? Je présume que, par essence, on entend ici l'action du corps externe sur nous, en tant qu'elle se termine en nous, c'est-à-dire dans notre sentiment, et y produit une certaine impression, qui, s'associant à l'idée de l'Etre, forme ce que l'auteur appelle *essence spécifique* de la chose, et que la force corporelle est l'action et l'énergie considérées en elles-mêmes. Cette explication est conforme à d'autres passages de notre Auteur. Tel est, par exemple, celui où il définit la substance : « La substance est l'acte par lequel
» subsiste l'essence de la chose (*). » Et ailleurs : « La subs-
» tance est cette énergie par laquelle les êtres existent actuel-
» lement, ou bien cette énergie qui constitue leur existence
» actuelle... Dans ce concept, nous pouvons noter en premier
» lieu deux idées : 1° l'existence actuelle, ou bien cette éner-
» gie par laquelle un être existe ; 2° l'Etre même qui existe
» (l'essence) (**). »

Ici l'énergie n'est plus l'essence, comme dans les passages précédents, mais ce qui fait subsister l'essence ; cependant, ici même, l'essence est inséparable de l'énergie et ne peut se produire, en effet, sans elle. Or, qu'est-ce que cette énergie qui met en acte l'essence, la chose possible, sinon la subsistance de la chose, laquelle est, selon l'auteur, comme nous l'avons déjà vu tant de fois, mystérieuse en soi et inimaginable. Mais, entre la subsistance et l'essence, la raison humaine fait une équation (***) fondée sur leur *similitude* (****), et dans cette équation consiste le jugement que l'on porte sur la subsistance des corps ; d'où il suit que *la force corporelle répond à*

(*) *Nouv. essai*, tom. II, p. 223, 225.
(**) *Ibid.*, p. 157.
(***) *Ibid.*, tom. III, p. 107.
(****) *Ibid.*, p. 74 ; not. 3, p. 114-119.

l'essence des corps. Il y a donc dans les corps une chose inconnue et inimaginable, qui répond à leur essence rationnelle, qui en est inséparable, et qui forme avec l'Etre idéal le principe qui la constitue. L'essence rationnelle est le fruit né de l'union de ces deux choses, c'est-à-dire de l'Etre idéal avec la force corporelle, de la forme avec la matière. Mais alors, qu'est-ce qui empêchera d'appeler cet élément réel et inimaginable, l'essence réelle de l'objet? Le terme n'est-il pas parfaitement approprié à l'idée, d'après tout ce qui a été précédemment exposé? Et si Rosmini est forcé d'admettre la chose, pourquoi rejetterait-il le mot?

Qu'il me soit permis de faire remarquer en passant que la doctrine de Rosmini a encore ici beaucoup de rapport avec celle des Péripatéticiens. Pour éviter une longue démonstration, je me bornerai à citer l'opinion d'Aristote, telle qu'elle a été exposée par Ritter, qui me paraît avoir parfaitement saisi et très bien exprimé la pensée du Stagyrite : « Tant que quel-
» que chose, dans la matière, est opposé à la forme, quoique
» d'une manière relative, il doit y avoir quelque chose d'in-
» connu. C'est pour cela que Dieu ne pense pas tout ce qu'il
» est, mais seulement ce qu'il y a de meilleur et de plus
» beau (*), et l'ame ne peut pas connaître parfaitement le sen-
» sible tel qu'il est, mais elle pense seulement les formes du
» sensible ; car la pierre n'est pas dans l'ame, mais seulement
» sa forme. La matière en soi étant infinie, ne peut être
» connue ni maintenant, ni jamais, car elle n'a aucune
» forme (**).

» Aristote trouve donc en général, dans la matière qui s'in-

(*) Le psychologisme d'Aristote, fruit de l'émanatisme, est ici évident. Dieu, pour le Stagyrite, est *la pensée de la pensée*, et est par conséquent inférieur et non pas supérieur au surintelligible. Sa connaissance surpasse celle de l'homme en degré, mais non pas en essence. Et, en effet, comment pourrait-il comprendre la matière informe s'il ne l'avait créée ?

(**) *Hist. de la phil.*, tom. III; p. 167-168.

» troduit partout, les bornes de la science, bornes dont il ne
» peut sortir. Les êtres particuliers ne nous sont pas connais-
» sables à proportion de la matière qu'ils comprennent; ils ne
» sont pas intelligibles quant à leur différence, parce qu'ils ne
» diffèrent les uns des autres que quant au corps et quant à
» la matière. Dans Platon et chez les Pythagoriciens, l'idée
» du sensible et du matériel était unie à l'idée de l'infini.
» Aristote, pour qui l'infini est aussi l'inconnaissable, l'ad-
» met également (*).

» On voit par là clairement dans quel sens relatif Aristote
» pouvait appeler la matière un non-être; et l'on doit aperce-
» voir, non moins clairement aussi, comment nous avons été
» conduits à l'une des plus importantes distinctions de sa doc-
» trine, puisque le rapport d'opposition entre la faculté et la
» réalité, qui constitue l'idée de la matière, est employé ici à
» la solution d'un des problèmes les plus difficiles. La matière
» n'est pas la faculté, car celle-ci est d'espèce opposée... Elle
» n'est par conséquent pas percevable, suivant lui; elle est
» en général même inconnaissable en soi; elle ne peut être
» connue que par analogie, puisque nous admettons que, de
» même que l'airain devient statue, du bois un banc, de même
» aussi quelque chose de premier et de fondamental doit de-
» venir un être, une chose déterminée et tout ce qui est.....
» Si donc on ne peut pas tenir à l'opinion que la matière est
» l'essence absolue des choses percevables, il s'agit mainte-
» nant de savoir si cette essence sera cherchée dans la forme...
» Il est clair... que, pour Aristote, la forme indique ce qui est
» en réalité quelque chose, tandis que la matière doit expri-
» mer la faculté générale d'être quelque chose... Quiconque
» connaît la manière de s'exprimer d'Aristote... ne sera donc
» point étonné qu'il finisse par appeler aussi la forme la subs-

---

(*) *Hist. de la phil.*, t. III, p. 119.

» tance, où ce qui est quelque chose et l'idée d'une chose,
» parce que l'être est exprimé dans l'idée (*). »

Entre cette doctrine et celle de Rosmini, il y a quelques différences importantes qu'il serait trop long d'exposer. La principale consiste en ce que Aristote semble placer dans la forme la concrétion et l'énergie, que Rosmini place dans la matière, et donner au contraire à la matière cette généralité et cette potentialité que le philosophe italien place dans la forme. Sous ce rapport, on pourrait croire que la différence se réduit à une substitution de mots, plus qu'à toute autre chose, et que les termes de matière et de forme sont pris tout au rebours par les deux philosophes. Cependant ils s'accordent pour considérer la forme comme le seul élément intelligible des objets. S'ils diffèrent dans les autres propriétés assignées à la forme et à la matière, il faut en chercher la cause dans les principes des deux systèmes. Aristote admet un seul Premier, c'est-à-dire un Premier philosophique, qui, pour lui, est l'Absolu, dans le sens des émanatistes; forme et matière tout ensemble, Etre et existant, intelligible et surintelligible. Pour Rosmini, au contraire, le Premier psychologique est distinct de l'ontologique; celui-ci est l'Etre pur et absolu, dans le sens des chrétiens, connaissable selon lui par le raisonnement seul; celui-là est l'être et l'être idéal, initial, possible, commun. Voilà pourquoi, dans le système d'Aristote, la concrétion doit avoir sa source dans la forme, tandis que dans celui de Rosmini, les deux Premiers étant distincts, et le Premier psychologique ne contenant rien de concret, il faut absolument, pour éviter de tomber dans le nullisme, suppléer à ce défaut au moyen de la matière, et placer le principe de la réalité corporelle dans l'élément inintelligible. Mais ces deux philosophes sont d'accord pour considérer la forme comme l'essence rationnelle des choses, et pour y associer un élément inimaginable, sans le-

---

(*) *Hist. de la phil.*, t. III, p. 109-113.

quel l'essence ne pourrait tomber sous notre connaissance.

Je pense que ces quelques considérations sont suffisantes pour justifier l'emploi que je fais du mot *essence* et légitimer l'extension que je lui donne. Mais ne vaudrait-il pas mieux donner le nom de *subsistance* à ce que nous appelons *essence réelle*, et suivre en cela le conseil de Rosmini? Je ferai remarquer d'abord que le mot *subsistance* est très équivoque, et que d'après l'usage le plus commun des écoles, on le fait synonyme de *personnalité* et non pas d'*existence*, comme le fait Rosmini. En second lieu, ce mot signifiant, dans le vocabulaire de Rosmini, la réalité et l'existence, il est beaucoup plus général que celui d'*essence réelle*, qui exprime seulement la partie inimaginable et fondamentale des choses qui sont ou qui existent. En troisième lieu, si nous prenons le mot *subsistance* comme synonyme d'*essence réelle*, nous ne serons entendu de personne. Qui oserait dire, par exemple, que l'homme ne peut connaître la *subsistance* des corps, des esprits, de Dieu? Au contraire, celui qui affirme qu'on ne peut connaître l'essence réelle des choses, est compris de tout le monde, et sa proposition ne peut être interprétée d'une manière ni impie ni extravagante. Bien plus, il n'est pas même nécessaire d'ajouter toujours au mot *essence* l'épithète de *réelle*; car, quoique l'on exprime par ce même mot l'essence rationnelle, ce n'est pas là la première idée qui se présente à l'esprit quand on l'entend prononcer. Et cela est tout-à-fait rationnel, car le mot *essence*, en tant qu'il est distinct de celui de *être* et qu'il lui est opposé, présente à l'esprit une idée différente et même toute opposée; et comme, par *être*, on entend ordinairement le connaissable, l'*essence* exprime tout naturellement le surintelligible. Voilà pourquoi nous affirmons, contrairement à l'opinion de Rosmini, que le sens donné par nous au mot *essence* n'est pas seulement légitime, mais plus légitime encore que celui que lui attribue ce philosophe; sans cependant que nous voulions exclure le sens qu'il lui donne, toutes les fois qu'il n'y aura pas à craindre qu'il répande de l'obscurité ou de l'ambiguité dans le discours.

Note 3.

On trouve beaucoup de traces du surintelligible dans les systèmes des anciens. Platon et Aristote considèrent la matière première comme inconnaissable. L'idée ou la forme sont, d'après leur manière de voir, les seuls objets de la connaissance. Or, qu'est-ce que la matière ainsi considérée, sinon l'essence impénétrable des corps? Dans d'autres endroits, Platon fait allusion à l'incompréhensibilité de Dieu, c'est-à-dire de l'essence absolue.

Les nouveaux platoniciens voulurent pénétrer le surintelligible, dont ils avaient le pressentiment, et c'est en cela que consiste un des vices principaux de leur système, né du panthéisme dont ils faisaient profession ; mais ils durent bientôt s'apercevoir de l'inutilité de leurs efforts. Aussi Damascius, le dernier nom illustre de cette école, confessa-t-il expressément l'incompréhensibilité et l'ineffabilité de l'Etre, et introduisit-il une nouvelle espèce de scepticisme. C'est ainsi que la philosophie hétérodoxe antique, qui était essentiellement panthéistique, comme les hérésies de tous les temps, ayant confondu le surintelligible avec l'intelligible, en fut enfin réduite à nier même l'intelligible et compléta par un suicide le cours de ses révolutions.

L'idée du surintelligible fut certainement suggérée aux Alexandrins par la tradition religieuse et scientifique du gentilisme. Mais le rang distingué qu'elle occupe dans leur système, doit être probablement attribué à l'influence de l'Evangile qui ayant seulement annoncé la réalité du surintelligible, et accompagnant sa révélation du témoignage de son incompréhensibilité, dut exciter un double désir chez ses antagonistes et chez les héritiers du paganisme : l'un, de l'égaler, en s'appropriant la connaissance de l'inimaginable ; l'autre, de le surpasser, en pénétrant au cœur de ces vérités que la nouvelle foi promulguait comme supérieures à tout raisonnement humain.

Les modernes rationalistes d'Allemagne, ayant laissé de côté le Christianisme, comme doctrine révélée, se sont trouvés dans une condition semblable à celle des Alexandrins ; c'est de là que vient l'analogie de leurs systèmes. Les uns veulent symboliser le dogme chrétien, comme les autres avaient voulu symboliser les doctrines païennes, et ils s'appuient également pour cela sur le panthéisme, qui est, à vrai dire, inévitable dans tout système qui aspire à comprendre le surintelligible. Toute indualisation est mystérieuse et cause de l'incompréhensibilité des essences. La dualité de l'Etre et de l'existant est très obscure, en ce qu'elle se fonde sur l'acte créatif, qui est d'autant plus impénétrable que, pour le comprendre, il faudrait connaître la nature intime des deux termes qui le composent. Le panthéisme tranche le nœud de la difficulté, au lieu de le délier, et nie la dualité elle-même, ou pour mieux dire, il s'efforce de la nier, mais en vain, car il ne peut faire disparaître les apparences, du moins comme apparences ; d'où il suit, pour me servir d'un proverbe vulgaire, qu'il ne sauve ni la chèvre ni le chou.

Note 4.

La relation du surnaturel envers la nature est identique à celle de l'Etre envers l'existant.

Le lien qui unit l'Etre et les existences, c'est la création.

Le surnaturel consiste donc radicalement dans l'acte créatif.

Or, l'acte créatif étant surnaturel, est aussi surintelligible.

L'incompréhensibilité de l'acte créatif dérive de celle de ses deux termes.

Le surnaturel étant un rapport de l'essence divine avec celle des choses créées, est un mouvement du premier membre de la formule vers le troisième. Son terme *a quo* est l'essence de l'Etre, et son terme *ad quem* l'essence de l'existant. C'est dans cette double relation que consiste la profonde obscurité de l'acte créatif.

La création est tout à la fois le mystère le plus obscur et le fait le plus évident. Elle est le mystère le plus obscur, en ce qu'elle résulte de deux surintelligibles ; l'un absolu, l'autre relatif, c'est-à-dire de l'essence de l'Etre et de l'essence de l'existant. Elle est le fait le plus évident, en ce qu'elle se fonde sur deux intelligibles, sur l'Intelligible absolu et sur l'intelligible relatif qui en dérive, et dont la dérivation constitue précisément l'acte créatif. En somme, elle contient, dans leur suprême degré, le surintelligible et l'intelligible qui sont les deux aspects universels des choses et les deux pôles de l'esprit humain.

Les idées de nature et de surnaturel s'unissent également avec celle de création. Mais la nature regarde la création comme un fait ; le surnaturel comme un mystère. La nature se rattache donc à l'intelligible et le surnaturel au surintelligible.

Le surnaturel, ainsi entendu, est générique, et la raison ne peut pas aller au delà. Mais la révélation nous fait connaître aussi le surnaturel spécifique. La révélation effectue, relativement au surnaturel générique qui nous est fourni par la raison, ce qui se fait par l'observation sensée et par l'expérience ; relativement à la notion générique de nature, elle le spécifie et le concrétise.

Quand le surnaturel spécifique est faux, il devient contra-naturel. Tel est celui des fausses religions. Le contra-naturel est opposé au surnaturel, de la même manière que l'absurde l'est au surintelligible.

Le surnaturel et le surintelligible génériques nous sont fournis par la raison ; le surnaturel et le surintelligible spécifiques par la révélation et par l'histoire; le contra-naturel et l'absurde par l'imagination et par l'erreur des sens.

Le surnaturel et le surintelligible véritables du Christianisme se réfléchissent et se reproduisent d'une certaine façon chez l'homme, dans le double cercle des faits et des idées. Il en est de même pour le contra-naturel et pour l'absurde des fausses religions. Ainsi, par exemple, l'ascétisme chrétien est au-dessus de la nature, et l'ascétisme païen est contre elle; la foi chrétienne est au-dessus, et la superstition païenne au-dessous de la raison. De là l'influence diverse et opposée des croyances et des pratiques chrétiennes et des païennes sur la civilisation et sur la science des hommes.

Note 5.

Le surnaturel de la religion regarde principalement le principe et la fin du cycle révélé, c'est-à-dire la Genèse et l'Apocalypse. Et remarquons que, si l'Evangile est appelé l'accomplissement ou le milieu des temps, cela a lieu seulement par rapport à nous et aux siècles écoulés jusqu'ici; mais pour ceux qui appelleront le temps présent un *temps antique*, l'Evangile, qui est la Genèse chrétienne, ou en d'autres termes le renouvellement de la Genèse primitive, se rapporte à l'origine du genre humain. Il semble donc que, selon le dessein de l'ordre surnaturel, les sensibles religieux soient spécialement propres au principe et à la fin, et qu'ils appartiennent à l'époque de formation et à l'époque de résolution du système moral du monde. D'où il suit que le cours de l'ordre surnaturel n'est point uniforme et monotone, mais varié et multiforme, et que les événements ne s'y renouvellent pas toujours de la même manière, mais varient et se distinguent en diverses époques;

c'est ainsi que, dans la nature, la vie dynamique diversifie les phénomènes, spécialement dans le commencement et dans le terme de la course mondiale, et donne lieu à deux périodes auxquelles répondent les cataclysmes de la science et de l'histoire, et les épyroses de l'hypothétique et des traditions. Le sensisme qui domine universellement aujourd'hui dans toutes les branches de la science, et qui, par son essence, juge du passé et de l'avenir par le présent, fait que beaucoup de savants qui, cédant à l'empire de la vérité, admettent une époque extraordinaire et cosmogonique, se moquent ensuite du déluge de Noé, de la longévité des patriarches, des géants, de la formation des races humaines sorties d'une seule et même souche, etc., bien que cependant ces événements ne soient nullement en désaccord avec la nature des temps primitifs auxquels ils appartiennent.

Note 6.

Le Christianisme contient deux espèces d'événements surnaturels : les premiers passagers, les seconds continus. Les événements passagers sont passés ou futurs ; les uns appartiennent au principe et les autres à la fin du cycle ; les uns nous sont connus par l'histoire, les autres par la prophétie. Les événements continus sont de deux sortes, la grâce dans ses divers ordres et le sacrifice eucharistique. Le surnaturel passager est sensible, et constitue une preuve ou un signe de crédibilité des choses révélées ; le surnaturel continu est suprasensible et forme un dogme que nous devons croire. Ainsi, par une économie admirable, le surnaturel manifeste du Christianisme est une démonstration du surnaturel voilé et caché.

A cause de ce double rapport, le concept du surnaturel,

outre son importance intrinsèque, est infiniment utile à la science, et surtout à la philosophie, en empêchant que la certitude physique ne prenne la place de la certitude métaphysique, et que le monde ne soit identifié avec Dieu. Quiconque nie la possibilité de l'intervention extraordinaire de Dieu dans les phénomènes naturels et dans les choses humaines, est nécessairement sensiste, athée ou panthéiste, quoiqu'il ne sache point qu'il l'est et qu'il proteste même de son ignorance à cet égard.

Note 7.

Voici le passage de M. Guizot, où il est question des catholiques et des protestants : « Qu'ils écartent la controverse ; » qu'ils s'occupent peu l'un de l'autre, et beaucoup d'eux-» mêmes et de leur tâche, le catholicisme et le protestantisme » vivront en paix, non-seulement avec la société nouvelle, » mais entre eux. Je sais que cette paix ne sera point l'unité » spirituelle..... L'unité spirituelle, belle en soi, est chimé-» rique en ce monde, et de chimérique devient aisément ty-» rannique. Etres finis et libres, c'est-à-dire incomplets et » faillibles, l'unité nous échappe, et nous lui échappons in-» cessamment. L'harmonie dans la liberté, c'est la seule unité » à laquelle ici-bas les hommes puissent prétendre (*). »

Un peu plus haut, l'auteur avait fait la part du catholicisme et du protestantisme, selon les trempes diverses des esprits(**), raisonnant en cela comme s'il était question de deux nourri-

---

(*) *Revue française*, tome VII, p. 212.
(**) *Ibid.*, p., 210.

tures également bonnes et salutaires, entre lesquelles chacun peut choisir selon son estomac ou son goût. Dans un autre article, il avait fait, en habile éclectique, l'éloge des catholiques et des protestants; voici comme il y parlait de ces derniers : « La foi chrétienne, la foi réelle et profonde aux dogmes
» constitutifs du Christianisme, tels qu'ils ont été compris et
» enseignés au seizième siècle par les fondateurs du protes-
» tantisme, renaît parmi les protestants, et elle renaît accom-
» pagnée de cette liberté, de cet examen assidu, qui altèrent
» l'unité, mais entretiennent la vitalité religieuse, qui se préoc-
» cupent peu du gouvernement des esprits, mais beaucoup de
» la vie intime des ames (*). »

Ces passages suffiraient bien certainement pour établir notre opinion et pour prouver que dans les matières religieuses M. Guizot ne se montre pas toujours jaloux de paraître plus grave, ou pour mieux dire, plus ambitieux que son siècle. Mais ses Leçons sur l'histoire nous en fourniront une autre preuve. Ici, en effet, l'auteur se montre souvent attentif à suivre les préoccupations de l'époque, et se laisse même quelquefois entraîner par les caprices de la mode. Ainsi, par exemple, l'éclectisme est aujourd'hui en vogue, M. Guizot est éclectique. Il l'est en philosophie, en politique, et enfin en religion, comme on peut s'en convaincre dans le passage que nous allons citer, et dans lequel, après avoir parlé des systèmes les plus opposés sur la nature de la société ecclésiastique et en avoir énuméré les principaux, depuis la hiérarchie catholique jusqu'à l'anarchie des Indépendants et des Quakers, il conclut ainsi : « Non-seulement tous les systèmes ont été
» réalisés, mais ils ont tous prétendu à la légitimité historique
» aussi bien qu'à la légitimité rationnelle; ils ont tous reporté
» leur origine aux premiers temps de l'Eglise chrétienne; ils
» ont tous revendiqué des faits anciens, comme fondement

(*) *Revue française*, tome V, p. 21.

» et justification. Messieurs, ni les uns ni les autres n'ont eu
» complétement tort; on trouve, dans les premiers siècles de
» l'Eglise, des faits auxquels ils peuvent tous se rattacher. Ce
» n'est pas à dire qu'il soient tous également vrais rationnel-
» lement, également fondés historiquement, ni qu'ils repré-
» sentent une série d'états divers, par lesquels l'Eglise ait
» passé tour-à-tour (*). Mais il y a, dans chacun de ces sys-
» tèmes, une part plus ou moins grande de vérité morale, de
» réalité historique. Ils ont tous joué un rôle (**), occupé une
» place dans l'histoire de la société religieuse moderne; ils
» ont tous, à des degrés inégaux, concouru au travail de sa
» formation (***). »

Le rationalisme règne généralement partout; M. Guizot, sans se déclarer rationaliste, montre cependant qu'il l'est, par la manière dont il traite les mystères chrétiens (****). Le psychologisme est aujourd'hui la seule méthode usitée en philosophie; M. Guizot est psychologiste et croit pouvoir, en procédant par l'analyse seulement, donner à la morale une base inébranlable : « Pour ceux d'entre vous qui ont fait des études
» philosophiques un peu étendues, il est, je crois, évident
» aujourd'hui que la morale existe indépendamment des idées
» religieuses : que la distinction du bien et du mal moral,

(*) Ces palliatifs ne font pas disparaître l'absurdité d'une pareille opinion, puisque la différence qu'il y a, selon M. Guizot, entre un système et un autre, entre la doctrine des catholiques et celle des hérétiques, est seulement du plus au moins; que c'est une différence de degrés et non pas d'essence. Et il doit en être ainsi aux yeux des éclectiques, qui, ne sachant pas s'élever jusqu'aux principes, dans leur doctrine, jugent les systèmes séparément les uns des autres et ne les rattachent pas à leur unité.

(**) Voilà ce qu'il y a aujourd'hui d'important. Quiconque sait *jouer un rôle*, est par là même justifié, car le succès légitime tout. La vie humaine est une comédie où les honneurs reviennent à celui qui sait le mieux faire sa partie; peu importe qu'il joue le rôle d'un scélérat ou d'un honnête homme.

(***) *Hist. de la civil. en France*, leçon 3.

(****) *Ibid.*, leçon 5.

» l'obligation de fuir le mal, de faire le bien, sont des lois que
» l'homme reconnaît dans sa propre nature aussi bien que les
» lois de la logique, et qui ont en lui leur principe, comme
» dans sa vie actuelle leur application (*). »

Mais le point sur lequel l'illustre écrivain se montre le plus

(*) *Histoire de la civilisation en Europe*, leçon 5e. — Le ton magistral de ces paroles me paraît très propre à faire connaître la valeur de la philosophie moderne. Une opinion radicalement fausse et destructrice de toute morale et de toute religion est appelée *évidente* aux yeux de ceux *qui ont fait des études philosophiques un peu étendues*, quand elle ne peut être plausible que pour ceux dont les études sont totalement superficielles et qu'elle ne part que de principes erronés. Il suffit d'une seule observation pour anéantir un pareil système ; c'est que la morale est absolue, et que l'absolu ne peut être fondé sur le relatif, mais seulement sur l'Absolu. Il est vrai que M. Guizot ajoute : « Ces faits cons-
» tatés, la morale rendue à son indépendance, » (La morale indépendante ? quand l'essence de la morale consiste dans la dépendance ? Celui qui dirait que l'astronomie et la mécanique sont indépendantes des mathématiques, tiendrait-il un langage plus absurde ?) « une question s'élève dans l'esprit humain : d'où
» vient la morale ? où mène-t-elle ? Cette obligation de faire le bien, qui sub-
» siste par elle-même, est-elle un fait isolé, sans auteur, sans but ? Ne cache-t-
» elle pas, ou plutôt ne révèle-t-elle pas à l'homme une origine, une destinée
» qui dépasse ce monde ? Question spontanée, inévitable, et par laquelle la
» morale, à son tour, mène l'homme à la porte de la religion, et lui ouvre une
» sphère dont il ne l'a point empruntée. »

Mais cette addition de la religion ne remédie pas plus au désordre que ne le ferait l'industrie d'un architecte, qui, après avoir bâti un édifice sur un terrain mobile, ferait placer au faîte de l'édifice, pour le consolider, les pierres qui auraient dû en former la base. Appuyer la morale sur l'homme, et la religion sur la morale, c'est vouloir les ruiner l'une et l'autre.

Le principe de la morale et de la religion une fois faussé, la politique doit nécessairement manquer de bases, car la souveraineté ne peut pas mieux consister dans l'impératif, sans un fondement absolu, et par conséquent sans une investiture extérieure, qui remonte, de main en main, jusqu'à Dieu. M. Guizot ne dit pas un mot de ce principe divin, et place la légitimité des gouvernements, et le critérium au moyen duquel on peut la reconnaître, dans la seule *capacité* (*Ibid*) ; opinion destructrice de tout ordre social, et non moins funeste aux républiques qu'aux monarchies et à toute espèce de gouvernements. La capacité est certainement nécessaire pour former la légitimité politique parfaite ; mais elle ne suffit pas toute seule pour la constituer. Je crois l'avoir déjà prouvé.

docile à suivre la pente de son époque, c'est la légèreté avec laquelle il parle de l'histoire religieuse ; il oublie souvent, en effet, à cet égard, la gravité qu'il porte dans les autres sujets d'érudition. Je n'en citerai qu'un exemple. « Dans les pre-
» miers temps, tout-à-fait (*) dans les premiers temps, la société
» chrétienne se présente comme une pure association de
» croyances et de sentiments communs ; les premiers chré-
» tiens se réunissent pour jouir ensemble des mêmes émotions,
» des mêmes convictions religieuses. On n'y trouve aucun
» système de doctrine arrêté, aucun ensemble de règles, de
» discipline, aucun corps de magistrats. Sans doute il n'existe
» pas de société, quelque naissante, quelque faiblement cons-
» tituée qu'elle soit, il n'en existe aucune, où ne se rencontre
» un pouvoir moral qui l'anime et la dirige. Il y avait, dans
» les diverses congrégations chrétiennes, des hommes qui
» prêchaient, qui enseignaient, qui gouvernaient moralement
» la congrégation ; mais aucun magistrat institué, aucune
» discipline ; la pure association, dans des croyances et des
» sentimens communs, c'est l'état primitif de la société chré-
» tienne (**). »

Je n'opposerai pas à ces étranges assertions l'élection des Apôtres faite par le Christ, ni le pouvoir qu'il leur donne de baptiser et d'enseigner, de lier et de délier, ni la primauté accordée à Pierre, ni l'élection canonique de Mathias, ni l'institution des diacres, ni le concile de Jérusalem, ni aucun de ces autres faits qui remplissent les Actes des Apôtres, et qui nous montrent l'Eglise formant une unité, sous un régime régulier, stable et divin, dès les premiers jours de son exis-

---

(*) Ce *tout-à-fait* est une de ces expressions en l'air, qui ne prouvent et ne disent rien. En effet, si l'on peut m'assigner un seul jour de l'ère chrétienne, depuis le Christ jusqu'à nous, où le fait dont il est ici question ait eu lieu, je consens à me taire pour toujours.

(**) *Hist. de la civil. en Europe*, leçon 2.

tence. Je ne m'engagerai pas, dis-je, dans l'exposition de ces faits, parce que M. Guizot m'en épargne la peine par ce qu'il dit ailleurs : « Il est incontestable que les premiers fondateurs,
» ou, pour mieux dire, les premiers instruments de la fonda-
» tion du Christianisme, les apôtres, se regardaient comme
» investis d'une mission spéciale, reçue d'en haut (*), et à
» leur tour transmettaient à leurs disciples, par l'imposition
» des mains ou sous toute autre forme, le droit d'enseigner et
» de prêcher. L'ordination est un fait primitif dans l'Eglise
» chrétienne. De là un ordre de prêtres, un clergé distinct,
» permanent, investi de fonctions et de droits particuliers (**). »

Il faut avouer que si l'éclectisme plaît à ses partisans, parce qu'il leur procure le plaisir d'accoupler ensemble les opinions les plus disparates, il n'est pas moins avantageux pour leurs adversaires, en leur facilitant la controverse et en leur fournissant le moyen de les battre avec leurs propres armes. En effet, dans le cas présent, nous n'avons qu'à opposer M. Guizot à lui-même, et à combattre l'historien de la civilisation en Europe par l'historien de la civilisation en France. L'un dit que *dans les premiers temps de la société chrétienne* on ne trouve « aucun
» système de doctrine arrêté, aucun ensemble de règles, de
» discipline, aucun corps de magistrats. » L'autre affirme que dans ces mêmes temps il y avait les apôtres, qui « se re-
» gardaient comme investis d'une mission spéciale, reçue d'en
» haut, et à leur tour transmettaient à leurs disciples, par l'im-
» position des mains ou sous toute autre forme, le droit d'en-

---

(*) Remarquons comment l'auteur se garde d'affirmer ou de nier que les Apôtres fussent en effet investis d'un pouvoir divin ; il se contente de dire qu'ils croyaient l'être : *se regardaient comme investis*. C'est au moyen de cette prudente réserve que les éclectiques espèrent pouvoir contenter tout le monde, ce qui fait toute l'importance de leur système.

(**) *Hist. de la civil. en Europe*, leçon 3.

» seigner et de prêcher (*). » L'un dit que « le seul pouvoir
» qui animait et dirigeait l'Eglise primitive, était *un pouvoir*
» *moral*, qui n'avait rien de fixe, de régulier, de stable; »
l'autre nous affirme que « l'ordination est un fait primitif de
» l'Eglise chrétienne. » L'un dit que « il y avait des
» hommes qui prêchaient, qui enseignaient, qui gouvernaient
» moralement la congrégation ; mais aucun magistrat institué ;
» aucune discipline ; la pure association dans des croyances et
» des sentiments communs, c'est l'état primitif de la société
» chrétienne ; » l'autre atteste qu'il y avait « un ordre de prê-
« tres, un clergé distinct, permanent, investi de fonctions et
» de droits particuliers. »

Si M. Guizot avait voulu nous faciliter les moyens de le réfuter, il n'aurait pu y réussir mieux et d'une manière plus complète ; aussi lui en sommes-nous très reconnaissant. Dira-t-on, par hasard que, dans le second passage, il ne parle pas de ces *premiers temps* (*tout-à-fait dans les premiers temps*), dont il est question dans le premier? Mais il déclare expressément le contraire, en disant dans le second, qu'il parle du *berceau de l'Eglise chrétienne* (**), *d'un fait, d'un état primitif*, et de l'époque des apôtres, *premiers instruments de la fondation du christianisme*. La religion du Christ fut-elle donc antérieure même d'un seul jour au temps des apôtres, puisque ces mêmes apôtres furent institués par le Christ, et que leur élection fut le premier acte public de la prédication divine? Et ce qui nous prouve bien que l'Auteur parle des premiers temps, tout-à-fait des premiers temps de l'Eglise, c'est ce qu'il ajoute immédiatement : « Au-

---

(*) Si M. Guizot ne veut pas supposer que les Apôtres se moquaient de leurs disciples et de toute l'Eglise, il sera forcé d'avouer que les premiers, en donnant aux seconds le droit d'enseigner et de prêcher, devaient les initier dans les choses qu'ils étaient appelés à enseigner et à prêcher, et que, par conséquent, il y avait, il devait y avoir un *système de doctrine arrêté*.

(**) *Hist. de la civil. en France*, leçon 3.

» tre fait primitif. « (Voici encore, que les faits précédents sont considérés comme primitifs). Les congrégations parti-
» culières étaient, il est vrai, assez isolées ; mais elles ten-
» daient à se réunir, à vivre sous une foi, sous une discipline
» commune ; c'est l'effort naturel de toute société qui se forme ;
» c'est la condition nécessaire de son extension, de son affer-
» missement. Le rapprochement, l'assimilation des éléments
» divers, le mouvement vers l'unité, tel est le cours de la créa-
» tion. Les premiers propagateurs du Christianisme, les apô-
» tres ou leurs disciples, conservaient d'ailleurs sur les
» congrégations même dont ils s'éloignaient une certaine au-
» torité, une surveillance lointaine, mais efficace. Ils avaient
» soin de former ou de maintenir, entre les églises particu-
» lières, des liens non-seulement de fraternité morale, mais
» d'organisation. De là une tendance constante vers un gou-
» vernement général de l'Eglise, une constitution identique et
» permanente (*) ».

Nous ne relèverons pas ici le silence sur la primauté de Pierre ni quelques autres tempéraments, qui révèlent l'écrivain protestant ; mais l'organisation de toutes les églises particulières en un seul corps, au moyen de l'unité du pouvoir apostolique, avouée par l'auteur, ne peut certainement s'accorder avec ces congrégations éparses, sans unité et sans sacerdoce, qu'il nous représente dans l'autre passage cité, comme l'état de l'Eglise primitive.

Ces observations doivent suffire pour prouver au lecteur que quelque grand que soit le mérite de M. Guizot, il ne faut pas lui accorder une foi aveugle sur les matières religieuses et philosophiques. Je ne prétends pas néanmoins lui refuser les éloges qu'il mérite, même en ce point, lorsqu'il fait preuve d'une véritable et solide instruction ; mais j'ai voulu seulement avertir les jeunes gens studieux de ne pas se laisser pren-

(*) *Hist. de la civil. en France*, leçon 3.

dre au bruit des grands noms, de se garder de toute idolâtrie envers certains auteurs illustres, qui méritent certainement l'estime du monde entier, mais qu'on ne saurait aveuglément adorer, si ce n'est dans leur patrie.

Note 8.

« Dans la doctrine catholique, on était justifié principale-
» ment par les bonnes œuvres. La part de la foi, car il fallait
» bien qu'il y en eût une, se réduisait à la connaissance de la
» loi chrétienne, *en quelque sorte* à l'habitude de s'y confor-
» mer sans ardeur particulière, comme sans doute. Luther
» changea tout cela..... Dans la doctrine catholique, la foi
» était implicitement dans les œuvres (*). »

Ce n'est pas ici le lieu de montrer qu'une telle doctrine est aussi éloignée de la doctrine catholique, que celle-ci l'est des erreurs de Pélage et des Sociniens ; pour s'en assurer, on n'a qu'à ouvrir un catéchisme. Je n'aurais assurément pas fait mention de ce passage, pris entre les inepties sans nombre de cette nature, qui remplissent les journaux et les livres français, s'il n'était sorti de la plume d'un écrivain de renom et aussi digne d'estime, sous tous les autres rapports, que l'est M. Nisard. Dans le même article, cet auteur ajoute modestement qu'il n'a ni le talent ni le goût nécessaire à de pareilles doctrines (**). Soit ; mais dans ce cas, je ne vois pas pourquoi, quand on ignore les notions les plus élémentaires du Christianisme, on se mêle d'écrire sur l'histoire ecclésiastique, dans laquelle la science exacte et profonde des faits est inséparable

---

(*) *Revue des Deux-Mondes*, tom. XX, p. 177.
(**) *Ibid.*

de celle des idées. Quel jugement porterait-on sur celui qui écrirait une biographie d'Hippocrate ou d'Archimède, et qui voudrait exposer les controverses des médecins et des mathématiciens, sans savoir le premier mot de leurs sciences? On a aujourd'hui, en France et ailleurs, une fureur toute particulière de narrer les fastes de la religion, sans en connaître les premiers éléments; on a des historiens de la Réforme, des papes, des conciles, de Port-Royal, qui ne méritent le titre d'historiographes que dans le cas où, pour l'obtenir, il suffise de raconter quelque bon mot ou quelque nouvelle spirituelle, tout en ignorant la substance même du sujet. Mais qui oserait se faire, à ce titre, l'historien de l'astronomie, des mathématiques, de la physique? La théologie a-t-elle donc la vertu de préserver du ridicule une faconde ignorante?..... Qu'on me pardonne si je parle de temps en temps avec une certaine chaleur contre un abus déplorable, qui menace de ruiner la plus importante et la plus sublime des sciences.

Note 9.

Le fait moral de la justification a besoin du concours de deux tribunaux : celui de l'homme et celui de Dieu. La sentence de rémission vient de Dieu, par l'intermédiaire de ses ministres; parce que la toute-puissance seule peut effacer la tâche, sans cela ineffaçable, de la faute, rendre à l'ame la pureté qu'elle avait perdue et avec elle ses droits à l'héritage céleste. Mais le pardon ne peut avoir lieu, si l'homme n'a primitivement prononcé contre lui-même une sentence de condamnation; si, juge sévère et impartial, il ne s'est reconnu coupable et digne de châtiment. Le tribunal humain doit être un tribunal de justice et de peine; le tribunal divin, un tribunal de miséricorde et de grâce, lorsque le premier a déjà ôté à Dieu le rôle de juge inexorable et de punisseur rigide. Le dialogue admirable entre David et Nathan fait toucher du doigt ce double concours de l'autonomie pénale de la conscience et du pardon divin.

Mais si l'on pénètre plus avant dans l'ordre moral, on reconnaît que l'acte judiciaire de l'homme qui se reconnaît coupable et digne de châtiment, n'est pas autre chose que la répétition et l'approbation libre d'un jugement divin et antérieur, duquel procède la vérité et l'autorité du jugement humain (*). En effet, quand il est question de l'ordre moral, absolu et éternel, la créature ne peut être vraiment juge, ni coopérer en aucune manière à la valeur de la science. Il n'y a point là de distinction de juridictions et de pouvoirs ; l'Idée est tout à la fois loi et législateur, juge et exécuteur de ses sentences et de ses décrets. Il n'y a ni témoins ni jurés qui assistent aux débats, ni appel du premier jugement. Or, ce jugement divin est identique à l'intuition de l'Idée, qui se promulgant elle-même par son autorité propre, constitue l'impératif moral ; et le même terme qui avant la faute est seulement obligatoire, devient ensuite un objet de condamnation par le seul changement opéré dans l'ame de celui qui a failli.

Telle est la syndérèse de la conscience. Ainsi, ce n'est pas, à proprement parler, la conscience qui se juge et se condamne elle-même, mais c'est Dieu qui le fait ; la conscience n'est qu'un simple témoin de cet acte divin. La condamnation est objective et idéale, comme la loi, dont elle est l'application. Le sujet coupable est spectateur de cet acte juridique qui s'exerce sur lui ; mais comme il est libre, il peut y adhérer ou y résister, se reconnaître coupable ou mettre le comble à sa révolte contre l'ordre moral, et résister au jugement, tout comme il a violé la loi. Dans le premier cas, la volonté égarée rétablit l'ordre interrompu, au moyen de l'expiation ; dans le

---

(*) Voir ci-dessus, ch. V, art. 3.

second, elle le trouble encore davantage, en se complaisant dans le mal et en se précipitant dans cet endurcissement qui est le comble de la rébellion morale de l'homme contre son Créateur.

Note 10.

Deux principes uniques gouvernent le monde du réel et celui du possible : l'Idée et le sens, l'Etre et l'existant.

Le sens peut être externe ou interne, physique ou psychologique, matériel ou spirituel. Mais, dans tous les cas, il est fini, contingent, relatif, et comme sens, diamétralement opposé à l'Idée.

Hégel a voulu considérer les catégories comme des principes constitutifs de l'histoire, et a essayé une division ethnographique et chronologique correspondante à leurs diverses espèces. Mais si l'on donne aux catégories le nom de concepts absolus, elles se réduisent toutes à l'Idée, et il est impossible de les séparer les unes des autres. Ainsi l'on devrait bien plutôt distinguer les nations et les époques historiques en *catégoriques* ou *idéales*, et en *anti-catégoriques* ou *sensuelles*; dans les premières, c'est l'Idée qui domine; dans les secondes, le sens. Ce principe, pris de la manière la plus absolue, nous fournit la grande et importante distinction entre le Catholicisme et le Gentilisme ; appliqué à chacun de ces cycles, et pris dans une signification plus relative, il applanit la voie à beaucoup de divisions et de subdivisions plus particulières, dans le double ordre de l'espace et du temps.

L'Idée est bilatérale, c'est-à-dire intelligible et surintelligible. Au premier de ses aspects correspond la raison ; au second, la révélation, qui est la raison surnaturelle, complément de l'autre. Cette dernière est parfaite chez les catholiques et imparfaite chez les hétérodoxes.

Les nations européennes furent rendues idéales par le Christianisme. Sensualisées, comme toutes les autres, par la faute et le schisme primitifs, elles furent idéalisées par cette foi qui a pris à tâche de reconstituer l'unité de la famille humaine.

Maintenant, elles sont presque totalement retombées dans l'ancien sensisme. Le sens, perfectionné par le Christianisme lui-même, dont l'action améliore, fortifie et excite les facultés de l'homme, a voulu s'émanciper de nouveau du joug de l'Idée, et a renouvelé, dans l'Europe réduite à l'unité par le Catholicisme, la scission primitive de toutes les espèces.

Le sens intérieur s'est émancipé avec Luther et Descartes. Première époque du sensisme moderne : Exagération de la personnalité individuelle, autonomie de l'homme, licence religieuse, philosophique et politique, sous le nom de liberté. De là des schismes, des hérésies, la guerre civile dans toute l'Europe, et sa division en deux camps ennemis.

Le sens extérieur s'est émancipé avec Bacon et Locke. Seconde époque du sensisme moderne, qui a augmenté et porté jusqu'à l'extrême les désordres et les malheurs commencés par la première. Révolutions violentes et sanguinaires, guerre civile entre les despotes et les peuples, incrédulité dominante, anarchie intellectuelle, scepticisme, indifférence religieuse, règne absolu de l'égoïsme, du trafic et de l'industrie.

La période du sensisme matériel dure encore. Le rationalisme psychologique, qui appartient à l'époque précédente, se trouve aujourd'hui resserré dans les limites de quelques livres et d'un petit nombre d'écoles ; tandis que son rival porte le sceptre en main et gouverne la société. Le matérialisme et l'athéisme pratique règnent généralement partout ; si, comme systèmes spéculatifs, ils paraissent abandonnés, cela vient de ce qu'aujourd'hui l'on ne croit plus à rien, et qu'on n'a plus cette vigueur d'esprit qui est nécessaire pour rejeter positivement la foi.

Ce mal ravage et corrompt plus ou moins toute l'Europe, mais plus spécialement les contrées méridionales, à cause de l'influence qu'exerce sur elles l'esprit français. La péninsule italique, et peut-être encore plus celle d'Espagne, sont devenues les imitatrices serviles de leurs dangereux voisins, et elles s'appliquent à les copier sans même pouvoir les égaler, parce que tout copiste reste nécessairement au-dessous de son modèle. Mais ce qu'il y a de pire, c'est qu'elles sont sans inquiétude sur le mal qui les ronge, qu'elles en tirent même vanité, appelant liberté l'esclavage, progrès le retour en arrière, et traitant d'ennemis ceux qui leur donnent des conseils. Combien de temps cette folie durera-t-elle? Je l'ignore ; mais elle devrait au moins réveiller le petit nombre d'hommes de bien et de sages qui subsistent encore, les pousser à réunir leurs efforts pour extirper cette peste maudite avant qu'elle ait dévoré toute étincelle de vie.

Note 11.

On donne aujourd'hui à ces concepts et à d'autres de la même espèce, le nom d'idées pures, tandis qu'il n'y a rien de plus impur que ces sortes de notions, dans lesquelles les subtilités d'une abstraction arbitraire se mêlent aux caprices déréglés de l'imagination. Et cependant, si nous voulions en croire les rationalistes, les idées pures devraient remplacer tout savoir, toute croyance, et gouverner le monde. Ajouter foi à autre chose qu'aux idées pures, c'est chose indigne d'un philosophe ; car un philosophe ne saurait donner son assentiment à aucune vérité non purifiée, sans nuire à son propre honneur. Voilà les belles choses qu'une foule d'auteurs impriment en Allemagne, et qu'une foule d'autres réimpriment en France. Il suit de cette doctrine qu'il ne faut pas admettre les dogmes religieux, s'ils n'ont été précédemment réduits à des idées pures. Mais comment cette réduction peut-elle se faire?

Comment une vérité supra-rationnelle peut-elle être ainsi transformée, sans perdre l'essence qui lui est propre? Si les faits sensibles ne peuvent être transformés en idées pures, comment les vérités surintelligibles le seront-elles? Si le philosophe croit au calorique et à l'électricité, qui ne sont point des idées pures, en vertu de l'observation raisonnée et des expériences, pourquoi n'ajoutera-t-il pas foi à la Trinité, à l'Incarnation du Verbe, aux sacrements, en vertu de la révélation? Il est vrai que les rationalistes veulent aussi s'ingérer dans les sciences physiques, et que, les partisans de la philosophie naturelle prétendent, par exemple, que le philosophe ne doit admettre la gravitation et la lumière qu'après les avoir préalablement converties en idées pures ; prétention qui est assurément très-divertissante. Il est pourtant croyable que les inventeurs de cet ingénieux système sont les premiers à s'en moquer, ou que du moins ils ne le mettent point en pratique; car s'ils ne voulaient croire aux mets qu'on leur sert à table, ou mieux encore à la monnaie qui garnit leur bourse, qu'après les avoir changés en idées pures, ils seraient dans de beaux draps. Mais quand il s'agit de la vie réelle, ils se montrent pleins de bon sens, et se gardent fort bien de se diriger d'après des idées pures.

Note 12.

La principale raison sur laquelle se fondent les rationalistes modernes, c'est la discordance qui se trouve, suivant eux, entre l'ancienne théologie orthodoxe et la science moderne. Frédéric Strauss en parle à chaque instant avec une telle confiance, qu'il doit produire une certaine sensation sur ceux qui ne connaissent point la science moderne, et plus encore sur ceux qui la connaissent. Cette discordance est de deux espèces : l'une historique et l'autre doctrinale. La première consisté dans les antinomies apparentes de la Bible, dont les plus fortes n'avaient pas échappé aux Pères et aux anciens apologistes, sans que pour cela il leur fût venu à l'esprit d'en inférer aucune répugnance entre la foi et la science de leur époque. Ce qui ôte toute valeur à de pareilles antinomies, c'est que nulle d'elles n'excède par elle-même une simple probabilité : or, celle-ci est complétement annulée par les arguments puissants et inébranlables qu'on lui oppose. Ces arguments sont partie *a posteriori*, partie *a priori*. Entre les premiers, il suffit de la seule autorité de l'Evangile de saint Jean, que Strauss n'ose pas attaquer, pour détruire les conjectures qu'il entasse contre celle des autres Evangiles. Or, si l'Evangile de saint Jean est authentique, il est impossible de supposer qu'il soit composé de mythes ; et s'il n'est point mythique, si les faits surnaturels qui y sont racontés sont vrais et indubitables, il suffit, pour prouver que le Christianisme est divin, que le Christ est véritablement fils de Dieu, et pour garantir les vérités consignées dans les autres livres sacrés, et constamment crues dans la société chrétienne. Si ensuite on raisonne *a priori*, c'est-à-dire en descendant de l'Idée aux faits, au lieu de remonter des faits à l'Idée, les antinomies perdent même l'apparence de la bonne logique et se montrent évidemment absurdes ; d'autant plus absurdes, que les antinomies et les anomalies de nature, au moyen desquelles les sensistes s'efforcent de prouver que l'univers ne procède point d'une sagesse ordonnatrice, mais est l'œuvre de la nécessité et du hasard. En effet, le procédé des rationalistes est identique à celui des athéistes : la seule substitution de l'ontologisme au psychologisme renverse complétement les deux systèmes.

Mais Strauss ne se doute même pas de l'existence de la méthode ontologique, et s'en tient à son analyse microscopique, à sa critique destructive, et tout cela avec une parfaite tranquillité d'esprit, qui rappelle à la mémoire ces philosophes français qui, il y a un demi-siècle, croyaient prouver la matérialité de l'âme en faisant l'anatomie du cerveau, ou bien

encore démontrer l'absurdité de l'existence d'un Créateur suprême et infiniment sage, en décomposant les corps par des moyens chimiques, et en réduisant leurs composés à un certain nombre de forces élémentaires. Les paroles par lesquelles il commence la dernière Dissertation de son livre, sont une preuve bien évidente de la confiance pleine et entière qu'il met dans ses principes et dans les résultats de son propre travail. « Les résultats, dit-il sérieusement, de la recherche que
» nous avons menée à terme ont maintenant anéanti, ce sem-
» ble, la plus grande et la plus importante partie de ce que le
» chrétien croit de Jésus, détruit tous les encouragements
» qu'il puise dans cette croyance, tari toutes les consolations.
» Le trésor infini de vérité et de vie qui depuis dix-huit siè-
» cles alimente l'humanité, paraît dissipé sans retour, toute
» grandeur précipitée dans la poussière, Dieu dépouillé de sa
» grâce, l'homme de sa dignité, et le lien rompu entre le ciel
» et la terre (*). »

Quant aux points de doctrine, tout le mérite de Strauss consiste à réchauffer quelques vieilles objections contre la possibilité des miracles, l'existence de l'ordre surnaturel, l'inspiration des livres saints, les mystères chrétiens, et qui n'ont rien de remarquable dans sa bouche que d'être proposées avec bien moins de force que ne leur en donnaient, il y a deux ou trois siècles, les théologiens et les apologistes qui se les faisaient à eux-mêmes pour les résoudre. Si l'on excepte des quelques vieux sophismes, tout ce que les rationalistes ont coutume d'alléguer de nouveau est tellement faible, tellement confus, tellement mesquin et puéril, que c'est vraiment à les prendre en pitié. Ainsi, peut-on imaginer un fatras plus indigeste, un abus plus bizarre de la métaphysique que ces christologies hétérodoxes exposées par Strauss dans le discours final

---

(*) *Vie de Jésus*, tom. II, p. 713.

de son ouvrage (*)? quelque chose de plus vulgaire et de plus commun que les plaisanteries par lesquelles il y combat le dogme catholique (**)? Ici encore l'illustre critique ressent cette espèce de béatitude que procure la confiance d'avoir touché le faîte et le *non plus ultra* de la science ; voici donc comment il s'exprime : « Ce qu'il y a d'essentiel et de solide dans les ob-
» jections des rationalistes contre cette doctrine, n'a été résumé
» par personne avec plus de vigueur que par Schleiermacher ;
» et ici, comme en plusieurs points, sa critique négative en
» a fini avec le dogme de l'Eglise (***). » Comme M. Strauss est heureux de se contenter de si peu ! Comme la modération dans les désirs sert à la tranquillité de l'esprit, même dans les sciences! Il était impossible de citer Schleiermacher plus à propos pour sa gloire philosophique, et on voit bien que Strauss a eu soin de choisir dans les œuvres de ce critique ce qu'il y avait de plus remarquable et de plus propre à le faire passer pour un grand penseur. Nous avons déjà fait remarquer l'honneur qu'il lui a fait, en citant son opinion sur l'inutilité actuelle des anges. La mention qu'il fait de cet auteur, dans la circonstance actuelle, n'est ni moins délicate ni moins glorieuse. Le lecteur pourra s'en convaincre s'il a la patience de lire les quatre pages qui sont consacrées dans l'ouvrage de Strauss à résumer cette critique merveilleuse qui *en a fini avec le dogme de l'Eglise*. On y verra que Schleiermacher « trouve
» un GRAVE sujet de doute dans l'expression : *nature divine et*
» *nature humaine ;* cette expression met l'humanité et la divinité
» sous une même catégorie, et, qui plus est, sous la catégorie
» de nature, ce qui essentiellement ne signifie qu'un être
» borné et conçu en opposition avec d'autres (****); » que deux

---

(*) *Vie de Jésus*, p. 713 et suiv.
(**) *Ibid.*, p. 728-734.
(***) *Ibid.*, p. 280.
(****) *Ibid.*

natures présupposent deux personnes, parce que toute nature est un système vital et « on ne peut comprendre comment deux » systèmes absolument différents d'états vitaux, peuvent con- » courir en un seul point central (*); » que « ce qui....., rend » surtout manifeste cette impossibilité logique, c'est la sup- » position d'une double volonté en Christ, à laquelle, si l'on » était conséquent, on devrait adjoindre un double entende- » ment (**). » (Donc Schleiermacher et Strauss croient que, selon le dogme orthodoxe, on ne doit pas admettre en Christ un intellect humain ainsi qu'une volonté humaine, comme si l'ame créée de l'Homme-Dieu pouvait manquer de la faculté la plus essentielle), que conséquemment « comme l'entende- » ment et la volonté constituent la personnalité, la division » du Christ en deux personnes serait décidée, etc. (***). » Toutes les autres objections sont de cette force-là. Le lecteur me dispensera certainement de répondre à des niaiseries pareilles, qu'un séminariste tant soit peu intelligent aurait honte aujourd'hui de proposer sur les bancs de l'école.

Ce n'est pas la dernière fois que le pauvre Schleiermacher est mis en scène et exposé par Strauss, avec plus de zèle que de prudence, à l'admiration de ses lecteurs. Après avoir détruit la doctrine orthodoxe avec les terribles arguments que nous avons cités, il propose la sienne, c'est-à-dire, une *Christologie éclectique*, qui n'est pas très solide, il est vrai, d'après l'auteur lui-même ; mais qui est cependant selon lui ce qu'on peut faire de mieux quand on ne veut pas renverser complétement le dogme chrétien. « Certes, dit Strauss, cette christo-

---

(*) *Vie de Jésus*, p. 730.
(**) *Ibid.*, p. 731.
(***) *Ibid.* Il est évident que ce sophisme repose sur le sens équivoque du mot *personnalité*, dont on se sert, soit pour exprimer l'unité psychologique de l'ame humaine, soit pour signifier l'union de deux natures, comme, par exemple, celle de l'ame et du corps, en une seule subsistance.

» logie est une très belle élaboration ; et comme nous le ver-
» rons plus tard, elle fait tout ce qu'il était possible de faire
» pour rendre concevable la réunion de la divinité et de l'hu-
» manité dans le Christ en tant qu'individu (*). »

Or, voulez-vous savoir à quoi se réduit substantiellement ce beau travail ? Écoutez ; le voici en deux mots. « Je suis membre « de la société chrétienne, dit Schleiermacher, et, comme tel, » j'ai conscience de l'anéantissement de ma peccabilité et de » la participation à une perfection absolue, c'est-à-dire, je sens » dans cette association les influences qu'un principe sans pé- » ché et parfait exerce sur moi (**). » Or, tous les membres de la société chrétienne sont hommes et peccables de leur nature. Donc l'impeccabilité conférée à chaque chrétien ne peut dériver de la société dans laquelle il vit, mais doit naître de l'influence de son fondateur, c'est-à-dire du Christ. Mais si le Christ n'avait pas été lui-même impeccable, il n'aurait pu communiquer ce privilège à ses disciples. Donc le Christ fut impeccable ; donc « la formation de la personne du Christ ne » peut être comprise que comme le résultat d'un acte divin de » création (***). » En effet, « si nous lui devons la vertu toujours » croissante de notre conscience de Dieu, il faut que cette » conscience ait eu en lui une vertu absolue ; de sorte que » cette conscience, ou Dieu sous la forme de cette conscience, « était ce qui seul agissait en lui ; et tel est le sens de ce » que dit l'Église, à savoir que Dieu s'est fait homme en « Christ (****). »

Ne vous semble-t-il pas que ce prosyllogisme en forme a toute la rigueur d'une démonstration ? que le fait de l'impeccabilité chrétienne, sur lequel repose tout le raisonnement est

---

(*) *Vie de Jésus*, tom. II, p. 743.
(**) *Ibid.*, p. 738.
(***) *Ibid.*, p. 743.
(****) *Ibid.*, p. 740.

inébranlable et évident, comme un axiome? que la nouvelle formule, par laquelle on exprime la divinité du Christ, est beaucoup plus claire, précise et satisfaisante que la formule orthodoxe à laquelle on la substitue? Et quelle finesse de logique dans toute la suite de l'argumentation ! comme les idées sur lesquelles on raisonne sont bien enchaînées ! comme la conclusion est vigoureuse ! « Le chrétien participe à l'impec-
» cabilité ; or, comme il ne peut recevoir cette qualité de la
» société dans laquelle il vit, il doit la tirer de son fondateur ;
» donc le Christ était impeccable ; donc il était Dieu. »

Certes, depuis l'époque de Gotama et d'Aristote jusqu'à nous, personne n'a su argumenter d'une façon aussi merveilleuse. La divinité du Christ est maintenant garantie, non plus par les Ecritures, par les Conciles, par l'Eglise universelle ; non plus par une tradition de dix-huit siècles, par l'excellence de la doctrine évangélique, par l'éclat des miracles qui ont accompagné la nouvelle révélation, par le courage des martyrs qui l'ont scellée de leur sang ; mais par le fait lumineux et incontestable de l'impeccabilité humaine, relativement auquel tous les arguments qui persuadaient nos pères, ne sont que des misères. Ces arguments ! ils répugnent à la science moderne, qui ayant démontré avec une rigueur géométrique qu'il est ridicule de vouloir raisonner *a priori* en dehors des sciences physiques (dans lesquelles cela est permis et même prescrit), et que l'Idée ne peut l'emporter sur les faits sensibles, a rejeté parmi les fables tout système qui s'appuie sur un ordre surnaturel. Aujourd'hui ! on ne peut admettre la religion que comme une chose sensible et expérimentale ; et avoir su l'établir sur *l'expérience interne* (*), en trouvant le fait psy-

---

(*) *Vie de Jésus*, tom. II, p. 741. — Remarquons encore que Schleiermacher, non content de rejeter, comme les sensistes, tout raisonnement *a priori* dans la religion, rejette encore l'autorité de l'histoire, bien que les données de cette dernière soient, dans l'origine, sensibles et expérimentales. Mais comme ce sont des faits qui peuvent échapper à l'attention de la foule, les rationalistes les rejettent, tant leur sensisme est pur et profond !

chologique, — fait nouveau et admirable, — de l'impeccabilité humaine, telle est la grande découverte qui assure à Schleiermacher un nom immortel.

Il est vrai que, s'appuyant sur cette base solide, le savant théologien admet cependant en Christ un vrai miracle, et dans l'origine de sa personne *un acte divin de création;* ce qui fait que, par un merveilleux artifice de logique, il accorde aux sens le droit d'établir un ordre supra-sensible, qu'il refuse à la faculté rationnelle. Le procédé peut paraître un peu hardi; mais il a soin de le mitiger et de le modifier par les précautions les plus savantes. Christ est Dieu d'une certaine manière, et son existence a coûté un miracle; mais ne croyez pas pourtant qu'il ait, comme Dieu, fait d'autres miracles, qu'il soit ressuscité et monté au ciel, comme cela paraît convenable à la divinité de sa personne, et conforme à la foi constante et universelle de la société chrétienne. En effet, l'illustre théologien « borne
» l'empire du merveilleux à la première entrée du Christ dans
» la série des existences temporelles, et...... suppose son dé-
» veloppement ultérieur soumis à toutes les conditions de
» l'existence finie (*). » Voilà pourquoi il « soutient que les faits
» de la résurrection et de l'ascension n'appartiennent pas es-
» sentiellement à la croyance chrétienne (**). »

L'origine miraculeuse du Christ fondée sur le fait axiomatique de l'impeccabilité humaine, ne blesse point, aux yeux de Schleiermacher, la science moderne; mais « le surplus qui se
» trouve dans le dogme de l'Eglise (et c'est là justement ce
» que la science ne peut s'empêcher d'attaquer), par exemple,
» l'engendrement surnaturel de Jésus et ses miracles, les faits
» de la résurrection et de l'ascension, les prédictions de son
» retour pour le jugement dernier, ne peuvent pas être posés

(*) *Vie de Jésus,* tom. 2, p. 743.
(**) *Ibid.,* p 745.

» comme de véritables parties intégrantes de la doctrine du
» Christ (*). »

Voyez comme il est discret et réservé ! comme il sait s'arrêter à temps dans le chemin glissant et périlleux des prodiges !
Voyez avec quelle sagesse il admet le plus grand des miracles,
l'origine surnaturelle de la personne de Christ, parce qu'il y
est forcé par un fait psychologique aussi manifeste que l'est
celui de l'impeccabilité humaine, tandis qu'il rejette les autres
merveilles qui s'appuient uniquement sur l'autorité de l'Eglise
et de l'histoire ! Il est vrai que l'on pourrait objecter à cette
théorie ingénieuse, que si les prodiges rapportés dans l'Evangile sont faux, on ne peut sauver du fanatisme ou de l'imposture la personne même du Christ, ou du moins celle de ses
apôtres et de ses disciples, qui ont propagé sa doctrine et écrit
sa vie. Et, dans ce cas, à quoi sert l'impeccabilité du Christ et
de ses disciples? Que devient le fait psychologique découvert
par Schleiermacher, et établi par lui comme base de son système? Devrons-nous croire à l'impeccabilité et à l'infaillibilité
des modernes rationalistes, plutôt qu'à celles de Mathieu, de
Paul et de Jean? La sagacité du théologien allemand n'a pas
prévu ces objections et d'autres pareilles, du moins s'il faut en
juger par le court résumé que Strauss nous a donné de sa doctrine ; mais je ne doute pas qu'il ne fût en mesure de les résoudre avec la même facilité avec laquelle il a prouvé et établi sa
propre opinion, et dont il fait preuve toutes les fois qu'il lui
arrive de raisonner philosophiquement sur les dogmes et les
fondements de la religion.

Ce petit nombre de remarques suffira pour donner une idée
de la valeur philosophique des modernes rationalistes. Quant
à épuiser cette matière, à examiner la christologie que Strauss
propose à ses lecteurs comme étant conforme à la science moderne, il faudrait pour cela un travail beaucoup trop long.

(*) *Vie de Jésus*, p. 741.

Cette espèce de doctrine est fondée sur le panthéisme de Hegel, et joint aux absurdités et aux contradictions propres à toute doctrine panthéistique, beaucoup d'inconséquences et d'inepties qui ne le cèdent en rien à celles que nous avons vues. Le rationalisme théologique ne pourrait trouver aujourd'hui quelqu'un qui le réfutât mieux que lui-même et que ses propres excès. Puisse le spectacle qu'il offre au monde ouvrir enfin les yeux à la nation savante et généreuse qui l'a produit, et préserver de son influence funeste l'esprit de la nation italienne!

Note 13.

Quand il n'y aurait pas d'autre preuve de la vérité du Christianisme que la décadence des sciences spéculatives, depuis qu'elles se sont séparées de l'Eglise, j'avoue que ce seul argument serait pour moi d'un très grand poids. En effet, si depuis Luther il y a eu encore quelques grands philosophes, tels que Leibniz, Malebranche, Vico, il faut remarquer que la substance de leurs doctrines appartient complétement à la philosophie catholique. Emmanuel Kant fut doué d'un génie psychologique vraiment rare; mais le scepticisme originel de la religion qu'il professait empêcha cette noble plante de porter les fruits qu'on pouvait en attendre; et, ce qui arrive souvent, les œuvres de ce philosophe, bien que remplies de talent, sont, sous le rapport de leur valeur scientifique, au-dessous de la supériorité de leur auteur. J'en excepte seulement la critique de la raison pratique, qui même encore manque de base et répugne à la partie spéculative de tout le système. Cependant Kant, quelques autres philosophes allemands ses contemporains, et les Ecossais, sont des colosses, en comparaison de leurs successeurs. Quand on considère que le mouvement de la philosophie anti-catholique et ses promesses orgueilleuses devaient aboutir aux extravagances du panthéisme allemand, aux inepties, aux puérilités et au misérable rationalisme des philosophes français les plus récents ; quand on compare ces petits penseurs avec les grands maîtres de l'ontologie catholique, on ne peut s'empêcher d'admirer la Providence qui condamne l'erreur à se donner elle-même en spectacle aux peuples et à trouver en elle sa propre ruine. La philosophie moderne, chancelante entre la foi perdue et un bien chimérique qu'elle désespère d'atteindre, n'est pas, a proprement parler, autre chose qu'un sarcasme, un remords, une honte du siècle qui l'adore et des générations qui la cultivent.

CONSIDÉRATIONS

SUR LES

DOCTRINES RELIGIEUSES

DE M. VICTOR COUSIN.

Videte, ne quis vos decipiat per philosophiam.

Col. II. 8.

AVERTISSEMENT DE L'AUTEUR.

Les considérations qui suivent devaient être imprimées, sous la forme de note, dans le premier volume de mon *Introduction à l'Etude de la Philosophie*, attendu qu'elles avaient été écrites pour justifier le jugement que je porte sur M. Cousin, dans le chapitre III du premier livre de mon ouvrage. Mais leur étendue et leur disproportion avec le passage auquel elles ont rapport, m'ont engagé à les donner à part. Si j'avais voulu en faire un livre spécial, j'aurais pu les grossir encore, et ajouter à l'exposition des erreurs leur complète réfutation; mais il m'a semblé qu'une simple discussion critique suffisait à l'objet que je me propose, et que la discrétion à l'égard du lecteur est aussi un devoir de l'écrivain. Je publie donc ma note telle que je l'ai primitivement écrite, sans y rien ajouter, sans en rien retrancher.

PRÉFACE.

Les accusations que je soulève contre les doctrines de M. Cousin, dans mon *Introduction a l'Etude de la Philosophie*, sont très graves, bien que formulées en peu de mots; elles demandent donc à être bien prouvées. Je me crois, en outre, d'autant plus obligé à le faire que l'illustre auteur proteste hautement, dans ses derniers écrits, qu'il ne mérite pas les reproches qu'on lui a adressés. Tout lecteur judicieux serait d'autant plus disposé à accueillir une pareille protestation, qu'il est toujours noble et digne d'un esprit généreux de revenir sur des erreurs dans lesquelles la jeunesse, l'exemple et le caractère d'une époque peuvent entraîner les hommes les plus éminents. Le panthéisme et l'incrédulité sont des conséquences si fatales, pour quiconque suit une mauvaise méthode dans ses études spéculatives, qu'elles peuvent séduire, malgré leur fausseté et leur absurdité, l'esprit le plus élevé. Combien y a-t-il d'hommes aujourd'hui assez heureux pour avoir reçu convenablement la foi catholique et pour l'avoir conservée intacte au milieu des tristes influences du siècle? Combien qui, avant de se livrer aux études spéculatives, se soient munis d'avance d'une bonne méthode? Certes, il y en a bien peu ! et nul assurément ne voudra faire un crime à M. Cousin de payer, lui aussi, son tribut au siècle malheureux dans lequel il nous a été donné de vivre. Quand on n'a pas bien reçu le joug salutaire de la foi, dans ses tendres années, ou qu'on l'a secoué en entrant dans le monde, on subit celui des sens; et l'esprit de l'homme retombe, sans le savoir, dans la condition du paganisme au-dessus de laquelle l'éducation chrétienne l'avait élevé. Or, le joug des sens, en philosophie, c'est le psychologisme (*), qui n'a pour issue, dans les sciences rationnelles, que le panthéisme ou le doute absolu, et, dans la religion, l'incrédulité sous quelqu'une de ses formes. Mais avant d'arriver à des systèmes plus épurés, la méthode psychologique produit d'ordinaire une philosophie abjecte et sensuelle, contre laquelle le panthéisme a pu paraître un refuge ou un remède.

M. Cousin est né et a été élevé dans un pays et dans un temps où il y avait, je ne dirai pas danger, mais honte à être religieux et chrétien. La première philosophie à laquelle il fut initié, fut le sensisme du siècle dernier, qui florissait encore alors et avait une autorité absolue. Faut-il donc s'étonner si, dans ses premières études, il ne se montra ni théiste, ni catholique? On doit bien plutôt lui savoir gré de ce qu'il a pu s'élever de ce matérialisme brutal qui dominait alors, à un système plus épuré, et des doctrines d'une impiété grossière et révoltante, aux illusions séduisantes du rationalisme théologique. Ce changement, dans de telles circonstances et à une telle époque, fut certainement un véritable progrès, en ce qu'il aplanissait la voie à des progrès ultérieurs. Si donc

---

(*) Je déclare ce que j'entends par ce mot, dans le troisième chapitre du premier livre de la présente *Introduction*.

M. Cousin, parvenu, comme il le dit dans ses protestations récentes, à la pleine connaissance de la vérité, avait rétracté ses erreurs et corrigé ses livres, cette généreuse franchise serait digne des plus grands éloges et augmenterait l'estime que lui ont conquise les qualités éminentes de son esprit. Mais au lieu de cela, qu'a t-il fait? Il a réimprimé quelques-uns de ses ouvrages dans lesquels le panthéisme et le rationalisme théologique sont clairement enseignés; en disant et redisant il est vrai, en tête de ses écrits, qu'il est catholique, qu'il n'a rien de commun avec les panthéistes, en s'indignant qu'on ose même soupçonner le contraire. Mais pour se justifier de ses erreurs suffirait-il donc d'affirmer que l'on ne s'est pas trompé? Comment pouvez-vous vous défendre d'être panthéiste lorsque vous publiez de nouveau un système pris, pièce à pièce, aux deux plus célèbres panthéistes de l'Allemagne? Comment pouvez-vous soutenir que vous êtes catholique, lorsque vous publiez et vous professez une doctrine philosophique indigne d'un chrétien? Certes, il faut vivre au dix-neuvième siècle et connaître le sérieux de la philosophie et de la théologie du jour, pour croire à la possibilité de pareils prodiges. Cette prétention de faire le panthéiste et le déiste sans le paraître, outre qu'elle est d'une singulière audace, outre qu'elle paraît un blâme et un mépris de cette foi que l'on adore et que l'on combat en même temps, peut encore être gravement nuisible à beaucoup d'hommes sans expérience qui, en entendant un auteur renommé déclarer d'une manière si expresse qu'il est orthodoxe, croiraient pouvoir marcher en toute sécurité sur ses traces. Je me crois donc obligé de prémunir, autant que me le permettent mes forces, mes compatriotes et surtout la jeunesse studieuse, contre des dangers aussi graves; lorsque surtout les ouvrages de M. Cousin sont répandus dans l'Italie et que l'un d'eux y a été traduit.

Poussé par ces considérations, je me propose de prouver ou bien que le panthéisme et le déisme ne se trouvent nulle part, ou bien qu'ils sont expressément professés par M. Cousin et forment la substance de ses doctrines. Je n'aurai pas besoin de longs raisonnements pour atteindre un pareil but; il me suffira de réunir en un seul tableau, afin qu'ils s'éclaircissent les uns par les autres, quelques passages de l'illustre auteur, et d'y ajouter quelques mots pour en faire ressortir le vrai sens et la liaison réciproque. Bien entendu que je ne me propose pas de réfuter *ex professo* les erreurs que j'expose; car d'une part, pour atteindre un tel but, il ne suffirait pas d'un opuscule ni même d'un volume, et d'autre part, il ne me paraît pas nécessaire de réfuter des opinions qui se détruisent d'elles-mêmes, et qui déjà ont été plusieurs fois combattues d'une manière victorieuse.

Une autre raison me fait prendre la plume et m'impose la tâche pénible d'accuser un auteur vivant, digne sous tous les autres rapports de respect et d'estime. Cette raison, c'est que M. Cousin défie expressément l'école théologique de trouver quelque chose de répréhensible dans ses écrits. Personne, que je sache, n'a encore (*) répondu suffisamment à cette provocation hardie et solennelle. Ce silence pourrait porter certaines gens à conclure que les catholiques tiennent en effet pour irrépréhensibles les doctrines du philosophe français, ou qu'ils regardent comme trop difficile et trop périlleux de les combattre. Il est vrai que, sous le nom d'école théologique, M. Cousin entend ici les partisans d'un système sur la certitude, auquel M. de Lamennais a donné une certaine vogue (**),

---

(*) Ceci doit s'entendre de l'époque à laquelle parut la première édition de l'ouvrage de Gioberti, c'est-à-dire en 1840.   T.

(**) Cousin, *Frag. phil.*, Paris, 1838, t. I, p. 33-38.

et que je suis très loin de défendre, car je le tiens pour absurde autant sous le rapport du catholicisme que sous celui de la philosophie. Mais quand l'illustre écrivain défie l'école théologique de trouver un seul mot à reprendre dans ses doctrines religieuses, il est évident que ses paroles ne s'adressent pas à une secte en particulier, mais à toute l'Eglise. Voici ses propres expressions :

« Que peut-il y avoir entre l'école théologique et moi ?
» Suis-je donc un ennemi du Christianisme et de l'Eglise ?
» J'ai fait bien des cours et beaucoup trop de livres ; peut-on
» y trouver un seul mot qui s'écarte du respect dû aux choses
» sacrées ? Qu'on me cite une seule parole douteuse ou lé-
» gère, et je la retire, je la désavoue comme indigne d'un
» philosophe (*). »

Je le répète : qui pourrait croire, en lisant des paroles si expresses, qu'elles sont imprimées en tête d'un ouvrage où les principes du panthéisme et du rationalisme théologique sont professés, comme nous le verrons, de la manière la moins équivoque ? Quelle idée M. Cousin a-t-il donc de la pénétration et du bon sens de ses lecteurs ? Comment peut-il les croire assez simples pour se laisser surprendre par de telles protestations ?

« Mais peut-être sans le vouloir et à mon insu, la philo-
» sophie que j'enseigne ébranle-t-elle la foi chrétienne ? Ceci
» serait plus dangereux, et en même temps moins criminel ;
» car n'est pas toujours orthodoxe qui veut l'être. Voyons ;
» quel est le dogme que ma théorie met en péril ? Est-ce le
» dogme du Verbe et de la Trinité ? Si c'est celui-là ou quel-
» que autre, qu'on le dise, qu'on le prouve, qu'on essaie de

(*) Cousin, *Frag. phil.*, Paris, 1838, t. I, p. 3.

» le prouver ; ce sera là du moins une discussion sérieuse et
» vraiment théologique. Je l'accepte d'avance, je la solli-
» cite.

» Non, il ne s'agit pas de tout cela. On ne m'accuse ni de
» mal parler, ni de mal penser du Christianisme. Ce n'est pas
» par tel ou tel endroit que ma philosophie est impie ; son
» impiété est bien autrement profonde ; car elle est dans son
» existence même : tout son crime est d'être une philoso-
» phie, et non-seulement, comme au douzième siècle, un sim-
» ple commentaire des décisions de l'Eglise et des saintes
» Ecritures (*). »

Eh bien ! M. Cousin, je suis prêt à satisfaire, autant qu'il est en moi, le désir que vous exprimez. Je n'entreprendrai pas, il est vrai, de prouver que vous *pensez mal ;* car il ne m'appartient pas de pénétrer dans la pensée d'autrui et de juger les intentions qui ne sont point manifestées ; mais ce que je vous prouverai, c'est que vous vous exprimez mal, et que le tort de vos livres ne consiste pas seulement dans *quelques paroles douteuses et légères*, mais dans la substance même de votre doctrine. Je vous prouverai que vous ne *mettez* pas seulement *en péril* mais que vous renversez les vérités chrétiennes ; que non content d'attaquer tel ou tel dogme en particulier, la *Trinité divine*, par exemple, ou le *Verbe*, vous ébranlez jusqu'en leurs fondements les bases de la révélation, et vous ruinez de fond en comble l'ordre surnaturel. Je vous prouverai que le vice de votre philosophie n'est pas d'être autre chose *qu'un simple commentaire des décisions de l'Eglise et des saintes Ecritures* (imputation ridicule

---

(*) Cousin, *Frag. phil.*, t. I, p. 32, 33.

que vous mettez gratuitement dans la bouche de vos adversaires catholiques), mais bien de répudier toutes les décisions authentiques de l'Eglise, de nier la vérité et la divinité de la Bible, de ruiner le Christianisme et l'Eglise. Mes preuves, je les prendrai dans vos propres paroles, et nous verrons quel sera le résultat de cette *discussion sérieuse et vraiment théologique* que vous prétendez *accepter* et même *solliciter*.

J'ai dit ailleurs et je répète encore qu'en attaquant, en traduisant pour ainsi dire à ma barre les opinions de M. Cousin, je n'entends en aucune façon offenser sa personne, pour laquelle je professe toute l'estime qu'elle mérite. Je croirais cette protestation superflue, si l'illustre auteur n'était, depuis plusieurs années, en butte à l'animosité de certains partis politiques qui, sous prétexte de critiquer le philosophe, n'ont pour but que de déchirer l'homme privé, de dénigrer et d'avilir le citoyen. Pour ne citer qu'un exemple, c'est dans cet esprit que me paraissent avoir été écrits les articles *Conscience* et *Eclectisme*, insérés dans l'*Encyclopédie Nouvelle*, et dans lesquels, sous un certain artifice de style, on trouve une telle confusion d'idées, une telle inexactitude de langage scientifique, une telle ignorance des premiers principes de la philosophie, et si peu d'aptitude à traiter ces sortes de matières, qu'on aurait lieu d'en être surpris, si notre époque ne nous fournissait en abondance des exemples de ces sortes de défauts. Je rougirais de moi-même, si, dans une controverse entreprise par le seul amour de la vérité, on me croyait capable de partager d'une manière quelconque, d'encourager par mes paroles l'insolence de certains écrivains et l'injuste partialité des factions.

Je renfermerai mon exposition dans six chapitres : j'examinerai la doctrine de M. Cousin sur le panthéisme, dans le premier; sur l'immortalité de l'ame, dans le second; sur la révélation et sur l'ordre surnaturel en général dans le quatrième; sur quelques mystères en particulier, dans le cinquième; et enfin sur l'autorité de l'Eglise, dans le sixième.

CONSIDÉRATIONS

SUR LES

DOCTRINES RELIGIEUSES

DE M. V. COUSIN.

CHAPITRE Iᵉʳ.

M. COUSIN EST PANTHÉISTE.

Pour voir si M. Cousin mérite la qualification de panthéiste, il faut d'abord déterminer en quoi consiste le panthéisme. L'illustre auteur le définit en ces termes :

« Le panthéisme est proprement la divinisation du tout, le » grand tout donné comme Dieu, l'Univers-Dieu de la plu-» part de mes adversaires, de Saint-Simon, par exemple. C'est » au fond un véritable athéisme (*). »

Ailleurs il le considère comme une simple forme du sensisme :

« Comme le sensualisme confond ailleurs la substance avec

(*) *Frag. phil.*, t. I, p. 18, 19.

» les collections des qualités, ici il ne reconnaît pas d'autre
» Dieu que la collection des phénomènes de la nature et l'as-
» semblage des choses de ce monde. De là le panthéisme,
» théodicée nécessaire du paganisme et de la philosophie sen-
» sualiste (*). »

Ces définitions sont inexactes. Le système indiqué dans ces passages n'est point, à proprement parler, le panthéisme, mais le naturalisme, c'est-à-dire un véritable et pur athéisme. L'athée peut, s'il lui plaît, donner le nom de Dieu à la nature et à l'ensemble des choses finies et sensibles ; mais il n'est pas pour cela panthéiste, pas plus que le partisan du polythéisme, qui après avoir divisé l'univers en un nombre infini de forces premières, les considère comme animées et intelligentes et leur rend un culte religieux. Ce qui distingue le panthéiste des autres hommes qui ont de fausses idées de la divinité, c'est qu'il admet une substance unique. Or, pour concilier l'unité de substance avec le spectacle si varié de l'univers, on peut employer différents moyens ; de là différentes formes du panthéisme, qui peuvent se réduire à trois principales, que j'appellerai : *émanatistique*, *idéalistique* et *réalistique*, du concept qui domine dans chacune d'elles.

Le panthéisme émanatistique considère le monde comme une génération, ou pour mieux dire, comme un développement de la substance divine qui se répand partout sans se multiplier ; et à l'idée de création, il substitue non point un concept véritable, mais une image absurde et grossière, tirée des choses sensibles. — Le panthéisme idéalistique refuse absolument toute réalité aux phénomènes ; il les considère comme de pures apparences, et même comme un véritable

---

(*) *Cours de l'Hist. de la phil. du* xviii*e siècle*, leçon 25.

néant; il n'admet qu'une seule réalité : la substance absolue. — Le panthéisme réalistique tient le milieu entre les deux autres, et bien qu'il reconnaisse comme eux une substance unique, il assigne cependant une certaine réalité à la variété des phénomènes, en les considérant, non pas uniquement comme un développement substantiel de la nature divine, selon l'idée grossière des émanatistes, mais comme des attributs et des modes immanents ou créés de la substance infinie.

Telle est la définition la plus précise que l'on puisse donner, ce me semble, des trois formes ordinaires du panthéisme. Toutefois, je ne dissimule pas qu'attendu les contradictions intrinsèques du système, on doit encore y trouver beaucoup d'obscurité, de confusion et de vague; car il est impossible que l'erreur, toujours plus ou moins en contradiction avec elle-même, égale la vérité en clarté et en précision. Le panthéisme serait vrai, si son concept pouvait être entendu et exprimé d'une manière parfaitement nette et distincte.

Les caractères essentiels du panthéisme peuvent donc se réduire à deux : 1° unité de substance; 2° exclusion de toute création substantielle. Ce second caractère est, comme on le voit, une conséquence nécessaire du premier. Les émanatistes admettent un simple développement de la substance unique; les idéalistes nient toute production réelle; parmi les réalistes, quelques-uns rejettent également toute production, parce qu'ils considèrent comme éternels les attributs et les modifications du monde; les autres admettent une création, non pas de substances, mais de modes, c'est-à-dire de simples phénomènes.

On voit par cette analyse que l'origine psychologique du panthéisme est la confusion de l'idée de substance absolue avec l'idée de substance relative et finie. Faites disparaître la différence qui existe entre ces deux genres de substances, et dès-lors, ou bien vous niez la substance absolue, et vous tombez dans l'athéisme et le naturalisme ; ou bien vous transportez dans cette même substance toutes les entités substantielles, vous rejetez la réalité et la création des substances multiples et finies, et vous êtes panthéiste. M. Cousin a parfaitement remarqué cette confusion :

« Comme nul effort, dit-il, ne peut tirer l'absolu et le né-
» cessaire du relatif et du contingent, de même de la pluralité,
» ajoutée autant de fois qu'on voudra à elle-même, nulle gé-
» néralisation ne tirera l'unité, mais seulement la totalité. Au
» fond le panthéisme roule sur la confusion de ces deux idées
» si profondément distinctes (*). »

Mais cette observation ne s'accorde pas avec les définitions du panthéisme mentionnées plus haut. En effet, si le panthéisme naît de la confusion de l'Un avec le multiple et de l'Absolu avec le relatif, il ne peut être simplement la *déification du Tout et de l'ensemble des phénomènes du monde*; puisque le *Tout* et les *phénomènes* ne sont que le relatif et le multiple, et que leur unité est tout au plus collective. Quand on veut établir le vrai sens des mots, il ne faut pas abuser des étymologies. Le mot *panthéisme*, d'après son origine, signifie, il est vrai, déification du *Tout* ; mais cela ne suffit pas pour spécifier le sens qu'on lui donne généralement, si l'on n'ajoute que les panthéistes considèrent le tout comme une substance unique. Aussi le panthéisme est-il un véritable *acosmisme*, puisque tous ses partisans nient la réalité du monde, comme ensemble de substances, et que les idéalistes spécialement la nient même, comme réunion de modes et de phénomènes effectifs. Ceux qui distinguent l'acosmisme du

(*) *Nouv. fragm.*, Paris, 1828, p. 72.

panthéisme, ne connaissent pas l'essence de ce dernier système, ou s'ils le connaissent, ils en font profession, et veulent seulement le déguiser en en rejetant le nom. Mais comme cependant les idéalistes sont forcés d'admettre l'illusion mondiale, bien qu'elle soit privée de réalité, toute théorie panthéistique identifie toujours de quelque manière Dieu et les apparences mondaines. « Si ces témoignages étaient certains, » dit M. Cousin à propos de quelques passages d'anciens auteurs sur la doctrine de Xénophane, « ils contiendraient » l'identité de Dieu et du monde, c'est-à-dire le plus mauvais » panthéisme (*). » — Ce n'est point là le plus mauvais panthéisme, mais l'essence même de tout panthéisme.

L'illustre auteur ayant mal défini le panthéisme, s'étonne qu'on l'accuse de professer ce système. « M'accuser de pan-
» théisme, c'est m'accuser de confondre la cause première,
» absolue, infinie avec l'univers, c'est-à-dire avec les deux
» causes relatives et finies du moi et du non-moi, dont les
» bornes et l'évidente insuffisance sont le fondement sur lequel
» je m'élève à Dieu. En vérité je ne croyais pas avoir jamais
» à me défendre d'un pareil reproche (**). »

Le panthéisme consiste à confondre le monde avec Dieu, non point sous tous les rapports, mais sous celui de substance. Si donc nous prouvons que M. Cousin regarde le monde comme étant substantiellement identique à Dieu, il sera clairement démontré qu'il est panthéiste. Peu importe qu'il nous dise qu'il se sert de l'ame humaine et du monde pour *s'élever à Dieu*; puisqu'il conclut de ceux-là à celui-ci, non pas comme de substances finies à une substance in-

---

(*) *Nouv. fragm.*, p. 76.
(**) Cousin, *Frag. phil.*, t. I, p. 12, 20

finie, mais comme de simples phénomènes à une substance unique.

Voilà ce que nous voulons démontrer, et, pour le faire, nous n'avons qu'à laisser parler l'illustre auteur.

« La raison n'étant pas autre chose que l'action des deux
» grandes lois de la causalité et de la substance, il faut qu'im-
» médiatement la raison rapporte l'action à une cause et à
» une substance intérieure, savoir : le moi, la sensation à une
» cause et à une substance extérieure, le non-moi ; mais ne
» pouvant s'y arrêter comme à des causes vraiment substan-
» tielles, tant parce que leur phénoménalité et leur contingence
» manifeste leur ôtent tout caractère absolu et substantiel, que
» parce qu'étant deux, elles se limitent l'une par l'autre, et s'ex-
» cluent ainsi du rang de substance, il faut que la raison les
» rapporte à une cause substantielle unique, au-delà de la-
» quelle il n'y a plus rien à chercher relativement à l'exis-
» tence, c'est-à-dire en fait de cause et de substance, car
» l'existence est l'identité des deux. Donc l'existence réelle et
» causatrice, avec les deux causes ou substances faites dans
» lesquelles elle se développe, est connue en même temps
» que ces deux causes avec les différences qui les séparent,
» et le lien de nature qui les rapproche (*). »

Le style de ce passage manque complétement d'exactitude scientifique, et la pensée de l'auteur y est exprimée d'une manière très vague et très indéterminée. Toutefois on peut en déduire : 1° que l'ame humaine et le monde ne sont point des *causes vraiment substantielles* ; 2° que Dieu est *la cause substantielle unique* ; 3° que notre ame et le monde sont *le développement* de la substance divine. Il est vrai que l'ame

---

(*) *Fragm. phil.*, t. I, p. 75.

et le monde y sont appelés *causes et substances finies*; mais cette locution ne peut se prendre dans un sens rigoureux, puisque l'auteur la corrige en disant que l'ame et le monde, en se limitant mutuellement, *s'excluent du rang de substance*. Du reste, l'obscurité de ces paroles est complétement dissipée par les passages qui suivent :

« Le Dieu de la conscience, ajoute M. Cousin, n'est pas
» un Dieu abstrait, un roi solitaire, relégué par-delà la créa-
» tion sur le trône désert d'une éternité silencieuse et d'une
» existence absolue qui ressemble au néant même de l'exis-
» tence; c'est un Dieu à la fois vrai et réel, à la fois substance et
» cause, toujours substance et toujours cause, n'étant substance
» qu'en tant que cause, et cause qu'en tant que substance,
» c'est-à-dire étant cause absolue, un et plusieurs, éternité
» et temps, espace et nombre, essence et vie, indivisibilité et
» totalité, principe, fin et milieu, au sommet de l'être et à
» son plus humble degré, infini et fini tout ensemble, triple
» enfin, c'est-à-dire à la fois Dieu, nature et humanité. En
» effet, si Dieu n'est pas tout, il n'est rien ; s'il est absolu-
» ment indivisible en soi, il est inaccessible, et par consé-
» quent il est incompréhensible..... Partout présent, il re-
» vient en quelque sorte à lui-même dans la conscience de
» l'homme, dont il constitue indirectement le mécanisme et la
» triplicité phénoménale par le reflet de sa propre vertu et de
» la triplicité substantielle dont il est l'identité absolue (*). »

Il est impossible de faire une profession de panthéisme plus claire et plus expresse. Les ambiguités du premier passage ont complétement disparu par celui-ci : La phrase équivoque que *l'ame humaine et le monde ne sont pas des causes*

(*) *Fragm. phil.*, t. I, p. 76.

proprement substantielles, est parfaitement éclaircie, puisque l'auteur affirme que Dieu est tout, c'est-à-dire l'unique substance, et que, *s'il n'était pas tout il ne serait rien*. La multiplicité, la limitation, la mutabilité, et autres qualités semblables, qui, selon la bonne philosophie, distinguent les substances créées, soit entre elles soit d'avec l'être absolu, appartiennent, selon M. Cousin, à la nature divine qui, *une et multiple, éternelle et temporelle, étendue et indivisible, finie et infinie*, etc., *est nature, homme et Dieu tout à la fois*. Il est vrai que notre auteur établit une différence entre les termes de la série contingente, pris comme simples phénomènes, et ceux de la série nécessaire ; mais considérés comme entités substantives, il les identifie les uns avec les autres. Et en effet, que l'on retranche l'unité substantielle, les paroles de l'auteur ne peuvent plus avoir un sens intelligible ; car la série contingente étant, comme phénoménale, distincte de la série absolue, l'unique manière dont on puisse les unifier avec elle, c'est l'identité de substance.

M. Cousin explique et éclaircit ailleurs cette même doctrine, en mettant en parallèle l'esprit divin avec celui de l'homme. Dieu est une intelligence, et comme tel, il doit posséder toutes les qualités qui sont essentielles à l'intelligence humaine. Or, que trouve-t-on dans l'intelligence de l'homme ? — « La con-
» dition de l'intelligence c'est la différence, et il ne peut y avoir
» acte de connaissance, que là où il y a plusieurs termes.
» L'unité ne suffit pas à la conception, la variété y est néces-
» saire..... L'intelligence sans conscience est la possibilité
» abstraite de l'intelligence, non l'intelligence en acte, et la
» conscience implique la diversité et la différence (*). » Mais

---

(*) *Introd. à l'hist de la phil.*, leçon 5.

cette propriété de l'intelligence créée peut-elle être transportée en Dieu? Oui, sans doute, puisque « ce qui était vrai » dans la raison humainement considérée subsiste dans la rai-» son considérée en soi ; ce qui faisait le fond de notre raison » fait le fond de la raison éternelle, c'est-à-dire une triplicité » qui se résout en unité, et une unité qui se développe en » triplicité (*). »

Il n'est pas question ici d'une simple analogie, mais d'une loi absolue qui régit l'intelligence divine et l'intelligence humaine, et qui se trouve placée au-dessus de tout esprit créé et possible.

« Transportez tout ceci, dit M. Cousin, de l'intelligence » humaine à l'intelligence absolue, c'est-à-dire, rapportez les » idées à la seule intelligence, à laquelle elles puissent appar-» tenir, vous avez, si je peux m'exprimer ainsi, la vie de l'in-» telligence absolue, vous avez cette intelligence avec l'entier » développement des éléments qui lui sont nécessaires pour » être une vraie intelligence, vous avez tous les moments dont » le rapport et le mouvement constituent la réalité de la con-» naissance (**). » Peu après l'auteur ajoute : « L'unité de » cette triplicité est seule réelle, et en même temps cette unité » périrait tout entière sans un seul des trois éléments qui lui » sont nécessaires : ils ont donc tous la même valeur logique, » et constituent une unité indécomposable. Quelle est cette » unité ? L'intelligence divine (***). »

Sous le nom de réalité, on entend ici l'entité substantielle qui exclut les phénomènes en tant que phénomènes ; d'où l'on pourrait conclure que le panthéisme de M. Cousin est idéa-

---

(*) *Introd. à l'hist. de la phil.*, leçon 5.
(**) *Ibid.*
(***) *Ibid.*

listique. Cette conclusion me paraît réellement la plus probable et la plus conforme aux autres passages de ses écrits. Toutefois je ne saurais l'affirmer, parce que la différence qui distingue les diverses formes du panthéisme, est si subtile, qu'il faudrait un langage plus précis que celui dont se sert habituellement le philosophe français, pour pouvoir connaître avec certitude sa pensée sur ce point. Du reste, si cet emploi du mot *réalité* a pu paraître inexact, l'interprétation que nous en donnons se trouve confirmée par les autres passages que nous avons précédemment rapportés et par ceux que nous citerons dans la suite. Le suivant suffirait même pour dissiper toute espèce de doute :

« L'être absolu..... renfermant dans son sein le moi et le
» non-moi fini, et formant pour ainsi dire le fond identique
» de toute chose, un et plusieurs tout à la fois, un par la substance, plusieurs par les phénomènes, s'apparaît à lui-même
» dans la conscience humaine (*). »

La réalité est donc la substance divine, distincte des phénomènes, qui ne sont point réels, parce qu'ils ne forment pas *l'essence des choses*, et qu'ils ne peuvent subsister par eux-mêmes.

Après un langage si clair, M. Cousin s'écrie : « Est-il
» permis d'espérer que puisqu'il n'est pas encore question de
» la nature, ni même de l'humanité, on voudra bien ne pas
» traiter la théorie précédente de panthéisme? Le panthéisme
» est aujourd'hui l'épouvantail des imaginations faibles.(**). »
— Nous nous demanderons, au contraire, s'il nous est permis d'espérer que M. Cousin fera voir le vice de notre inter-

---

(*) *Cours de phil. de l'année* 1818, publié par Garnier, Paris 1836, leçon 6, p. 55.

(**) *Introd.*

prétation, ou bien, si elle est fondée, qu'il répudiera sincèrement les doctrines et le langage du panthéisme ? Car, si le panthéisme est *l'épouvantail des imaginations faibles*, il ne saurait être assurément le bouclier et le rempart des esprits qui ont une certaine portée.

Mais notre tâche ne serait pas remplie si nous n'enlevions à M. Cousin jusqu'aux subterfuges auxquels il a recours ou dont il pourrait se servir pour tempérer l'hétérodoxie de ses doctrines. Dira-t-il par hasard qu'en considérant le fini, le multiple, le variable, l'homme, la nature, l'univers, comme des dépendances de Dieu, il n'entend pas professer une autre doctrine que celle des écrivains orthodoxes, qui affirment que les perfections des choses créées existent en Dieu d'une manière éminente et incompréhensible ? Mais si telle était sa pensée, pourquoi ne pas employer le langage ordinaire ? pourquoi s'exprimer comme les panthéistes ? pourquoi éviter jusqu'à la moindre pensée qui pourrait ramener ses sentiments à la doctrine catholique ? pourquoi exposer ses lecteurs à tomber dans une erreur inévitable, quand il eût été si facile de les prémunir contre ce danger ? Pourquoi dire que *si Dieu n'est pas tout, il n'est rien*, qu'il est *le fond de toute chose*, qu'il est en même temps *Dieu, nature et humanité*, et cent autres choses de ce genre, que l'on peut voir dans les passages cités et dans ceux que nous aurons encore occasion de rapporter ? Peut-on imaginer un langage plus inexact et plus impropre que celui-là, si l'on n'avait pour but que d'exposer et d'établir la doctrine commune ?

Mais il y a plus : non-seulement M. Cousin ne se rapproche pas de cette doctrine, mais il la rejette positivement, et il la rejette non pas dans une seule de ses assertions, mais dans une foule de circonstances. Il l'exclut, par exemple, quand il admet en Dieu une variété distincte de l'unité et en opposition avec elle; puisque la manière éminente dont, selon les catholiques, les perfections créées appartiennent à la nature divine, est très simple et exempte de toute multiplicité et de toute composition. Si l'on excepte les relations divines, qui nous sont connues, non par la raison, mais par la révélation, tout ce qu'il y a en Dieu est absolument un; et la variété ne subsiste pas en lui comme variété, mais comme unité parfaitement simple, puisque où il y a variété il y a limites, et où il y a limites il y a imperfection. M. Cousin, au contraire, veut qu'il y ait dans l'Etre absolu une variété effective opposée à l'unité. Si ce n'est pas ainsi qu'il l'entend, tout ce qu'il nous dit de la triplicité divine n'est plus qu'un amas confus de vaines paroles. En outre, la triplicité de l'intelligence divine étant assimilée par lui à celle de la conscience humaine, et cette seconde triplicité étant réelle, il faut en conclure que l'autre l'est aussi. Il rejette encore la doctrine orthodoxe, quand il affirme l'unité de substance; car, s'il n'y a d'autre substance que celle de l'Etre absolu, les phénomènes sont des modifications divines, et ils subsistent en Dieu formellement et non plus éminemment. Il la rejette enfin dans les termes les plus exprès, quand il considère comme des parties de Dieu, l'homme et le monde pris dans leur réalité et leur concrécité. Entre plusieurs passages, je choisis le suivant qui me paraît décisif :

L'auteur examine la célèbre triade des Alexandrins : « Voilà, Messieurs, dit-il, la Trinité alexandrine, Dieu en soi, » Dieu comme intelligence, Dieu comme puissance. On ne » voit pas facilement ce qui manque à cette théodicée; cepen- » dant elle renferme dans son sein une erreur fondamen- » tale. »

Cette erreur serait-elle par hasard le panthéisme bien connu de Plotin et de ses disciples? Le ciel nous préserve de le penser! Les Alexandrins, au contraire, ne se sont trompés que parce qu'ils n'étaient pas assez panthéistes. En voici la preuve.

« Dieu, comme intelligence, admet en soi une division ;
» car on ne se connaît qu'en se prenant comme objet de sa
» propre connaissance ; et l'attribut de l'intelligence introduit
» nécessairement dans l'essence de l'unité divine la dualité,
» condition de la pensée, caractère de la conscience. Ou il
» faut se résigner à un Dieu sans conscience, ou il faut con-
» sentir à la dualité dans l'unité primitive. Il y a plus : Dieu
» n'est puissance productive, qu'à la condition de produire
» indéfiniment ; la puissance introduit donc encore dans l'agent
» qui la possède et l'exerce, la multiplicité indéfinie. Mais le
» Dieu d'Alexandrie avait été posé d'abord comme l'unité
» absolue. Quand donc la philosophie d'Alexandrie lui ajoute
» sagement l'intelligence et la puissance, elle ajoute la dualité
» et la multiplicité à l'unité. Je le répète, la pensée et la puis-
» sance engendrent nécessairement la dualité et la multi-
» plicité. »

Ce n'est là que la répétition de la doctrine déjà exposée dans des passages que nous avons précédemment cités ; mais ici elle va d'autant mieux à notre but, qu'elle est émise pour corroborer et justifier le panthéisme des néoplatoniciens. Mais poursuivons : jusqu'ici, selon M. Cousin, la doctrine des Alexandrins est irréprochable.

« Or, voici le principe de toute erreur dans l'école d'Alexan-
» drie : selon elle, la multiplicité, la diversité et la dualité qui
» commence la diversité, est inférieure à l'unité absolue ;
» d'où il suit que Dieu, comme être pur, comme substance,
» est supérieur à Dieu comme cause, comme intelligence et
» comme puissance ; d'où il suit, en général, que la puissance
» et l'action, l'intelligence et la pensée, sont inférieures à
» l'existence en soi, à l'unité absolue. Là est le principe de
» toute erreur, le principe qui, dans ses conséquences, a

» entraîné toutes les aberrations de l'école d'Alexandrie. Non,
» Messieurs, il n'est pas vrai que l'unité soit supérieure à la
» dualité et à la multiplicité, quand la multiplicité et la dualité
» dérivent de l'unité et s'y rattachent. Car qu'est-ce que la
» dualité et la multiplicité produites par l'unité, sinon la ma-
» nifestation de l'unité? Une unité qui ne se développerait
» pas en dualité et en multiplicité ne serait qu'une unité abs-
» traite. Ou l'unité est purement abstraite, et elle est comme
» si elle n'était pas, ou elle est réelle, et elle ne peut pas
» ne pas se développer en dualité et en multiplicité. Si
» Dieu n'est que l'être en soi, il est comme s'il n'était
» pas ; et s'il est réellement, s'il est à la fois comme
» substance et comme cause, comme essence à la fois, et
» comme intelligence et puissance, il ne peut pas ne pas se
» développer : or, tout développement sort de l'unité ; mais il
» ne la dissout pas, il la manifeste (*). »

Je n'examine pas pour le moment ce qui est dit dans ce passage de la nécessité de la création, j'y reviendrai un peu plus bas. Je me contente de noter que la multiplicité des choses mondiales y est représentée comme *un développement de l'unité divine* (cette phrase est à elle seule toute imprégnée de panthéisme); et que M. Cousin blâme les Alexandrins d'avoir jugé le développement inférieur à l'unité. Donc, selon lui, la variété des phénomènes égale en excellence l'unité divine, parce que la substance de ceux-là est identique à la substance de celle-ci. Donc la variété n'existe pas dans l'unité divine d'une manière simplement éminente, puisqu'elle est un développement et une production nécessaire de cette unité. Donc cette manière éminente par laquelle,

---

(*) *Cours de l'hist. de la phil.*; leçon 8.

selon les catholiques, les créatures subsistent dans le Créateur, ne suffit pas pour sauver l'essence divine, puisque cette essence *ne serait pas réelle, serait comme si elle n'était pas*, si elle ne se développait au-dehors en une immense variété par l'acte productif ou émanatif des phénomènes.

Mais si l'on doutait encore que cette variété, qui lutte de perfection avec l'unité divine, fût ce monde phénoménal lui-même, dans sa concrécité, M. Cousin dissiperait ce doute dans la suite de son raisonnement : « Savez-vous quelle est la
» conséquence immédiate de l'erreur que je viens de vous si-
» gnaler, et qui se trouvera plus d'une fois sur notre route?
» L'intelligence et la puissance engendrant la dualité et la
» diversité sont déclarées inférieures à l'être en soi. Or,
» qu'est-ce que le monde? Le monde des Alexandrins n'est
» pas une simple formation, comme le monde du stoïcisme;
» c'est une vraie création, une création de Dieu. » (Que le lecteur ne se laisse point abuser ici par les mots de *création* et de *créer* ; car dans une exposition du panthéisme alexandrin ils ne peuvent signifier autre chose qu'une émanation ou une production de simples modes ou phénomènes). — « Donc
» le monde des Alexandrins est plein d'intelligence et de vie;
» il est beau, harmonieux, immortel, comme celui qui l'a fait.
» Mais en même temps il est clair qu'il est plein de diversité
» et de multiplicité, il est donc au-dessous de l'unité. Donc le
» monde, tout beau et harmonieux qu'il est, est un dévelop-
» pement inférieur à son principe ; le monde, la création est
» une chute. Si les Alexandrins eussent été conséquents, ils
» eussent été jusqu'à dire que Dieu eût mieux fait de ne pas
» créer le monde; alors il leur eût fallu accuser Dieu et sa
» nature, car nous avons vu que cette nature est précisément
» telle, qu'étant intelligence et puissance aussi bien qu'unité
» et cause, aussi bien que substance, elle ne pouvait pas ne

» pas projeter hors d'elle-même la variété et le monde.
» Jugez donc quelle absurdité d'attaquer l'optimisme alexan-
» drin comme excessif et trop absolu; je lui reprocherai au
» contraire d'être si imparfait, qu'à la rigueur selon moi, il
» se résout en pessimisme. Car si le monde, comme venant
» de Dieu est bien fait, c'est une chute pourtant, selon les
» Alexandrins, d'où il suit qu'il eût mieux été qu'il ne fût pas
» du tout, et certes ce n'est pas le véritable optimisme; mais
» pour arriver à celui-là, il fallait à la philosophie le chris-
» tianisme, dix-sept siècles et Leibnitz (*). »

Sans parler des inexactitudes historiques qui se trouvent dans ce passage sur l'optimisme de Leibniz, ni de l'assertion téméraire qui fait le Christ complice du panthéisme, qui ne voit que si les néoplatoniciens ont erré, d'après les canons de la doctrine panthéistique, lorsqu'ils ont dit que *la création est une chute*, c'est parce que le monde est pour eux égal à Dieu? Et ici, il ne s'agit pas d'un monde virtuel, mais du monde réel et effectif; du monde phénoménal, émané de la cause première ou produit par elle; du monde que les Alexandrins eurent le tort de regarder comme moins beau et moins parfait que son auteur. Donc le monde s'identifie avec Dieu; et la déification substantielle du monde créé, qu'est-ce? Sinon le panthéisme?

La justification que nous avons mise dans la bouche de M. Cousin, et dont la futilité est de la plus grande évidence, n'est qu'une supposition de notre part; celle qui suit est positivement donnée par l'illustre auteur. Comme l'unité de substance est la base du panthéisme, M. Cousin s'est aperçu que pour se laver de ce reproche il avait besoin de prouver qu'il

---

(*) *Cours de l'hist. de la phil.*, leçon 8.

n'avait jamais mis en doute la multiplicité des substances. Tel est le parti auquel il s'est décidé dans la dernière édition des *Fragments philosophiques* : « Je ne veux pas poser
» la plume, dit-il, sans répondre encore brièvement à des at-
» taques d'une tout autre nature, dont la persistance, malgré
» toutes mes explications, me prouve qu'il peut y avoir quel-
» que chose à changer au moins dans l'expression de ma
» pensée. »

Ce début d'une modeste condescendance fait honneur à M. Cousin ; espérons qu'il ira plus loin et qu'il reconnaîtra que son erreur consiste non-seulement dans l'expression, mais dans la doctrine.

« Je veux parler, ajoute-t-il, de cette vague accusation de
» panthéisme..... »

Mais il me semble que mon accusation ne saurait être mieux fondée ni plus précise que celle que je formule avec les propres paroles de l'auteur.

« Je veux parler de cette vague accusation de panthéisme,
» que j'ai souvent confondue, et avec laquelle j'en veux
» finir. »

Je ne demanderais pas mieux que d'être confondu sur ce point ; cela prouverait que mon accusation était mal fondée, et que le panthéisme compte parmi les hommes de cœur et de génie un partisan de moins que je ne croyais ; et dans ce cas, je me ferais une gloire de m'être trompé. Mais si M. Cousin préfère me confondre par son silence, la discussion sera encore plus tôt terminée.

« Cette accusation se fonde sur les deux propositions sui-
» vantes, que l'on m'attribue : 1° Il y a une seule et unique
» substance, dont le moi et le non-moi ne sont que des mo-
» difications ; 2° la création du monde est nécessaire. Or, je
» déclare rejeter absolument et sans réserve ces deux propo-

» sitions, au sens faux et dangereux qu'il a plu de leur
» donner (*). »

Cette protestation suffirait à tout lecteur judicieux, si elle ne se trouvait imprimée en tête d'un livre où le contraire est expressément enseigné. Puisque l'illustre auteur avoue *qu'il peut y avoir quelque chose à changer au moins dans l'expression de sa pensée*, pourquoi ne pas retoucher son ouvrage avant de le faire réimprimer? Pourquoi y laisser tant de passages capables d'égarer les lecteurs, surtout lorsqu'il s'agit d'un livre qui s'adresse à la jeunesse studieuse? Est-ce que l'usage défendrait par hasard à un écrivain qui fait une nouvelle publication de ses ouvrages, de les faire paraître corrigés et améliorés? Et si les corrections sont toujours louables, même dans les choses secondaires, telles que le style et le langage, ne sont-elles pas un devoir rigoureux, quand il s'agit des matières les plus sérieuses, de philosophie, de morale, de religion?

Mais voyons si l'explication que M. Cousin donne de ses paroles pour se justifier de cette double accusation, et les raisons qu'il apporte à l'appui, sont légitimes et de quelque valeur. Commençons par la première :

« Dans les rares endroits où j'ai parlé de la substance
» unique, il faut entendre ce mot de substance, non dans son
» acception ordinaire, mais comme l'ont entendu Platon,
» les plus illustres docteurs de l'Eglise et la sainte Ecriture
» dans la grande parole : *Je suis celui qui suis* (**) »

Il n'est pas dans mes intentions d'entrer ici dans des questions d'histoire de la philosophie, et d'examiner si Platon

---

(*) *Fragm. phil.* t. I, p. 19.
(**) *Ibid.*, p. 19-20.

a véritablement parlé comme M. Cousin le fait parler. Quant aux *illustres docteurs de l'Église*, il serait curieux de savoir quels sont ceux-là et de lire le texte de ceux de leurs écrits sur lesquels on veut s'appuyer ici. Mais je suis porté à croire que l'auteur confond dans cette circonstance le mot d'*être* avec celui de *substance*, comme il le fait en interprétant le passage de l'Exode cité plus haut, dans lequel il ne s'agit certainement pas de substance. Or, il y a une grande différence entre ces deux mots ainsi qu'entre les idées qu'ils représentent. Quant à lui, M. Cousin nous avoue qu'il a parlé de la substance unique, en prenant le mot *substance* dans le sens de Platon ; mais il affirme que cela ne lui est arrivé qu'en de *rares endroits*. Cependant les passages que nous avons rapportés et ceux que nous citerons encore, ne sont point en petit nombre. Ils me paraissent au contraire plus étendus, plus positifs et plus nombreux que ceux dans lesquels on pourrait croire que le mot substance est pris dans son sens ordinaire. L'auteur donne donc ici les exceptions pour la généralité.

« Évidemment, poursuit-il, il est alors question de la subs-
» tance qui existe d'une existence absolue, et éternelle, et il
» est bien certain qu'il n'y a et qu'il ne peut y avoir qu'une
» seule substance de cette nature (*). »

Le tort ne consiste pas à avoir parlé de la substance absolue comme d'une substance unique, mais à avoir dit et répété de cent manières que, hors de la substance absolue et unique, il n'y a point de substances ; à avoir dit et répété que le concept de substance pris d'une manière générale, exclut essentiellement la multiplicité. Si, dans tous ces endroits, M. Cousin avait pris le mot substance dans le sens qu'il ap-

---

(*) *Frag. phil.*, t. I. p. xix, xx.

pelle platonicien, et non pas dans le sens généralement reçu, ses paroles se réduiraient à celles-ci : *hors de la substance absolue et unique, il n'y a point de substance absolue et unique.* Mais qui voudra croire que notre auteur soit capable de parler de la sorte ? Donc, quand il affirme que hors de la substance absolue et unique il n'y a point de substance, il prend ce mot dans le sens ordinaire, et sa pensée est évidemment panthéistique.

Quand même M. Cousin aurait parlé dans le sens qu'il prétend l'avoir fait, il n'en serait pas moins coupable d'une impropriété de mots fort grave ; car, lorsqu'un écrivain prend un terme dans deux sens différents et même opposés, il doit, pour prévenir toute équivoque, en avertir expressément ses lecteurs. Or, dans tous les écrits de M. Cousin, on ne trouve pas le moindre indice de ce genre d'explications ; il emploie toujours le mot substance comme représentant un concept unique et invariable. Il y a même plus : il dit expressément que le concept de substance est unique, et il rejette dans les termes les plus clairs et les plus précis toute autre signification de ce mot. Cette exclusion se trouve déjà mentionnée dans quelques-uns des passages cités précédemment ; mais il y en a d'autres plus positifs encore, dans lesquels l'auteur ne pouvait rien dire de plus fort pour annuler ses propres justifications. En voici quelques-uns, que j'ai pris au hasard, car la seule chose qui m'embarrasse pour combattre M. Cousin par ses propres paroles, c'est la difficulté de choisir entre les passages qu'il me fournit.

« Parmi les lois de la pensée données par la psychologie,
» les deux lois fondamentales, qui contiennent toutes les au-
» tres, la loi de causalité et la loi de substance, irrésistible-
» ment appliquées à elles-mêmes, nous élèvent directement
» à leur cause et à leur substance ; et comme elles sont ab-

» solues, elles nous élèvent à une cause absolue et à une
» substance absolue (*). »

Le mot *substance* est pris ici dans le sens le plus universel, puisqu'il y a la même signification que lorsqu'il est question du principe de substance. Ce principe qui peut être exprimé en ces termes : *les qualités ne peuvent subsister sans une substance*, est, selon M. Cousin, un des axiomes fondamentaux de la raison humaine; et cette doctrine se trouve répétée dans presque tous les ouvrages de ce philosophe. Or, dans cet axiome, le mot de substance est pris dans son acception la plus générale; sans cela, le principe ne pourrait plus subsister, et l'esprit humain ne saurait conclure des modifications des choses à une réalité substantielle. Il s'agit donc de voir si le mot substance, pris dans le sens qu'il a dans le principe de substance, diffère ou non du mot substance entendu dans le sens que l'illustre auteur appelle platonique ; car s'il n'y a pas de différence, la substance générique est la substance absolue, et le panthéisme est inévitable. Dans l'un des premiers cours de M. Cousin, publié depuis peu par un de ses disciples, le principe de substance est pris évidemment dans le sens panthéistique (**); et, quoique cette compilation puisse faire autorité, puisqu'elle est approuvée, je le crois au moins, par l'illustre professeur, cependant j'aime mieux m'appuyer sur des paroles émanées immédiatement de lui. Continuons donc de lire le passage des *Fragments* que nous avons commencé à citer :

« Une substance absolue doit être unique pour être absolue :
» deux absolus sont contradictoires, et l'absolue substance est

---

(*) *Fragm. phil.* t. I, p. 63.
(**) *Cours de phil. de l'année* 1818, publié par Garnier, Paris 1836, leçon 6, p. 49-57.

» une ou n'est pas. On peut même dire que toute substance
» est absolue en tant que substance et par conséquent une;
» car des substances relatives détruisent l'idée même de subs-
» tance, et des substances finies, qui supposent au delà d'elles
» une substance encore à laquelle elles se rattachent, ressem-
» blent fort à des phénomènes. L'unité de la substance dérive
» donc de l'idée même de la substance, laquelle dérive de la
» loi de substance (*). »

Maintenant, voici comment je raisonne. L'idée de la substance unique, l'idée de la substance, que détruit la supposition de substance relative, est identique, selon l'illustre auteur, à l'idée qui constitue le principe de substance. Or, l'idée qui constitue ce principe est l'idée de la substance générique, de la substance en général. Donc l'idée de la substance unique est identique à l'idée de substance en général, et par conséquent, il n'y a aucune substance hors de la substance unique. Qu'ensuite l'idée constitutive du principe de substance soit celle de substance en général, cela est évident; car autrement on ne pourrait plus se servir du même principe pour déduire la réalité substantielle de l'existence des qualités d'un objet, comme le font tous les philosophes et particulièrement M. Cousin en divers lieux de ses ouvrages.

Deux phrases seulement peuvent offrir quelque difficulté dans le passage cité. *On peut me dire que toute substance est absolue en tant que substance.* — *Des substances finies ressemblent fort à des phénomènes.* — Ces paroles apportent un certain tempérament à l'opinion ci-dessus exprimée, et paraissent en détourner ce sens absolu et précis que nous voulions donner aux expressions de l'auteur. Mais

---

(*) *Fragm. phil.*, t. I, p. 63.

qui ne voit que ce n'est ici qu'une simple adresse d'écrivain qui cherche à adoucir la crudité et le danger du panthéisme dont il fait profession? Et je ne crois pas, en m'exprimant ainsi, calomnier M. Cousin; car son panthéisme résulte avec tant d'évidence de passages si nombreux et si importants de sa doctrine, qu'il serait ridicule de le mettre en doute pour quelques vagues et brèves restrictions. Il n'y a point de partisan d'une erreur, qui ne cherche à pallier de quelque façon l'absurdité de ses doctrines aux yeux des autres et même parfois aux siens propres. Mais voulez-vous une règle infaillible pour distinguer les correctifs sincères des ruses oratoires des écrivains? Demandez-leur qu'ils vous disent avec précision en quoi consiste cette modification qu'ils sont obligés de donner à leurs paroles; qu'ils vous expliquent, par exemple, pourquoi telle chose ressemble à telle autre et n'est pas elle cependant, ou bien encore pourquoi on peut dire qu'elle l'est sous un certain rapport et non d'une manière absolue. S'ils ne peuvent vous répondre en termes clairs et déterminés, sans se contredire eux-mêmes, ne vous laissez pas surprendre, comme un enfant sans expérience, par les artifices de leur rhétorique.

Mais M. Cousin se prive lui-même de ce mince et faible appui, et il expose sa pensée de manière à ôter aux plus déterminés le courage de le défendre :

« Dans tout objet il y a du phénomène, si dans tout objet
» il y a de l'individuel, du véritable, du non essentiel, car toutes
» ces idées équivalent à celle de phénomène; et dans tout
» objet il y a de la substance, s'il y a de l'essentiel et de l'ab-
» solu, l'absolu étant ce qui se suffit à soi-même, c'est-à-dire
» équivalent à la substance. Je ne veux pas dire que tout objet
» ait sa substance propre, individuelle ; car je dirais une ab-
» surdité ; substantialité et individualité étant des notions con-

» tradictoire. L'idée d'attacher une substance à chaque objet,
» conduisant à une multitude infinie de substances, détruit
» l'idée même de substance ; car la substance étant ce au
» delà de quoi il est impossible de rien concevoir relativement
» à l'existence, doit être unique pour être substance. Il est
» trop clair que des milliers de substances qui se limitent né-
» cessairement l'une l'autre ne suffisent point à elles-mêmes,
» et n'ont rien d'absolu et de substantiel. Or, ce qui est vrai
» de mille, est vrai de deux. Je sais que l'on distingue les
» substances finies de la substance infinie ; mais des substances
» finies me paraissent fort ressembler à des phénomènes, le
» phénomène étant ce qui suppose nécessairement quelque
» chose au-delà de soi, relativement à l'existence. Chaque
» objet n'est donc pas une substance ; mais il y a de la subs-
» tance dans tout objet, car tout ce qui est ne peut être que
» par son rapport à *celui qui est celui qui est*, à celui qui
» est l'existence, la substance absolue. C'est là que chaque
» chose trouve sa substance ; c'est par là que chaque chose
» est substantiellement ; c'est ce rapport à la substance qui
» constitue l'essence de chaque chose. Voilà pourquoi l'es-
» sence de chaque chose ne peut être détruite par aucun effort
» humain, ni même supposée détruite par la pensée de
» l'homme ; car pour la détruire, il faudrait détruire ou sup-
» poser détruit l'indestructible, l'être absolu qui la constitue.
» Mais si chaque chose a de l'absolu et de l'éternel par son
» rapport à la substance éternelle et absolue, elle est péris-
» sable et changeante, elle change et périt à tout moment par
» son individualité, c'est-à-dire par sa partie phénoménale,
» laquelle est dans un flux et un reflux perpétuel. D'où il suit
» que l'essence des choses ou leur partie générale est ce
» qu'il y a de plus réel et de plus caché, et que leur partie
» individuelle où paraît triompher leur réalité, est ce qu'il y

» a véritablement de plus apparent et de moins réel (*). »

L'illustre auteur confond ici trois choses très distinctes, savoir : l'être absolu, l'idée des substances créées et l'existence de ces mêmes substances. L'Etre, en qui tout existe, l'idée éternelle des existences et les existences elles-mêmes, sont tout un, selon lui. La vraie philosophie nous enseigne que l'Etre est présent et intime aux choses, puisqu'il les crée d'une manière continue ; que les idées éternelles et archétypes des objets créés ou possibles subsistent dans l'Etre absolu ; mais que les copies de ces idées, c'est-à-dire les substances créées avec toutes leurs modifications, bien qu'indivises de l'Etre et des idées, en ce sens qu'elles peuvent exister sans eux, ne sont ni ces idées, ni cet Etre lui-même. Si l'on supprime cette distinction, et que l'on confonde les substances existantes avec leur idée éternelle, ou avec l'Etre qui les conçoit et les produit, on tombe nécessairement dans le panthéisme. Telle est la doctrine de M. Cousin dans le passage cité ci-dessus. S'il y répète que les substances finies lui paraissent *fort ressembler à des phénomènes*, cette phrase dirigée *ad hominem* contre les adversaires du panthéisme, ne doit pas embarrasser celui qui se donne la peine d'examiner le contexte. En effet, l'auteur y dit clairement qu'admettre plusieurs substances, c'est tomber dans une *absurdité*; que *la substantialité et l'individualité sont des notions contradictoires*; que *la multiplicité des substances détruit l'idée même de substance*. Dira-t-on par hasard qu'on ne parle ici de la substance que dans le sens que lui donne Platon ? Mais, dans ce cas, l'individu opposé à la substance devrait correspondre à la substance prise selon la signification

---

(*) *Fragm. phil.*, t. 1, p 348, 349, 350.

commune. Or, cela n'est pas, cela ne peut pas être, puisque l'individualité des choses est *phénoménale*, continuellement *variable, sujette à un flux et à un reflux perpétuel*. Par conséquent, ce que l'on appelle ici individualité des choses, n'est pas leur substantialité finie, mais l'ensemble de leurs propriétés extrinsèques, soumises à une perpétuelle vicissitude; leur substantialité ne peut être autre chose que la substance même de l'Etre absolu. La seule substance réelle est *ce au delà de quoi il est impossible de rien concevoir relativement à l'existence*; et par conséquent la substance multiple et finie, la substance prise dans le sens ordinaire des philosophes, ne présentent autre chose qu'un concept illogique et contradictoire.

Ne trouvez-vous pas ces textes assez clairs, assez positifs? voulez-vous quelque chose de plus? M. Cousin ne se refuse pas à vous satisfaire, bien que vous soyez peut-être un peu trop difficile et exigeant. Dans le programme d'un cours sur les vérités absolues, qui est simplement un tissu de formules scientifiques, et dans lequel il est à croire que l'auteur s'est étudié à exprimer ses pensées de la manière la plus précise, il établit le principe de substance dans les termes que voici.

« Toute qualité suppose un être en qui elle réside, un sujet,
» une substance (*). »

Notez bien qu'il s'agit ici de la substance en général, et par conséquent aussi de la substantialité propre des choses créées, selon le sens donné communément par les philosophes. Cela posé, l'auteur prouve que toute vérité doit résider en un être, et que par conséquent les vérités absolues doivent s'ap-

---

(*) *Fragm. phil.*, tom. 1, p. 307.

puyer sur une substance de la même nature qu'elles, c'est-à-dire absolue (*).

« Or, si cette substance est absolue, elle est unique : car
» si elle n'est pas la substance unique, on peut chercher encore
» quelque chose au delà relativement à l'existence; et alors
» il s'ensuit qu'elle n'est plus qu'un phénomène relativement
» à ce nouvel être, qui, s'il laissait encore soupçonner quelque
» chose au delà de soi, relativement à l'existence, perdrait
» aussi par là sa nature d'être et ne serait plus qu'un phéno-
» mène : le cercle est infini (**). »

On ne dit plus ici que les substances finies *ressemblent fort à des phénomènes*; mais avec une bien plus grande précision, que toute substance relative *ne serait qu'un phénomène*.

« Point de substance ou une seule. Définition de la subs-
» tance : *ce qui ne suppose rien au-delà de soi relative-*
» *ment à l'existence* (***). »

La substance *unique*, la substance *qui ne suppose rien au-delà de soi, relativement à l'existence*, est celle-là même dont on fait mention dans le principe de substance et sur laquelle on fonde ce principe. Or, la substance dont on parle dans ce principe, est la substance en général, la substance universelle, la seule dont le concept puisse être conçu par l'esprit humain. Donc la seule substance que l'on doive admettre, c'est la substance unique et absolue dans le sens que lui donne Platon.

« L'unité de la substance dérive donc de l'idée d'une subs-

(*) *Fragm. phil.*, t. I, p. 312.
(**) *Ibid.*
(***) *Ibid.*

» tance absolue, laquelle est renfermée dans l'idée même de
» substance (*). »

Or, l'idée de substance n'est pas l'idée d'une espèce particulière de substance, mais de la substance en général ; et comme elle nous représente une substance absolue et unique, il s'ensuit que le concept de substance relative et multiple n'a aucun fondement, et se réduit à un mot vide de sens, à un fantôme de l'imagination. Que M. Cousin vienne maintenant nous alléguer les *rares endroits* dans lesquels il lui est arrivé de parler de la substance unique et absolue, sans exclure la classe des substances multiples et créées.

Continuons d'examiner la justification de M. Cousin.

« Jamais je n'ai dit, ni pu dire, que le moi et le non-moi
» ne sont que des modifications d'une substance unique. »

Il ne s'agit pas ici des paroles, mais des pensées de l'auteur. S'il n'a pas dit que l'ame et le monde soient des modifications de Dieu, il a dit plusieurs fois qu'ils sont Dieu, que Dieu est Tout, que Dieu est la substance ou la substantialité de tout être, que la substance est unique, et toutes les autres choses de ce genre, que nous avons déjà vues.

« J'ai dit cent fois le contraire (**). »

Je ne me souviens pas de l'avoir lu une seule fois dans les ouvrages de M. Cousin ; mais je ne veux pas affirmer que cela ne s'y trouve pas. M. Cousin peut fort bien avoir répudié une façon de parler qui tient du spinozisme, puisqu'il proteste de son antipathie contre Spinoza. Mais il est lui-même plus spinoziste qu'il ne croit l'être ; puisque l'essence du spinozisme, comme celle de toute doctrine panthéistique, consiste à

(*) *Frag. phil.*, t. I, p. 313.
(**) *Ibid.*, p. xx.

admettre l'unité de substance. Peu importe, une fois que l'on a embrassé cette erreur capitale, que l'on emploie ou non le mot de *modifications* pour exprimer les phénomènes. D'un autre côté, il n'est pas étonnant que M. Cousin se croie étranger au spinozisme, puisque nous avons vu qu'il a une idée très inexacte de ce système (*). Et dans le passage même où il essaie de se justifier de l'imputation de panthéisme, il dit : — « Le Dieu de Spinoza..... est une pure substance et » non pas une cause. La substance de Spinoza a des attributs » plutôt que des effets. Dans le système de Spinoza, la créa- » tion est impossible ; dans le mien elle est nécessaire (**). »

Le Dieu de Spinoza n'est certainement pas une cause créatrice de substances, ni même d'attributs ; mais il est une cause créatrice de modes, comme le Dieu de M. Cousin est une cause créatrice de simples phénomènes. Le Dieu de Spinoza n'est pas une cause libre ; celui de M. Cousin n'est, comme nous le verrons bientôt, libre qu'en apparence, et est guidé en réalité par une nécessité invincible. La création des substances est également impossible dans les deux systèmes ; et si M. Cousin tient pour nécessaire la création des phénomènes, Spinoza regarde également comme nécessaire la création des modes. On voit donc qu'il n'y a pas de différence réelle entre les deux panthéismes ; leurs diversités ne sont que dans les mots ou ne tombent que sur quelques points secondaires d'ontologie. Dans tous les cas, la gloire d'être plus conforme à la bonne logique n'appartient pas à la plus récente des deux doctrines.

« Si j'ai souvent désigné le moi et le non-moi par le mot

(*) Voir la note 21 du premier volume de la présente *Introduction*.
(**) *Frag. phil.*, t. I, p xx.

» de phénomène, c'est par opposition à celui de substance
» entendu au sens platonicien, et réservé à Dieu ; et je ne
» conçois pas pourquoi, de cette opposition qui n'est pas
» contestée, on a voulu conclure qu'à mes yeux ces phéno-
» mènes n'existaient pas réellement à leur manière, et avec
» l'indépendance limitée qui leur appartient (*) ? »

Mais quand M. Cousin fait consister les phénomènes dans cette partie des objets qui est perpétuellement *variable*, qui est *un flux et reflux perpétuel*, comme nous l'avons déjà vu, il ne parle pas assurément de leur substantialité, et pour ainsi dire de leur moelle, mais de leur écorce, des modifications extrinsèques et sensibles. Tels sont précisément les modes de Spinoza, changeant et s'évanouissant comme eux.

« Le moi et le non-moi, dit ailleurs M. Cousin, tout en
» étant substantiels par leurs rapports à la substance, sont en
» eux-mêmes de simples phénomènes, modifiables comme des
» phénomènes, limités comme des phénomènes, s'évanouis-
» sant et reparaissant comme des phénomènes (**) »

Peut-on parler plus clairement ? Quel philosophe a jamais eu la pensée de dire que les substances spirituelles et matérielles, bien que créées, *s'évanouissent et reparaissent !* Cette vicissitude incessante, qui rappelle le flux d'Héraclite, ne peut appartenir qu'à la face extérieure, aux propriétés des choses, et c'est précisément ce que l'on entend par les mots d'apparences et de phénomènes.

« Comment aurais-je pu faire du moi et du non-moi de
» simples modifications d'un autre être, quand j'établis par-
» tout que ce sont des causes, des forces, au sens de Leibnitz,

---

(*) *Frag. phil.*, t. I, p. xx.
(**) *Introd. à l'hist. de la phil.*, leçon 5.

» et quand toute ma philosophie morale et politique repose
» sur la notion du moi, considéré comme une force essen-
» tiellement douée de liberté? Enfin, après avoir si souvent
» démontré avec Leibnitz et M. de Biran que la notion de
» cause est le fondement de celle de substance, pouvais-je
» croire qu'il me fût nécessaire de déclarer que le moi et le
» non-moi étant des causes et des forces, sont des substances,
» et si on veut des substances finies, dès qu'on cesse de pren-
» dre le mot d'être et de substance dans la haute acception
» que j'ai tout-à-l'heure rappelée (*)? »

La notion de force et de cause emporte deux choses, savoir :
une substantialité active, et un ensemble de propriétés ou de
modes qui lui donnent une certaine détermination. Le panthéiste n'est pas embarrassé pour reconnaître l'homme et les
existences mondiales, comme forces et comme causes; mais
il distingue leur substantialité active et cachée des modifications phénoménales, rapportant la première à la substance
unique, et considérant les secondes comme créées et produites. Que de fois n'avons-nous pas entendu M. Cousin nous
dire que l'ame et le monde sont, sous le rapport de leur substantialité, l'être absolu lui-même? qu'ils ne sont distincts de
celui-ci et entre eux que comme simples phénomènes?

Mais j'assigne à l'ame, dit M. Cousin, la liberté, comme
une qualité qui lui est propre; je la tiens donc pour une substance distincte. En premier lieu, cela ne prouverait autre
chose qu'une heureuse contradiction de sa part, et elle ne
serait pas la seule qui se rencontre dans son système. Il n'est
pas non plus le premier philosophe qui cherche à concilier le
libre arbitre avec le panthéisme, système dont la profession

(*) *Frag. phil.*, t. I, p. xx, xxi.

n'est pas équivoque chez un grand nombre de philosophes allemands, qui cependant admettent tous, ou presque tous, la liberté. Car il y en a peu, fort heureusement, qui aient l'intrépidité logique de Spinoza, et qui ne reculent pas devant l'introduction d'un fatalisme universel. En second lieu, je demande si M. Cousin est véritablement *indéterministe*. Il l'est certainement en paroles ; mais il s'agit de savoir s'il l'est en effet et conformément à sa doctrine. Or, il n'est pas indéterministe, par rapport à Dieu, comme nous le verrons bientôt. Reste donc à savoir s'il l'est par rapport à l'homme. Mais comment concilier la liberté humaine avec ce fatalisme historique qu'il établit dans son *Introduction à l'histoire de la philosophie* (*) ?

Si « la Providence n'a pas seulement permis, si elle a or- » donné (car la nécessité est le caractère propre et essentiel » qui partout la manifeste) que l'humanité eût un développe- » ment régulier (**), » comment peut-on considérer comme libres les actions des individus, dont se composent l'histoire et le progrès du genre humain. Je n'ignore pas que, d'après les principes du vrai théisme, l'intervention divine dans nos actions et le règne de la Providence sur la terre, s'accordent parfaitement avec la liberté de l'homme. Je sais que M. Cousin partage ce sentiment, pour sauver le libre arbitre, et désapprouve l'opinion vulgaire qui confond la nécessité de l'histoire avec la fatalité de la nature (***). Mais ce qui est plausible, dans les ordres du théisme orthodoxe, devient absurde dans ceux du panthéisme ; car si Dieu n'est pas libre (et il ne l'est

---

(*) Voir spécialement les leçons 7 et 8.
(**) *Introd. à l'hist. de la phil.*, leçon 7.
(***) *Ibid.*

pas selon les panthéistes et M. Cousin), comment l'homme peut-il l'être? L'acte libre étant une opération de la substance active, et la substantialité de l'ame humaine étant, selon les panthéistes et selon M. Cousin, la substance divine elle-même, et la substance divine étant soumise à la nécessité pour toutes ses opérations, comment l'homme ou toute autre créature pourrait-elle opérer librement?

Dira-t-on que la liberté de l'ame a son principe dans l'ame même, comme simple phénomène? — Mais comment cela peut-il être, si le principe de la liberté est ce je ne sais quoi d'identique et d'invariable d'où résulte notre personnalité, tandis que le phénomène varie continuellement? Si donc on raisonne logiquement, d'après les principes de M. Cousin, la liberté humaine ne peut être autre chose qu'une apparence, comme la contigence générale du monde, lequel nous paraît contingent dans son entité phénoménale, bien qu'il ne soit qu'un développement nécessaire de la cause absolue. De même, la volition de l'homme étant substantiellement un acte divin, doit être gouvernée par la nécessité; mais elle nous paraît libre lorsque nous la séparons mentalement de son principe, et que nous la considérons comme un simple phénomène. Je n'affirme pas, je le répète, que telle soit la pensée de l'illustre auteur, mais telles sont certainement les conséquences de sa doctrine, qu'il n'a pas toujours dissimulées, comme nous le verrons en son lieu.

Du reste, quelle que soit son opinion là-dessus, c'est contre toutes les règles de la saine critique de vouloir juger d'un système complexe et ontologique par un seul point de psychologie, et d'apprécier toute une théorie par un simple corollaire. De ce que nous avons déjà dit et de ce que nous ajouterons, il suit que M. Cousin professe expressément le panthéisme. Affirmer le contraire, en s'appuyant sur une déduction forcée, et uniquement fondée sur un simple accessoire, ce serait contre toute raison. A ce compte-là il n'y aurait plus un seul panthéiste ni ancien, ni moderne, puisque tous se contredisent plus ou moins, et que ne pas tomber dans des contradictions n'est le privilége que de ceux qui professent la vérité. Spinoza lui-même, qui est cependant le plus rigoureux et le plus logique de tous les panthéistes, se contredit précisément en ce qui concerne la liberté des actions humaines; c'est ce qu'a remarqué un profond psychologue de notre temps (*).

« Au reste, si cette expression de substances finies peut
» aller au-devant d'honnêtes scrupules, je consens bien vo-
» lontiers à l'ajouter à celle de phénomènes et de forces ap-
» pliquée à la nature et à l'homme. Il vaut cent fois mieux
» éclaircir ou réformer un mot, même sans nécessité, que de
» courir le risque de scandaliser un seul de nos sembla-
» bles (**). »

Pourquoi ne l'avoir pas *ajoutée* cette expression? pourquoi n'avoir pas *éclairé ou réformé le mot* dont il est question? Pourquoi avoir réimprimé l'ancien texte, sans y rien changer, sans y rien corriger, pas même une syllabe? Prétendre que le vice de ses doctrines se réduit à quelques mots, c'est déjà une chose ridicule; mais avouer que l'on croit de son devoir de se corriger et réitérer, dans le même moment la faute dont on se reconnaît coupable, ce serait une conduite plus ridicule encore, si cela ne méritait un blâme plus grave. Et puis, cette protestation de ne pas vouloir *scandaliser son prochain*, et cette dévote allusion au précepte de l'Evangile, mises en avant

---

(*) Jouffroy, *Cours de droit nat.*, leçon 6, p. 182, 183, 184.
(**) *Frag. phil.*, t. I, p. xxi.

dans une pareille circonstance, ne pourraient-elles pas rappeler le principal personnage d'une célèbre comédie de Molière, si cette comparaison ne nous était interdite par le noble caractère de l'auteur.

Passons au second article de la justification de M. Cousin.

« Reste la nécessité de la création. A la réflexion, je trouve » moi-même cette expression assez peu révérencieuse envers » Dieu, dont elle a l'air de compromettre la liberté, et je ne » fais pas la moindre difficulté de la retirer ; mais en la reti- » rant je la dois expliquer (*). »

Ici encore, il ne s'agit que d'une simple *expression* ; ici encore on affirme avec une condescendance magnanime qu'on retire une parole ; et ici encore (ce qui est bien plus curieux), on réimprime cette même expression qu'on promet de corriger, et on la reproduit sous les yeux du lecteur. En effet, nous venons de voir que l'auteur, parlant de Spinoza et cherchant à se laver de l'accusation de panthéisme, répète que la *création est nécessaire*. Mais passons sur cette manière singulière de procéder et examinons si en effet les erreurs de M. Cousin, relativement à la création du monde, se réduisent à une *simple expression*.

Notons en premier lieu, que, dans le système de M. Cousin, il ne peut être question d'une création substantielle, mais d'une simple création de phénomènes. Cela résulte de l'unité de substance, qui est la base de son système, ainsi que nous l'avons démontré. Il l'avoue lui-même expressément : « Dans la *causation*..... il y a création d'une » détermination intérieure ou d'un mouvement externe, c'est- » à-dire la création de quelque chose de phénoménal. Partant

---

(*) *Fragm. phil.*, t. I, p. xxi, xxii.

» de là, qui peut nous permettre de concevoir légitimement
» la création de la substance (*) ? »

Remarquons en second lieu, que, d'après les principes du panthéisme, si la création substantielle est impossible, la création phénoménale est nécessaire. La liberté présupposant le pouvoir de faire le contraire de ce qui se fait, emporte la contingence des effets qui sont produits. Donc, si le monde est l'ouvrage d'une volonté libre, le monde doit être contingent. D'un autre côté, la contingence ne peut exister dans les propriétés et les modes d'une chose, c'est-à-dire dans les phénomènes, si elle n'appartient aussi à sa substantialité; la nature des modes et des apparences ne pouvant répugner à celle de la substance qui les régit. Or, la substance unique et absolue est nécessaire. Donc le monde, s'il n'est autre chose qu'un assemblage de phénomènes, c'est-à-dire de modifications de la substance absolue et unique, ne peut être contingent. Mais, s'il n'est pas contingent, il ne peut être l'effet d'un acte libre; donc la création est nécessaire.

Remarquons en troisième lieu que si la création est nécessaire, Dieu n'est aucunement libre. En effet, la liberté divine, comme toute liberté, ne saurait avoir pour objet les choses nécessaires, et ne peut s'exercer que sur les contingentes. Voilà pourquoi Dieu n'est point libre, soit à l'égard des essences éternelles des choses, soit à l'égard de ses attributs et des perfections de sa nature. Sa liberté ne peut être que *ad extra* comme disent les scolastiques; or, toutes les opérations de Dieu *ad extra* ont leur fondement dans la création. Mais la création n'est point un acte libre, si Dieu ne peut créer ce qu'il lui plaît, s'il est nécessité à créer, s'il ne peut

---

(*) *Fragm. phil.*, t. I, p. 221, 222.

à son gré créer ou s'abstenir de créer. Si Dieu est nécessité à créer le monde, il doit le créer tel qu'il est, il doit le créer conforme aux lois de cette nécessité absolue de laquelle dépend la création : en changer l'ordre, même d'un atome, lui est impossible, parce que cela répugne à la loi de cette éternelle nécessité. Or, si Dieu est nécessité à créer le monde, et à le créer tel qu'il est dans son ensemble et dans chacune de ses parties, il n'y a plus aucun ordre de choses dans lequel sa liberté puisse s'exercer, dans lequel sa vertu opératrice soit indépendante du fait. Aux panthéistes de voir comment la liberté de l'homme peut se concilier avec ce fatalisme de la divinité, et jusqu'à quel point il est raisonnable d'accorder à la créature un privilège que l'on refuse au Créateur.

Si donc M. Cousin est aussi sévère logicien qu'il est véritablement panthéiste, il doit : 1° nier toute création substantielle ; 2° tenir pour nécessaire la création des phénomènes ; 3° refuser à Dieu la liberté. Ces assertions sont souverainement absurdes ; eh ! bien, voyons si, chez l'illustre auteur, le bon sens prévaut ici sur la bonne logique.

« L'être que nous sommes et le monde extérieur n'étant
» que des causes, il s'ensuit que l'Etre des êtres auquel nous
» les rapportons, nous est également donné sous la notion de
» cause. Dieu n'est pour nous qu'à titre de cause ; sans quoi
» la raison ne lui rapporterait ni l'humanité ni le monde. Il
» n'est substance absolue qu'en tant que cause absolue, et
» son essence est précisément dans sa puissance créatrice (*). »

Ces paroles sont équivoques ; en effet, on n'y voit pas bien si la divine essence consiste dans le pouvoir que Dieu a de créer, ou dans l'acte même de la création, c'est-à-dire, si la

---

(*) *Fragm. phil.*, tom. I, p. xv.

vertu créatrice y est considérée en puissance ou en acte. Mais voici que l'auteur va nous expliquer lui-même sa pensée. Voici comment il s'exprime en faisant le parallèle et la critique des systèmes de l'école d'Elée et de l'école ionique :

« Si l'unité de Parménide est une unité impuissante, et,
» pour parler le langage de la science moderne, une substance
» sans cause, c'est-à-dire une substance vaine, puisqu'elle est
» dépourvue de l'attribut essentiel qui constitue la substance,
» de même la pluralité d'Héraclite, son mouvement universel
» et la différence absolue n'est pas autre chose que la cause
» séparée de la substance, l'attribut sans sujet, la force sans
» base, la manifestation sans principe qu'elle manifeste, et
» l'apparence sans rien à faire paraître. Or, la cause sans
» substance, comme la substance sans cause, le mouvement
» sans un moteur immobile, comme un centre immobile sans
» force motrice, l'identité absolue sans différence, comme
» la différence sans identité, l'unité sans pluralité comme la
» pluralité sans unité, l'absolu sans relatif et sans contingent,
» comme le relatif et le contingent sans quelque chose d'ab-
» solu, c'étaient là deux erreurs contradictoires, deux systèmes
» exclusifs, qui devaient en se rencontrant sur le théâtre de
» l'histoire, se briser l'un contre l'autre, et se détruire l'un
» par l'autre. Mais non; rien ne se détruit, rien ne périt;
» tout se modifie et se transforme dans l'histoire comme dans
» la nature. En effet, que suit-il de la polémique de l'empi-
» risme ionien, et de l'idéalisme éléatique ? Il ne suit point
» que l'unité et la différence soient des chimères; mais tout
» au contraire que la différence et l'unité sont toutes deux
» réelles, et si réelles qu'elles sont inséparables, que l'unité
» est nécessaire à la différence, et la différence à l'unité, et
» par conséquent qu'après s'être combattus pour s'éprou-
» ver, les deux systèmes opposés n'ont qu'à retrancher les

» erreurs, c'est-à-dire les côtés exclusifs par lesquels ils s'en-
» trechoquaient, pour se réconcilier et s'unir, comme les deux
» parties d'un même tout, les deux éléments intégrants de la
» pensée et des choses, distincts, sans s'exclure, intimement
» liés, sans se confondre (*). »

Ce passage correspond à celui que nous avons cité plus haut, et dans lequel l'illustre auteur parle des Alexandrins. L'unité et la différence, c'est-à-dire Dieu et le monde, y sont représentées comme deux termes relatifs et inséparables, dont le premier ne peut pas mieux exister sans le second, que le second sans le premier. La différence consiste dans les phénomènes, et c'est dans la création que se trouve le lien qui unit la différence à l'unité. Donc la création est aussi nécessaire que la nature divine, aussi nécessaire que le lien qui unit l'unité à la différence, et Dieu est aussi libre de ne pas créer ou de créer autrement qu'il a créé, que de changer ou de détruire sa propre essence. Je ne fais, comme on voit, aucune violence au texte, je n'en tire que des conséquences qui en découlent tout naturellement et que nous verrons bientôt développées et démontrées par l'auteur lui-même.

Ce qui peut, à première vue, paraître obscur dans le passage que nous venons de rapporter, c'est l'opposition qu'on y établit entre la substance et la cause. Mais cette opposition, conforme à la doctrine que M. Cousin a exposée dans une foule de passages de ses ouvrages, est une nouvelle preuve du panthéisme de ce philosophe. Il est nécessaire de savoir qu'il réduit toutes les idées de l'esprit humain à deux seules catégories auxquelles il donne les noms de substance et de cause.

(*) *Nouv. fragm.*, p. 137, 138.

La première embrasse toutes les idées absolues; la seconde, toutes les idées relatives. Ecoutons-le lui-même :

« Les deux lois fondamentales de la logique sont.... le fini
» et l'infini, le contingent et le nécessaire, le relatif et l'ab-
» solu, etc.; en dernière analyse, l'idée de cause et l'idée de
» substance. Toutes les logiques roulent sur l'une ou sur
» l'autre de ces deux idées. Mais il faut les réunir, il faut
» concevoir que toute cause suppose une substance, un *sub-*
» *stratum,* une base d'action, comme toute substance contient
» nécessairement un principe de développement, c'est-à-dire
» une cause. La substance est le fond de la cause, comme la
» cause est la forme de la substance; la première idée n'est
» pas la seconde; mais la seconde est inséparable de la pre-
» mière, comme la première de la seconde (*). »

Cette même doctrine est souvent répétée par l'illustre auteur, et se trouve amplement développée dans ses premières leçons (**). On voit donc que, sous le nom de cause, il entend, non plus la substance douée simplement de la vertu opérative, mais l'action même substantielle et créatrice avec le cortége des phénomènes qu'elle produit et qui en sont inséparables.

« La cause se distingue de l'être (c'est-à-dire de la subs-
» tance): l'être n'est pas l'action, mais il réside au fond de
» toutes les actions. L'action c'est le phénomène, la qualité,
» l'accident, le multiple, le particulier, l'individuel, le relatif,
» le possible, le probable, le contingent, le divers, le fini;
» tout cela se range donc sous la catégorie de cause. L'être
» c'est le noumène, comme dit Kant, le sujet, l'unité, l'ab-

(*) *Introd. à l'hist. de la phil.*, leçon 13.
(**) *Cours de phil. de l'an* 1818, leçons 4 et suiv., p. 33 et suiv.

» solu, le nécessaire, l'universel, l'éternel, le semblable, l'in-
» fini ; tout cela appartient à la catégorie de substance (*). »

Ainsi toutes les fois que M. Cousin nous répète que la substance est nécessairement cause, que Dieu est cause en vertu de sa propre essence, etc., il faut se garder de prendre cette expression de cause dans le sens ordinaire du mot, dans celui que lui donnent les vrais théistes ; mais il faut entendre par là l'acte substantiel avec l'ensemble des phénomènes qui en sont l'effet. La proposition : *Dieu est substance et cause*, dans le sens de notre auteur, équivaut à celle-ci : Dieu est Dieu et monde, il est *noumène* et *phénomène*. Si maintenant, à l'aide de cette interprétation, nous examinons le passage cité tout à l'heure et ceux que nous avons déjà rapportés précédemment, nous verrons comment M. Cousin peut dire *que toute substance contient nécessairement un principe de développement, c'est-à-dire une cause*, et comment il n'est pas satisfait des Eléatiques, qui ne furent point panthéistes, ou le furent certainement moins que lui. Le grand tort de la philosophie italique est, selon lui, d'avoir rejeté ou mal exprimé la nécessité de la création, et d'avoir adoré un Dieu maître de ses actes et de ses œuvres, et qui n'a pas besoin de celles-ci pour subsister et jouir de ses propres perfections. Nous verrons encore combien notre auteur a tort de répudier toute communauté de principes avec Spinoza ; car celui-ci, en plaçant la causalité divine dans l'action de la substance, qui produit une chaîne indéfinie et éternelle de modes nécessaires et nécessairement liés entre eux, n'en dit ni plus ni moins que le philosophe français.

Cette connexion nécessaire et absolue entre Dieu et le

(*) *Cours de phil. de l'an* 1818, leçon 4 et suiv., p. 34.

monde est exprimée ailleurs par M. Cousin dans des termes plus formels encore :

« L'unité sans pluralité n'est pas plus réelle que la plura-
» lité sans unité n'est vraie. Une unité absolue, qui ne sort
» pas d'elle-même ou ne projette qu'une ombre, a beau ac-
» cabler de sa grandeur et ravir de son charme mystérieux,
» elle n'éclaire point l'esprit, et elle est hautement contredite
» par celles de nos facultés qui sont en rapport avec ce monde
» et nous attestent sa réalité, et par toutes nos facultés actives
» et morales, qui seraient une dérision et accuseraient leur
» auteur, si le théâtre où l'obligation de s'exercer leur est
» imposée n'était qu'une illusion et un piége. Un Dieu sans
» monde est tout aussi faux qu'un monde sans Dieu ; une cause
» sans effets qui la manifestent, ou une série indéfinie d'effets
» sans une cause première, une substance qui ne se dévelop-
» perait jamais, ou un riche développement de phénomènes
» sans une substance qui les soutienne ; la réalité empruntée
» seulement au visible ou à l'invisible ; d'une et d'autre part
» égale erreur..... Entre ces deux abîmes, il y a long-temps
» que le bon sens du genre humain fait sa route ; il y a long-
» temps que loin des écoles et des systèmes, le genre humain
» croit avec une égale certitude à Dieu et au monde (*). »

Remarquons qu'ici l'auteur ne se borne pas à affirmer l'existence du monde et son accord avec les perfections divines, ce dont personne ne saurait douter ; qu'il n'y donne pas seulement à la création une nécessité morale, erreur qui pourrait échapper au reproche de panthéisme ; mais qu'il lui assigne une nécessité absolue comme celle de Dieu lui-même. En effet, *l'unité sans la pluralité*, nous dit-il, *n'est pas plus*

(*) *Nouv. fragm.*, p. 72, 73.

réelle que la pluralité sans l'unité ; un Dieu sans monde est tout aussi faux qu'un monde sans Dieu. Et pourquoi ? parce que la substance divine a besoin de se *développer* et que *ce riche développement de phénomènes est soutenu par la substance* divine. Quel panthéiste s'est jamais exprimé plus clairement ? Quel panthéiste a jamais déclaré d'une manière plus explicite l'identité de Dieu et du monde, l'impossibilité de la création substantielle, la nécessité de la création phénoménale et la fatalité inexorable à laquelle, selon les dogmes panthéistiques, le Créateur est assujetti ?

M. Cousin recherchant ailleurs le lien de l'unité avec la variété, s'exprime ainsi :

« Toute vraie existence, toute réalité, est dans l'union de
» ces deux éléments, quoique essentiellement l'un soit supé-
» rieur et antérieur à l'autre. Il faut qu'ils coexistent, pour
» que de leur coexistence résulte la réalité. La variété man-
» que de réalité sans unité : l'unité manque de réalité sans
» variété. »

Mais la coexistence ne suffit pas pour expliquer le lien de ces deux éléments. L'unité est antérieure à la variété ; il est nécessaire de passer de l'une à l'autre. Or, comment passer de l'infini au fini ? Cette transition paraît impossible.

« Une analyse supérieure résout cette contradiction. Nous
» avons identifié aussi tous les premiers termes. » (L'auteur entend parler ici des idées qui composent sa catégorie de substances.) « Et quels sont ces premiers termes ? C'est l'immen-
» sité, l'éternité, l'infini, l'unité. Nous verrons un jour
» comment l'école d'Élée, en se plaçant exclusivement dans
» ce point de vue, à la cime de l'immensité, de l'éternité, de
» l'être en soi, de la substance infinie, a défié toutes les au-
» tres écoles de pouvoir jamais, en partant de là, arriver à

» l'être relatif, au fini, à la multiplicité, et s'est beaucoup
» moquée de ceux qui admettaient l'existence du monde, le-
» quel n'est après tout qu'une grande multiplicité. L'erreur
» fondamentale de l'école d'Élée vient de ce que, dans tous
» les premiers termes que nous avons énumérés, elle en avait
» oublié un qui égale tous les autres en certitude, et a droit
» à la même autorité que tous les autres, savoir : l'idée de la
» cause. L'immensité ou l'unité de l'espace, l'éternité ou
» l'unité du temps, l'unité des nombres, l'unité de la perfec-
» tion, l'idéal de toute beauté, l'infini, la substance, l'être
» en soi, l'absolu, c'est une cause aussi, non pas une cause
» relative, contingente, finie, mais une cause absolue. Or,
» étant une cause absolue, l'unité, la substance ne peut pas
» ne pas passer à l'acte, elle ne peut pas ne pas se dévelop-
» per. Soit donné seulement l'être en soi, la substance absolue
» sans cause, le monde est impossible. Mais si l'être en soi
» est une cause absolue, la création n'est pas possible, elle est
» nécessaire et le monde ne peut pas ne pas être.... L'absolu
» n'est pas l'*absolutum quid* de la scolastique : c'est la
» cause absolue qui absolument crée, absolument se mani-
» feste, et qui en se développant tombe dans la condition de
» tout développement, entre dans la variété, dans le fini, dans
» l'imparfait, et produit tout ce que vous voyez autour de
» vous (*). »

La supériorité et l'antériorité de la substance à la cause, indiquées au commencement de ce passage, pourraient présenter quelque difficulté si l'auteur n'avait pas soin d'y remédier.

« Nous avons trouvé que, dans l'ordre d'acquisition de nos
» connaissances, l'un supposait l'autre (l'auteur parle des deux

---

(*) *Introd. à l'hist. de la phil.*, leçon 4.

» éléments de substance et de cause), l'un était inséparable
» de l'autre. Nous avons trouvé en même temps, que l'un est
» antérieur et supérieur à l'autre dans l'essence. Mais quoique
» l'un soit antérieur et supérieur à l'autre, nous avons trouvé
» qu'une fois qu'ils existent, l'un manquerait de réalité sans
» l'autre, et que tous deux sont nécessaires pour constituer
» la vie réelle de la raison. Enfin nous avons trouvé que l'un
» est le produit de l'autre, et que l'un donné, il y a non-seu-
» lement possibilité, mais nécessité du second. Ce dernier
» rapport est le rapport le plus essentiel de ces deux élé-
» ments (*). »

Il est donc question d'une antériorité simplement logique, et non d'une antériorité de temps. Car, comment le second élément pourrait-il être nécessaire à la réalité du premier, s'il ne lui était coéternel? Voilà pourquoi, dans la leçon suivante, on nous apprend que le premier terme, c'est-à-dire la subs-tance, « est cause aussi, et cause absolue; et en tant que
» cause absolue, il ne peut pas ne point se développer dans le
» second terme, savoir : la multiplicité, le fini, le phénomène,
» le relatif, l'espace et le temps, etc. Le résultat de tout ceci
» est, que les deux termes, ainsi que le rapport de génération
» qui tire le second du premier, et qui par conséquent l'y
» rapporte sans cesse, sont les trois éléments intégrants de
» la raison (**). »

Remarquons en passant le mot *génération*, lequel, si on le transporte de l'ordre idéal dans l'ordre réel, connu à l'aide de la raison, revêt un sens émanatistique.

A mesure que nous avançons, le langage de M. Cousin

(*) *Introd. à l'hist. de la phil.*, leçon 4.
(**) *Ibid.*, leçon 5.

acquiert toujours plus de précision et de clarté. Il ne se contente plus de nous faire connaître la nécessité de l'acte créatif par la connexion apodictique des deux termes de la raison humaine, mais il ajoute que la substance absolue *ne peut pas ne pas passer à l'acte, ne peut pas ne point se développer;* que la cause absolue doit *absolument créer, absolument se manifester et se développer,* c'est-à-dire d'une manière nécessaire; enfin, que *le monde ne peut pas ne pas être.* Mais alors, qu'est-ce que la création? Cette question, je dirai mieux, cette objection se présente naturellement à l'esprit du panthéiste, et l'illustre auteur a dû s'y arrêter quelques instants. En effet, s'il n'y a pas de substances finies, si la production des phénomènes est nécessaire et éternelle, comment peut-il y avoir création? M. Cousin dépense force raisonnements pour réfuter la définition ordinaire « que créer c'est tirer du néant; car le néant est « une chimère et une contradiction (*). »

Je ne m'arrêterai pas à répondre à cette critique, quelque sophistique qu'elle me paraisse; car cela n'a aucun rapport au but que je me propose en ce moment. Mais supposons que la définition commune soit mauvaise, voyons quelle est la bonne d'après notre philosophe.

« Qu'est-ce que créer, Messieurs, non d'après la méthode
» hypothétique, mais d'après la méthode que nous avons
» suivie, d'après cette méthode qui emprunte toujours à la
» conscience humaine ce que plus tard, par une induction su-
» périeure, elle appliquera à l'essence divine? » (Remarquons en passant que la méthode psychologique transportée dans l'ontologie, comme elle l'est ici, devient absurde et aboutit

---

(*) *Introd. à l'hist. de la phil.*, leçon 5.

au pur sensisme en philosophie, et en théologie à l'anthropomorphisme.) « Créer est une chose très peu difficile à con-
» cevoir, car c'est une chose que nous faisons à toutes les
» minutes ; en effet, nous créons toutes les fois que nous
» faisons un acte libre..... Ainsi causer, c'est créer; mais
» avec quoi ? avec rien ? Non, sans doute ; tout au contraire
» avec le fond même de notre existence, c'est-à-dire avec
» toute notre force créatrice, avec toute notre liberté, toute
» notre activité volontaire, avec notre personnalité. L'homme
» ne tire point du néant l'action qu'il n'a pas faite encore, et
» qu'il va faire ; il la tire de la puissance qu'il a de la faire ; il
» la tire de lui-même. Voilà le type d'une création. »

L'homme, dans l'acte libre, n'est pas véritablement créateur, parce qu'il opère comme cause seconde, et non pas comme cause première. L'acte libre est une vraie création phénoménique ; mais le privilège de cette création ne peut être attribué à l'homme qu'autant que la cause première, c'est-à-dire Dieu, porte sa volonté à agir librement. Il est donc absurde de considérer la volition humaine comme un type exact de la création. Il n'est pas plus raisonnable de demander avec *quelle chose* Dieu crée ce qu'il crée ; car, si par *chose* on entend *cause*, la cause c'est Dieu lui-même ; si par *chose* on entend la *matière* dont l'ouvrier se sert pour faire son ouvrage, l'idée même de création exclut toute matière. Tel est précisément le sens de cette métaphore vulgaire, *créer de rien*, censurée à tort par l'illustre auteur. Quand il affirme que nous faisons l'acte libre *avec le fond même de notre existence*, il devrait ajouter que s'il en arrive ainsi, c'est précisément parce que nous ne sommes pas véritablement créateurs. Mais Dieu, qui est créateur dans toute la rigueur des termes, ne fait rien en dehors *avec le fond* de sa propre existence, parce que pour créer ce qu'il veut, il n'a besoin d'aucune matière soit intrinsèque, soit extrinsèque. — Poursuivons.

« La création divine est de la même nature. »

Cela veut dire qu'elle n'est point une création.

« Dieu, s'il est une cause, peut créer ; et s'il est une cause
» absolue, il ne peut pas ne pas créer. »

Donc la création est nécessaire, et Dieu n'est pas libre. Mais si la création divine est *de la même nature* que la création humaine, si celle-ci est le type de celle-là, et si la création divine n'est point libre, mais fatale, que deviendra la création humaine, et par conséquent notre liberté? Devons-nous faire Dieu libre, parce que l'homme crée librement, ou faut-il considérer la liberté humaine comme une apparence illusoire, parce que Dieu n'est pas libre? Quelle confusion et comment en sortir? Si nous nous en tenons aux paroles, nous pourrons adopter entre les deux sens celui qui nous conviendra le mieux ; mais si nous faisons attention aux principes de M. Cousin, à tout le corps de sa doctrine, à ses déclarations les plus expresses, le second sens est le seul plausible.

« Dieu, s'il est une cause, peut créer ; et s'il est une cause
» absolue, il ne peut pas ne pas créer ; et en créant l'univers
» il ne le tire pas du néant, il le tire de lui-même, de cette
» puissance de causation et de création dont nous autres,
» faibles hommes, nous possédons une portion ; et toute la
» différence de notre création à celle de Dieu est la différence
» générale de Dieu à l'homme, la différence de la cause ab-
» solue à une cause relative. Je crée, car je cause, je produis
» un effet ;.... mes créations, comme ma force créatrice,
» sont relatives, contingentes, bornées ; mais enfin ce sont des
» créations, et là est le type de la conception de la création
» divine. »

Nous voilà toujours dans l'anthropomorphisme. De même

que l'auteur nous a dit précédemment que nous produisons l'acte libre *avec le fond même de notre existence*, de même ici il affirme de l'univers, que Dieu *le tire de lui-même*. Les émanatistes indiens ne parlent pas mieux.

« Dieu crée donc : il crée en vertu de sa puissance créatrice ;
» il tire le monde, non du néant, qui n'est pas, mais de lui qui
» est l'existence absolue. Son caractère éminent étant une force
» créatrice, absolue, qui ne peut pas ne pas passer à l'acte, il
» suit, non que la création est possible, mais qu'elle est néces-
» saire ; il suit que Dieu créant sans cesse et infiniment, la
» création est inépuisable et se maintient constamment. Il y
» a plus : Dieu crée avec lui-même ; donc il crée avec tous
» les caractères que nous lui avons reconnus et qui passent
» nécessairement dans ses créations..... Voilà, Messieurs,
» l'univers créé, nécessairement créé, et manifestant celui
» qui le crée (*). »

Que le lecteur veuille bien m'excuser, s'il trouve que j'accumule trop de citations ; mais je me crois obligé de le faire pour bien éclaircir le sens de la doctrine que j'ai entrepris d'exposer. Je pourrais, du reste, citer plus encore si je voulais ; mais je me borne aux passages les plus en rapport avec mon dessein et les plus décisifs. Ceux que j'ai déjà cités suffisent, je crois, pour déterminer d'une manière exacte ce que pense l'illustre auteur sur la nécessité de la création. Mais il a promis de nous expliquer sa pensée dans un sens orthodoxe, il est temps d'écouter ses explications. S'il arrivait par hasard que son commentaire fût conforme à celui que nous avons donné nous-même, il ne faudrait pas nous blâmer d'avoir un peu allongé notre raisonnement.

« Elle (l'expression : *nécessité de la création*) ne

(*) *Introd. à l'hist. de la phil.*, leçon 5.

» couvre aucun mystère de fatalisme : elle exprime une idée
» qui se trouve partout, dans les plus saints docteurs, comme
» dans les plus grands philosophes. »

L'exorde promet beaucoup. Mais quelle est cette idée?
La voici :

« Dieu, comme l'homme, n'agit et ne peut agir que con-
» formément à sa nature, et sa liberté même est relative à
» son essence. »

Si l'on veut entendre ces paroles dans leur vrai sens, elles signifient que Dieu ne peut rien faire qui répugne à ses attributs. Mais entre une infinité de contingents possibles, qui sont conformes à ses attributs, sans avoir une connexion nécessaire avec eux, Dieu peut choisir ceux qu'il veut; il peut créer et ne pas créer; autrement ces possibles ne seraient point contingents.

« Or, en Dieu surtout la force est adéquate à la substance,
» et la force divine est toujours en acte. »

La puissance divine est toujours en acte, parce que Dieu est un *acte pur,* selon la belle expression d'Aristote et de l'Ecole, que je me fais un plaisir de répéter, sans craindre la répugnance de notre siècle; mais cet acte divin, qui constitue la divine essence et qui lui est intrinsèque, n'a aucun lien absolu avec la création. Cet acte, il est vrai, se rapporte à la créature, si Dieu a décrété la création de toute éternité; mais Dieu, en tant que libre, pouvait vouloir créer ou ne pas créer; il pouvait créer de telle ou de telle manière; et quel que fût son décret, l'acte interne et constitutif de la divine essence était un, immuable, identique avec lui-même; la diversité ne regarde que le terme extrinsèque, c'est-à-dire créer ou ne pas créer; créer de telle manière ou de telle autre. Il ne faut pas confondre l'acte interne divin avec son terme extérieur.

« Dieu est donc essentiellement actif et créateur. »

Voici la confusion. Oui certes, Dieu est essentiellement actif au-dedans de lui-même, mais il ne l'est point au-dehors, et conséquemment il n'est pas essentiellement créateur, parce que le terme de l'acte créatif est extrinsèque et non intrinsèque à la nature divine. On ne peut affirmer le contraire, sans tomber dans les absurdités les plus graves, sans nier la contingence des choses créées, la liberté divine, la multiplicité des substances finies. Je dis cela, parce que si quelqu'un traitait mon raisonnement d'abstraction scolastique, il prouverait qu'il ignore jusqu'aux premiers éléments des sciences philosophiques.

« Il suit de là qu'à moins de dépouiller Dieu de sa nature
» et de ses perfections essentielles, il faut bien admettre
» qu'une puissance essentiellement créatrice n'a pas pu ne
» pas créer, comme une puissance essentiellement intelli-
» gente n'a pu créer qu'avec intelligence, comme une puis-
» sance essentiellement sage et bonne n'a pu créer qu'avec
» sagesse et bonté. Le mot de nécessité n'exprime pas autre
» chose. Il est inconcevable que de ce mot on ait voulu tirer
» et m'imputer le fatalisme universel (*). »

Ne vous l'ai-je pas dit, cher lecteur, qu'en se défendant M. Cousin confirmerait mon accusation? Nous devons donc lui savoir gré de son apologie. En effet, non-seulement il répète en cette circonstance et confirme dans les termes les plus solennels l'erreur dont il voudrait se justifier, mais il nous fait pénétrer beaucoup mieux dans les secrets de sa pensée et nous découvre les causes de ses écarts. On voit évidemment qu'il assimile les relations de Dieu avec la création

---

(*) *Fragm. phil.*, t. I, p. xxii.

à celles que Dieu a lui-même avec ses attributs. De même que Dieu, en créant, ne peut rien faire qui contredise ses perfections immuables, et qui soit indigne de lui, de même il ne peut ni s'abstenir de créer, ni choisir à son gré dans le nombre infini de modes possibles de la création. Des deux côtés la nécessité est égale, et comme elle est souveraine et absolue dans le premier cas, elle ne peut être ni moins grande ni moins invincible dans le second. Il était aussi nécessaire pour Dieu de créer le monde et de le créer tel qu'il est, qu'il lui est nécessaire d'être sage et bon, qu'il lui est impossible d'altérer ses propres perfections ou de détruire sa propre nature. En somme, M. Cousin donne une valeur égale aux propriétés extrinsèques ou intrinsèques de l'Etre absolu, et n'établit aucune différence entre la manière dont la volonté divine se replie sur elle-même, c'est-à-dire sur l'essence divine, et celle dont elle s'applique aux contingents possibles dans l'acte de leur création.

Mais comment se fait-il que le savant philosophe ait pu confondre des choses si opposées? comment n'a-t-il pas vu que pour en venir là il lui fallait unir dans la même catégorie les éléments les plus disparates, tels que la nécessité et la contingence, le relatif et l'absolu? Quel est le principe d'une erreur aussi énorme? La réponse est facile. Le panthéisme. Comme, suivant les dogmes de ce dernier, il n'y a qu'une seule substance, la distinction entre les attributs intrinsèques et les rapports extrinsèques de Dieu n'a aucun fondement: toute chose est un attribut divin; tout phénomène a lieu en Dieu, fait partie intégrante de sa nature. Le dieu des panthéistes a les mêmes obligations envers le monde qu'envers lui-même, puisque, en substance, le monde est Dieu lui-même. La création est nécessaire, et même impossible, si l'on prend les termes dans toute leur rigueur, parce que, si

Dieu créait le monde, il serait lui-même son créateur. Il peut tout au plus engendrer le monde de toute éternité, de même que, selon le dogme chrétien, le Père engendre le Verbe; mais il ne peut le créer. Voilà comment les sophismes sur lesquels on fonde la nécessité de la création tirent leur force du *postulatum* panthéistique.

Arrêtons-nous un moment ici pour examiner la marche suivie par l'illustre auteur. D'abord il réduit tous ses torts à une petite faute, c'est-à-dire à une expression impropre qu'il se propose d'expliquer. *Elle ne couvre aucun mystère de fatalisme*, dit-il, et la preuve, c'est que l'idée qu'elle exprime *se trouve dans les plus grands philosophes et dans les plus grands docteurs*. Or, quelle est cette idée ? La voici : Dieu est aussi nécessité à créer qu'à être bon et sage; le monde est nécessaire ni plus ni moins que les perfections et que l'essence divine. Après avoir établi cette bagatelle qui, comme on le voit, est l'opinion *des plus grands philosophes et des plus saints docteurs*, il ajoute : *le mot nécessité n'exprime pas autre chose*. Nous savions cela. *Il est inconcevable que de ce mot on ait voulu tirer et m'imputer le fatalisme universel*. Mais qu'est-ce que le fatalisme universel, sinon cela ? Peut-on faire une profession de fatalisme plus claire, plus précise, plus rigoureuse que celle que fait l'auteur dans l'endroit même où il veut prouver qu'il n'est point fataliste ? Lequel des deux est le plus *inconcevable*, ou de tenir M. Cousin pour fataliste, quand il se déclare pour tel, même en voulant prouver le contraire, ou bien de voir ce philosophe compter jusqu'à ce point sur l'indulgence, ou pour mieux dire sur la simplicité de ses lecteurs ?

Mais notre auteur s'échauffe, il fait de l'éloquence; comme si les figures de rhétorique pouvaient prévaloir contre l'évi-

dence des raisons. « Quoi ! s'écrie-t-il, parce que je rapporte
» l'action de Dieu à sa substance même, je considère cette
» action comme aveugle et fatale ! » Non, monsieur Cousin,
personne n'est assez simple pour vous nier que *l'action de
Dieu se rapporte à la substance divine,* en tant que cette
substance est la cause première librement créatrice. Mais tout
bon philosophe vous nie que *l'action de Dieu se rapporte à
la substance,* si vous considérez ce rapport comme une émanation nécessaire de l'effet produit par la cause, si vous admettez une substance unique, si vous faites le terme de
l'action identique à l'action elle-même, si vous attaquez la
substantialité propre des choses créées, si vous affirmez que
celles-ci sont de purs phénomènes produits par la substance
absolue. Or, que telle soit votre doctrine, c'est ce qui résulte
clairement de tout ce que nous avons dit jusqu'ici.

« Quoi, il y a de l'impiété à mettre un attribut de Dieu, la
» liberté, en harmonie avec tous ses autres attributs et avec
» la nature divine elle-même ! »

Il ne s'agit pas ici d'accorder la liberté divine avec les
autres perfections de Dieu et avec sa nature, mais de voir
si, d'après vos principes, Dieu est libre. Ce que l'on vous
reproche, ce n'est pas de donner à Dieu une liberté bonne et
sage (la lui refuser serait une impiété), mais ce qu'on vous
reproche, c'est de lui ôter toute liberté. Selon la philosophie
orthodoxe, Dieu est libre, sans préjudice de ses autres perfections, parce que créer ou ne pas créer, choisir telle ou
telle chose dans une infinité d'ordres possibles (remarquez
bien que je ne dis pas dans une infinité de désordres), est également digne de sa bonté et de sa sagesse. Selon vous, au contraire, Dieu est *essentiellement créateur,* il ne peut pas plus
s'abstenir de créer qu'il ne peut changer son essence ; selon
vous, ce que fait Dieu est si nécessairement uni à la nature de

ses attributs, qu'il ne pourrait faire le contraire. Or, en s'en tenant à ces termes, comment Dieu peut-il être libre ? De quel droit pouvez-vous vous vanter de *mettre la liberté en harmonie avec les autres attributs de Dieu et avec la nature divine*, si, d'après vous, la liberté divine est une chimère ?

« Quoi, la piété et l'orthodoxie consistent à soumettre tous
» les attributs de Dieu à un seul, de sorte que partout où les
» grands maîtres ont écrit : les lois éternelles de la justice
» divine, il faudra mettre : les décrets arbitraires de Dieu ;
» partout où ils ont écrit : il convenait à la nature de Dieu, à
» sa sagesse, à sa bonté, etc., d'agir de telle ou de telle
» manière, il faudra mettre : que cela ne convenait ni ne dis-
» convenait à sa nature, mais qu'il lui a plu arbitrairement de
» faire ainsi ! C'est la doctrine de Hobbes sur la lé-
» gislation humaine, transportée à la législation divine.
» Il y a plus de deux mille ans, Platon foudroyait cette
» doctrine et la poussait dans l'*Euthyphron* aux absurdités
» les plus impies. Saint Thomas la combattit ; dès qu'elle
» reparut dans l'Europe chrétienne, et on pouvait croire
» qu'elle avait péri sous les conséquences qu'en avait tirées
» l'intrépide logique d'Okkam (*). »

Permettez-nous de vous le dire, M. Cousin, vous divaguez, ou vous voulez nous donner le change. Vous confondez ensemble trois questions très différentes, et, après les avoir confondues, vous appliquez à l'une d'entre elles les raisons qui ne conviennent qu'aux deux autres. Quand il s'agit de la liberté divine, on peut poser trois questions :

1° Dieu est-il libre en ce qui concerne sa nature et ses

(*) *Fragm. phil.*, t. I, p. xxii, xxiii.

attributs ; c'est-à-dire, peut-il altérer son essence ou ôter quoi que ce soit à ses perfections ?

2° Dieu est-il libre par rapport aux essences éternelles des choses, et peut-il les rendre autres que ce qu'elles sont en elles-mêmes ; peut-il par conséquent altérer les vérités mathématiques, morales, métaphysiques, et mettre les choses existantes en contradiction avec les possibles ?

3° Dieu est-il libre par rapport aux choses contingentes, c'est-à-dire peut-il les créer ou ne pas les créer, à son gré ; peut-il choisir, comme il lui plaît, les effets de la création, quand ils ne contredisent ni les essences éternelles des choses, ni la nature divine, ni les attributs de Dieu ?

De ces trois points, le seul controversé entre les catholiques et M. Cousin, c'est le dernier ; car pour les deux autres, nous sommes d'accord. Or, que dit M. Cousin sur le troisième point ? Que Dieu n'est pas plus libre de créer ou de ne pas créer et de déterminer les effets de sa création que de changer les essences éternelles et de se changer lui-même. Qu'objectent les catholiques à cette doctrine ? Qu'elle nie complètement la liberté divine et introduit un fatalisme divin qui aboutit au fatalisme universel. M. Cousin s'indigne de cette accusation et se met en devoir d'y répondre. Mais comment le fait-il ? Peut-être en prouvant qu'on a mal interprété ses paroles et qu'il admet le libre arbitre de Dieu dans l'ordre des choses contingentes ? Nullement, mais en accusant ses adversaires d'exagérer la liberté de Dieu et de l'étendre des choses contingentes aux choses nécessaires. Voyez comme sa manière de procéder est admirable ! Au lieu de se défendre comme accusé, l'illustre philosophe se fait accusateur ; et de quelle façon ! Les catholiques lui reprochent de faire la création nécessaire ; et il leur répond en disant que c'est là une calomnie, parce *qu'une puissance essentiellement créa-*

trice n'a pas pu ne pas créer. Les catholiques l'accusent d'ôter à Dieu la liberté dans les ordres contingents ; il répond que c'est souverainement faux, parce que ses adversaires étendent la liberté divine aux ordres nécessaires. Et quand même cela serait vrai, quand d'autres se tromperaient sur ce point, en serait-il moins certain par hasard que M. Cousin, en refusant à Dieu la libre détermination dans les choses contingentes, annulle complétement la liberté divine ? Mais quel est le critique orthodoxe de M. Cousin, qui professe la doctrine de Hobbes, la doctrine condamnée et combattue par Platon et par saint Thomas ? Qui est-ce qui a affirmé que la liberté de Dieu consiste dans le pouvoir d'altérer ses propres perfections ou les essences éternelles des choses, d'agir sur les choses contingentes d'une manière qui répugne à leur essence et aux perfections divines elles-mêmes. Tant s'en faut que les défenseurs de la liberté divine et de la liberté humaine puissent embrasser une doctrine si détestable, qu'elle est précisément tout opposée à celle qu'ils professent. Aussi ferai-je remarquer que Hobbes, Spinoza et tous les autres sophistes, qui ont combattu l'immutabilité du vrai moral, ont été fatalistes. Et M. Cousin, qui est panthéiste et fataliste, au moins par rapport à Dieu, devrait aussi être immoraliste, s'il était sincèrement attaché aux principes de son système. Mais je me hâte d'ajouter que, sur ce point, il rejette expressément les conséquences de sa théorie ; et que le droit sens et le caractère généreux de l'homme l'ont emporté chez lui sur la logique du philosophe. D'après la logique, en effet, on ne peut concilier la moralité avec le panthéisme ; car si la substantialité des phénomènes est la substance divine elle-même, le mal doit être rapporté à Dieu comme à son principe, et, dans ce cas, il n'y a plus de différence absolue entre le bien et le mal, et tout ce qui arrive, le juste comme l'injuste, étant l'œuvre de la divinité, est absolument bon ; c'est là précisément la doctrine de Spinoza. Si, au contraire, on admet la liberté, il faut nécessairement reconnaître une loi morale, immuable, parce que le libre arbitre suppose apodictiquement une règle éternelle qui en circonscrive l'exercice. Pour la liberté de Dieu, comme pour celle de l'homme, cette règle, c'est Dieu lui-même ; c'est-à-dire la perfection de sa nature et de son intelligence, qui comprend les essences éternelles et immuables des choses. Si Dieu pouvait s'opposer à ces deux ordres, loin d'être libre, il cesserait d'être Dieu et se détruirait lui-même. En un mot, celui qui admet la liberté dans la sphère des choses contingentes ne peut l'étendre aux choses nécessaires, l'immutabilité de celles-ci étant la base de la contingence de celles-là et du libre arbitre qui s'exerce sur elles.

« Mais allons à la racine du mal, à savoir, une théorie in-
» complète et vicieuse de la liberté. C'est ici qu'éclate la puis-
» sance de la psychologie. Toute erreur psychologique
» entraîne avec elle les plus graves erreurs ; et, pour s'être
» trompé sur la liberté de l'homme, on se trompe ensuite
» presque nécessairement sur la liberté de Dieu. »

L'erreur en psychologie peut être nuisible à l'ontologie, parce que toutes les vérités se tiennent. Mais on ne doit pas en inférer que la vérité psychologique suffise pour connaître la vérité ontologique et que le psychologisme ne soit pas intrinsèquement vicieux. Trop souvent les inductions psychologiques ont vicié l'ontologie, et M. Cousin, qui est un défenseur si ardent du psychologisme, pourrait nous en fournir plus d'un exemple. Mais ce point de philosophie est étranger à l'objet direct de ces considérations.

« Je crois avoir prouvé ailleurs, sans vaine subtilité, qu'il
» y a une distinction réelle entre le libre arbitre et la liberté.
» Le libre arbitre, c'est la volonté avec l'appareil de la déli-

» bération entre des partis divers et sous cette condition su-
» prême que, lorsqu'à la suite de la délibération on se résout
» à vouloir ceci ou cela, on a l'immédiate conscience d'avoir
» pu et de pouvoir encore vouloir le contraire. C'est dans la
» volonté et dans le cortége des phénomènes qui l'environnent
» que paraît plus énergiquement la liberté, mais elle n'y est
» point épuisée. Il est de rares et sublimes moments où la
» liberté est d'autant plus grande, qu'elle paraît moins aux
» yeux d'une observation superficielle. J'ai cité souvent
» l'exemple de d'Assas. D'Assas n'a pas délibéré; et pour cela
» d'Assas était-il moins libre, et n'a-t-il pas agi avec une en-
» tière liberté? Le saint qui, après le long et douloureux
» exercice de la vertu, en est arrivé à pratiquer, comme par
» nature, les actes de renoncement à soi-même qui répu-
» gnent le plus à la faiblesse humaine; le saint, pour être
» sorti des contradictions et des angoisses de cette forme de
» la liberté qu'on appelle la volonté, est-il donc tombé au-
» dessous, au lieu de s'être élevé au-dessus, et n'est-il plus
» qu'un instrument passif et aveugle de la grâce, comme
» l'ont voulu mal à propos, par une interprétation excessive
» de la doctrine augustinienne, et Luther et Calvin? Non, il
» reste libre encore; et loin de s'être évanouie, sa liberté en
» s'épurant s'est élevée et agrandie; de la forme humaine de
» la volonté, elle a passé à la forme presque divine de la spon-
» tanéité. La spontanéité est essentiellement libre, bien
» qu'elle ne soit accompagnée d'aucune délibération, et que
» souvent dans le rapide élan de son action inspirée elle s'é-
» chappe à elle-même, et laisse à peine une trace dans les
» profondeurs de la conscience. »

Il ne serait pas difficile de prouver que cette distinction entre la liberté spontanée et la liberté réfléchie n'est fondée sur rien; que la liberté de l'homme est toujours réfléchie, et par conséquent précédée de délibération; que si quelquefois le contraire paraît avoir lieu, cela vient de ce que la délibération est tellement prompte et instantanée, que l'homme ne se la rappelle pas; que la délibération est différente de l'hésitation et du combat, et que l'une peut être sans l'autre; que le saint, dont on nous parle ici, agit après délibération, bien qu'il n'ait plus à combattre, comme on le suppose, contre les mauvais penchants de la nature; qu'enfin si l'activité spontanée n'emporte aucune délibération, elle doit écarter aussi la connaissance de pouvoir faire le contraire de ce que l'on fait, et par conséquent exclure le libre arbitre, par lequel l'homme est exempt non-seulement de coaction et de violence, mais encore de toute nécessité intrinsèque à son ame. Mais comme la démonstration de tous ces divers points demanderait de longs développements, et qu'elle n'est point nécessaire à mon but, je m'en abstiendrai. Supposant donc que la distinction établie par M. Cousin soit vraie, voyons comment il s'en sert pour sauver la liberté divine.

« Transportons cette exacte psychologie dans la théodicée,
» et nous reconnaîtrons sans hypothèse, que la spontanéité
» est aussi la forme éminente de la liberté de Dieu. »

Quand même la psychologie de M. Cousin serait exacte, ce qui n'est pas, elle ne pourrait être transportée dans l'ontologie divine; car s'il peut y avoir quelque analogie entre les facultés de l'homme et les perfections divines, il ne saurait y avoir une similitude parfaite. Raisonner autrement, c'est tomber dans l'anthropomorphisme. L'idée que nous pouvons nous former de la liberté de Dieu est négative et non positive, générique et non spécifique; de là vient que l'on ne peut transporter en elle la forme spéciale de la liberté humaine, quels que soient les états qu'on suppose à cette dernière.

« Oui, certes, Dieu est libre; car, entre autres preuves, il

» serait absurde qu'il y eût moins dans la cause première que
» dans un de ses effets, l'humanité; Dieu est libre, mais non
» de cette liberté relative à notre double nature, et faite pour
» lutter contre la passion et l'erreur et engendrer péniblement
» la vertu et notre science imparfaite; il est libre d'une
» liberté relative à sa divine nature, c'est-à-dire illimitée,
» infinie, ne connaissant aucun obstacle. »

Je vais plus loin que M. Cousin, et je ne refuse pas seulement à Dieu cette liberté accompagnée de suspension entre le bien et le mal, de conflit entre la raison et les sens, et d'autres imperfections semblables; mais je lui refuse encore toute espèce de délibération ; car je serais fort embarrassé de concilier le moindre acte délibératif avec la perfection absolue de la nature divine, et le moindre raisonnement avec l'immanence de son éternité. Néanmoins, je ne dis pas que l'essence de la liberté divine consiste simplement à être *illimitée*, et exempte de *tout obstacle* ; car ces deux choses ne constituent pas encore la vraie liberté, qui emporte l'exemption non-seulement de toute limite et de tout obstacle, mais encore de toute fatalité intrinsèque à la nature de l'être qui la possède.

« La spontanéité la plus pure dans l'homme, ce que le
» christianisme appelle la liberté des enfants de Dieu, n'est
» encore qu'une ombre de la liberté de leur père. Entre le
» juste et l'injuste, entre le bien et le mal, entre la raison
» et son contraire, Dieu ne peut délibérer, ni par conséquent
» vouloir à notre manière. Conçoit-on, en effet, qu'il ait pu
» prendre ce que nous appellerons le mauvais parti ? Cette
» supposition seule est impie (*). »

Il faudrait être pieux et sage comme Alphonse X, pour

(*) *Fragm. phil.*, t. I, p xxiii, xxiv, xxv, xxvi.

dire que Dieu est libre, parce qu'il peut choisir *entre le juste et l'injuste, entre le bien et le mal, entre la raison et son contraire, et prendre le mauvais parti.* Mais tout ce passage de M. Cousin ne nous fait voir qu'une chose, en quoi ne peut consister la liberté divine ; il ne dit pas ni si elle existe, ni si elle trouve quelque objet sur lequel elle puisse s'exercer. Il prouve que Dieu ne peut avoir une liberté défectueuse ; mais il ne décide pas si une liberté parfaite convient à la nature divine. Pour bien comprendre quel est sur ce point le sentiment de l'illustre auteur, il faut recourir aux endroits où il expose la théorie de la liberté humaine, et surtout de cette sorte de liberté qu'il nomme spontanée, car cette dernière étant d'après lui une copie exacte de la liberté divine, elle pourra nous en donner une idée suffisante.

En plusieurs endroits de ses ouvrages, M. Cousin décrit la différence qu'il y a entre l'activité spontanée et l'activité réfléchie de l'esprit humain ; c'est un des points de prédilection de sa théorie, auquel il revient à chaque instant et auquel il s'arrête avec une certaine complaisance. Il est vrai que l'exposition qu'il en fait n'est pas toujours la même, et qu'on y remarque des différences notables ; mais si l'on y regarde bien, ces différences peuvent être conciliées, et il n'est même pas difficile d'en arriver là en comparant ce point spécial avec les principes généraux de la doctrine à laquelle il appartient. Pour éviter des longueurs superflues, je me bornerai à citer deux passages seulement, et je choisirai ceux qui me paraissent les plus précis et les plus propres à nous faire pénétrer dans la pensée de l'illustre écrivain.

« Le premier acte réfléchi n'est pas le fait primitif..... La
» réflexion ou la liberté est sans doute le plus haut degré de
» la vie intellectuelle ; la libre réflexion constitue seule notre
» véritable existence personnelle ; ce n'est que par la libre

» réflexion que nous nous appartenons à nous-mêmes, car
» c'est par elle seule que nous nous posons nous-mêmes;
» mais avant de nous poser, nous nous trouvons; avant de
» vouloir apercevoir, nous apercevons; avant d'agir libre-
» ment, nous agissons spontanément. L'action libre suppose
» la connaissance plus ou moins nette du résultat qu'on veut
» obtenir. Dans ce cas, la liberté ne peut être le fait primitif.
» Le mot liberté peut se prendre dans deux sens différents.
» Un acte libre peut se dire de celui qu'un être produit parce
» qu'il a voulu le produire; parce que se le représentant d'a-
» bord, sachant par expérience qu'il peut le produire, il lui
» a plu vouloir exercer, relativement à cet acte conçu d'a-
» vance, la puissance productive dont il se sait doué. Telle
» est la liberté proprement dite ou la volonté. Un être est en-
» core appelé libre, lorsque le principe de ses actes est en lui-
» même, et non dans un autre être, lorsque l'acte qu'il pro-
» duit est le développement d'une force qui lui appartient, et
» qui n'agit que par ses propres lois. Par exemple, lorsque
» une force extérieure pousse mon bras à mon insu ou malgré
» moi, ce mouvement de mon bras ne m'appartient pas; et
» si l'on veut appeler ce mouvement un acte, ce n'est point
» un acte libre dans aucun sens; le mouvement de mon bras
» tombe alors sous les lois de la mécanique extérieure; ce
» n'est point par mes propres lois individuelles que j'agis, ce
» n'est pas moi qui agis, c'est l'univers qui agit par moi.
» Mais lorsque, à l'occasion d'une affection organique, l'es-
» prit, entre d'abord en exercice par son énergie native, et
» produit un acte quelconque, je puis dire que l'esprit est
» libre en tant que l'affection organique est l'occasion exté-
» rieure et non le principe de son action, dont la raison est
» la puissance naturelle de l'esprit. C'est dans ce sens et non
» dans l'autre que toute action de l'esprit peut être appelée

» libre ; mais si, confondant les deux sens du mot liberté,
» confondant deux faits très distincts, on soutient que l'esprit
» est toujours libre de la liberté réfléchie, la réflexion sup-
» posant nécessairement une opération antérieure, il faut
» accorder que cette opération est réfléchie ou qu'elle ne
» l'est pas ; si elle ne l'est pas, voilà l'acte non réfléchi que
» l'on veut éviter ; et si elle est réfléchie, elle en présuppose
» une autre, laquelle, si on la suppose réfléchie, en suppose
» encore une autre toujours réfléchie ; et nous voilà dans un
» cercle insoluble (*). »

Sur ce passage, voici comment je raisonne : si l'activité réfléchie *constitue seule notre véritable existence personnelle* ; si c'est par elle seule que *nous nous appartenons à nous-mêmes ;* si elle possède seule la *connaissance plus ou moins nette du résultat que l'on veut obtenir ;* si toutes ces conditions de l'activité réfléchie ne peuvent en aucune manière se rencontrer dans l'activité spontanée qui la précède ; si l'activité spontanée ne peut être appelée libre qu'en tant qu'elle est le *développement d'une force qui lui appartient et qui n'agit qu'en vertu de ses propres lois ;* il s'ensuit que l'activité spontanée n'est pas libre dans le sens ordinaire de ce mot ; c'est-à-dire qu'elle est uniquement une liberté *a coactione,* comme parle l'école, et non une liberté *a necessitate.* Par conséquent, si l'auteur lui donne néanmoins le nom de libre, il le fait pour indiquer que le destin qui la détermine procède de la force même dans laquelle l'activité réside, et non d'une cause extrinsèque qui la contraigne ou qui la nécessite d'une manière quelconque. Ce sens, donné par M. Cousin au mot liberté, ne doit pas être perdu de vue

---

(*) *Fragm. phil.*, t. I, p. 359, 360, 361.

par le lecteur. Or, si vous appliquez à l'être absolu cette idée de la liberté spontanée de l'homme, que s'ensuit-il? Que Dieu est inexorablement gouverné dans toutes ses opérations par la nécessité de sa nature, et qu'il ne possède point de personnalité réelle. Telle est donc la liberté que l'illustre auteur accorde à la nature divine; liberté identique à celle que Spinoza lui-même accordait à son Dieu. Cette doctrine est véritablement épouvantable; mais on ne peut nier qu'elle ne soit en accord parfait avec les principes du panthéisme.

Le second passage que j'ai promis de citer est encore plus remarquable; il contient les mêmes idées, mais rendues avec plus de précision :

« Concevoir un but, délibérer, emporte l'idée de réflexion.
» La réflexion est donc la condition de tout acte volontaire, si
» tout acte volontaire suppose une préméditation de son objet et
» une délibération..... Mais une opération réfléchie peut-
» elle être une opération primitive? Vouloir c'est, sachant
» qu'on peut se résoudre et agir, délibérer si on se résoudra,
» si on agira de telle ou telle manière, et choisir en faveur de
» l'une ou de l'autre. Le résultat de ce choix, de cette déci-
» sion précédée de délibération et de préméditation est la voli-
» tion, effet immédiat de l'activité personnelle; mais pour se
» résoudre et agir ainsi, il fallait savoir qu'on pouvait se ré-
» soudre et agir, il fallait antérieurement s'être résolu, avoir
» agi autrement, sans délibération ni préméditation, c'est-à-
» dire sans réflexion. L'opération antérieure à la réflexion est
» la spontanéité. C'est un fait que même aujourd'hui nous
» agissons souvent sans avoir délibéré, et que la perception
» rationnelle nous découvrant spontanément l'acte à faire,
» l'activité personnelle entre aussi spontanément en exercice,
» et se résout d'abord, non par une impulsion étrangère,
» mais par une sorte d'inspiration immédiate, supérieure à la

» réflexion et souvent meilleure qu'elle. Le *qu'il mourût* du
» vieil Horace, le *à moi, Auvergne!* du brave d'Assas ne
» sont pas des élans aveugles, et par conséquent dépourvus
» de moralité ; mais ce n'est pas non plus au raisonnement et
» à la réflexion que l'héroïsme les emprunte. Le phénomène
» de l'activité spontanée est donc tout aussi réel que celui de
» l'activité volontaire (*). »

L'activité réfléchie est donc celle qui *conçoit un but, prédétermine son objet, opère volontairement, a la conscience de pouvoir se résoudre, délibère et choisit.* Toutes ces qualités sont propres à l'activité réfléchie ou volontaire et doivent par conséquent être refusées à l'activité spontanée, d'après l'opinion exprimée dans le passage cité précédemment.

Après quelques réflexions qui n'ont pour nous aucune importance, sur l'obscurité propre à l'acte spontané, l'auteur poursuit en ces termes :

« La réflexion en principe et en fait suppose et suit la
» spontanéité ; mais comme il ne peut y avoir rien de plus
» spontané, tout ce que nous avons dit de l'un s'applique à
» l'autre, et quoique la spontanéité ne soit accompagnée ni
» de prédétermination ni de délibération, elle n'est pas moins
» comme la volonté une puissance réelle d'action et par con-
» séquent une cause productrice et par conséquent person-
» nelle. La spontanéité contient donc tout ce que contient la
» volonté, et elle le contient antérieurement à elle, sous une
» forme moins déterminée, mais plus pure, ce qui élève en-
» core la source immédiate de la causalité et du moi. »

Si nous comparons ces paroles avec le passage des *Fragments* déjà cité, nous y trouverons quelques contradictions,

---

(*) *Fragm. phil.*, t. I, p. 66, 67.

au moins apparentes. En effet, dans le premier passage on enseignait que la liberté proprement dite, la liberté *a necessitate* ne se trouve point dans l'acte spontané; ici on nous affirme que toutes les qualités de l'activité réfléchie existent déjà dans l'activité spontanée. Comment accorder tout cela? Devons-nous dire que l'activité réfléchie est fatale comme l'activité spontanée, ou que celle-ci est libre comme celle-là? — Autre contradiction : l'activité spontanée est dépourvue de *personnalité véritable*, selon le premier passage; d'après le second, elle est douée d'une subsistance personnelle. En somme, la première citation nous présente la spontanéité comme impersonnelle et fatale; la seconde nous la montre au contraire comme personnelle et libre. Si nous recourons aux principes du panthéisme, il n'y a pas de doute que la première citation ne soit la plus digne de foi, puisqu'elle est la seule conforme à ces principes.

En effet, s'il n'y a qu'une substance, c'est à elle, comme au principe unique et immédiat que doivent se rapporter toutes les opérations de l'homme, et par conséquent elles ne peuvent être ni personnelles ni libres. Mais, dans ce cas, il nous reste à voir si l'on peut expliquer la contradiction entre les deux passages; car la saine critique exige que l'on n'admette de contradiction entre les idées d'un auteur, que quand il est impossible de l'expliquer par quelque interprétation. Or, la seule manière de concilier ici les choses, c'est de dire qu'en refusant à l'activité humaine la personnalité et la liberté, M. Cousin parle d'une personnalité et d'une liberté substantielles et réelles; et qu'en les lui accordant, il entend une personnalité et une liberté phénoménales, c'est-à-dire apparentes. Cette explication admise, il n'y aurait plus aucune différence fondamentale entre les deux activités; elles seraient l'une et l'autre personnelles et libres en apparence, mais impersonnelles et nécessaires en effet. Et ainsi se vérifierait ce que nous avions conjecturé par avance, que l'illustre auteur ne donne à l'homme même qu'un fantôme de liberté, et que son fatalisme est véritablement universel. Si, dans d'autres endroits, comme par exemple dans la réfutation de Locke, il semble reconnaître dans l'homme une véritable liberté, cela ne prouve pas grand'chose, parce qu'alors il examine la question au point de vue purement psychologique; or, les données psychologiques n'ont de valeur qu'autant qu'elles sont déterminées et confirmées par les principes ontologiques; car l'ontologie est la science des réalités, et la psychologie ne s'occupe que de purs phénomènes. L'explication que nous donnons ici n'a pas seulement le mérite d'être la seule qui s'accorde avec l'ontologie de l'auteur et avec les dogmes panthéistiques, elle est encore confirmée par la suite du passage que nous avons commencé à examiner. Continuons de lire :

« Le moi est déjà avec la puissance productrice, qui le
» caractérise dans l'éclair de la spontanéité, et c'est dans cet
» éclair instantané qu'il se saisit instantanément lui-même.
» On pourrait dire qu'il se trouve dans la spontanéité et que
» dans la réflexion il se constitue. Le moi, dit Fichte, se
» pose lui-même dans une détermination volontaire. Ce
» point de vue est celui de la réflexion..... Avant la réflexion
» et le fait à la description duquel Fichte a pour jamais atta-
» ché son nom, est une opération dans laquelle le moi se
» trouve sans s'être cherché, se pose si l'on veut, mais sans
» avoir voulu se poser, par la seule vertu et l'énergie propre
» de l'activité qu'il reconnaît lui-même en la manifestant, mais
» sans l'avoir connue d'avance; car l'activité ne se révèle à
» elle-même que par ses actes, et le premier a dû être l'effet
» d'une puissance qui jusque-là s'était ignorée elle-même. »

L'acte spontané est donc l'effet d'une force énergique dépourvue de conscience et par conséquent de personnalité. La connaissance de soi-même et la personnalité viennent après l'acte spontané et ne le précèdent pas. Elles n'en sont ni la cause ni la condition, mais l'effet. Or, si dans l'acte réfléchi il n'y a rien de réel qui ne se trouve déjà dans l'acte spontané, il s'ensuit que la conscience et la personnalité sont de purs phénomènes.

« Quelle est donc cette puissance qui ne se révèle que par
» ses actes, qui se trouve et s'aperçoit dans la spontanéité, se
» retrouve et se réfléchit dans la volonté ? Spontanés ou vo-
» lontaires, tous les actes personnels ont cela de commun,
» qu'ils se rapportent immédiatement à une cause qui a son
» point de départ uniquement en elle-même, c'est-à-dire
» qu'ils sont libres ; telle est la notion propre de la liberté. »

Si la *notion propre de la liberté* n'implique pas autre chose, elle exclut non pas la nécessité intrinsèque de l'agent, mais seulement la violence extérieure. Un agent sera donc essentiellement libre, bien que nécessité par les lois de sa propre nature, quand il ne dépend que de lui-même, quand on ne fait point violence à sa faculté d'agir. Voilà enfin en quoi consiste l'indéterminisme de M. Cousin. La liberté humaine sous toutes ses formes, et par conséquent la liberté divine, n'excluent réellement que la violence extérieure. Quand donc nous entendrons dorénavant M. Cousin nous dire que l'homme est libre, et qu'il se fera le champion du libre arbitre, nous saurons quelle est la valeur qu'il faut attribuer à ses paroles.

Mais il poursuit en dévoilant plus clairement sa pensée :

« La liberté ne peut être seulement la volonté, car alors la
» spontanéité ne serait pas libre ; et d'un autre côté la liberté
» ne peut être seulement la spontanéité, car la volonté ne
» serait plus libre à son tour. Si donc les deux phénomènes

» sont également libres, ils ne peuvent l'être qu'à la condi-
» tion qu'on retranchera à la notion de liberté ce qui appar-
» tient exclusivement à l'un et à l'autre des deux phénomènes,
» et qu'on ne lui laissera que ce qu'ils ont de commun. Or,
» qu'ont-ils de commun, sinon d'avoir leur point de départ en
» eux-mêmes et de se rapporter immédiatement à une cause
» qui est leur cause propre, et n'agit que par sa propre
» énergie? La liberté étant le caractère commun de la
» spontanéité et de la volonté, comprend sous elle ces deux
» phénomènes; elle doit avoir et elle a par conséquent quel-
» que chose de plus général qu'eux, et qui constitue leur
» identité..... Parce que l'expression de libre arbitre implique
» l'idée de choix, de comparaison et de réflexion, on a imposé
» ces conditions à la liberté, dont le libre arbitre n'est qu'une
» forme; le libre arbitre c'est la volonté libre, c'est-à-dire la
» volonté; mais la volonté est si peu adéquate à la liberté,
» que la langue même lui donne l'épithète de libre, la rappor-
» tant ainsi à quelque chose de plus général qu'elle-même. Il
» en faut dire autant de la spontanéité. Dégagée de l'appa-
» reil plus ou moins tardif de la réflexion, de la comparaison
» et de la délibération, la spontanéité manifeste la liberté
» sous une forme plus pure, mais elle n'est qu'une forme de
» la liberté, et non la liberté tout entière : l'idée fondamen-
» tale de la liberté est celle d'une puissance, qui, sous quelque
» forme qu'elle agisse, n'agit que par une énergie qui lui est
» propre (*). »

Il faut donc distinguer dans la liberté le réel du phénoménal. Le réel est ce qu'il y a de *commun* et *d'identique*
dans les deux formes de notre activité; le phénoménal est

(*) *Fragm. phil.*, tom. I, p. 68, 69, 70.

ce qui les distingue l'une de l'autre. La spontanéité et la réflexion sont de purs phénomènes, sauf l'élément auquel elles participent toutes les deux. Or, cet élément consiste en ce que l'être libre *n'opère* que *par une énergie à lui propre*; ce qui veut dire que l'être libre est une force véritable, ayant en soi et non pas hors de soi le principe de ses actions. C'est en cela et en cela seul que repose *l'idée fondamentale de la liberté*. La faculté d'agir ou de ne pas agir, de faire le contraire de ce que l'on fait, c'est-à-dire *le libre arbitre, la volonté libre*, n'appartient pas à la substance de la liberté, et par conséquent ne se trouve pas dans *sa forme la plus pure*, c'est-à-dire dans l'activité spontanée. Que si elle semble exister dans l'activité réfléchie, c'est un pur phénomène, une apparence.

Cette puissance, cette force, cette énergie qui a en soi le principe de ses actions, qui ne dépend en agissant d'aucun moteur extrinsèque, mais qui est déterminée par les lois de sa propre nature, ne peut être, selon le panthéisme que professe M. Cousin, autre chose que la substance unique, la cause substantielle, Dieu. Il répugnerait, en effet, à ses principes qu'il y eût dans l'univers une autre activité réelle; car l'idée d'activité est inséparable de celle de substance; l'activité est la substance causante, la substance en acte. Cette doctrine est tellement liée avec le reste du système, que nous pourrions l'attribuer à l'illustre auteur sans courir le risque de le calomnier; mais il a pris lui-même la peine de rassurer les interprètes les plus scrupuleux en poursuivant ainsi :

« Si la liberté est distincte des phénomènes libres, le carac-
» tère de tout phénomène étant d'être plus ou moins déter-
» miné, mais de l'être toujours, il suit que le caractère propre
» de la liberté dans son contraste avec les phénomènes li-

» bres est l'indétermination. La liberté n'est donc pas une
» forme de l'activité, mais l'activité en soi, l'activité indéter-
» minée qui, précisément à ce titre, se détermine sous une
» forme ou sous une autre. D'où il suit encore que le moi ou
» l'activité personnelle, spontanée et réfléchie, ne représente
» que le déterminé de l'activité personnelle, spontanée et ré-
» fléchie, ne représente que le déterminé de l'activité, mais
» non son essence. La liberté est l'idéal du moi ; le moi doit
» y tendre sans cesse sans y arriver jamais ; il en participe,
» mais il n'est point elle. Il est la liberté en acte, non la
» liberté en puissance ; c'est une cause, mais une cause phé-
» noménale et non substantielle, relative et non absolue. Le
» moi absolu de Fichte est une contradiction. Il implique que
» rien d'absolu et de substantiel ne se rencontre dans quoi
» que ce soit de déterminé, c'est-à-dire de phénoménal. En
» fait d'activité, la substance ne peut donc se trouver qu'en
» dehors et au-dessus de toute activité phénoménale, dans
» la puissance non encore passée à l'action, dans l'indéter-
» miné capable de se déterminer par soi-même, dans la liberté
» dégagée de ses formes, qui, en la déterminant, la limitent.
» Nous voilà donc, dans l'analyse du *moi*, arrivés encore par
» la psychologie à une nouvelle face de l'ontologie, à une
» activité substantielle, antérieure et supérieure à toute acti-
» vité phénoménale, qui produit tous les phénomènes de
» l'activité, leur survit à tous, et les renouvelle tous, immor-
» telle et inépuisable dans la défaillance de ses modes tempo-
» raires. Et encore, chose admirable, cette activité absolue
» affecte dans son développement deux formes parallèles à
» celles de la raison, savoir : la spontanéité et la réflexion. Ces
» deux moments se retrouvent dans une sphère comme dans
» l'autre, et le principe de l'une comme de l'autre est toujours
» une causalité substantielle. L'activivité et la raison, la

» liberté et l'intelligence se pénètrent donc intimement dans
» l'unité de substance (*). ».

Pourrait-on s'exprimer plus clairement ? Après de telles
paroles, que Spinoza adopterait volontiers, direz-vous encore,
M. Cousin, que vous n'êtes point panthéiste ? que vous n'excluez point les substances finies ? que vous considérez l'ame humaine comme une force distincte et libre ? que si vous admettez une substance unique, ce n'est que dans le sens que vous appelez platonique ? Vous glorifierez-vous encore de votre indéterminisme ? Si les actes libres des hommes ne sont que *phénomènes; si le caractère propre de la liberté est l'indétermination*; si la liberté est *l'activité en soi, l'activité indéterminée*; si cette activité indéterminée *n'est point personnelle*; si elle est *l'essence* même de l'activité ; si elle est *l'idéal de l'ame humaine*, auquel cette même ame *participe* seulement; si elle est *la cause substantielle et absolue*; si elle est *une activité substantielle, antérieure et supérieure à toute activité phénoménale*; si elle produit *tous les phénomènes de l'activité* phénoménale, *leur survit et les renouvelle*; si elle est *immortelle et inépuisable, tandis que ses modes temporaires se dissipent*; si en elle réside *le principe de la spontanéité et de la réflexion, de l'activité et de la raison, de la liberté et de l'intelligence humaine*; si ces qualités *se pénètrent intimement dans l'unité de la substance*; si *l'ame (le moi)*, est la *liberté en acte, et non la liberté en puissance*; si elle n'est autre chose qu'une *cause phénoménale*, que *la détermination de l'indéterminé*; si cette détermination dérive de l'activité absolue capable *de se déterminer par elle-*

(*) *Fragm. phil.*, t. I, p. 70, 71.

même; si enfin l'ame est le composé des *formes qui déterminent et limitent la liberté* absolue et *séparée de toute forme et de toute détermination*; comment pourrez-vous encore assurer que l'homme possède une activité qui lui soit propre, et que sa liberté se distingue de celle de Dieu? Les actions de l'homme sont donc divines, le péché vient donc de Dieu comme la vertu; bien plus, il est seulement l'œuvre de Dieu, parce que l'homme, ne possédant aucune espèce d'activité substantielle, ne peut réellement concourir à la production des actes qu'il s'attribue. Quel est le fataliste qui ne serait pas satisfait de cette doctrine? ou bien encore, quel est le panthéiste qui pourrait en imaginer une plus rigoureusement conforme à son propre système?

Mais, direz-vous, de tout cela il suit seulement que l'homme n'est pas libre d'une liberté propre; il ne s'ensuit pas que j'introduise le fatalisme en Dieu, puisque la liberté que j'enlève à l'homme, je la rends à Dieu. Or, il s'agit ici de la liberté divine et non de celle de l'homme; la première est la seule que je doive mettre à couvert pour ne pas m'exposer au reproche de rendre la création nécessaire et fatale. Que j'admette une telle liberté, c'est ce qui résulte de la définition même que j'en donne ici, puisque j'en place l'essence dans une *activité indéterminée*, dans *l'indétermination*, dans *l'indéterminé capable de se déterminer par lui-même*. Que dois-je dire de plus pour être théologien indéterministe, puisque, plus libéral que vous, je donne à mon Dieu la liberté de l'homme, et je l'enrichis du libre arbitre de ses créatures?

En mettant dans la bouche de M. Cousin ce raisonnement ridicule, je ne veux point en conclure qu'il soit capable de le tenir; mais je veux montrer que s'il voulait, après ce qu'il a dit, s'obstiner à maintenir la liberté divine, il ne pourrait argumenter d'une manière plus sérieuse. Il est de fait qu'en examinant les divers passages où il parle des deux activités, de celle de Dieu et de celle de l'homme, il pourrait sacrifier tantôt la seconde à la première, tantôt la première à la seconde ; de sorte qu'avec des citations isolées il pourrait, comme la chauve-souris de Lafontaine, contenter tout le monde. Mais si on rassemble les textes séparés et si on les compare avec les principes de la doctrine, toute contradiction disparaît et l'on voit que le déterminisme de l'auteur ne saurait être ni plus net, ni plus universel qu'il ne l'est en effet. Ainsi, par exemple, dans le passage cité, la liberté divine est dite *en puissance*, relativement aux nouvelles déterminations actuelles et phénoménales dont elle se revêt successivement dans les créatures ; mais cette liberté potentielle est en elle-même *une activité substantielle, antérieure et supérieure à toute activité phénoménale ; elle est une puissance qui agit en vertu de sa propre énergie.* L'indétermination assignée à cette puissance ne regarde que les formes nouvelles qu'elle prend dans la succession des temps, les nouvelles apparitions phénoménales sous lesquelles elle se montre, les nouvelles personnalités apparentes dans lesquelles elle s'incarne en se produisant au-dehors. Mais, comme d'un côté elle est essentiellement créatrice, essentiellement cause, quoiqu'elle se détermine d'elle-même, elle ne pourrait pas ne pas se déterminer, et ses déterminations sont nécessitées par sa propre nature ; d'un autre côté, la création étant éternelle, l'indétermination est seulement relative, et regarde les nouveaux phénomènes qui seront produits successivement, et non ceux qui sont produits actuellement ou qui l'ont été dans un temps antérieur et infini. Si l'on prend ces phénomènes en masse, ils présupposent dans l'activité productrice une détermination absolue, intrinsèque à son essence. Si le lecteur se rappelle les différents passages que j'ai cités, dans lesquels M. Cousin considère Dieu comme substance unique et comme cause, il ne pourra douter que ce ne soit là l'opinion véritable du philosophe français, et que la seule liberté accordée par lui à l'Etre absolu, ne soit celle d'obéir nécessairement aux lois de sa propre nature, ce qui forme, précisément, selon lui, l'essence de la liberté.

Après avoir ainsi déterminé l'idée que l'auteur se fait de la liberté divine, au moyen de l'étude de la liberté de l'homme, reprenons la suite de sa justification.

« Conçoit-on en effet, dit-il, qu'il (Dieu) ait pu prendre
» ce que nous appellerons le mauvais parti ? Cette supposi-
» tion seule est impie. Il faut donc admettre que, quand il
» a pris le parti contraire, il a agi librement, sans doute,
» mais non pas arbitrairement, et avec la conscience d'avoir
» pu choisir l'autre parti. »

Si Dieu avait rejeté *librement* le mauvais parti, il serait faux de dire *qu'il n'eût pas eu la conscience d'avoir pu le choisir* ; puisque liberté et puissance de vouloir le contraire de ce que l'on veut, sont inséparables dans le sens habituel du mot liberté. Mais la liberté de Dieu ne consiste pas à *embrasser* ou à pouvoir embrasser *le mauvais parti*, ni à l'éviter ; mais bien à choisir dans le nombre infini de bons partis possibles.

« Sa nature toute puissante, toute juste, toute sage, s'est
» développée avec cette spontanéité qui contient la liberté tout
» entière, et exclut à la fois les efforts et les misères de la
» volonté et l'opération mécanique de la nécessité. »

Que veut dire cette dernière phrase ? Si, par *opération mécanique de la nécessité*, l'auteur entend la dépendance nécessaire de sa propre nature, nous avons vu que la spontanéité selon lui, loin de l'*exclure*, la suppose.

« Tel est le principe et le vrai caractère de l'action divine.
» Otez le principe; prenez l'action en elle-même, pour ainsi
» dire dans son mode extérieur; vous avez ce qu'on appelle
» l'action de la nature dans sa régularité puissante, c'est-à-
» dire la fatalité. La nature est l'image de Dieu; le *fatum* est
» la Providence elle-même rendue visible, devant laquelle il
» faut s'incliner encore, mais en la rapportant en esprit et en
» vérité à son principe, à cette source ineffable où les perfec-
» tions divines se confondent dans cette unité merveilleuse,
» que la science humaine n'aborde guère que pour la dé-
» composer à son usage, et la soumettre ainsi à la diversité
» des points de vue et aux contradictions des théologiens et
» des philosophes. *O altitudo* (*) ! »

Que, par rapport à nous, la nature soit fatale, en ce sens que nous ne pouvons altérer la moindre de ses lois, cela est hors de doute, mais trop vulgaire peut-être pour en faire mention; car en substance cela signifie que l'homme étant, comme être organique, une parcelle de l'univers sensible, ne peut rien contre l'ordre qui gouverne le tout. Mais les paroles de notre auteur vont beaucoup plus loin et signifient, d'après les antécédents, que la nature est fatale, non-seulement à notre égard, mais en elle-même. En effet, examinons la marche de notre philosophe.

La nature est la variété phénoménale dans laquelle l'unité absolue se développe en vertu de sa propre essence. L'action par laquelle l'unité engendre la variété est aussi nécessaire que l'unité elle-même, qui ne serait pas réellement, qui ne saurait être, si elle n'était causante, si elle ne se répandait au-dehors par la création. L'unité produit la variété par un acte spontané qui précède l'intelligence; celle-ci est l'effet de

(*) *Fragm. phil.*, t. I, p. XXVI, XXVII.

cet acte éternel, et par conséquent elle l'accompagne nécessairement. L'unité produisant la variété par une impulsion spontanée, mais nécessaire, de sa propre essence, et en ayant conscience, est la Providence. Si l'on considère, par l'abstraction, la variété en elle-même, distinctement de l'unité qui la produit et de l'intelligence absolue qui la contemple, elle prend le nom de destin. Quelle est donc, d'après notre philosophe, la différence qui distingue le destin de la Providence? La Providence, c'est la nature par rapport à l'intelligence de l'unité qui produit; le destin, c'est la nature séparée par abstraction de l'intelligence qui produit. La nécessité est commune à l'un et à l'autre; mais dans la Providence elle est intelligente, dans le destin elle est aveugle. On voit donc que si par destin on entend une simple nécessité, selon le langage commun, l'épithète de *fatale* convient, selon l'illustre auteur, à la nature en elle-même et à la Providence. Aussi quand il nous dit que *la nature est l'image de Dieu*, et que le *fatum* c'est *la Providence elle-même rendue visible*, ces locutions ne doivent pas être prises dans un sens large, mais à la lettre. Les paroles par lesquelles l'auteur termine sa défense et son aperçu sur la *diversité des points de vue* et sur les *contradictions des philosophes et des théologiens* qui se disputent tour à tour *l'unité* absolue pour avoir le plaisir de la *décomposer à leur usage*, ne sont autre chose qu'une allusion peu sérieuse au rationalisme théologique dont nous parlerons plus tard. Il serait à désirer que l'écrivain se fût abstenu de corroborer son allusion par la citation inopportune d'un texte de saint Paul, lequel suffirait pour réfuter le rationalisme; car, si ce système était vrai, il n'y aurait pas lieu de s'écrier avec l'Apôtre: *O altitudo !*

Les preuves données jusqu'ici du panthéisme de M. Cousin sont directes, attendu qu'elles sont tirées de passages qui expriment les points fondamentaux de son système. Je pourrais ajouter des preuves indirectes, en examinant les différentes parties des doctrines philosophiques de l'auteur, et en faisant voir comment plusieurs d'entre elles se rapportent à l'ontologie panthéistique, s'expliquent par elle et sont une confirmation de notre exposition ; mais ce travail serait trop long et tout-à-fait superflu. La critique que j'ai faite suffit pour éclaircir et mettre dans tout son jour la doctrine de notre auteur; les personnes qui liront ses ouvrages pourront facilement compléter ce travail. Toutefois, avant de terminer ce chapitre, je crois qu'il n'est pas inutile de faire remarquer que, dans les ouvrages de M. Cousin, il se trouve beaucoup de passages qui, pris séparément, peuvent avoir un sens orthodoxe, tandis qu'ils sentent le panthéisme si on les rapproche des principes du livre où ils se trouvent. Et, pour ne pas être induit en erreur, il faut apporter sur ce point la plus grande attention. Citons un exemple :

« Tout homme, s'il se sait, sait tout le reste, la nature et » Dieu en même temps que lui-même. Tout homme croit à » son existence, donc tout homme croit au monde et à Dieu; » tout homme pense, donc tout homme pense Dieu, si l'on » peut s'exprimer ainsi ; toute proposition humaine, réflé- » chissant la conscience, réfléchit l'idée de l'unité et de l'être, » essentielle à la conscience : donc toute proposition humaine » renferme Dieu; tout homme qui parle parle de Dieu, et » toute parole est un acte de foi et un hymne. L'athéisme est » une formule vide, une négation sans réalité, une abstrac- » tion de l'esprit qui se détruit elle-même en s'affirmant, car » toute affirmation, même négative, est un jugement qui ren- » ferme l'idée d'être et par conséquent Dieu tout entier (*). »

(*) *Frag. phil.*, t. I, p. 77, et *Int. à l'hist. de la phil.*, leç. 6, p. 316 et 317.

Et ailleurs :

« Dans le point de vue actuel de l'esprit humain, par la
» force de l'abstraction, nous pouvons séparer l'idée de l'être ;
» mais dans le point de vue primitif, l'idée et l'être ne sont
» pas désunis. Pour savoir si quelqu'un croit en Dieu, je lui
» demanderai s'il croit à la vérité. D'où il suit qu'il n'y a
» point d'athée, que la théologie naturelle n'est que l'ontologie,
» et que l'ontologie elle-même est donnée dans la psycho-
» logie. La vraie religion n'est que ce mot ajouté à l'idée de
» la vérité : *elle est* (*). Soit qu'on monte de la nature et de
» l'homme à la vérité, et de la vérité à Dieu, soit qu'on re-
» descende de Dieu à la vérité, et de la vérité à l'homme et
» à la nature, partout Dieu se rencontre : il suffit donc de
» reconnaître une seule de ces choses pour reconnaître Dieu.
» Il n'existe pas d'athée (**). »

Ces considérations peuvent avoir un sens vrai, profond même, beau, magnifique et très digne d'un philosophe. L'omniprésence ou l'universalité de l'idée de Dieu est une vérité qui fut et qui est encore trop souvent oubliée de ceux qui se mêlent de philosopher. La notion de l'être, non de l'être abstrait comme le veut Rosmini, mais de l'être concret et absolu, tel que l'entendaient saint Bonaventure et Malebranche, est toujours présente à notre esprit, fait rayonner en lui cette lumière intellectuelle qui éclaire spirituellement toutes choses et produit sa vie intelligente. Sous ce rapport, non-seulement la philosophie, mais la science en général est la science de Dieu ; et de même que la nature divine est immense dans le champ de l'existence, de même dans l'ordre de

---

(*) *Cours de phil. de l'an* 1818, leçon 38.
(**) *Ibid.*, leçon 14.

la science l'idée divine est infinie. Ces idées sont vraies, nobles, capables de ravir et d'enthousiasmer les grandes intelligences. Mais pour qu'elles ne dégénèrent pas en panthéisme, il faut qu'elles soient fondées sur des principes véritables, parmi lesquels le plus capital est la distinction de l'*être* d'avec l'*existant* (*). Or, notre auteur, comme tous les panthéistes, confond expressément l'idée d'*être* avec celle de *substance* (**) et avec celle d'*existence* (***) ; de là vient que, quand il appelle Dieu *l'être de tout être* ou *l'être des êtres*, sa phrase signifie en réalité tout autre chose que ce qu'elle semble dire. L'apparence de platonisme des passages que nous avons cités et d'autres semblables, ne doit pourtant pas faire illusion à quiconque examine le contexte et remonte aux principes de l'auteur. Ce qui est sublime, parce que c'est vrai, dans le sens du théisme, devient faux et trivial dans celui du panthéisme ; en effet, c'est une argutie assez plate de dire que l'athéisme est impossible, et que toute pensée, toute parole humaine contient l'affirmation de Dieu, si, sous ce nom de Dieu, on entend tout l'univers considéré comme une forme phénoménale de la substance unique. Et cependant M. Cousin lui-même prend soin quelquefois de parler de telle manière que les lecteurs les moins clairvoyants ne peuvent se tromper sur sa doctrine. Ainsi, par exemple, après le dernier des passages que nous avons cités, il poursuit en ces termes :

« Celui qui aurait étudié toutes les lois de la physique et
» de la chimie, lors même qu'il ne résumerait pas son savoir
» sous la dénomination de vérité divine ou de Dieu, celui-là
» serait cependant plus religieux, ou si vous voulez, en sau-

---

(*) *Fragm. phil.*, t. I, p. 307, etc.
(**) *Ibid.*, p. 63, 75.
(***) *Ibid.*, p. 15, 78.

» rait plus sur Dieu qu'un autre qui, après avoir parcouru
» deux ou trois principes, soit celui de la raison suffisante, soit
» le principe de causalité, en aurait sur-le-champ formé un
» total qu'il aurait appelé Dieu. Il ne s'agit point d'adorer un
» nom, Theos, Zeus, *Deus*, Dieu, etc., mais de renfermer sous
» ce titre le plus de vérités possibles, puisque c'est la vérité
» qui est la manifestation de Dieu. Etudiez la nature, que la
» philosophie est trop portée à dédaigner, ne vous arrêtez
» pas à ce qu'elle contient de variable, car il n'y a pas de
» science de ce qui passe ; mais élevez-vous aux lois qui ré-
» gissent la nature et qui font d'elle une vérité vivante, une
» vérité devenue active, sensible, en un mot, Dieu dans la
» matière ; approfondissez donc la nature : plus vous vous pé-
» nétrerez de ses lois, plus vous approcherez de l'esprit divin
» qui l'anime (*). »

Comment ! Platon, saint Augustin, saint Anselme, saint Thomas en surent moins sur la divinité et furent moins religieux qu'un savant matérialiste de nos jours, parce que, au temps où ils vécurent, on savait peu de chimie et de physique ? Si Dieu est dans tout ce qui peut être su, et présent partout aux esprits comme vérité, la vérité ne consiste donc pas dans les phénomènes sensibles, dans les réalités contingentes, mais dans les idées absolues, et les premières ne peuvent s'appeler vraies qu'autant qu'elles participent des secondes. M. Cousin, en nous accordant qu'il n'y a point *de science de ce qui passe*, ne s'est pas aperçu que les lois les plus générales et les plus constantes de la nature sont toutes transitoires et n'ont par elles-mêmes rien de commun avec les vérités immuables et éternelles. Ebloui par le faux éclat de ce pan-

---

(*) *Cours de phil.* de l'an 1818, leçon 14.

théisme allemand qui déifie la nature, il ne lui répugne pas de considérer cette même nature comme Dieu rendu sensible et vivant, comme *Dieu dans la matière*, expression qui, prise à la lettre, selon l'usage des panthéistes modernes, suffirait pour faire rougir de cette nouvelle philosophie.

CHAPITRE DEUXIÈME.

DANS QUELQUES ENDROITS DE SES OUVRAGES, M. COUSIN S'EXPRIME AVEC AMBIGUÏTÉ SUR L'IMMORTALITÉ DE L'AME.

En reprochant à M. Cousin d'avoir parlé avec peu d'exactitude, je ne songe pas à l'accuser de nier ou de révoquer en doute une vérité aussi importante que celle dont je m'occupe en ce moment. Je suis heureux au contraire de pouvoir avouer expressément qu'il la reconnaît et l'établit, dans les termes les plus formels, en divers lieux de ses ouvrages. Toutefois, il n'en est pas moins vrai que le dogme consolateur de l'immortalité de l'ame ne se peut concilier avec un panthéisme rigoureux, comme nous le montrerons bientôt, et que le panthéiste ne peut, sur ce point, différer du matérialiste, qu'en se mettant en contradiction avec les principes de son propre système. Or, quand un auteur se met en désaccord avec lui-même, il est difficile que son langage soit toujours uniforme, net et précis ; il est difficile qu'en professant des doctrines qui se répugnent, il en maintienne constamment l'intégrité ; qu'il ne cherche pas quelquefois à en pallier la contradiction en leur ôtant de leur rigueur ; que la logique ne l'emporte pas de temps en temps sur de généreux instincts et sur de bonnes intentions ; qu'enfin le langage ne trahisse pas au-dehors le combat que se livrent intérieurement les pensées. Voilà, ce me semble, ce qui est arrivé à M. Cousin dans quelques parties de ses ouvrages où il parle de l'immortalité de l'ame. Pour justifier ce que j'avance, examinons attentivement les paroles de cet auteur.

Dans le sommaire du Phédon, il réduit à quelques mots la substance de ce dialogue, et il raisonne ainsi :

« Il y a incontestablement en nous un principe qui se re-
» connaît et se proclame lui-même, dans le sentiment de tout
» acte raisonnable et libre, étranger et supérieur à son orga-
» nisation corporelle, et par conséquent capable de lui sur-
» vivre ; un principe qui une fois dégagé de l'enveloppe
» extérieure dont il se distingue, et rendu à lui-même, se
» réunit au principe éternel et universel dont il émane. Mais
» alors que devient-il ? retient-il la conscience de lui-même ?
» peut-il connaître encore le plaisir et la peine ? soutient-il
» des rapports avec les autres principes semblables à lui ?
» enfin quelle destinée lui est réservée ? C'est là un autre
» problème qu'on ne peut guère résoudre affirmativement
» d'une manière absolue, et sur lequel la philosophie est à
» peu près réduite à la probabilité. En effet, si le principe
» intellectuel, pris substantiellement, est à l'abri de la mort,
» il ne s'ensuit pas que le *moi*, qui n'est pas la substance,
» et qui n'en est peut-être qu'une forme sublime, participe
» aussi de son immortalité ; et la raison dans ses recherches
» les plus profondes, dans ses intuitions les plus vives et les

» plus intimes, peut bien nous faire connaître l'essence du
» principe qui nous constitue et sa forme actuelle, avec les
» conditions réelles de sa manifestation et de son développe-
» ment, mais sans pouvoir nous révéler certainement ni les
» formes que ce principe a pu revêtir déjà, ni celles que lui
» garde l'impénétrable avenir. Tel est en résumé, tout le sys-
» tème du *Phédon;* il repose sur la distinction sévère et pro-
» fonde qui sépare le domaine de la raison de celui de la foi ;
» la certitude de l'espérance. De là, deux parties dans le
» *Phédon* : la première, qui, embrassant les trois quarts du
» dialogue, présente une chaîne d'analyses et de raisonne-
» ments que ne désavouerait pas la rigueur moderne; la se-
» conde, assez courte, qui est remplie par des probabilités,
» des vraisemblances, des symboles (*). »

Je commence par faire sur ce passage trois considérations :

1° Le dogme de l'immortalité se compose de deux points bien distincts qui sont : l'un, la perpétuité du principe substantiel de l'ame; l'autre la durée également perpétuelle de la conscience et du sentiment, c'est-à-dire de la forme actuelle de cette même ame avec les propriétés essentielles qui la constituent. L'immortalité de l'ame, c'est l'immortalité de la substance pensante, ou de la substance spirituelle qui est le *substratum* de la pensée, et de la pensée qui en est la forme essentielle. Aucun de ces deux points ne pourrait, sans l'autre, composer le dogme dont nous parlons en ce moment. En effet, d'un côté, la durée de la pensée serait absurde, si l'on n'admettait pas la permanence de la substance qui pense; de l'autre, si la substance dure éternellement, mais dépouillée de

---

(*) *Œuv. de Platon*, trad. par *V. Cousin*, Paris, 1822, tom. I, pag. 159, 160, 161.

la conscience, le dogme de l'immortalité de l'ame cesse d'exister, dans le sens donné à ce mot. Quand on dit que l'ame est immortelle, on veut faire entendre qu'elle sera toujours capable de plaisir et de douleur, de misère et de béatitude; car le désir de la félicité et d'une vie sans fin, l'horreur naturelle de la mort, la perfectibilité de notre nature, la virtualité apodictique du mérite et du démérite, la sanction nécessaire de la loi morale, la bonté, la justice, la providence du Créateur et tous les autres arguments qui démontrent cette vérité consolatrice, ne se bornent pas à établir simplement la durée de l'ame comme substance, mais ils démontrent encore la perpétuité de la conscience; bien plus, ils ne prouvent la première qu'en tant qu'elle est nécessaire pour mettre la seconde à l'abri de toute attaque. Si l'ame survivait au corps, dépouillée de toute pensée, de toute connaissance intime, de tout souvenir; de la faculté de connaître, de jouir, de souffrir, du sentiment de son entité personnelle, elle serait par rapport à elle-même comme si elle n'était pas; elle ne serait pas distincte des forces élémentaires de la matière, qui dureront aussi éternellement si Dieu ne les anéantit; la mort serait un sommeil parfait et sans fin, comme l'affirment les matérialistes; jamais ceux-ci n'auraient pensé à combattre une telle immortalité que l'on peut accorder à tout atome matériel que l'on suppose indivisible; jamais non plus, ni spiritualistes ni quelque homme que ce soit n'auraient eu intérêt à la défendre. Si le spiritualiste s'applique à démontrer la simplicité et par conséquent l'indissolubilité substantielle du principe pensant, il le fait parce que sans elle il n'y a point d'immortalité pour la pensée; il prouve l'incorruptibilité de la substance en faveur de la forme qu'elle revêt. Voilà pourquoi, quand on traite de l'immortalité de l'ame, il ne faut jamais oublier que l'essence de ce dogme consiste à affirmer la perpétuité de la pensée.

2° D'après l'auteur du *Phédon* interprété par M. Cousin, le premier point seulement serait certain ; le second ne sortirait pas des limites de la probabilité. Je n'entreprendrai pas ici de rechercher si l'illustre traducteur a bien pénétré la pensée de Socrate, ou pour mieux dire de Platon ; cela n'a point de rapport avec mon but. Je me contente de remarquer que, suivant cette interprétation, Socrate démontrerait avec *une chaîne d'analyses et de raisonnements dignes de la rigueur moderne,* la perpétuité de la substance de l'ame ; mais quant à la perpétuité de la pensée, il confesserait que cette question *ne peut se résoudre absolument d'une manière affirmative,* et il n'alléguerait en faveur de l'opinion contraire que de simples *probabilités et des vraisemblances.* Or, comme il est établi que le dogme de l'immortalité consiste essentiellement dans le second point, c'est-à-dire dans la perpétuité de la pensée, il s'ensuit que, d'après le *Phédon,* ce dogme est *vraisemblable* ou *probable,* mais non pas certain ; et que, comme on l'affirme dans le Sommaire, il est plutôt un vœu, un désir, un objet *d'espérance,* qu'un article de certitude rationnelle : et comme la vraisemblance et la probabilité n'excluent pas le doute, chacun voit facilement quelle en est la conséquence.

3° Et pourquoi l'auteur du *Phédon* n'aurait-il pas osé élever un dogme aussi important au rang des choses certaines ? Pourquoi des deux propositions qui le composent, la première, qui par elle-même est sans importance, aurait-elle le privilège d'être très certaine, tandis que la seconde, la seule essentielle, ne serait que probable ? L'argument nous fait toucher du doigt dans l'ontologie platonique la raison de tout ceci. Le fait psychologique de l'immortalité de l'ame humaine dépend des principes ontologiques. Or, l'ontologie enseigne que *l'ame humaine (le moi), n'est pas la substance*; que *peut-être il n'en est qu'une forme sublime*; qu'il est *la manifestation et le développement du principe éternel et universel dont il émane*; que *sa forme actuelle* peut être temporaire; que *comme il peut avoir revêtu d'autres formes dans le passé*, il peut en recevoir d'autres *dans l'impénétrable avenir*. Je ne cherche point encore ici si cette ontologie est vraiment celle de Platon et du *Phédon*, il me suffit de faire remarquer qu'elle est évidemment panthéistique, si les paroles qui la formulent sont prises dans le sens ordinaire. Nous verrons dans la suite de ce chapitre qu'elles ne peuvent s'entendre autrement. Or, les principes du panthéisme une fois supposés, je ne m'étonne plus si l'immortalité de l'ame humaine est considérée comme incertaine.

En effet, comment pouvoir jamais affirmer la perpétuité de la pensée humaine, si elle n'a pas une substance qui lui soit propre? Si elle n'est autre chose qu'une modification, une forme de la substance unique et universelle? Quand l'expérience nous apprend, quand le raisonnement nous affirme que les simples formes sont dans un mouvement et dans une fluctuation continuelle, qu'elles passent sans avoir d'existence fixe, qu'elles se succèdent les unes aux autres, que l'immutabilité et l'éternité sont un privilège de la substance, qu'il n'y a point de phénomène qui soit éternel? Loin de pouvoir affirmer la perpétuité de la pensée, les panthéistes doivent incliner plutôt vers le sentiment contraire; bien plus, s'ils s'en tiennent rigoureusement à leurs principes, ils doivent adhérer fermement à ce dernier. Remarquons en effet que ceux des panthéistes qui veulent admettre l'immortalité de l'ame doivent la faire non-seulement perpétuelle mais encore éternelle; parce que la simple perpétuité n'aurait pas un fondement suffisant dans leur système. Telle est en réalité l'opinion de quelques panthéistes allemands. Mais si la pensée humaine est éternelle, l'éternité n'est plus une prérogative de la substance, de l'absolu comme absolu, il n'y a plus de raison pour l'assigner à un phénomène plutôt qu'à un autre ; on voit s'évanouir la différence essentielle qu'il y a, selon les principes du panthéisme, entre les phénomènes et la substance ; on ne peut comprendre la raison principale qui fait affirmer l'immortalité de la pensée comme principe substantiel de ses propres opérations ; on ouvre enfin la voie à d'autres conséquences absurdes qu'il serait trop long d'énumérer. Voilà pourquoi, selon les principes d'un panthéisme rigoureux, l'immortalité de la pensée humaine ne peut se soutenir, tandis que, d'après ceux d'un panthéisme plus accommodant et plus facile, elle ne peut excéder les termes d'une pure probabilité.

Ces observations une fois mises en avant, il s'agit de savoir si M. Cousin, en donnant le sommaire du *Phédon*, que nous avons cité tout à l'heure, n'a fait qu'exposer l'opinion du philosophe athénien, ou s'il n'a pas plutôt exprimé la sienne propre. Cette dernière supposition paraît au premier abord déraisonnable et injuste ; car quelle est l'herméneutique qui permette d'attribuer une doctrine à celui qui ne fait autre chose que l'exposer ? Cependant je dois prévenir que l'auteur ne fait point ici une simple exposition, mais une critique ; il interpose son jugement ; et on peut lui attribuer sur ce point l'opinion platonique, avec autant de probabilité au moins qu'en a l'immortalité de l'ame dans la pensée du *Phédon*. En effet, que l'on y fasse sérieusement attention. Dans l'examen attentif que fait M. Cousin du probabilisme socratique sur un point aussi important, y a-t-il le moindre indice par où l'on puisse conjecturer qu'il désapprouve ce qu'il y a d'imparfait et d'erroné dans cette doctrine ? Laisse-t-il entendre de quelque manière qu'un philosophe moderne, un philosophe qui a participé aux influences bienfaisantes de la révélation, peut avoir plus de certitude sur sa propre immortalité que n'en avait le sage athénien? que l'hésitation de celui-ci n'est point fondée en raison, mais sur les imperfections et les erreurs de son système philosophique? Quand a-t-on vu qu'un critique, exposant une erreur importante, que son sujet ne lui permet pas de réfuter, n'indique pas au moins la fausseté de cette opinion, ne donne pas quelque signe d'improbation qui puisse prémunir contre ses dangers des lecteurs imprudents? L'illustre traducteur affirme que, des deux articles traités dans le dialogue en question, le premier *présente une chaîne d'analyses et de raisonnements, que ne désavouerait pas la rigueur moderne*; et un peu plus loin, il remarque que cette partie du discours contient « une discus- » sion franche, sévère, approfondie, à laquelle, pour les ob- » jections et pour les réponses, il n'est pas aisé de voir ce » que la philosophie moderne pourrait ajouter après deux » mille ans (*); » tandis que l'autre partie est bien loin d'être aussi persuasive et ne se compose que de *probabilités, de vraisemblances et de symboles*. Or, cette seconde partie est cependant celle qui est la plus essentielle pour établir la vérité dont il s'agit, et, sans elle, toute la *rigueur*, la *sévérité* et la *profondeur* de l'autre sont complétement inutiles. Quelle est donc la cause de cette faiblesse? Vient-elle de la nature du dogme indémontrable par lui-même, ou bien est-elle le fait du philosophe? Dans le premier cas, la philosophie moderne ne pourrait en savoir plus que Platon, et nous devrions douter, au moins rationnellement, d'une

---

(*) Œuv. de Platon, tom. I, pag. 176.

vérité aussi nécessaire à l'ordre moral et au bonheur des hommes. Dans le second cas, nous pourrons nous consoler et chercher à suppléer à la lacune de la philosophie antique. Mais M. Cousin n'a garde de satisfaire à nos désirs ; il observe un silence rigoureux qui peut paraître à beaucoup un aveu tacite de l'impuissance humaine, surtout si l'on fait attention à l'usage où est M. Cousin d'indiquer ce qu'il y a d'incomplet et d'imparfait dans les doctrines antiques, comparées aux progrès des temps postérieurs.

Mais, dira-t-on, ce n'est là qu'un argument négatif, et il ne faut pas se montrer trop difficile ni chercher à tondre sur un œuf. Et que répondrez-vous donc, si je vous démontre d'une manière palpable que l'argument est positif, et que le traducteur de Platon est en communauté de doute avec son original? Si cela n'était pas, pourrait-il dire, comme nous l'avons vu, que « tout le système du *Phédon* repose sur la » distinction sévère et profonde qui sépare le domaine de la » raison de celui de la foi, la certitude de l'espérance? » Il approuve donc la distinction en vertu de laquelle l'immortalité de la substance pensante est certaine, tandis que l'immortalité de la pensée n'est que probable ; car l'espérance opposée à la certitude ne peut signifier autre chose. Ce que l'on ne fait qu'espérer n'est pas certain ; le chrétien *espère* le royaume de Dieu, parce qu'il peut ne pas le mériter, mais il *croit* à la vie future. Vous me direz peut-être que cette espérance, d'après M. Cousin, est aussi une foi. Mais ici, le mot *foi* se rapporte manifestement aux mythes et aux symboles, qui font de l'immortalité de la pensée un dogme religieux, dans l'enseignement socratique, et non pas à son idée purement rationnelle. La *foi* opposée à la *raison* regarde le caractère positif du dogme théologique et populaire, l'*espérance* opposée à la *certitude* se rapporte à l'incertitude des opinions philosophiques. Et dans cet emploi du mot *foi* appliqué à la superstition païenne, il y a peut-être une mauvaise intention qu'il suffit d'indiquer ici au lecteur intelligent.

Si mes explications paraissent encore trop subtiles, l'auteur me fournit, dans le même sommaire, un autre passage qui me permettra de raisonner avec moins de recherche. « Telle est,
» dit-il, la première partie du *Phédon*, qui contient le
» dogme philosophique de l'incorruptibilité du principe intel-
» lectuel dans la dissolution de son organisation extérieure.
» Vient ensuite la seconde partie avec le cortège des
» croyances populaires et mythologiques sur la destinée et
» l'état ultérieur de ce principe immortel, transporté hors des
» conditions de son existence actuelle. La première partie
» était une discussion entre philosophes, la seconde est un
» hymne, un fragment d'épopée; c'est en quelque sorte un
» accompagnement doux et gracieux, destiné à relever l'effet
» des démonstrations précédentes, et à charmer le cœur et
» l'imagination, après que l'intelligence est satisfaite. »

Après ce préambule, qui enlève presque toute valeur scientifique au contenu de la seconde partie, M. Cousin poursuit ainsi son raisonnement :

« La philosophie démontre qu'il y a dans l'homme un
» principe qui ne peut périr. Mais que ce principe reparaisse
» dans un autre monde avec le même ordre de facultés et les
» mêmes lois qu'il avait dans celui-ci; qu'il y porte les consé-
» quences des bonnes et des mauvaises actions qu'il a pu
» commettre; que l'homme vertueux y converse avec l'homme
» vertueux, que le méchant y souffre avec le méchant, c'est
» là une probabilité sublime qui échappe peut-être à la ri-
» gueur de la démonstration, mais qu'autorisent et consacrent
» et le vœu secret du cœur, et l'assentiment universel des
» peuples. Elles ne sont pas d'hier, elles ne s'éteindront pas

» demain, ces naïves et nobles croyances qu'un indestruc-
» tible besoin produit, répand, perpétue parmi les hommes,
» comme un héritage sacré ; et en vérité, ce serait une philo-
» sophie bien hautaine que celle qui défendrait au sage, à
» l'heure suprême, d'invoquer ces traditions vénérables et
» d'essayer de s'enchanter lui-même de la foi de ses sembla-
» bles et des espérances du genre humain. Ce n'est pas là du
» moins la philosophie de Socrate. Trop éclairé pour accepter
» sans réserve les allégories populaires qu'il raconte à ses
» amis, il est trop indulgent aussi pour les repousser avec
» rigueur ; et l'on voit tout au plus errer sur les lèvres du bon
» et spirituel vieillard ce demi-sourire, qui trahit le scepti-
» cisme sans montrer le dédain (*). »

Il est clair qu'ici l'auteur parle en son propre nom, et n'est plus seulement l'interprète de Socrate. Il parle au nom de la philosophie elle-même, de la philosophie à sa maturité, telle qu'elle est de nos jours ; il distingue ce que cette philosophie démontre de ce qu'elle ne peut démontrer ; il touche un mot en passant des opinions universelles du genre humain, de l'héritage sacré que nos ancêtres nous ont transmis ; il indique et réprouve le matérialisme des modernes, téméraire dépré-ciateur des traditions consolantes ; il justifie la sage indulgence de Socrate pour les croyances populaires de son temps. Il n'y a donc pas moyen d'en douter ; nous avons ici non pas le sen-timent de l'auteur traduit, mais celui du traducteur. D'un au-tre côté, le point dont on parle ici appartient à la vérité qui, d'après le raisonnement exposé ci-dessus, constitue essentiel-lement l'immortalité des ames humaines, c'est-à-dire la sur-vivance des *facultés* essentielles de notre esprit, et de la

---

(*) Œuv. de Platon, tom. I, p. 177, 178, 179.

conscience morale avec ses dépendances. En effet, on recherche dans ce passage si l'ame *porte avec elle dans l'autre monde les conséquences des bonnes et mauvaises actions commises ici-bas;* et c'est en cela que consiste véritablement l'importance de la vie future. Or, que répond à cette question l'illustre auteur? Il répond que l'immortalité ainsi entendue est *une probabilité sublime, qui échappe peut-être à la rigueur de la démonstration*. Je ne sais jusqu'à quel point les grammairiens peuvent approuver ce *peut-être;* car une probabilité qui *peut-être* ne peut être démontrée, est une probabilité qui *peut-être* est probable. Ni deux *peut-être* ni cent *peut-être* ne font disparaître le doute. Et quelles sont les probabilités qui autorisent cette pieuse croyance? Ce sont peut-être des arguments rationnels qui, s'ils n'arrivent pas jusqu'au degré d'une démonstration absolue, en approchent du moins, et peuvent produire une certitude morale! Non; c'est *le vœu secret du cœur et l'assentiment des peuples;* c'est-à-dire le sentiment ou l'instinct, et l'autorité. Voilà, selon M. Cousin, à quoi se réduisent finalement la connaissance et la certitude que l'on peut philosophiquement avoir du dogme philosophique le plus important après celui de l'existence de Dieu. Il ne repose que sur une pure probabilité, une simple vraisemblance, non pas rationnelle, mais instinctive et d'autorité, ce qui veut presque dire étrangère de sa nature au sujet propre de la philosophie (*).

---

(1) L'explication que nous présentons ici est conforme aux aveux récents de l'illustre auteur : — « Ce fut pendant ce mois que je composais l'argument du
» *Phédon* sur l'immortalité de l'ame. Santa-Rosa aurait désiré que je visse
» aussi clair que lui-même dans les ténèbres de cette difficile question. Sa foi,
» aussi vive que sincère, allait plus loin que celle de Socrate et de Platon ; les

Si nous voulions employer le langage de M. Cousin, nous pourrions dire que ses preuves de l'immortalité de la pensée se réduisent au genre théologique et mystique, dont il ne fait pas grand cas dans les sciences spéculatives. Mais pourquoi s'étonner qu'il ait recours aux traditions et aux sentiments, pour donner quelque appui à un dogme salutaire qui, loin de pouvoir se prouver par l'ontologie panthéistique, lui est complétement opposé ? Le tort, dans ce cas, ne retombe pas sur l'auteur, mais sur son système. Voulez-vous vous assurer que tel est en effet le secret motif pour lequel il se contente d'une probabilité extrinsèque, déduite du sentiment et des témoignages, quand il s'agit de légitimer une vérité d'une aussi haute importance pour la morale et la religion ? lisez ce qu'à propos du *Phédon* il écrit sur la réminiscence platonicienne. Après avoir fait une courte et littérale exposition de ce qui est dit à ce sujet dans le dialogue, il ajoute :

« On voit que nous avons gardé ici à dessein, et avec un
» respect scrupuleux, les formes et la phraséologie sous la-
» quelle cette théorie célèbre a paru pour la première fois
» dans le monde philosophique. Mais il faut percer ces enve-
» loppes, pour entrevoir les hautes vérités qui sont dessous. »

Ces *hautes vérités* sont le panthéisme.

« La théorie de la science, considérée comme réminis-
» cence, ne nous enseigne-t-elle pas que la puissance intellec-
» tuelle prise substantiellement, et avant de se manifester sous

---

» nuages que j'apercevais encore sur les détails de la destinée de l'ame, après la
» dissolution du corps, pesaient douloureusement sur son cœur. » (*Revue des Deux Mondes*, tom. XXI, p. 661). Simple et noble déclaration, qui honore celui qui l'a écrite. Mais comment concilier l'immortalité de l'ame avec l'ontologie panthéistique professée par M. Cousin dans ses divers ouvrages ? Nous nous sentons donc heureux de pouvoir conjecturer qu'il a complétement abandonné son ancien système.

» la forme de l'ame humaine, contient déjà en elle, ou plutôt
» est elle-même le type primitif et absolu du beau, du bien,
» de l'égalité, de l'unité, et que lorsqu'elle passe de l'état de
» substance à celui de personne, et acquiert ainsi la cons-
» cience et la pensée distincte en sortant des profondeurs où
» elle se cachait à ses propres yeux, elle trouve dans le senti-
» ment obscur et confus de la relation intime qui la rattache
» à son premier état comme à son centre et à son principe,
» les idées du beau, du bien, de l'égalité, de l'unité, de l'in-
» fini, qui alors ne lui paraissent pas tout-à-fait des décou-
» vertes, et ressemblent assez à des souvenirs ? C'est ainsi du
» moins que j'entends Platon (*). »

Et moi, je dirai, avec plus de raison peut-être : c'est de cette manière que j'entends, non pas Platon, mais son habile traducteur. Car si une telle digression n'était pas trop étrangère à mon sujet, il ne me serait nullement difficile de montrer que ces idées ne sont point d'accord avec la théorie de la réminiscence ; mais qu'au contraire elles sont parfaitement en harmonie avec les doctrines panthéistiques exposées dans le chapitre précédent, et que même le panthéisme ne saurait être exprimé d'une manière plus évidente. Si l'ame humaine est une simple *forme,* si cette forme est la *manifestation* d'une substance préexistante ; si cette substance est elle-même le *type du beau, du bien* et de toutes les vérités apodictiques et rationnelles ; si elle en est le *type primitif et absolu;* si, devenue homme, elle *acquiert la conscience et la pensée distincte en passant de l'état de substance à celui de personne;* si, avant ce passage, elle n'avait pas la conscience d'elle-même, mais demeurait cachée à ses propres

(*) Œuv. de Platon, tom. I, p. 167, 168.

yeux; si par conséquent la personnalité humaine n'est qu'un phénomène; qui ne voit qu'il n'y a dans l'univers qu'une seule substance dont l'ame de l'homme est, comme tous les autres phénomènes, une simple modification? Remarquons que la connaissance nous est ici représentée comme l'effet du passage de l'unité substantielle dans la variété phénoménale; ce qui s'accorde merveilleusement avec les idées de l'auteur sur la spontanéité divine, dont nous avons parlé dans le chapitre précédent.

Or, supposé que l'ame de l'homme sous sa forme personnelle, ne soit point une substance séparée, ouvrage de la toute-puissance créatrice, mais une de ces modifications infinies sous lesquelles se manifeste la substance unique et absolue; supposé que naguère elle n'existait pas et qu'elle ait commencé à exister, à avoir la conscience et la pensée au moins distincte d'elle-même, et à revêtir une apparence de personnalité; avec quel fondement pourrons-nous nous promettre qu'elle durera toujours sous sa nouvelle forme? Pourquoi ne serait-elle pas destinée à rentrer un jour dans ces *profondeurs qui la cachent à ses propres yeux*, comme elle en est sortie quand elle est venue habiter la terre? La seule possibilité de cette conclusion suffirait pour étouffer toute espérance raisonnable de l'avenir; or, qu'arrivera-t-il, si ce résultat est probable, s'il est certain d'après les principes du panthéisme? Que le lecteur veuille bien me permettre de transcrire encore un passage de l'illustre traducteur, où cette triste conséquence du panthéisme n'est nullement dissimulée. Dans l'argument du *premier Alcibiade*, M. Cousin s'exprime en ces termes :

« Le *moi* ne s'aperçoit lui-même que dans le sentiment
» intime du pouvoir qu'il a de se servir, quand et comment il
» lui plaît, de ces mêmes organes qui l'enveloppent et dont il

» semble le produit. Ce n'est qu'en se servant d'eux qu'il se
» distingue, et ce n'est qu'en s'en distinguant qu'il soupçonne
» leur existence et reconnaît la sienne. Tant que l'homme ne
» fait que sentir, jouir ou souffrir, sa sensibilité eût-elle ac-
» quis les développements les plus riches et les plus vastes,
» occupât-elle l'espace entier de son étendue, remplît-il le
» temps de sa durée, l'homme n'est pas encore, du moins
» pour lui-même ; il n'est à ce degré qu'une des forces de la
» nature, une pièce ordinaire de l'ordre du monde et du mé-
» canisme universel qui agit en lui et par lui. Mais quand,
» parti des profondeurs de l'ame, prémédité, délibéré, voulu,
» l'acte libre vient s'interposer au milieu du flux et du reflux des
» affections et des mouvements organiques, le miracle de la
» personnalité humaine s'accomplit. Tant que le sentiment de
» l'action volontaire et libre subsiste dans l'ame, le miracle
» continue ; l'homme s'appartient à lui-même, et possède la
» conscience d'une existence qui lui est propre. Quand ce
» sentiment diminue, celui de l'existence décroît proportion-
» nellement : ses divers degrés mesurent l'énergie, la pureté,
» la grandeur de la vie humaine, et quand il est éteint, le
» phénomène intellectuel a péri (*). »

M. Cousin a rendu un éminent service à la philosophie française en lui donnant une traduction élégante du prince des philosophes de l'antiquité ; mais il a en grande partie empoisonné ce bienfait par les explications qu'il a ajoutées à sa traduction. Est-il possible de ne pas être ému d'indignation quand on voit ce grand sage, ce grand disciple de Socrate, le seul vraiment digne de son illustre maître, travesti en panthéiste absolu comme Spinoza, en un matérialiste pareil à ceux de

(*) Œuv. de Platon, tom. V, p. 6, 7, 8.

nos jours? Je dis matérialiste, car peu importent les phrases et les accessoires, quand la substance et le fond de la doctrine ne sont point différents. C'est par ses conséquences que le matérialisme est détestable; ses principes, ses théories sur les atomes pensants, sur le cerveau qui digère la pensée, et autres semblables, ne sont que ridicules; mais les désolantes et funestes déductions qui en découlent sont odieuses et abominables. Or, qu'importe de le transformer en panthéisme si on arrive aux mêmes résultats? Et qu'importe de parler en termes pompeux de la *pureté* et de la *grandeur de la vie humaine*, et même de la diviniser, si on la fait finir comme les brutes? Je n'ai pas besoin de rechercher ici si M. Cousin expose ses propres sentiments ou ceux de Platon, ou ceux de tout autre; il me suffit de voir étalée au grand jour et dans toute sa nudité la fatale conséquence du panthéisme.

« Tel est l'homme, poursuit M. Cousin, le principe indi-
» viduel; mais pour le bien connaître .... il faut le considérer
» de plus haut, et le rapporter lui-même à son propre prin-
» cipe, à l'essence universelle dont il émane..... Ce qui
» constitue le *moi*, c'est son caractère de force ou de cause.
» Or, cette cause, précisément parce qu'elle est person-
» nelle..... est finie, limitée par l'espace et par le temps, et
» l'opposition nécessaire des forces étrangères de la nature;
» elle a ses degrés, ses bornes, ses affaiblissements, ses sus-
» pensions, ses défaillances; elle ne se suffit donc pas à elle-
» même; et alors même que, fidèle à sa nature, elle résiste à
» la fatalité qui fait effort pour l'entraîner et l'absorber dans
» son sein, alors même qu'elle défend le plus noblement con-
» tre cette fatalité et les passions qui en dérivent, la liberté
» faible et bornée, mais réelle et perfectible, dont elle est
» douée; elle éprouve le besoin d'un point d'appui plus ferme
» encore que celui de la conscience, d'une puissance supé-

» rieure où elle se renouvelle, se fortifie et s'épure. Mais
» cette puissance, où la trouver? Sera-ce à la scène mobile
» de ce monde que nous demanderons un principe fixe? Sera-
» ce à des formules abstraites que nous demanderons un prin-
» cipe réel? Il faut donc revenir à l'ame, mais il faut entrer
» dans ses profondeurs. Il faut revenir au *moi*, car le moi
» seul peut donner un principe actif et réel, mais il faut dé-
» gager le moi de lui-même pour en obtenir un principe fixe,
» c'est-à-dire qu'il faut considérer le moi substantiellement;
» car la substance du moi, comme substance du moi, doit être
» une force, et comme substance elle doit être une force ab-
» solue. Or, n'est-ce pas un fait que sous le jeu varié de nos
» facultés et pour ainsi dire à travers la conscience claire et
» distincte de notre énergie personnelle, est la conscience
» sourde et confuse d'une force qui n'est pas la nôtre, mais
» à laquelle la nôtre est attachée, que le moi, c'est-à-dire toute
» l'activité volontaire ne s'attribue pas, mais qu'il représente
» sans toutefois la représenter intégralement, à laquelle il em-
» prunte sans cesse sans jamais l'épuiser, qu'il sait antérieure
» à lui, puisqu'il se sent venir d'elle et ne pouvoir subsister
» sans elle, qu'il sait postérieure à lui, puisqu'après les dé-
» faillances momentanées, il se sent renaître dans elle et par
» elle? Exempte des limites et des troubles de la personnalité,
» cette force antérieure, postérieure, supérieure à celle de
» l'homme, ne descend point à des actes particuliers, et par
» conséquent ne tombe ni dans le temps ni dans l'espace, im-
» mobile dans l'unité de son action infinie et inépuisable, en
» dehors et au-dessus du changement, de l'accident et du mode,
» cause visible et absolue de toutes les causes contingentes et
» phénoménales, substance, existence, liberté pure, Dieu.
» Or, Dieu une fois conçu comme le type de la liberté en
» soi, et l'ame humaine comme le type de la liberté relative

» ou de la volonté, il suit que plus l'ame se dégage des liens de la
» fatalité, plus elle se retire des éléments profanes qui l'envi-
» ronnent et qui l'entraînent vers ce monde extérieur des
» images et des formules aussi vaines que les images, plus
» elle revient et s'attache à l'élément sacré, au Dieu qui ha-
» bite en elle; et mieux elle se connaît elle-même, puisqu'elle
» se connaît non-seulement dans son état actuel, mais dans
» son état primitif et futur, dans son essence. C'est là la con-
» dition et le complément de toute sagesse, de toute science,
» de toute perfection (*). »

La doctrine des matérialistes est certainement moins dangereuse que ces raffinements panthéistiques; car la simplicité cynique des premiers est plus propre à dégoûter qu'à séduire; tandis que le faux brillant dont les panthéistes décorent leurs systèmes, l'apparence religieuse avec laquelle ils pallient l'impiété de leurs dogmes, peuvent devenir funestes aux lecteurs imprudents. Si l'on ne regarde qu'à la surface, est-il possible d'avoir un langage plus pieux, plus noble, plus élevé, des sentiments plus dignes de Dieu et de l'homme que dans le passage que nous venons de transcrire? Dieu, type suprême de liberté et de perfection; principe, soutien et terme de toutes les existences; source d'où émanent, océan où retournent toutes choses; force et appui de notre ame, qui ne pourrait combattre contre les passions et la nature, si elle ne se raffermissait et ne se fortifiait continuellement par les influences de cet aide suprême; qui ne pourrait obtenir une victoire complète sur la fatalité qui l'environne, si elle ne tentait de se soustraire au joug des sens et de s'élever peu à peu vers son principe auquel elle devra se rejoindre un jour pour re-

---

(*) Œuv. de Platon, tom. V, p. 8; 9, 10, 11.

trouver en lui sa perfection et sa béatitude. Si ces maximes s'entendaient dans le sens du théisme, un philosophe chrétien pourrait-il tenir un langage plus saint et plus élevé? Mais quand, rapprochant ces passages isolés des principes généraux de la doctrine qu'ils représentent, on en pénètre le véritable sens; quand, écartant tous les voiles, on aperçoit ces nouveaux maîtres enseigner que Dieu, l'homme, la nature ne sont qu'un tout; que le sentiment que nous avons de notre ame n'est qu'un sentiment *sourd et confus* de Dieu (*); que Dieu peut se sentir aussi bien que se comprendre; que Dieu est une force spontanée et fatale, privée de toute conscience propre; que sa personnalité est la même que celle de ses créatures; et que la personnalité de celles-ci aussi bien que leur volonté et leur liberté, sont de purs phénomènes; que l'homme doit se soustraire à la fatalité de la nature pour tomber sous le joug de la fatalité divine, et qu'il est destiné à se rejoindre à son principe en perdant la conscience de lui-même; que l'immortalité qui lui est promise est l'anéantissement de la pensée; la liberté qu'il croit avoir, une nécessité inexorable; la vertu pour laquelle il fait tant d'efforts, une simple apparence; le bonheur auquel il aspire, une illusion de l'imagination; le devoir et l'espérance, le présent et l'avenir, également vains et chimériques; quand, dis-je, on découvre qu'à cela se réduit substantiellement cette philosophie étrange qui règne

---

(1) Santorre de Santa-Rosa écrivait en 1824 au traducteur de Platon.: « J'ai
» lu et relu l'argument du premier Alcibiade ; j'y ai profondément réfléchi, et
» je te déclare que mon esprit ne peut pas se faire une idée nette de la substance.
» L'existence personnelle est la seule que je conçoive, je n'ai pas la conscience
» *sourde et confuse* dont tu parles. » (*Revue des Deux-Mondes*, t. XXI,
p. 678). Je crois que beaucoup de personnes seront de l'avis de Santa-Rosa. La substance unique et concrète des panthéistes, et, ce qui est pis, le sentiment de cette substance, sont des fantômes et non pas des idées.

en Europe, on doit pleurer sur un siècle où les meilleurs esprits professent des doctrines dignes d'être reléguées, je ne dirai pas après la sagesse, mais après la superstition des Gentils et des nations les plus barbares qui soient au monde.

CHAPITRE TROISIÈME.

M. COUSIN NIE L'EXISTENCE DE LA RÉVÉLATION PRISE DANS LE SENS CATHOLIQUE, ET CELLE DE L'ORDRE SURNATUREL.

Déterminons d'abord avec précision les deux idées principales qui font le sujet de ce chapitre.

On appelle révélation, une connaissance donnée par Dieu, à laquelle l'homme ne peut parvenir à l'aide des moyens naturels qu'il possède. Elle suppose donc deux choses : 1° que dans l'origine la connaissance provient immédiatement de Dieu ; 2° qu'il est impossible de l'obtenir au moyen des facultés naturelles. La première de ces deux conditions, sans la seconde, ne suffit pas pour former une révélation dans le sens ordinaire de ce mot. Voilà pourquoi la connaissance rationnelle, bien que dérivant immédiatement de Dieu, selon l'opinion fondée des meilleurs philosophes, ne peut qu'improprement s'appeler révélation ; car la manifestation divine qui la constitue, a lieu en vertu d'un ordre constant et identique chez tous les hommes et faisant partie des lois de la nature. On peut cependant, si l'on veut, donner à cette manifestation le nom de révélation divine ; et elle l'est véritablement, d'après le sens originel du mot ; mais cette locution est impropre, et peut devenir équivoque, si elle n'est déterminée par quelque addition, parce que l'usage attache au mot de révélation l'idée d'une connaissance qui surpasse la nature, par la manière dont elle fut, dès le principe, communiquée aux hommes.

L'idée de révélation, dans sa signification ordinaire, emporte donc celle de surnaturel, et ne peut subsister sans elle. L'ordre surnaturel est un ensemble de faits, dont la révélation forme une partie notable et fondamentale. Mais en quoi consiste l'essence du *surnaturel*, qui est le propre de cet ordre de choses ? Dans mon *Introduction à l'Etude de la philosophie*, j'ai cherché le principe de cette idée dans la nature même de l'esprit humain, et je crois en avoir expliqué l'origine d'une manière neuve et inattaquable. Mais, ne pouvant entrer, en ce moment, dans des analyses scientifiques, et devant surtout m'attacher à être court, je me bornerai à restreindre le sens du mot d'après l'acception que l'usage lui a donné. J'établis d'abord, comme un principe qui ne fut jamais révoqué en doute par le bon sens de la plupart des hommes, que la nature est un assemblage de faits qui se produisent et se succèdent d'après l'ordre fixe et constant de certaines lois, appelées pour cela naturelles, et qui sont en substance une réunion de forces agissant d'après un mode déterminé. Or, un fait que de pareilles forces n'ont ni produit ni pu produire ; un fait qui ne peut réellement s'expliquer par les lois de la nature ; un fait qu'il faut rapporter à une opération extraordinaire de la divinité, qui, en établissant ces lois, ne s'est pas engagée à les suivre irrévocablement, et peut les suspendre ou les altérer toutes les fois que cela convient aux vues de sa providence ; un tel fait, dis-je, s'appelle surnaturel, parce qu'il est supérieur aux forces et aux lois de la nature.

L'ordre surnaturel, dont la révélation est un des membres principaux, est aussi réel et indubitable que celui de la nature. Je n'entreprendrai point d'exposer les raisons qui le prouvent ; je les suppose connues du lecteur. Mon but actuel n'est point de démontrer que la religion est vraie, mais de faire voir qu'elle est attaquée par M. Cousin dans tous les points essentiels qui la constituent. Si M. Cousin avait dit : la religion est fausse, en ruinant ses bases je fais une œuvre digne d'un philosophe ; je devrais raisonner d'une autre manière. Mais il confesse que la religion est vraie ; il proteste qu'il la reconnaît, qu'il l'adore ; il se déclare orthodoxe, il s'indigne fortement contre quiconque soupçonne même le contraire. Je n'ai donc pas à démontrer la vérité de la religion, mais à examiner si la doctrine du professeur français est véritablement telle qu'il nous la représente en répondant à ses accusateurs.

Et d'abord, que telle ne soit pas cette doctrine, c'est ce que nous pourrions, à bon droit, conclure de ce que nous avons précédemment discuté, sans que nous eussions besoin pour cela de nouveaux raisonnements. En effet, comment pouvoir admettre la révélation et le surnaturel, comment pouvoir être chrétien et catholique, quand on professe le panthéisme ? S'il y a une substance unique ; si Dieu et la nature sont substantiellement une seule et même chose ; si la nature est aussi nécessaire que Dieu, et si Dieu dans ses œuvres est aussi nécessité que la nature ; peut-on admettre un état de choses supérieur à l'ordre naturel ? Un ordre double emporte nécessairement une pluralité de substances ; un ordre surnaturel, indépendant des forces inférieures et les dominant, suppose nécessairement un Dieu parfaitement libre dans la création et dans le gouvernement du monde, non de cette liberté apparente que les panthéistes donnent à la cause absolue, non de cette spontanéité qui agit sans la connaissance préalable d'une fin, telle que l'admet M. Cousin; mais d'une liberté véritable qui peut agir au-dehors ou ne pas agir, qui peut agir de telle manière ou de telle autre, qui peut choisir comme il lui plaît le but de ses opérations, et, dans l'infinité des moyens possibes, les plus propres à y parvenir. Ou bien le surnaturel ne peut avoir lieu dans le système panthéistique, ou bien il n'est rien qu'un pur rapport, une simple abstraction, qui considère la nature, c'est-à-dire la variété des phénomènes, non plus en elle-même, mais relativement à l'unité substantielle qui la produit nécessairement (*).

L'histoire confirme les assertions que nous présentons ici, et nous montre le rationalisme théologique sortant des écoles qui enseignaient le panthéisme, comme la conséquence nécessaire de leurs doctrines. Les panthéistes d'Alexandrie voulurent réduire à des mystères de philosophie naturelle les restes subsistants encore de la révélation primitive et le christianisme naissant, comme ont voulu le faire quinze siècles après eux les panthéistes allemands. Spinoza, le plus célèbre et le plus rigoureux des panthéistes modernes, fut aussi le créateur du rationalisme biblique (**); il considéra l'ordre surnaturel comme un de ces modes nécessaires qui déterminent les attributs divins; il le confondit avec le cours naturel des choses;

(*) *Théor. du Surnat.*, num. 138.
(**) Je l'ai prouvé dans ma *Théorie du Surnat.*, note 76.

il le dépouilla de son essence. Quant à ce qui regarde la révélation en particulier, cette partie si éminente de l'ordre dont nous parlons, comment concilier sa nature et ses enseignements avec le dogme d'une substance unique? La création substantielle, la personnalité réelle et impérissable de l'homme, la liberté divine et la liberté humaine, la chute primitive, l'Incarnation, etc., sont des vérités qui, d'une part, répugnent absolument aux principes panthéistiques, et qui, de l'autre, forment la substance même de la révélation, soit qu'on porte ses regards sur sa forme la plus ancienne, soit que l'on considère son renouvellement mosaïque ou bien son complément chrétien.

Il serait inutile de nous arrêter plus long-temps sur un point aussi évident. Si donc l'illustre auteur dont nous avons entrepris d'examiner la doctrine, veut mettre d'accord sa religion avec ses principes philosophiques, il doit être rationaliste. Mais il pourrait s'être contredit; il pourrait être tombé encore ici dans quelqu'une de ces antilogies dont nous trouvons d'autres exemples dans ses ouvrages. Voilà pourquoi nous voulons passer attentivement en revue ce qu'il a écrit sur ce point.

En parlant des divers composants de la société humaine et des besoins auxquels ils correspondent, M. Cousin les réduit à quelques idées fondamentales qui sont l'utile, le juste, le beau, le saint et le vrai, d'où naissent l'industrie, l'état, l'art, la religion et la philosophie (*). La base de la religion est l'idée de Dieu; mais cette idée seule ne suffit pas pour la constituer.

« L'intuition de Dieu, distinct en soi du monde (c'est-à-

(*) *Introd. à l'Hist. de la phil.*, leçon I.

» dire comme unité substantielle), mais y faisant son appa-
» rition, est la religion naturelle. Mais comme l'homme ne
» s'était pas arrêté au monde primitif, à la société primitive,
» aux beautés naturelles, il ne s'arrête pas non plus à la reli-
» gion naturelle. En effet, la religion naturelle, c'est-à-dire
» l'instinct de la pensée qui s'élance jusqu'à Dieu à travers le
» monde, n'est qu'un éclair merveilleux, mais fugitif dans la
» vie de l'homme naturel; cet éclair illumine son ame, comme
» l'idée du beau, l'idée du juste, l'idée de l'utile. Mais dans
» ce monde, tout tend à obscurcir, à distraire, à égarer le
» sentiment religieux. Que fait donc l'homme? Il fait ici ce
» qu'il a fait précédemment; il crée, à l'usage de l'idée nou-
» velle qui le domine, un autre monde dans lequel, faisant
» abstraction de toute autre chose, il n'aperçoit plus que son
» caractère divin, c'est-à-dire son rapport avec Dieu. Le
» monde de la religion, Messieurs, c'est le culte. En vérité,
» c'est un sentiment religieux bien impuissant que celui qui
» s'arrêterait à une contemplation rare, vague et stérile. Il
» est de l'essence de tout ce qui est fort de se développer, de
» se réaliser. Le culte est donc le développement, la réalisa-
» tion du sentiment religieux, non sa limitation. Le culte est
» à la religion naturelle ce que l'art est à la beauté natu-
» relle, ce que l'Etat est à la société primitive, ce que le
» monde de l'industrie est à celui de la nature. Le triomphe
» de l'intuition religieuse est dans la création du culte, comme
» le triomphe de l'idée du beau est dans la création de l'art,
» comme celui de l'idée du juste est dans la création de
» l'Etat (*). »

Or, je le demande, quel est le culte dont on parle ici? Est-ce

---

(*) *Introd. à l'Hist. de la phil.*, leçon I.

par hasard le culte en général, qui embrasse toutes les religions, les rites chrétiens non moins que les superstitions païennes, ou bien quelque culte particulier? Dans le second cas, parle-t-on des faux cultes ou du culte véritable? Dans le premier cas, fait-on allusion à l'essence du culte ou à ses accidents? Mais M. Cousin ne peut avoir voulu parler seulement des faux cultes, puisque ses paroles sont très générales et doivent l'être en effet, puisqu'il parle de la religion en général, puisqu'il n'indique aucune exception, puisqu'il parle d'un culte qui corresponde entièrement à la religion naturelle, qui soit le *développement et la réalisation du sentiment religieux* ; d'un culte qui soit digne d'éloges, qui fasse honneur à ses inventeurs, qui représente l'idée religieuse, comme l'industrie, l'état ou l'art représentent l'utile, le juste et le beau ; puisqu'enfin son discours prononcé dans un pays chrétien, en présence d'un auditoire chrétien, deviendrait ridicule, si, roulant sur le culte en général, il excluait le Christianisme et ne s'occupait que de la religion des Chinois ou des Turcs. On ne peut pas dire non plus que ce raisonnement ne regarde que les parties accidentelles des pratiques religieuses, puisqu'il embrasse le culte dans tout son ensemble, et qu'il spécifie expressément ses rapports avec l'idée religieuse et avec le besoin qu'en ont les hommes, ce qui prouve qu'il n'est pas ici question des parties accessoires, mais de la substance même.

Les paroles de M. Cousin se réduisent donc à cette maxime : Chaque culte est, dans toutes ses parties, une pure invention humaine, ni plus ni moins que l'art, l'état et l'industrie. Peut-on nier d'une manière plus expresse l'origine divine du Judaïsme et du Christianisme, la vérité de la révélation, la réalité de l'ordre surnaturel? Peut-on plus franchement mettre sur la même ligne de comparaison la religion donnée par Dieu et les superstitions inventées par les hommes? *L'intuition de Dieu est la religion naturelle ;* le culte qui l'exprime est la religion positive. Or, si la religion positive est une invention humaine, quelle est la partie de la religion que l'on pourra réputer une institution divine ? Je pourrais donner encore plus de force à ce raisonnement en me servant de ce que l'auteur dit plus loin sur les mystères de la religion, qu'il considère comme des parties du culte inventé par les hommes; mais je réserve ce point spécial pour le chapitre suivant. Du reste, dire que tout culte est une institution purement humaine, c'est une proposition erronée même en ce qui concerne les fausses religions, qui se composent des débris de la révélation primitive. Il n'y a pas un rite pas plus qu'un enseignement, un peu important et répandu dans les superstitions païennes, dont le principe ne remonte à une source plus qu'humaine ; la fausseté ne se trouve que dans l'altération, dans l'abus, dans l'explication ou l'interprétation vicieuse de ce qui est en soi-même vrai et excellent. De sorte que, dans ce sens, la maxime contraire est parfaitement vraie ; savoir, que le culte et la religion ne sont jamais absolument l'œuvre de l'homme.

Le véritable culte est l'œuvre de la révélation. M. Cousin parle souvent de celle-ci dans ses écrits ; essayons donc de rechercher quelle idée il s'en forme et quelle valeur il lui attribue. « Le genre humain, dit-il, croit à la raison et ne peut
» pas ne pas y croire, à cette raison qui apparaît dans la
» conscience en rapport momentané avec le moi, reflet pur
» encore, quoiqu'affaibli de cette lumière primitive qui dé-
» coule du sein même de la substance éternelle, laquelle est
» tout ensemble substance, cause, intelligence. Sans l'appa-
» rition de la raison dans la conscience, nulle connaissance,
» ni psychologique, ni encore moins ontologique. La raison

» est en quelque sorte le pont jeté entre la psychologie et
» l'ontologie, entre la conscience et l'être ; elle pose à la fois
» sur l'une et sur l'autre, elle descend de Dieu et s'incline
» vers l'homme, elle apparaît à la conscience comme un
» hôte qui lui apporte des nouvelles d'un monde inconnu dont
» il lui donne à la fois et l'idée et le besoin. Si la raison était
» personnelle, elle serait de nulle valeur et sans aucune au-
» torité hors du sujet et du moi individuel. Si elle restait à
» l'état de substance non manifestée, elle serait comme si elle
» n'était pas pour le moi qui ne se connaîtrait pas lui-même.
» Il faut donc que la substance intelligente se manifeste ; et
» cette manifestation est l'apparition de la raison dans la
» conscience. La raison est donc à la lettre une révélation,
» une révélation nécessaire et universelle, qui n'a manqué à
» aucun homme, et a éclairé tout homme à sa venue en ce
» monde : *illuminat omnem hominem venientem in hunc*
» *mundum* (*). »

Si l'on excepte les passages panthéistiques de ce fragment, la doctrine qu'il contient est substantiellement vraie, puisque la connaissance rationnelle commune à tous les hommes, est l'intuition naturelle de Dieu lui-même. Aussi l'ingénieux auteur que nous citons pèche-t-il plutôt par défaut que par excès ; parce qu'en niant la perception immédiate de l'Idée, dans le sens de saint Augustin, de saint Bonaventure et de Malebranche, et en interposant entre l'objet réel et l'intuition un être abstrait auquel il donne le nom de vérité, il gâte sa théorie et s'éloigne de la rigueur ontologique. Mais ce point appartient à la philosophie pure, dans laquelle je n'entre pas pour le moment. D'un autre côté, j'accorde très volontiers

---

(*) *Fragm. phil.*, tom. I, p. 78.

que la connaissance rationnelle soit une vraie révélation, dans le sens primitif attaché à ce mot, et selon l'usage moins propre qu'on peut en faire aujourd'hui ; mais je demande si toute la révélation se réduit à cette manifestation naturelle ? Je demande si le Judaïsme et le Christianisme ne sont pas quelque chose de plus que cette lumière qui éclaire tous les hommes, selon le texte de saint Jean, texte qui peut encore s'entendre de la révélation surnaturelle et primitive dont le genre humain, même depuis sa chute, ne fut pas complètement déshérité, attendu qu'il en a conservé des restes nombreux. Si M. Cousin déclare ne point admettre d'autre révélation, il est un déiste parfait. S'il dit le contraire, je lui demanderai pour quel motif, ici, et dans tous les autres passages que je citerai, et dans tous les autres endroits de ses ouvrages, bien qu'il y parle très souvent et très longuement de révélation, il se garde cependant de prononcer une seule syllabe de laquelle on puisse inférer l'existence d'une révélation supérieure à la nature, et la légitime possession que le Judaïsme et le Christianisme ont de ce privilége. Comment peut-on croire qu'il emploie toujours le mot de révélation dans le sens le moins propre ? Que s'il admettait la réalité de la chose signifiée par l'emploi le plus ordinaire du mot, ne le dirait-il pas, ou du moins ne l'indiquerait-il pas ? Dira-t-il par hasard, pour s'excuser, qu'il est philosophe et non pas théologien, et que par conséquent il parle de la révélation seulement dans ses rapports avec l'objet de la science qu'il professe ? Mais si le philosophe ne doit point entrer dans le domaine de la théologie, il ne doit pas non plus parler de manière à faire croire qu'il nie les vérités théologiques ; si le philosophe ne doit point s'étendre sur les matières purement religieuses, il peut et doit au moins en dire un mot quand l'occasion s'en présente ; et il est opportun et obligatoire de le faire lorsque, en ne le faisant pas, on peut faire croire que l'on rejette les dogmes les plus sacrés ou que du moins on les révoqne en doute ; surtout si l'on parle à des jeunes gens qu'il faut soigneusement éloigner du danger même le plus léger des fausses interprétations ; surtout dans un siècle irréligieux comme le nôtre, où le silence absolu et continuel sur l'ensemble de certaines vérités, peut passer pour une connivence tacite avec ceux qui les combattent. Si donc on examine attentivement toutes les circonstances, si l'on observe que l'argument que nous tirions du silence constant de M. Cousin regarde non-seulement cet article de la révélation en général, mais tous les autres points dont nous ferons mention ; si on le compare avec le panthéisme dont l'auteur fait une profession expresse, cet argument, dis-je, tout négatif qu'il est, pourra être suffisant, aux yeux de tout appréciateur judicieux, pour en déduire la triste conséquence que nous nous sommes proposé de démontrer. Mais les preuves positives ne nous manquent pas pour nous confirmer dans une opinion que nous voudrions pouvoir raisonnablement révoquer en doute. En effet, notre philosophe poursuit en ces termes :

« La raison est le médiateur nécessaire entre Dieu et
» l'homme, ce *Logos* de Pythagore et de Platon, ce *Verbe*
» fait chair qui sert d'interprète à Dieu et de précepteur à
» l'homme, homme à la fois et Dieu tout ensemble. Ce n'est
» pas sans doute le Dieu absolu dans sa majestueuse indivi-
» sibilité, mais sa manifestation en esprit et en vérité ; ce n'est
» pas l'Etre des êtres, mais c'est le Dieu du genre hu-
» main (*). »

Il s'agit ici évidemment non du simple *Verbe*, du *Logos*

(*) *Fragm. phil.*, tom. I, pag. 78.

de Pythagore et de Platon, du *Logos* en tant qu'il *éclaire tout homme venant au monde*, c'est-à-dire de la participation rationnelle qu'ont les hommes à la lumière du Verbe ; mais il s'agit du Verbe lui-même, comme *médiateur et précepteur des hommes*, dans le sens du Christianisme, du *Verbe fait chair, homme et Dieu tout ensemble*, fondateur du culte *en esprit et en vérité*. Si donc la religion du Verbe, ainsi considérée, est commune *à tout homme*, et s'identifie avec la *raison à laquelle croit le genre humain*, qui ne voit qu'au lieu d'être une révélation et un culte surnaturel, le Christianisme n'est qu'une pure forme de la raison humaine, et que s'il diffère de celle-ci, ce n'est nullement par la substance des choses, mais par les seuls dehors, c'est-à-dire par les emblèmes qui le revêtent ? Et si cette déduction ne paraissait pas assez rigoureuse, si le lecteur aimait à la voir formellement exprimée par la plume même de l'auteur, nous pourrions le satisfaire et lui fournir ce qu'il désire. Qu'il ait seulement un peu de patience, parce qu'il ne nous est pas possible de rapporter plus d'un passage à la fois et de dire plusieurs choses en même temps.

Ailleurs il répète la même doctrine sur l'universalité de la révélation :

« Que l'homme par lui-même ne puisse atteindre jusqu'à
» l'infini, que la portée de sa conscience et de sa sensibilité
» expire sur les bornes du variable et du fini, qu'un média-
» teur soit nécessaire pour unir ce phénomène d'un jour et
» celui qui est la substance éternelle, » (le panthéisme pourrait-il être exprimé d'une manière plus formelle) ; « c'est ce
» dont on ne peut douter. De là la nécessité d'un terme
» moyen entre Dieu et l'homme, de là encore cette nécessité
» que ce soit Dieu qui se manifeste à l'homme, et que le terme
» intermédiaire vienne de lui pour aller à l'homme, l'homme

» étant dans une impuissance absolue de créer lui-même
» l'échelle qui doit l'élever jusqu'à Dieu ; de là la nécessité
» d'une révélation. Or, cette révélation commence avec la vie
» dans l'individu comme dans l'espèce ; le médiateur est
» donné à tous les hommes : c'est la lumière qui éclaire tout
» homme qui vient en ce monde (*). »

Jusqu'à présent on avait cru que la révélation de la raison commune à tous les hommes, la manifestation naturelle du Verbe, ne pouvait suppléer aux besoins de l'homme tombé et corrompu, et était insuffisante pour le remettre dans la voie du salut; on avait cru que *le médiateur nécessaire* pour *élever l'homme jusqu'à Dieu*, et le réunir au principe dont il a été séparé par la première faute, n'était pas le Verbe en tant qu'il éclaire naturellement tous les hommes ; mais le Verbe en tant qu'il a pris notre nature, renouvelé la première révélation et institué un culte particulier; on avait cru que, sans secours extraordinaire et par la seule lumière de la raison, l'homme dégénéré ne parviendrait jamais à la parfaite connaissance des vérités même rationnelles qui importent à son salut ; et par conséquent, on en concluait la nécessité de la révélation, dans le sens restreint et rigoureux du mot. Or, M. Cousin nous enseigne que la seule révélation nécessaire c'est celle qui *commence avec la vie dans l'individu comme dans l'espèce* ; que le médiateur nécessaire *est donné à tous les hommes*, parce qu'il *est la lumière qui éclaire tout homme qui vient en ce monde*. Nous dira-t-il par hasard qu'il n'exclut pas la nécessité de la révélation dans le sens le plus strict ? Mais alors pourquoi ne pas l'indiquer ? Toute la suite de son raisonnement présuppose que la révélation, dont il prouve la

---

(*) *Fragm. phil.*, tom. I, p. 224, 225.

nécessité, est *suffisante* pour que par elle les hommes parviennent à leur fin ; qu'elle suffit pour vaincre *l'impuissance absolue*, où est l'homme, abandonné à lui-même, de s'élever à son créateur. Autrement le raisonnement n'a pas de conclusion et devient ridicule. Que veut-on de plus ? — A la page suivante, l'auteur appelle sa *théorie* une théorie *platonicienne et chrétienne* (*). Donc le Christianisme n'est autre chose que la révélation rationnelle dont parle M. Cousin ; donc la doctrine du Christ ne contient substantiellement rien qui ne se trouve dans celle de Platon.

Dans un programme ou sommaire raisonné que M. Cousin nous donne de l'un de ses cours, en le réduisant à des formules courtes et précises, il répète les mêmes choses presque dans les mêmes termes ; ce qui nous montre quelle valeur scientifique il attache lui-même à cette doctrine.

« La raison par elle-même n'atteint pas l'être directement ;
» et ne l'atteint qu'indirectement par l'entremise de la vérité.

« La vérité est le médiateur nécessaire entre la raison et
» Dieu ; dans l'impuissance de contempler Dieu face à face,
» la raison l'adore dans la vérité qui le lui représente, qui
» sert de Verbe à Dieu et de précepteur à l'homme.

« Or, ce n'est pas l'homme qui se crée à lui-même un mé-
» diateur entre lui et Dieu, l'homme ne pouvant constituer la
» vérité absolue. C'est donc Dieu lui-même qui l'interpose
» entre l'homme et lui, la vérité absolue ne pouvant venir que
» de l'être absolu, de Dieu. La vérité absolue est donc une
» révélation même de Dieu à l'homme par Dieu lui-même ; et
» comme la vérité absolue est perpétuellement aperçue par
» l'homme et éclaire tout homme à son entrée dans la vie, il

(*) *Fragm. phil.*, tom. I, p. 226.

» suit que la vérité absolue est une révélation perpétuelle et
» universelle de Dieu à l'homme. — Théorie de la révéla-
» tion (*). »

Il s'agit donc ici d'un *médiateur*, d'un *Verbe* qui n'est pourtant pas Dieu contemplé naturellement, mais seulement un être abstrait, qui *s'interpose* entre Dieu et l'homme, c'est-à-dire *la vérité* ; il s'agit d'une *révélation perpétuelle et universelle*, qui n'est autre chose que la raison elle-même ; et l'on affirme que cette connaissance naturelle de la vérité est ce qui constitue la révélation entendue selon le sens universel du mot, la révélation dont les hommes ont besoin pour *arriver à Dieu*. Direz-vous qu'on n'exclut point par là une révélation d'un autre genre ? Mais l'auteur lui-même est contraire à votre excessive bénignité et il la repousse en poursuivant :

« Or, la vérité absolue étant l'unique moyen de rapprocher
» l'homme de Dieu, mais en étant le moyen infaillible, puis-
» qu'on ne peut participer à la qualité sans participer à la
» substance, il s'ensuit que la raison humaine, en s'unissant
» à la vérité absolue, s'unit à Dieu dans la vérité, et vit par
» elle et dans elle, c'est-à-dire par lui et dans lui, d'une vie
» absolument opposée à la vie terrestre renfermée dans les
» limites du contingent. — Loi suprême de l'humanité : s'u-
» nir à Dieu le plus intimement qu'il est possible par la vérité,
» en la cherchant et en la pratiquant (**). »

Vous le voyez, la révélation dont parle l'auteur exclut toute autre révélation, puisqu'*elle est l'unique moyen de rapprocher l'homme de Dieu ;* vous le voyez, on ne cher-

---

(*) *Fragm. phil.*, tom. I, pag. 316, 317.
(**) *Ibid*, pag. 317.

che point d'autre secours, puisque celui-ci est *un moyen infaillible*; vous le voyez, il serait absurde d'en vouloir un autre, puisque dans la *spéculation* et dans la *pratique*, la *vérité* rationnellement connue nous élève au-dessus de la *vie terrestre* et nous unit *à Dieu le plus intimement qu'il est possible !* Après un langage aussi clair, voudrez-vous croire encore que l'auteur admet la nécessité et l'existence d'une révélation particulière? voudrez-vous le faire parler contre sa manière de voir, lui faire dire ce qu'il ne dit pas, le contraire même de ce qu'il dit?

La révélation surnaturelle fut faite aux hommes par le moyen de l'inspiration. L'inspiration est une connaissance infuse de la part de Dieu dans l'ame de l'homme par une action immédiate et extrinsèque aux lois naturelles qui régissent ses facultés. L'intuition rationnelle est aussi l'effet d'un acte immédiat et divin; mais elle se distingue de l'inspiration en ce qu'elle est conforme au cours ordinaire de la nature. Que si l'on veut donner le nom d'inspiration à une telle connaissance, en tant qu'elle est vive, instantanée, produite par une efficacité objective, il faut distinguer l'inspiration naturelle de l'inspiration surnaturelle; l'inspiration de l'artiste, du poëte, du philosophe, de celle des écrivains sacrés qui ont confié au papier ce que leur dictait le Ciel, de celle que possédait habituellement la nature humaine du Christ en vertu de son union personnelle avec le Verbe divin. Cette distinction est essentielle dans le Christianisme, et les confondre l'une avec l'autre, ou reconnaître seulement entre elles une différence de degré et non d'essence, c'est ne pas être catholique, c'est ne pas être même chrétien. M. Cousin reconnaît dans l'inspiration l'origine de la révélation, et il rapporte constamment la seconde à la première. Quoique l'idée qu'il se forme de la révélation ne soit pas équivoque dans les passages que nous avons rapportés plus haut, voyons cependant si notre explication est confirmée par ce qu'il dit au sujet de l'inspiration.

Après avoir exposé sa distinction de prédilection entre la connaissance spontanée et la connaissance réfléchie, voici comment il s'exprime dans les *Fragments* : « Il n'y a pas
» plus intégralement dans la réflexion que dans l'opération
» qui la précède, dans la spontanéité; seulement la réflexion
» est un degré de l'intelligence, plus rare et plus élevé que la
» spontanéité, et encore à cette condition qu'elle la résume
» fidèlement, et la développe sans la détruire. Or, selon moi,
» l'humanité en masse est spontanée, et non réfléchie ; l'hu-
» manité est inspirée. Le souffle divin qui est en elle lui ré-
» vèle toujours et partout toutes les vérités sous une forme ou
» sous une autre, selon les temps et selon les lieux. L'ame de
» l'humanité est une ame poétique, qui découvre en elle-même
» les secrets des êtres, et les exprime en des chants prophé-
» tiques qui retentissent d'âge en âge. A côté de l'humanité
» est la philosophie qui l'écoute avec attention, recueille ses
» paroles, les note pour ainsi dire, et quand le moment de
» l'inspiration est passé, les représente avec respect à l'artiste
» admirable qui n'avait pas la conscience de son génie, et qui
» souvent ne reconnaît pas son propre ouvrage. La sponta-
» néité est le génie de la nature humaine, la réflexion est le
» génie de quelques hommes (*). »

Ces idées sur l'inspiration du genre humain, empruntées au panthéisme allemand, et transplantées en France par l'auteur, y ont merveilleusement pris racine et y remplissent aujourd'hui presque tous les livres, même ceux des écrivains qui ont le plus de prétentions à la nouveauté et qui croient y

---

(*) *Fragm. phil.*, tom. I, pag. 80.

parvenir en nous servant de petits mets allemands assaisonnés à la française. Par les paroles que nous venons de citer, on voit que l'inspiration n'est autre chose que la spontanéité, c'est-à-dire une faculté naturelle de l'ame humaine, et par conséquent commune à tous les hommes ; elle varie dans la *forme, selon les temps et selon les lieux,* mais elle est toujours la même dans sa substance ; elle est une *révélation du souffle divin* qui anime notre espèce ; c'est d'elle que partent *les chants prophétiques qui retentissent d'âge en âge.* Certes, ces qualités ne conviennent point à une inspiration particulière et supérieure à la nature. Mais peut-être l'auteur n'entend-il point parler en général et restreint-il son discours à un mode spécial d'inspiration, c'est-à-dire à l'enthousiasme naturel ; peut-être que *ces chants prophétiques* dont il nous entretient sont les vers des sibylles et de Nostradamus. Pour voir clairement quelle est son intention, lisons quelques autres passages où il revient sur cette matière.

« Toute parole est un acte de foi ; cela est si vrai, que
» dans le berceau des sociétés toute parole primitive est un
» hymne. Cherchez dans l'histoire des langues, des sociétés,
» et dans toute époque reculée, et vous n'y trouverez rien qui
» soit antérieur à son élément lyrique, aux hymnes, aux
» litanies : tant il est vrai que toute conception primitive est
» une aperception spontanée, empreinte de foi, une inspira-
» tion accompagnée d'enthousiasme, c'est-à-dire un mouve-
» ment religieux (*). »

L'inspiration dont on nous parle ici, est tout simplement la spontanéité, faculté naturelle commune à tous les hommes. C'est à elle qu'on attribue toute *conception primitive,* à elle

---

(*) *Introd. à l'hist. de la phil.,* leçon 6.

le savoir de *toute époque reculée* ; il n'y a aucune espèce de connaissance qui lui soit *antérieure*, elle appartient manifestement au berceau du genre humain, au premier exercice des facultés intellectuelles, à l'organisation primitive de la *société* et des *langues*. Et ne croyez pas qu'il s'agisse ici de connaissances extrinsèques à la religion, puisqu'une telle inspiration s'exprime par des *litanies* et par des *hymnes* et qu'elle fut essentiellement *un mouvement religieux*. Or, si la seule inspiration qui accompagna le genre humain à son origine est celle de la nature, comment peut-on croire à une inspiration extraordinaire dans les temps postérieurs ? La Bible n'atteste pas l'une moins expressément que l'autre. Le Judaïsme et le Christianisme, comme révélations particulières, présupposent une révélation primitive qu'ils ont renouvelée. Si cette révélation n'a pas eu lieu en dehors des lois de la nature, l'extraordinaire des révélations postérieures ne peut plus être admis ni historiquement, ni philosophiquement.

« L'action spontanée de la raison dans sa plus grande
» énergie, c'est l'inspiration : or, quel est le caractère de
» l'inspiration ? L'inspiration, fille de l'ame et du ciel, parle
» d'en haut avec une autorité absolue ; elle ne demande pas
» l'attention, elle commande à la foi ; aussi ne parle-t-elle
» pas une langue terrestre ; toutes ses paroles sont des
» hymnes, et l'inspiration produit naturellement la poésie.
» Mais l'inspiration ne va pas toute seule, l'exercice de la
» raison est nécessairement accompagné de celui des sens, de
» l'imagination et du cœur, qui se mêlent aux intuitions pri-
» mitives, aux illuminations immédiates de la raison, et les
» teignent de leurs couleurs. De là un résultat complexe où
» dominent les grandes vérités révélées par l'inspiration, mais
» sous ces formes pleines de naïveté, de grandeur et de
» charme que les sens et l'imagination empruntent à la na-

» ture extérieure pour en revêtir la raison. Tel est le premier
» développement de l'intelligence (*). »

Ailleurs M. Cousin particularise d'une manière plus minutieuse les caractères de l'inspiration.

« La spontanéité, nous l'avons vu, est le phénomène qui
» donne naissance immédiatement à la religion, et qui indirec-
» tement, par la réflexion qui s'appuie sur elle, contient et
» engendre la philosophie. Ainsi, en abordant la spontanéité,
» la réflexion se place à la source même et sur la limite de la
» religion et de la philosophie.....

« Le caractère de l'inspiration est 1° d'être primitive, an-
» térieure à toute opération réfléchie ; 2° d'être accompagnée
» d'une foi vive, d'où résulte une autorité supérieure ; 3° l'ins-
» piration est vivifiante, sanctifiante, et elle répand dans l'ame
» un sentiment d'amour pour l'auteur même de toute inspira-
» tion. Or, l'auteur de toute inspiration, est sans doute im-
» médiatement la raison humaine, mais la raison humaine
» rattachée à son principe, parlant pour ainsi dire au nom de
» ce principe ; c'est ce principe lui-même faisant son apparition
» dans la raison de l'homme (**). »

Ici l'inspiration nous est dépeinte comme le degré le plus énergique de la spontanéité naturelle ; comme cause *immédiate de la religion* ; comme principe *d'autorité* et de *foi*, c'est-à-dire de la foi et de l'autorité religieuse, et d'une *foi vive*, qui *vivifie* et *sanctifie* l'ame, et qui y *répand un sentiment d'amour pour son auteur*. Notons que M. Cousin se sert ici du langage chrétien, et applique avec une sorte d'affectation à un phénomène naturel les locutions consacrées

---

(*) *Cours de l'hist de la phil.*, leçon 2.
(**) *Ibid.*, leçon 4.

par l'usage à exprimer les effets surnaturels de la grâce. Mais afin que personne ne puisse croire qu'il n'exclut point toute influence extraordinaire, il ajoute que la cause *immédiate* de l'inspiration est la *raison humaine*, et que la connaissance inspirée ne se distingue de l'autre qu'en ce que cette même raison se rapporte à son principe divin.

On ne peut donc mettre en doute que l'inspiration de notre illustre auteur ne soit d'un côté un phénomène purement naturel, et de l'autre qu'il ne nous la représente comme l'unique cause des croyances et des institutions religieuses. Si cependant il restait encore quelque incertitude dans l'esprit du lecteur, elle serait dissipée par le passage suivant, dans lequel, parlant de la spontanéité, M. Cousin s'exprime ainsi :

« Tel est, Messieurs, le fait de l'affirmation primitive, an-
» térieure à toute réflexion et pure de toute négation : c'est
» ce fait que le genre humain a appelé inspiration. L'inspira-
» tion, dans toutes les langues, est distincte de la réflexion ;
» c'est l'aperception de la vérité, j'entends des vérités essen-
» tielles et fondamentales, sans l'intervention de la volonté et
» de la personnalité. L'inspiration ne nous appartient pas.
» Nous ne sommes là que simples spectateurs ; nous ne
» sommes pas agents, ou toute notre action consiste à avoir
» la conscience de ce qui s'y fait ; c'est déjà de l'activité sans
» doute, mais ce n'est pas l'activité réfléchie, volontaire et
» personnelle. L'inspiration a pour caractère l'enthousiasme ;
» elle est accompagnée de cette émotion puissante qui arra-
» che l'ame à son état ordinaire subalterne, et dégage en elle
» la partie sublime et divine de sa nature :

Est Deus in nobis, agitante calescimus illo.

» Et en effet, l'homme dans le fait merveilleux de l'inspira-

» tion et de l'enthousiasme, ne pouvant le rapporter à lui-
» même, le rapporte à Dieu, et appelle révélation l'affirmation
» primitive et pure. Le genre humain a-t-il tort, Messieurs?
» Quand l'homme, avec la conscience de sa faible interven-
» tion dans l'inspiration, rapporte à Dieu les vérités qu'il n'a
» pas faites, et qui le dominent, se trompe-t-il? Non, certes;
» car qu'est-ce que Dieu? Je vous l'ai dit, c'est la pensée en
» soi, la pensée absolue avec ses moments fondamentaux, la
» raison éternelle, substance et cause des vérités que l'homme
» aperçoit. Quand donc l'homme rapporte à Dieu la vérité
» qu'il ne peut rapporter ni à ce monde, ni à sa propre per-
» sonnalité, il la rapporte à ce à quoi il doit la rapporter;
» et l'affirmation absolue de la vérité sans réflexion, l'inspi-
» ration, l'enthousiasme, est une révélation véritable. Voilà
» pourquoi, dans le berceau de la civilisation, celui qui pos-
» sède à un plus haut degré que ses semblables le don mer-
» veilleux de l'inspiration passe à leurs yeux pour le confident
» et l'interprète de Dieu. Il l'est pour les autres, Messieurs,
» parce qu'il l'est pour lui-même, parce qu'il l'est en effet
» dans un sens philosophique. Voilà l'origine sacrée des pro-
» phéties, des pontificats et des cultes. Remarquez aussi,
» Messieurs, un effet particulier du phénomène de l'inspira-
» tion. Quand l'homme, pressé par l'aperception vive et ra-
» pide de la vérité, et transporté par l'inspiration et
» l'enthousiasme, tente de produire au-dehors ce qui se passe
» en lui et de l'exprimer par des mots, il ne peut l'exprimer
» que par des mots qui ont le même caractère que le phéno-
» mène qu'ils essaient de rendre. La forme nécessaire, la
» langue de l'inspiration est la poésie, et la parole primitive
» est un hymne. Nous ne débutons pas par la prose, mais par
» la poésie, parce que nous ne débutons pas par la réflexion,
» mais par l'intuition et l'affirmation absolue. Il suit encore

» que nous ne débutons pas par la science, mais par la foi,
» par la foi dans la raison, car il n'y en a pas d'autre (*). »

Ces paroles n'ont pas besoin de commentaire. Le rationalisme panthéistique y est exprimé avec une telle évidence, qu'il y a de quoi faire rougir les partisans les moins timorés des écoles allemandes. Mon lecteur ne sera certainement pas séduit par ce qu'il y a de spécieux dans un pareil raisonnement; mais il sentira, je l'espère, de la répulsion et de l'horreur pour un système qui égale à Moïse et à Jésus-Christ tous les fanatiques et tous les imposteurs de l'univers. Qu'en serait-il de notre civilisation si cette doctrine s'établissait dans le monde? Que deviendrait l'autorité de l'Evangile, et celle des sublimes enseignements d'amour et de fraternité universelle qu'il a consacrés, si l'on ôtait à ce livre sa divine origine et si on le plaçait dans la même classe que l'Avesta et les Védas? Insensés, qui louez, qui élevez jusqu'aux cieux ces préceptes, et qui faites tout votre possible pour détruire ce qui fait toute leur force ! Ne voyez-vous pas que le Christianisme n'est rien, s'il n'est pas seul? Ne voyez-vous pas que sa force dépend de sa divinité, non pas de cette divinité rationnelle qui se trouve plus ou moins mêlée à l'erreur dans toutes les religions du monde; mais d'une divinité qui lui est propre, d'une divinité absolue, exempte de tout défaut, supérieure à la raison et aux découvertes des hommes? Ne voyez-vous pas que si le Christianisme n'est point tenu pour supérieur à la nature, il ne pourra vaincre ses instincts rebelles, il ne pourra l'améliorer ni l'assujettir à la domination de l'esprit? Ne voyez-vous pas que si le Christ n'est pas cru et adoré comme Dieu, l'efficacité de son exemple et

---

(*) *Introd. à l'hist. de la phil.*, leçon 6.

de ses paroles disparaît ; que si vous dépouillez la nature humaine de l'union avec le Verbe, vous en faites un homme tout simple, bien que très excellent, vous le dépouillez du privilége qui le singularise, et vous amoindrissez d'autant son empire qu'il y a de distance entre le ciel et la terre ? Croyez-vous que si les fidèles des premiers siècles avaient pensé comme vous, leur religion se fût propagée et établie dans le monde ? qu'elle eût vaincu les préoccupations du vulgaire, les railleries des sophistes et le fer des persécuteurs ? que tant de millions de martyrs seraient morts pour un seul homme; que les barbares, conquérants de l'empire et destructeurs de la civilisation romaine, auraient accepté les opinions d'un philosophe ?

Direz-vous par hasard qu'il fallait des prodiges alors, mais que l'héroïsme religieux n'est plus nécessaire de nos jours? Comme si le monde entier était civilisé et s'il n'y avait pas les deux tiers du genre humain encore plongés dans la barbarie ! comme si la barbarie était le seul ennemi que la religion eût à vaincre, et si sa principale lutte n'était pas celle qu'elle a à soutenir contre une civilisation dégénérée, contre l'iniquité et la corruption ! Comme si notre civilisation tant vantée ne renfermait pas encore dans son sein autant de barbares qu'il y a d'hommes vicieux et pervers qui en empêchent les vrais progrès, en gâtent ou en détruisent les effets salutaires ! L'égoïsme domine le prince et toutes les classes de citoyens, et vous dites que la religion n'a plus d'ennemis à vaincre ! Les vertus civiles et privées, la disposition aux sacrifices (*), les

---

(1) En disant que l'amour et l'usage des sacrifices sont rares de nos jours, je dois faire exception pour une seule espèce très fréquente maintenant. Je veux parler de l'empressement à accepter certaines charges publiques (qui ne sont pas gratuites, selon l'usage de la mesquine antiquité), comme par exemple, celle de ministre. Car ceux qui acceptent aujourd'hui cet emploi, spé-

sentiments généreux et magnanimes, et toutes ces grandeurs morales qui consolèrent nos pères et embellirent le monde au milieu des grossièretés du moyen-âge, deviennent chaque jour plus rares, et vous pensez que l'héroïsme chrétien est maintenant superflu !

Et que voudriez-vous substituer à la religion ? Serait-ce la philosophie ? Mais quelle philosophie pourrez-vous nous donner, si vous en arrachez les fondements ? Nous donnerez-vous un sensisme brutal, un pyrrhonisme désespérant, un panthéisme hypocrite, d'autant plus pernicieux que, sous une apparence moins grossière, il cache des fruits empoisonnés. Aveugles, qui ne voyez pas que le Christianisme ancien, le Christianisme catholique et la vraie philosophie sont inséparables ; qui en voulant réduire la religion à n'être plus qu'un masque trompeur, en l'égalant aux faux cultes, prouvez que vous ne connaissez ni la foi, ni la philosophie! Si vous étiez philosophes, vous sauriez que la nature d'une chose en éclaircit et en détermine le principe ; et que le caractère particulier, parfait, incommunicable du Christianisme, le sépare des autres croyances par un intervalle infini et en prouve l'origine divine. Si vous étiez philosophes, vous sauriez que le genre humain n'a pu commencer à penser sans un concours divin et extraordinaire ; que l'existence d'une révélation primitive est rationnellement et historiquement aussi certaine que l'existence des peuples pensants et que celle de votre propre pensée ; que la spontanéité dont vous nous parlez, n'est qu'une

---

cialement en France, ont coutume de s'en vanter du haut de la tribune comme d'une grande et difficile preuve d'amour pour la patrie. Cet héroïsme est devenu presque universel ; chacun veut être compté au rang des victimes, et si cependant il n'y en a qu'un petit nombre qui reçoivent cet honneur, ce n'est certes point par défaut d'ardeur et de bonne volonté dans ceux qui aspirent à ce généreux holocauste.

fable si elle n'est réduite en acte par une parole révélée. Vous faites la pensée la créatrice de la religion, quand au contraire c'est la religion qui fut la nourrice et la mère de la pensée et des signes qui l'expriment! Si vous étiez philosophes, vous sauriez qu'après avoir admis la vérité d'une révolution primordiale et le gouvernement d'une Providence qui veille sur les choses humaines, il est absurde de vouloir supposer que la vérité révélée ait disparu de la terre, absurde de la chercher ailleurs que dans une institution remontant aux sources de notre espèce et traditionnellement unie avec cette doctrine primitive. Or, quelle est cette institution, sinon le Christianisme; et entre les diverses sociétés chrétiennes, quelle peut être cette société, sinon la catholique? Montrez-nous, hors du Christianisme, une religion qui, par une tradition claire, certaine, continue, remonte jusqu'au commencement des choses; montrez-nous, hors de l'église catholique, une secte qui remonte avec un ordre pareil jusqu'à Jésus-Christ. Et si vous ne pouvez le faire, vous êtes forcé de reconnaître que la perpétuité historique du Christianisme catholique lui est aussi particulière et aussi propre que son excellence intrinsèque; avouez encore que vouloir lui assigner la même nature et la même origine qu'aux autres cultes, c'est une solennelle folie indigne d'un philosophe.

Le lecteur aura remarqué que, conformément à sa constante habitude d'emprunter par force à la nature les éléments surnaturels de la religion, l'illustre auteur confond ensemble l'enthousiasme et l'inspiration religieuse.

« L'enthousiasme, dit-il dans un autre endroit, après avoir
» entrevu Dieu dans ce monde, crée le culte, et dans le culte,
» entrevoit Dieu encore (*). »

(*) *Introd. à l'Hist. de la phil.*, leçon I.

J. Locke ayant traité de l'enthousiasme et en ayant démontré les excès plutôt que l'utilité et les avantages, M. Cousin en prend la défense et s'exprime ainsi :

« La raison fait son apparition en nous, quoiqu'elle ne
» soit point nous, et qu'à aucun titre elle ne puisse être con-
» fondue avec notre personnalité : la raison est impersonnelle.
» D'où vient donc en nous cet hôte merveilleux, et quel est
» le principe de cette raison qui nous éclaire sans nous appar-
» tenir ? Ce principe c'est Dieu, le premier et dernier prin-
» cipe de toute chose. Or, si la raison avait jusqu'alors en elle
» une foi immense, quand elle s'est rattachée à son principe,
» et qu'elle sait qu'elle vient de Dieu, la foi qu'elle avait en
» elle s'accroît, non pas en degrés mais en nature, pour ainsi
» dire, de toute la supériorité de la substance éternelle sur
» la substance finie, dans laquelle elle fait son apparition.
» Alors arrive un redoublement de foi dans les vérités que
» nous révèle la raison suprême, dans ces ombres du temps
» et dans la limite de notre faiblesse. Voilà donc la raison
» divinisée à ses propres yeux dans son principe. Or, cet état
» de la raison qui s'écoute et se prend elle-même comme
» l'écho de Dieu sur la terre, avec les caractères parti-
» culiers et extraordinaires qui y sont attachés, c'est ce qu'on
» appelle l'enthousiasme. Le mot explique assez la chose :
» l'enthousiasme c'est le souffle de Dieu en nous, c'est l'in-
» tuition immédiate opposée à l'induction et à la démonstra-
» tion, c'est la spontanéité primitive opposée au développement
» ultérieur de la réflexion, c'est l'aperception des vérités les
» plus hautes par la raison dans la plus grande indépendance
» et des sens et de notre personnalité. L'enthousiasme à son
» plus haut degré, et pour ainsi dire dans sa crise, n'est pro-
» pre qu'à certains individus, et encore certains individus dans
» certaines circonstances; mais à son degré le plus faible,

» l'enthousiasme est un fait tout comme un autre, un fait
» assez ordinaire, qui n'appartient pas à telle ou telle théorie,
» à tel ou tel individu, à telle ou telle époque, mais à la na-
» ture humaine, dans tous les hommes, dans toutes les condi-
» tions, et presque à toute heure. C'est l'enthousiasme qui
» fait les convictions et les résolutions spontanées, en petit
» comme en grand, dans les héros et dans la plus faible
» femme. C'est l'enthousiasme qui est l'esprit poétique en
» toutes choses; et l'esprit poétique, grâce à Dieu, n'est pas
» exclusivement propre aux poëtes; il a été donné à tous les
» hommes en quelque degré plus ou moins pur, plus ou moins
» élevé; il paraît surtout dans certains hommes et dans cer-
» tains moments de la vie de ces hommes qui sont les poëtes
» par excellence. C'est encore l'enthousiasme qui fait les re-
» ligions; car toute religion suppose deux choses : 1° que les
» vérités qu'elle proclame sont des vérités absolues; 2° qu'elle
» les proclame au nom de Dieu même qui les lui révèle. Jus-
» que-là tout est bien; nous sommes encore dans les condi-
» tions de l'humanité et de la raison, car c'est la raison qui est
» le fond de la foi et de l'enthousiasme, de l'héroïsme, de la
» poésie et de la religion; et quand le poëte, quand le prêtre
» répudient la raison au nom de la foi et de l'enthousiasme,
» ils ne font pas autre chose, qu'ils le sachent ou qu'ils
» l'ignorent (et ce n'est l'affaire ni du poëte ni du prêtre
» de savoir ce qu'ils font), ils ne font, dis-je, autre chose que
» mettre un mode de la raison au-dessus des autres modes de
» cette même raison; car l'intuition immédiate est au-dessus
» du raisonnement, elle n'appartient pas moins à la raison :
» on a beau répudier la raison, on s'en sert toujours. L'en-
» thousiasme est donc un fait rationnel, qui a sa place dans
» l'ordre des faits naturels et dans l'histoire de l'esprit hu-
» main; seulement ce fait est extrêmement délicat, et l'en-

» thousiasme peut aisément tourner à la folie. Nous sommes
» ici sur la borne douteuse de la raison et de l'extravagance.
» Voilà le principe universel, nécessaire et légitime de la phi-
» losophie religieuse, des religions et du mysticisme, principe
» qu'il ne faut pas confondre avec les égarements qui peuvent
» le corrompre (*). »

L'enthousiasme ressemble donc sous tous les rapports à l'inspiration admise par notre philosophe, c'est-à-dire à la puissance native de la spontanéité humaine. Il crée les révélations, les religions, il est la source unique de l'autorité *absolue* et *divine* dont elles sont investies. Tous les hommes y ont part jusqu'à un certain point; mais son degré le plus élevé est le privilége d'un *petit nombre d'individus* (c'est-à-dire, autant que je puis le conjecturer, des prophètes et des révélateurs), *et encore dans certaines circonstances* particulières. C'est là une répétition de ce qui avait été dit plus haut; mais ce qu'il y a d'extraordinaire c'est la maxime suivante : *Il n'appartient pas aux prêtres et aux poëtes de savoir ce qu'ils font.* Je laisserai aux poëtes le soin de défendre leur cause et de s'entendre à ce sujet avec notre philosophe. Mais pour ce qui regarde les prêtres, je sollicite la permission de demander, puisqu'on leur enlève la conscience *de ce qu'ils font*, quels sont les mortels fortunés qui la possèdent pour eux. Les philosophes, répondra M. Cousin, conformément à sa déclaration que nous rapporterons dans le chapitre suivant. Or, comme M. Cousin est philosophe, il s'ensuit qu'il doit être informé de *ce que font les prêtres*, c'est-à-dire du véritable sens de leur ministère et de leurs doctrines. La prétention est plaisante et curieuse; le lecteur peut

(*) *Cours de l'hist. de la phil.*, leç. 24.

pressentir par notre discussion jusqu'à quel point elle est fondée.

Dans les passages de l'illustre auteur que nous avons discutés jusqu'à présent, la question se trouve envisagée dans sa généralité, et bien qu'il soit manifeste par leur contenu que, bien loin d'exclure le culte chrétien et ses légitimes prédécesseurs, M. Cousin y fait allusion d'une manière toute particulière, cependant on ne trouve pas qu'il les y mentionne d'une manière expresse. Certainement, nous ne devons pas attendre d'un écrivain aussi circonspect et aussi prudent que M. Cousin, qu'il fasse du haut de sa chaire ou qu'il divulgue dans ses livres une profession directe, franche et absolue de rationalisme théologique, et qu'il place nommément au rang des fables les croyances religieuses qui règnent en France et dans tout le monde civilisé. Et ici, loin de blâmer le célèbre professeur, nous le louons hautement de sa prudence; car, dans notre malheureux siècle, ce peut être un malheur plutôt qu'une faute de ne pas croire à la divinité du Christianisme. Mais faire parade de son incrédulité, comme le font quelques hommes, la propager par ses discours et ses écrits, l'inoculer dans les tendres esprits de la jeunesse, et se servir, pour l'abominable dessein de la propager, de l'enseignement public ou privé, c'est une folie et un des plus grands crimes. Plût au ciel que M. Cousin eût encore mieux dissimulé ses opinions sur ce point! En effet, il n'a pas, comme nous l'avons vu, tellement dissimulé sa pensée qu'elle ne soit très claire pour tout lecteur doué du bon sens le plus commun; aussi nous sommes-nous cru obligé d'en parler, puisque le silence nous aurait paru une des choses les plus dangereuses. S'il avait couvert ses opinions d'un voile moins transparent, nous nous serions gardé de le soulever, pour ne pas exciter le scandale au lieu de le réparer. Qu'on ne s'attende pas toutefois à m'entendre l'accuser d'inconsidération, défaut dans lequel il tombe souvent ; je le louerai au contraire de la demi-réserve dans laquelle il se tient. Mais si cette réserve l'empêche de nous exprimer sa pensée avec une franchise sans pudeur, elle ne l'a pas cependant empêché de descendre quelquefois dans les détails et d'indiquer l'application des principes généraux récemment posés, aux espèces particulières de la révélation. En effet, il est souvent difficile d'éviter de telles applications, soit à cause de la nature du sujet que l'on traite, soit à cause du caractère même de l'improvisation employée dans les cours publics. Le lecteur ne doit pas oublier que traitant des points très délicats, le professeur n'a pu, à cause de sa réserve habituelle, que jeter quelques aperçus rapides; aussi ne faut-il pas s'attendre à trouver dans les passages que nous allons citer ni la diffusion, ni la clarté de ceux que nous avons déjà mis sous les yeux de nos lecteurs.

Les révélations particulières sont au nombre de trois : la révélation primitive, la révélation judaïque, la révélation chrétienne. Toutes les trois ont cela de commun qu'elles ont été faites immédiatement à un petit nombre d'hommes et d'une manière spéciale. Cette communication directe n'est pas du goût de notre auteur; il la rejette sans explication, sous le nom de mysticisme.

« Le mysticisme, dit-il, consiste à substituer l'illumination
» directe à la révélation indirecte, l'extase à la raison,
» l'éblouissement à la philosophie. Je ne dis pas qu'il n'y ait
» point d'autre mysticisme que celui-là ; mais tous les genres
» de mysticisme se rattachent à l'illumination directe. Le
» mysticisme et le rationalisme sont toujours en présence,
» et selon que l'un ou l'autre l'emporte, la religion est raison-
» nable ou absurde (*). »

(*) *Fragm. phil.*, t. 1, p. 227.

Il est question ici du mysticisme dans la religion et non pas seulement dans la philosophie, puisqu'on dit qu'il rend la religion *absurde*. Et l'on n'entend pas parler seulement des disciples, mais bien des fondateurs de la religion elle-même, puisque le culte *raisonnable* que l'on oppose au culte *mystique et absurde*, c'est le *rationalisme*, qui exclut certainement toute *illumination directe*. Cette *illumination directe* n'est d'ailleurs pas autre chose que la révélation et l'inspiration surnaturelle, puisqu'on l'oppose à la *raison* et à la *philosophie*, dans lesquelles consiste la révélation indirecte.

La révélation personnelle et les miracles qui l'accompagnent quelquefois ne plaisent pas non plus à M. Cousin. Il dit en parlant des égarements des mystiques : « On veut entendre la
» voix de l'esprit; il tarde, on l'invoque, et bientôt on l'évoque.
» Il vient, Messieurs, et l'on passe de la révélation rationnelle
» aux révélations directes et personnelles. On appelle, on
» écoute, on croit entendre; on a des visions et on en procure aux autres. On lit sans yeux, on entend sans
» oreilles; on commande aux éléments, sans connaître
» leurs lois, etc. (*). »

Il est vrai que notre auteur parle ici en particulier des faux mystiques et que c'est à eux qu'il fait allusion par quelques-unes des particularités qu'il rapporte; mais cette explication s'accorde mal avec le passage suivant, où il est question des défauts de l'enthousiasme.

« Il arrive encore que ceux qui participent à un degré su-
» périeur à cette révélation de Dieu faite à tous les hommes
» par la raison et par la vérité, » (remarquez bien que, dans les

---

(*) *Cours de l'hist. de la phil.*, leç. 4.

principes généraux de l'auteur, cette révélation rationnelle est la seule vraie, et qu'elle s'étend à toutes les religions sans aucune exception) « s'imaginent qu'elle leur est propre, qu'elle a
» été refusée aux autres non-seulement à ce même degré,
» mais en totalité et absolument ; ils instituent dans leur esprit,
» à leur avantage, une sorte de privilége d'inspiration ; et
» comme dans l'inspiration nous sentons le devoir de nous
» soumettre aux vérités que l'inspiration nous révèle, et la
» mission sacrée de les proclamer et de les répandre, nous
» allons souvent jusqu'à supposer que c'est un devoir aussi
» pour nous, en nous soumettant à ces vérités, d'y soumettre
» les autres, et de les leur imposer, non pas en vertu de notre
» puissance et de nos lumières personnelles, mais en vertu
» de la puissance supérieure de laquelle émane toute inspira-
» tion ; à genoux devant le principe de notre enthousiasme et
» de notre foi, nous voulons aussi faire plier les autres sous
» ce même principe et le faire adorer et servir au même titre
» que nous l'adorons et que nous le servons nous-mêmes. De
» là l'autorité religieuse ; de là bientôt la tyrannie. On com-
» mence par croire à des révélations spéciales faites en sa fa-
» veur, on finit par se regarder comme un délégué de Dieu
» et de la Providence, chargé non-seulement d'éclairer et de
» sauver les âmes dociles, mais d'éclairer et de sauver bon gré
» malgré ceux qui résisteraient à la vérité et à Dieu. La
» folie de l'enthousiasme conduit bien vite à la tyrannie de
» l'enthousiasme (*). »

Ici, parlant en général et embrassant tous les cas, on nie toute révélation différente par sa nature de celle qui est commune à tous les hommes ; on déclare vain tout *privilége*

(*) *Cours de l'hist. de la phil.*, leç. 24.

d'inspiration; on fait dériver d'une illusion, d'une chimère, d'une *folie* l'ardeur et le zèle de l'apostolat; on déduit des mêmes sources *l'autorité religieuse.* Dira-t-on toujours que l'auteur parle des visionnaires et des fanatiques et non pas des prophètes et des révélateurs légitimes. Mais cette distinction aurait dû au moins être indiquée; il fallait éviter de parler de manière qu'il fût plus facile d'appliquer ce que l'on disait aux autres religions qu'au christianisme.

A propos des œuvres miraculeuses dont Dieu accompagne l'établissement des révélations particulières, nous avons déjà eu sous les yeux la pensée de l'auteur pour ce qui concerne les prédictions prophétiques, partie si importante de cet extraordinaire qui légitime les principes de la religion. Dans le passage que je vais transcrire, il parle encore des miracles :

« Quand on prie, on éprouve non-seulement le besoin,
» mais l'espoir d'obtenir l'objet qu'on demande; ajoutez à ces
» sentiments naturels le travail de l'imagination; vous verrez
» naître l'inspiration, l'esprit de prophétie et le don des mi-
» racles. L'homme demande à son Dieu de lui dévoiler l'avenir :
» en attendant la réponse, il y pense, il la médite, et il la fait
» peu à peu lui-même; il se persuade ainsi qu'elle lui vient de
» la divinité; le voilà inspiré, le voilà prophète. Par une illu-
» sion semblable, quand on éprouve le vif désir de voir un
» objet absent, l'imagination, éveillée par l'énergie de la sen-
» sibilité, se met en jeu et nous offre l'objet vers lequel notre
» ame tout entière aspire, et l'on croit voir et toucher le pro-
» duit de sa propre création. Voilà comment on arrive à s'at-
» tribuer le pouvoir des miracles, c'est une crédulité naturelle :
» le premier corps de prêtres qui a prédit l'avenir, qui a révélé
» les volontés des dieux, qui a enfanté des prodiges, a été
» d'abord dupe de lui-même : il ne faisait pas, comme on l'a
» dit, de la superstition à plaisir; il était de bonne foi, et c'est

» là ce qui faisait son influence et son empire. Il parlait à des
» hommes disposés à la même crédulité : sa confiance en lui-
» même s'en augmentait, et sa puissance s'étendait ainsi de
» plus en plus (*). »

Les défenseurs des mythes bibliques ne parlent pas autrement. L'auteur s'excusera peut-être en disant que les exemples dont il se sert pour appuyer ses assertions sont empruntés au paganisme? Cela est vrai; mais ses assertions sont générales et peuvent se rapporter à toutes les religions. Il n'y a pas au monde d'incrédule assez indiscret pour aller s'aviser de proposer les exemples empruntés à l'Evangile comme des modèles de fraude et de séduction. Il lui suffit de faire allusion au Christianisme en parlant du paganisme. — « Et quand il » désigne l'un il vous conduit à l'autre (**). » — D'un autre côté, il n'y a pas d'homme vraiment religieux, qui en parlant des faux miracles et des superstitions enfantées par l'ignorance ou par la malice des hommes, s'exprime de manière à ce que l'on puisse appliquer ce qu'il dit à ces faits respectables qui sont la garantie extérieure et la base historique de notre foi.

Après avoir considéré les bases de la révélation en particulier, revenons maintenant aux quelques passages où l'illustre auteur parle de ses trois principales époques. Voici ce qu'il dit de la plus ancienne de toutes :

« Messieurs, il en est du genre humain comme de l'individu.
» Une révélation primitive éclaire le berceau de la civilisation
» humaine. Toutes les traditions antiques remontent à un âge
» où l'homme, au sortir des mains de Dieu, en reçoit immé-
» diatement toutes les lumières et toutes les vérités, bientôt

---

(*) *Cours de phil.* de 1818, leçon 10, p. 92, 93.
(**) *Roland furieux*, ch. II, stance 53.

» obscurcies et corrompues par le temps et par la science in-
» complète des hommes. C'est l'âge d'or, c'est l'Eden que la
» poésie et la religion placent au début de l'histoire, image
» vive et sacrée du développement spontané de la raison, de
» son énergie native, antérieurement à son développement
» réfléchi (*). »

L'expression de M. Cousin est dans ce passage suffisamment claire. *La révélation primitive qui éclaire le berceau de la civilisation humaine* n'est autre chose que *la spontanéité de la raison dans son énergie native* ; et il en est de l'espèce comme de l'individu. Il est vrai que *toutes les traditions antiques* et par conséquent la Bible aussi, racontent les choses d'une manière différente ; mais ces narrations ne sont qu'une *image vive et sacrée* de ce mouvement spontané. N'y cherchez point l'histoire, mais seulement la *poésie* et la *religion*, ce qui veut dire, dans un langage plus simple ; cherchez-y, non la vérité, mais les fables qui l'enveloppent. Quant à la vérité, il n'y a que la philosophie qui puisse vous la donner ; non pas, bien entendu, une philosophie quelconque, mais celle de l'illustre auteur. Que si les mots : *toutes les traditions,* ne vous suffisaient pas pour entendre les choses dans un sens général, et si vous songiez à quelque exception, voici que notre auteur vient à votre aide et vous préserve d'une erreur énorme, en vous parlant d'un certain *Eden* que la *poésie* s'accorde avec la *religion* à *placer au début de l'histoire,* en le mettant au même rang que *l'âge d'or* qui, vous le savez, n'est pas d'une vérité très authentiquement historique. La Genèse donc (et par conséquent toute la Bible, si l'on veut être impartial et ennemi des priviléges),

---

(*) *Introd. à l'Hist. de la phil.*, leçon 7.

n'est plus une histoire, mais une œuvre poétique, comme les écrits de Valmiki et de Ferdoucy, ce qui, comme vous le voyez, donne à ce livre un nouveau degré de valeur et d'autorité.

Après avoir vu comment M. Cousin entend la révélation primitive, qui est la base des révélations subséquentes, vous pouvez vous faire une idée, à très peu de chose près, de ce qu'il pense de ces dernières. Il parle à peine en quelques endroits du Judaïsme, mais ces simples indications, quoique rares et rapides, n'en ont pas moins leur prix. Ainsi, par exemple, il dit : « La race arabe, dont le peuple juif fait
» partie, est une grande race assurément ; elle a beaucoup
» remué sur la terre ; elle a produit Moïse, qui est bien vieux,
» et qui pourtant dure encore ; elle a donné le christianisme à
» l'Europe, et plus tard, à l'Asie, Mahomet et la forte civi-
» lisation musulmane (*). »

Si vous craignez que cet éloge donné à la race arabe (l'auteur a voulu dire sémitique, puisque les Hébreux ne furent jamais arabes), parce qu'elle a *remué beaucoup*, en produisant le christianisme et Moïse qui est *bien vieux*, ne sente trop la théologie, l'auteur ajoute pour vous rassurer, qu'elle a produit aussi Mahomet ; et le mérite d'avoir produit l'Alcoran augmente celui d'avoir donné le jour à l'Evangile et au Pentateuque. Et la *forte civilisation musulmane* la comptez-vous pour peu de chose ? Quelle est cette *force*, l'histoire vous le dit, surtout celle de notre époque. L'auteur vous expliquera comment on peut louer la *forte civilisation* d'une secte qu'il met ailleurs au nombre de celles qui *produisent*..... *ici une dégradation profonde, là une tyrannie sans bornes* (**).

(*) *Introd. à l'hist. de la phil.*, leçon II.
(**) *Cours de l'hist. de la phil.*, leçon 2.

« Ce ne sont pas là de médiocres présents. »

Non, assurément.

« Mais enfin, quelque belle, quelque grande, quelque éner-
» gique que soit cette race, elle n'est pas seule en ce monde,
» et comme le temps est venu de rapporter la religion même
» à la civilisation, le temps est aussi venu de substituer au
» peuple juif l'humanité entière. Le cadre de Bossuet subsiste;
» il ne s'agit que de l'agrandir (*). »

Serait-ce indiscrétion ou mauvaise chicane que de soupçonner quelque malice dans ces paroles? Dire que le *temps est venu de rapporter la religion même à la civilisation*, c'est dire que nos bons aïeux avaient la simplicité de croire que la religion, dans son essence, ne dépend point de la civilisation et a un principe surhumain; tandis que maintenant on a découvert que la religion n'est tout simplement que le fruit de la civilisation et doit se rapporter à elle, comme la partie au tout, comme l'effet à la cause. Si Bossuet considère le Christianisme, et par conséquent le Judaïsme qui le prépara, comme le centre de l'histoire; s'il voit dans les Israélites un peuple unique et privilégié parce qu'il fut le seul dépositaire de la vérité avant les temps évangéliques, ce fut chez lui une préoccupation de théologien; car on sait aujourd'hui que l'espèce humaine tout entière fut investie de cette prérogative et que les Hébreux furent un peuple semblable à tous les autres. Suis-je téméraire dans ces conclusions? Ne sont-elles pas en parfait accord avec la doctrine de l'auteur que nous avons exposée plus haut? Mais écoutez :

« Bossuet n'a tenu presque aucun compte de l'Orient.....
» cependant avant le temps où le peuple de Moïse prend un

(*) *Introd. à l'hist. de la phil.*, leçon II.

» caractère historique, il y avait derrière le golfe arabique,
» par-delà la Perse, des contrées dix fois plus vastes que la
» Judée, dont la Judée n'avait aucune idée et ignorait même
» le nom. L'Asie centrale avec ses populations et la civilisa-
» tion puissante et originale qu'elle a produite, était inconnue
» au mosaïsme et lui est étrangère; elle a eu son développe-
» ment indépendant. Les racines du mosaïsme sont vieilles et
» profondes; mais elles ne couvrent pas la terre entière (*). »

Donc il fut un temps où le *peuple de Moïse* n'eut point un *caractère historique*; ce qui signifie que l'histoire du Pentateuque commence par la mythologie, comme l'affirment les bibliologues rationalistes de l'Allemagne, et que la Genèse n'est peut-être qu'une imitation des Pouranas indiens, selon l'admirable opinion de Volney (**). Autrement, comment aurait-il pu parler de temps antérieurs à un peuple dont les *racines* ne sont pas seulement *vieilles*, mais remontent par une généalogie certaine et non interrompue jusqu'au commencement du monde? comment aurait-il pu parler de la civilisation de *l'Asie centrale* (il serait mieux de dire australe ou orientale, car ni l'Iran, ni l'Inde, ni la Chine ne sont, que je sache, au centre du continent asiatique, et l'opinion de quelques écrivains sur une civilisation très ancienne de l'Asie centrale, n'a point de fondement), comment, dis-je, aurait-il pu en parler comme d'une chose plus ancienne que les temps historiques des Hébreux? Quelle idée l'auteur se fait-il donc de la Bible, et comme code religieux, et comme histoire humaine? Ne sait-il pas qu'il est aussi contraire à la saine critique qu'à la bonne foi de la supposer mêlée d'erreurs et de fables?

(*) *Introd. à l'hist. de la phil.*, leçon II.
(**) *Rech. nouv. sur l'hist. anc.*

Mais si l'on veut connaître d'une manière plus explicite encore l'opinion de M. Cousin sur le Judaïsme, il faut la chercher dans les passages où il parle de Spinoza.

« Spinoza, dit-il, calomnié, excommunié, persécuté par » les Juifs comme ayant abandonné leur foi, est essentielle- » ment juif, et bien plus qu'il ne le croyait lui-même. Le » Dieu des Juifs est un Dieu terrible. Nulle créature vivante » n'a de prix à ses yeux, et l'ame de l'homme lui est comme » l'herbe des champs et le sang des bêtes de somme (*Ecclé-* » *siaste*). Il appartenait à une autre époque du monde, à des » lumières tout autrement hautes que celles du Judaïsme de » rétablir le lien du fini et de l'infini, de séparer l'ame de » tous les autres objets, de l'arracher à la nature où elle était » comme ensevelie, et par une médiation et une rédemption » sublime de la mettre en un juste rapport avec Dieu. »

— Nous avons déjà pu voir et nous verrons encore mieux plus loin, quelle est cette médiation, quelle est cette rédemption dans la pensée de M. Cousin. —

« Spinoza n'a pas connu cette médiation..... Oui, Spinoza » est juif, et quand il priait Jéhovah sur cette pierre que je » foule, il le priait sincèrement dans l'esprit de la religion ju- » daïque (*). »

Certes, les Juifs d'Amsterdam auraient quelque raison de s'étonner en entendant reprocher à leurs ancêtres l'excommunication lancée contre le célèbre apostat ; en entendant dire que l'auteur du traité théologico-politique, quand il sapait les bases de l'histoire et de la révélation mosaïque ; l'auteur de l'Éthique, quand il établissait le panthéisme le plus rigoureux, *était essentiellement juif,* et qu'il n'avait pas

---

(*) *Fragm. phil.*, t. II, p. 165.

abandonné leur foi. Ainsi, selon M. Cousin, Moïse fut donc panthéiste, et M. Salvador (*) a raison d'imputer cette doctrine empoisonnée au promulgateur du Décalogue et du Tétragramme? Moïse fut donc fataliste, il refusa à Dieu les perfections morales, il nia la différence entre le bien et le mal; car telles sont les opinions de l'athée hollandais. On n'avait donc dans le Judaïsme aucune connaissance de cette *rédemption sublime qui unit* l'homme à Dieu? Mais si l'illustre auteur s'était procuré une connaissance exacte des institutions mosaïques, il aurait su qu'il y a en elles une partie publique, populaire, essotérique, à côté d'une doctrine plus cachée et pour ainsi dire acroamatique, et que la Bible et la tradition nous rendent témoignage de l'une et de l'autre; il aurait su que la relation de ces deux doctrines, qui en substance n'en font qu'une seule, est celle de la figure à la chose figurée; il aurait su que les dogmes de la médiation et de la rédemption, aussi bien que les autres mystères du Christianisme, appartiennent à l'enseignement caché; que l'ancien Testament est rempli d'allusions à ces dogmes sans lesquels il est inexplicable; que le Dieu des Juifs n'est ni plus ni moins terrible que celui des Chrétiens; que la bonté, la clémence et tous les attributs les plus doux de la divinité sont exprimés et dépeints avec une éloquence surhumaine dans les livres de l'ancienne alliance; que, si cependant la justice vengeresse de Dieu est mise pour ainsi dire plus en relief dans l'ancienne loi que dans la nouvelle, si l'une peut s'appeler loi de crainte, et l'autre loi d'amour, selon le sentiment qui y prédomine, cette différence ne regarde point la doctrine mais seulement l'économie de l'enseignement, lequel doit être pro-

---

(*) *Hist. des inst. de Moïse*, part. 2, liv. I, ch. 1.

portionné au génie et aux besoins de ceux qui le reçoivent. Le peuple juif, grossier et entêté, *incirconcis de cœur* et à *la tête dure* (*), avait principalement besoin d'être excité et retenu par la pensée des jugements de Dieu; mais cela n'a rien de commun avec le *Dieu terrible* dans le sens donné à ces mots par notre auteur. Certes, le Dieu de Moïse, de David et des prophètes n'est point le Dieu cruel et destructeur des Ammonites, des Scandinaves, des Astèques et des Sivaïtes de l'Inde; il n'est point le Dieu sans conscience des Spinozistes, qui possède une puissance démesurée et fatale, sans tempérament de bonté, de justice ni de providence pour ses créatures. Je ne crois pas que Spinoza priât intérieurement son Dieu, car la prière est sous tous les rapports absurde dans son système; mais certainement, s'il priait, il est ridicule de dire qu'il le faisait *sincèrement dans l'esprit de la religion judaïque.* Pour ce qui est de la citation de l'Ecclésiaste, l'illustre auteur nous aurait fait grand plaisir de nous indiquer l'édition de la Bible à laquelle il a emprunté son texte.

Quant au Christianisme, il en fait une mention plus expresse. Il remarque à ce sujet que Locke parlant du *Christianisme*, de la *révélation*, de la *foi*, « n'entend pas une » foi, une révélation philosophique; cette interprétation n'ap- » partient pas au temps de Locke; il entend la foi et la révé- » lation dans le sens propre de la théologie la plus or- » thodoxe (**). »

Ici, M. Cousin se déclare partisan de *cette foi et de cette révélation philosophique*, qui sont des découvertes de notre époque, et rejette, sans cérémonie et sans scrupule, *la foi et*

(*) Act. VIII, 31.
(**) *Cours de l'hist de la phil.*, leçon 2e.

la révélation dans le sens propre de la théologie la plus orthodoxe. On ne peut entendre autrement les paroles suivantes :

« Le Christianisme, Messieurs, c'est la philosophie du
» peuple. Celui qui porte ici la parole est sorti du peuple et
» du christianisme, et j'espère que vous le reconnaîtrez tou-
» jours à mon profond, à mon tendre respect pour tout ce
» qui est du peuple et du Christianisme. La philosophie est
» patiente : elle sait comment les choses se sont passées dans
» des générations antérieures, et elle est pleine de confiance dans
» l'avenir : heureuse de voir les masses, le peuple, c'est-à-
» dire à peu près le genre humain tout entier, entre les bras
» du Christianisme, elle se contente de lui tendre doucement
» la main, et de l'aider à s'élever plus haut encore (*). »

Ce point *plus élevé*, auquel la philosophie, qui *est patiente*, promet si bien de nous conduire, c'est, si vous l'ignorez, la philosophie elle-même, comme vous l'entendrez tout à l'heure. Ne trouvez-vous pas que cette manière d'envisager le Christianisme comme une chose basse, digne du vulgaire et *des masses*, que les hommes abandonnent à mesure qu'ils ont la force de *s'élever plus haut*, est une grande marque de respect? Aussi, quand l'auteur fera l'éloge de cette religion, vous vous garderez bien de l'entendre dans un sens absolu et vous rabattrez de ses paroles ce qu'il faudra. Vous remarquerez que le Christianisme est une *religion rationnelle et idéalistique,* qui considère la nature *sous un point de vue idéaliste,* et qui produit une philosophie du même genre ; qu'il est sans doute supérieur aux *religions naïves du premier âge de l'humanité* (quelle générosité !) qui

---

(*) *Introd. à l'hist. de la phil.*, leçon 2.

ne sont point encore des religions en esprit et en vérité ; qu'il appartient à la classe des *religions de l'esprit* (il y a donc beaucoup de ces religions *de l'esprit*, de ces religions *en esprit et en vérité*), lesquelles « tendent un peu trop à sépa-
» rer Dieu de la nature, parce que la preuve sur laquelle elles
» reposent sépare trop la raison et la conscience des sens et
» de l'expérience (*). »

L'auteur n'ose dire que le tort du Christianisme c'est d'exclure le panthéisme ; mais il vous le fait pressentir en vous disant qu'il *sépare trop Dieu de la nature*. N'allez pas cependant en inférer qu'il tienne le Christianisme pour peu de chose, et qu'il n'en parle pas en termes magnifiques :

« Le Christianisme est la vérité des vérités, le complément
» de toutes les religions antérieures qui ont paru sur la terre ;
» il est la meilleure des religions et il les achève toutes, par
» bien des raisons sans doute qui ne sont ni de mon sujet ni
» de cette chaire, mais entre autres par celle-ci, qu'il est
» venu le dernier, qu'il est la dernière des religions. Or, il
» impliquerait que la religion la dernière venue ne fût pas
» meilleure que toutes les autres, qu'elle ne les embrassât
» pas et ne les résumât pas toutes. Venue la dernière, elle
» se lie à toutes les autres et par là à tous les siècles (**). »

Ces louanges sont au reste plus apparentes que réelles. Si M. Cousin ne voulait pas entrer dans une matière étrangère *à son sujet et à sa chaire*, il pouvait garder le silence ; mais placer le privilége du Christianisme dans ce *qu'il est venu le dernier*, faire de son excellence un accident de chronologie, c'est une louange très équivoque, plus digne d'un muphti

---

(*) *Cours de l'hist. de la phil.*, leç. 11.
(**) *Introd. à l'hist. de la phil.*, leçon 25.

turc que d'un philosophe ou d'un théologien chrétien. De plus, cet éloge repose sur une fausseté, puisque le Christianisme est, comme renouvellement de la révélation primitive, le plus ancien des cultes qui existent, et qu'il ne serait pas divin s'il n'était le plus ancien. La prérogative de la vérité dans les choses idéales, consiste à être non pas la *dernière* mais la première. Et pourquoi, de grâce, le Christianisme est-il excellent, supposé qu'il soit le *dernier?* Parce qu'il est le *complément de toutes les religions antérieures,* parce qu'il les *termine,* les *embrasse* et les *résume* toutes. Donc l'Evangile est le complément du paganisme ! donc le culte chrétien embrasse et résume celui des idoles et des fétiches ! Et remarquez bien que l'on parle ici de *toutes les religions,* sans en excepter aucune ; et que le seul mérite qu'on y accorde au Christianisme, c'est d'être un résumé, et comme qui dirait une synthèse de *toutes* les croyances antérieures, même des plus honteuses et des plus absurdes. Le Christ fut un éclectique et même un syncrétique en religion, comme notre illustre auteur l'est en philosophie. Il ne faut donc pas s'étonner si ce dernier reproche à Bossuet d'avoir représenté le Christianisme comme le *centre,* la *mesure* et le but de l'histoire du genre humain (*), au lieu de le considérer comme l'épilogue des cultes qui l'ont précédé. Et de la même manière que le Christianisme s'appuie, selon M. Cousin, sur les cultes antérieurs, dont il est une transformation, il devra aussi dans l'avenir se transformer et prendre une nouvelle forme. Ecoutons notre philosophe :

« Le Christianisme était dans le moyen-âge, et il y a fait
» tout ce qui s'y est fait de bon et de grand ; mais il y était

---

(*) *Introd. à l'Hist. de la phil.,* leçon 11.

» sous les conditions du temps, sous sa première forme, non
» sous sa forme unique, ni sa forme dernière. Le moyen-âge
» est le berceau du Christianisme ; il n'en est pas la borne.
» Le Christianisme est le fond même de la civilisation mo-
» derne ; ils ont la même destinée ; ils passent par les mêmes
» fortunes ; et il fallait que lui-même sortît des ténèbres et
» des liens du moyen-âge pour se développer et porter tous
» les fruits qui lui appartiennent (*). »

N'allez pas croire qu'il soit question ici de la discipline et des formes accidentelles de la religion ; il s'agit des dogmes, du culte, de la hiérarchie, c'est-à-dire de son essence même. Le Christianisme a pris successivement diverses formes, toutes également légitimes, selon les temps. Celle qui succéda immédiatement au moyen-âge fut le protestantisme ; la *dernière* de toutes sera la pure philosophie. Nous verrons plus loin que telle est la pensée de l'auteur.

Recommander le Christianisme, en disant qu'il est *la meilleure des religions,* c'est encore une manière de parler assez singulière. Qui oserait dire que le système de Copernic sur le monde est le meilleur des systèmes astronomiques ? On ne peut dire que la vérité est *meilleure* que l'erreur, pas plus qu'on ne peut avancer que l'erreur est *pire* que la vérité. Si une chose est *meilleure,* relativement à une autre, le terme de comparaison doit être *bon* en lui-même ; et une doctrine n'est bonne qu'autant qu'elle est vraie. Donc, si le Christianisme est *meilleur* que le polythéisme, le polythéisme doit être bon et vrai. La seule différence sera que le premier contiendra d'une manière plus explicite, en les *complétant* et en les *terminant,* la bonté et la vérité que le second possédait

---

(*) *Cours de l'hist. de la phil.,* leç. 1.

d'une manière moins distincte et moins parfaite. Cela s'accorde parfaitement avec les principes généraux de l'auteur que nous avons déjà exposés et avec ceux que nous exposerons bientôt. Dans un autre endroit il répète les mêmes idées, presque dans les mêmes termes ; voici comment il s'exprime :

« Messieurs, le Christianisme, la dernière religion qui ait
» paru sur la terre, est aussi et de beaucoup la plus parfaite.
» Le Christianisme est le complément de toutes les religions
» antérieures, le dernier résultat des mouvements religieux
» du monde ; il en est la fin, et avec le Christianisme toute
» religion est consommée. En effet, le Christianisme si peu
» étudié, si peu compris, n'est pas moins que le résumé
» des deux grands systèmes religieux qui ont régné tour à
» tour dans l'Orient et dans la Grèce. Il réunit en lui tout ce
» qu'il y a de vrai, de sain et dans sage, dans le théisme de
» l'Orient, et dans l'héroïsme et le naturalisme mythologique
» de la Grèce et de Rome. La religion d'un Dieu fait homme
» est une religion qui, d'une part élève l'ame vers le ciel,
» vers son principe absolu, vers un autre monde, et qui en
» même temps lui enseigne que son œuvre et ses devoirs sont
» en ce monde et sur cette terre. La religion de l'Homme-
» Dieu donne un prix infini à l'humanité (*). »

Cet éloge serait beau et vrai, si nous pouvions le séparer des principes de l'auteur. Mais quand on réduit le mystère de *l'Homme-Dieu* à la condition rationnelle commune à tous les hommes, à tous les imposteurs, à tous les fanatiques du monde, de quelle efficacité peut-il être pour augmenter le *prix* de l'humaine nature ? On peut dire avec vérité que le Christianisme contient *ce qu'il y a de vrai, de sain et de*

(*) *Cours de l'hist. de la phil.*, leç 2.

sage dans les superstitions païennes, en tant que celles-ci étaient l'altération des enseignements primitifs, qui furent renouvelés et accomplis par l'Evangile. Mais si, au lieu d'être la restauration divine de ce qui fut *a principio* (*), le Christianisme n'est qu'un résumé purement humain des religions qui l'ont précédé, son caractère particulier s'évanouit, et il n'a rien de plus relevé que le naturalisme italo-grec philosophiquement interprété par les Alexandrins. Telle est en effet la dernière et fatale conséquence du rationalisme religieux professé par l'illustre auteur, et qui se réduit à annuler complètement l'efficacité de l'institution chrétienne. Cela devrait ouvrir les yeux de ceux qui ont du moins à cœur les progrès de la civilisation, et qui reculeraient d'horreur à la seule pensée de deshériter l'Evangile de cette prépondérance bienfaisante que depuis dix-huit siècles il exerce sur l'intelligence et sur les mœurs des hommes. Pour les amis sensés de la civilisation, toute la controverse se réduit à ce problème : quel est le système théologique qui ajoute le plus à l'autorité et à la force de perfectionnement de l'Evangile ; quel est celui qui lui nuit le plus ? La réponse ne peut être douteuse, car il n'est pas possible d'imaginer une doctrine qui soit plus propre que le catholicisme à le fortifier, et l'on n'en peut imaginer aucune plus capable que le rationalisme théologique de réduire au néant l'autorité du Christ et celle de ses institutions.

La gravité et l'importance du sujet nous serviront donc d'excuse auprès de ceux qui pourraient trouver que cette critique minutieuse que nous faisons des livres d'un autre est de nature à épuiser la patience du lecteur et lui fait perdre son temps et sa peine. D'un autre côté, le talent, l'éloquence et

---

(*) Math. v, 17; xix, 8.

les autres qualités de M. Cousin donnent à ses doctrines une certaine importance non-seulement en France, mais en Italie et ailleurs. Cette manière de penser en fait de religion, qui depuis quinze ou vingt ans se répand et se propage en France, cette incrédulité respectueuse et voilée qui prend les dehors et les apparences de la religion et s'assied même encore, à l'occasion, dans le sanctuaire, est beaucoup plus dangereuse que l'impiété nue, dédaigneuse, éhontée qui dominait dans le siècle dernier. C'est principalement par l'exemple et par les soins de notre auteur qu'elle fut importée d'Allemagne, qu'elle s'est introduite dans les écoles, dans les académies, dans les journaux et dans la masse des livres populaires. Madame de Staël, Benjamin-Constant et d'autres auteurs moins célèbres avaient déjà préparé le terrain à recevoir la semence, lorsque M. Cousin termina l'œuvre, en faisant pour les opinions allemandes ce qu'avaient exécuté Condillac et les encyclopédistes pour le sensualisme et le déisme anglais, après que Voltaire eût aplani les voies à ces doctrines.

Citer les livres français, dans lesquels s'est glissé le venin du rationalisme, ce serait un travail long, fastidieux et étranger à notre sujet, et nous ne serions point dédommagés de la peine par la qualité des écrivains qui sont pour la plupart infimes ou médiocres. Le pis est que les fausses doctrines retentissent dans les chaires et corrompent la génération naissante; effet d'autant plus déplorable que ceux qui le préparent sont le plus souvent des hommes sincères et amis du bien, qui croient faire une œuvre sainte et pieuse et contribuer aux progrès de la civilisation en renversant les quelques pierres qui restent encore debout sur leurs bases. M. Damiron, par exemple, dans les différents ouvrages qu'il a écrits pour l'instruction de ses élèves, adopte et amplifie la doctrine de M. Cousin que nous venons d'exposer, sur l'origine et le caractère rationnel de la révélation; il nie expressément le péché originel et les autres mystères du Christianisme; il établit un déisme vague, indéterminé, et se sert pour cela d'un langage beaucoup plus explicite que celui de son maître (*). M. Jouffroy, qui, dans ses analyses psychologiques, montre un talent supérieur, suit les mêmes traces; il rejette le dogme capital de la chute de l'homme (**), professe un pur déisme, rapporte tous les cultes et toutes les religions sans exception, à une origine naturelle, en altère l'essence, et montre sur tous ces points (qu'il me soit permis de le dire), tant d'ignorance des faits, tant de légèreté dans les expressions, qu'on est étonné de trouver de pareils défauts chez un homme d'ailleurs beaucoup plus consciencieux et d'un jugement bien plus sain que n'ont coutume de l'être les auteurs modernes (***). Qui croirait, par exemple, que les paroles suivantes aient pu sortir de sa plume?

« On a tellement persuadé à la raison humaine qu'elle était
» capable de tout et qu'elle pouvait tout entreprendre; on lui
» a tellement répété qu'elle était la seule autorité légitime, et
» que cela seul était vrai qui venait d'elle; on a si complète-
» ment battu en ruine ce principe de croyance, qu'on appelle
» *révélation, foi, autorité*; enfin toutes ces idées sont des-
» cendues si avant dans la société, et se sont si bien infiltrées
» partout et jusque dans les derniers rangs de la multitude,
» qu'il me paraît difficile qu'en France, et dans l'époque ac-

---

(*) Voir l'introduction, la conclusion, le supplément et le chapitre sur l'école théologique, dans son *Essai sur l'hist. de la phil. au XIXe siècle ;* dans son *Cours de philosophie*, le chap. 4 de la morale, et la psychologie *passim*.

(**) *Cours de droit nat.*, leç. 5, tom. I, p. 141, 142, 143.

(***) *Ibid.*, leç. 10, p. 277 et suiv. — *Mélanges phil.*, *passim*.

» tuelle, une nouvelle solution puisse se produire et s'accré-
» diter sous la forme religieuse (*). »

Que l'établissement d'une religion nouvelle soit impossible aujourd'hui, c'est assurément une chose indubitable ; mais ce n'est point pour les raisons indiquées par l'auteur. Quand même l'incrédulité serait cent fois plus grande qu'elle ne l'est en effet, une croyance nouvelle pourrait naître et s'établir en peu d'années dans toute l'Europe ; et pour preuve, remarquez que la plupart des incrédules sont enclins à la superstition. Aucun siècle n'est mieux fondé à attendre un culte nouveau que celui où domine l'incrédulité ; parce que l'impiété est un état violent et contre nature, qui ne peut durer. Mais savez-vous pourquoi les innovations religieuses ne peuvent prendre racine aujourd'hui ? Parce que, malgré l'incrédulité qui règne partout, le Christianisme vit dans le monde, et qu'en face de lui une nouvelle religion ne pourra jamais s'établir d'une manière durable. Telle est la perfection et la majesté de l'idée chrétienne, même aux yeux de ceux qui la combattent ou qui la tournent en dérision, que toute parodie religieuse est futile et ridicule. Les Saint-Simoniens de France sont tombés naguère sous la risée publique. Est-ce parce que les Français sont devenus philosophes ? Au contraire, c'est parce qu'ils ne le sont pas assez, dans le sens que l'on donne à ce mot. Ce n'est point la révolte contre la foi chrétienne, mais au contraire un reste de respect involontaire pour elle, qui subsiste encore dans le cœur de ses ennemis, qui a rendu et qui rendra à jamais méprisable et ridicule toute tentative de ce genre. Si aujourd'hui, je le suppose, la France tout entière perdait tout souvenir du Christianisme, le Saint-

---

(*) *Mélanges phil.*, p. 439 et 440.

Simonisme ou toute autre secte encore plus absurde pourrait s'y établir demain en dépit de la philosophie et des philosophes. L'homme peut refuser à la religion sa soumission volontaire, et c'est de cette volonté que dépend le suprême mérite de la foi ; mais il ne peut s'abstenir de lui rendre un certain hommage involontaire, ni lui préférer un fantôme de symbole et de culte ; de même, nous pouvons bien fermer les yeux à la lumière, mais nous ne saurions confondre la splendeur du soleil avec l'éclat d'un flambeau. Le siècle où nous vivons en est au point que, généralement parlant, il n'y a pas de milieu logiquement possible entre la foi catholique et l'impiété absolue. L'excellence du Christianisme est si grande, que hors de lui, on ne peut rien affirmer en religion, et que celui qui le rejette est forcé de se payer et de vivre de négations. L'Evangile est une pierre de touche qui empêche ses ennemis eux-mêmes de confondre le clinquant avec l'or.

Ces considérations nous font espérer qu'un jour ou l'autre le règne de l'impiété aura une fin ; car, sans religion, le monde ne peut subsister. M. Jouffroy est réduit à se contenter de la philosophie, parce qu'un nouveau culte est impossible, et que l'ancien, selon lui, a été détruit ; tandis que, je le répète, si l'ancien avait été véritablement détruit, le nouveau ne serait pas impossible. *On a complétement battu en ruine ce principe de croyance qu'on appelle révélation, foi, autorité.* Il faut n'avoir pas pénétré bien avant dans les controverses religieuses pour croire une pareille chose ; car quiconque connaît les raisons des deux parties, sait que le contraire est vrai. Et si le grand nombre aujourd'hui n'en est pas convaincu, c'est que jamais l'ignorance des choses religieuses, ou une science incomplète et superficielle, ce qui est peut-être pis encore, ne fut aussi générale que de nos jours. D'un autre côté, il ne faut pas confondre la foi, qui est volontaire avec cette impression de la vérité qu'il n'est donné à personne ou qu'à un très petit nombre de pouvoir arracher de leur cœur. Si donc la foi a péri, il en subsiste néanmoins dans le cœur de l'homme un certain germe qui, sous les bienfaisantes influences de la Providence, pourra porter de nouveaux fruits. Ne nous épouvantons pas trop de voir que les doctrines impies soient *si bien infiltrées partout, et jusque dans les derniers rangs de la multitude.* Le mal est grand certainement, mais il n'est pas durable, et d'ici à peu de temps les Français ne se montreront guère disposés à persévérer long-temps dans les mêmes opinions. M. Jouffroy doit savoir mieux que nous que dans cette même chaire du haut de laquelle il parle si noblement, en présence d'un auditoire attentif et docile, de Dieu, de l'immortalité, du libre arbitre et des autres vérités que proclame une noble philosophie, retentissaient peut-être, il y a trente ou quarante ans, les ignobles et funestes aberrations du matérialisme et de l'athéisme; et qu'alors au milieu des réunions académiques, un homme de science et de génie venait jurer qu'il n'y a point de Dieu; et le siècle insensé lui applaudissait. Pense-t-il qu'il soit plus difficile à la science de chasser le frivole rationalisme de nos jours que l'athéisme du siècle passé? Le rationalisme sera répudié par l'opinion publique comme indigne d'un philosophe, dès le jour qu'il aura été sérieusement examiné. Alors on connaîtra que nier la réalité d'un ordre surnaturel est aussi absurde que d'entreprendre d'expliquer la nature sans une pensée créatrice et organisatrice. Mais c'est assez pour le moment. Je n'ai pas cru qu'il fût hors de propos de mentionner une opinion de M. Jouffroy, le disciple le plus illustre de l'écrivain dont les doctrines font l'objet de mon travail actuel. C'est selon moi un moyen de faire connaître l'influence qu'elles ont prise en France, et d'affermir les bons Italiens dans la résolution d'en préserver la commune patrie, et de conserver avec sollicitude l'héritage sacré de nos ancêtres.

CHAPITRE QUATRIÈME.

M. COUSIN ANÉANTIT GÉNÉRALEMENT LES MYSTÈRES DE LA FOI, EN VOULANT LES RÉDUIRE A DES VÉRITÉS RATIONNELLES.

Quand le germe du rationalisme théologique, contenu dans les écrits de B. Spinoza, eut été produit, expliqué et mis en lumière par quelques doctes et ingénieux Allemands du siècle dernier, la nouveauté et le spécieux de l'erreur le mirent en vogue et lui concilièrent la faveur universelle. Dans les matières scientifiques et abstraites, c'est être bien fou que de se fier aux apparences. Souvent la vérité y paraît fausse, absurde même, tandis que l'erreur s'y montre vraie et incontestable. Quoi de plus beau et de plus fécond, à première vue, que d'identifier la raison et la foi, la religion et la philosophie ? Au lieu de nous fatiguer avec nos bons aïeux à concilier ces deux ordres, tout en leur conservant leur différence intrinsèque, n'est-il pas plus expéditif et plus sûr de n'en faire qu'une seule et même chose ? La religion se compose de faits et de dogmes, de miracles et de mystères. Montrons que les miracles sont des faits naturels ornés de mythes, que les mystères sont des vérités rationnelles revêtues de symboles, et aucun de ceux qui admettent l'histoire et la raison ne pourra plus raisonnablement combattre les enseignements de la théologie. C'est là l'unique moyen de terminer la vieille guerre du Christianisme et de l'esprit humain, l'unique compromis qui puisse les mettre d'accord. Telles furent, telles sont encore les promesses du rationalisme ; elles suffisent pour satisfaire ceux qui ne vont pas au-delà de la surface des choses.

Mais ces promesses ne pouvaient être réalisées, quelle que fût la valeur de ceux qui s'y employaient, parce que le génie ne peut rien contre la nature des objets et ne saurait en altérer l'essence. Il y a un si grand intervalle entre les vérités rationnelles et les vérités surintelligibles, qu'on ne peut les confondre et les identifier sans les détruire. L'analogie qui existe entre elles est très imparfaite ; elle suffit pour nous donner des secondes une explication satisfaisante, nécessaire à la foi, mais elle ne suffit pas pour les transformer en intelligibles, parce que l'analogie, surtout quand elle est très éloignée, n'est pas l'identité.

D'un autre côté, ou bien l'on entend les mystères dans le sens des formules révélées et définies par l'Eglise, sans en altérer ou en forcer le sens, ou bien on les entend autrement. Dans le premier cas, il est impossible de les réduire à des vérités de raison ; dans le second, on tombe dans un jeu ridicule, puisqu'on détruit ces formules, sans lesquelles on ne peut admettre ni mystère ni révélation. Si l'on ne fait aujourd'hui point de cas de cette impossibilité, et s'il y a une foule d'écrivains qui font à qui raisonnera le plus mal sur les mystères sacrés de la religion, cela vient de ce qu'ils ne connaissent pas plus les dogmes du Christianisme que ceux du monde lunaire. Curieux et rares théologiens, qui s'épuisent à discourir sur la Trinité et sur l'Incarnation, sans savoir peut-être leur catéchisme ! Dans les sciences humaines, vouloir réduire à une seule et mêler ensemble des choses dissemblables, en faisant violence à la nature, ce serait faire preuve d'un esprit étroit et léger, et s'exposer à n'être goûté que par des hommes peu habitués à apprécier le vrai. Vouloir unifier les idées rationnelles et les mystères, c'est, en philosophie et en religion, une entreprise insensée, pareille à celle de ces physiciens qui veulent ramener au mouvement ou à certaines forces grossières tous les phénomènes organiques ou inorganiques de la nature. Je le dis avec pleine confiance, le temps n'est pas loin, où ces hommes qui rafinent sur les mystères, seront placés au même rang qu'occupent aujourd'hui ces psychologues qui voulaient expliquer au moyen des lois physiologiques les facultés et les opérations de l'esprit. Les dogmes que l'on ne peut connaître autrement que par le moyen de la révélation, doivent être admis dans le sens de la parole révélatrice et de l'autorité qui l'interprète ; on doit les accepter sur la foi de la révélation, comme on admet les choses sensibles en vertu de l'expérience. La raison n'a pas droit de s'en troubler, de même qu'elle ne peut raisonnablement s'occuper de découvrir ou de deviner, en raisonnant *a priori*, l'ordre et les lois de la nature.

Nous avons vu, dans le chapitre précédent, le sentiment de M. Cousin, qui ramène l'inspiration et la révélation à cette espèce de connaissance primitive et immédiate, mais naturelle, qu'il appelle spontanée, pour la distinguer de la connaissance réfléchie. De cette doctrine il suit que la matière sur laquelle s'exercent la révélation et l'inspiration, et les connaissances qu'elles procurent, doivent être purement rationnelles ; car, si elles renfermaient quelque élément qui ne le fût point, il faudrait distinguer essentiellement l'inspiration de la connaissance spontanée, ou cette dernière de la connaissance réfléchie, ce qui répugne au système de l'auteur. La réflexion, qui s'exerce sur les vérités déjà connues, compose la philosophie, de même que la spontanéité, qui les saisit par un acte primitif, donne naissance à la religion. La religion et la philosophie embrassent substantiellement les mêmes vérités et les expriment sous des formes diverses, c'est en cela que consiste leur différence ; l'une revêt de symboles les dogmes que l'autre contemple sans voiles, dans leur simplicité et dans leur nudité natives. Mais la réflexion l'emporte sur la spontanéité, parce que, venant après elle, elle l'épure, la développe, la juge, en détermine et en ordonne la matière, éclaircit ce qui était obscur, distingue ce qui était confus, ramène à l'état d'idée pure ce qui était auparavant revêtu d'images, et fait de cette masse désordonnée un corps de science juste et régulier. Aussi la philosophie, qui est l'œuvre de la réflexion, l'emporte-t-elle sur la religion qui procède de la spontanéité. Telles sont les doctrines professées par l'auteur dans les passages que nous allons transcrire. J'ai voulu les indiquer sommairement d'abord afin de me délivrer de l'obligation d'y joindre un long commentaire. Après ce que je viens d'en dire, il me suffira d'ajouter à mes citations quelques courtes observations.

« Séparer la foi de la raison est mal servir la foi au
» XIXe siècle (*). »

Les confondre l'une avec l'autre, ce n'est pas mieux les servir. Que diriez-vous d'un philosophe qui mêlerait la physiologie et la psychologie ? Autre chose est distinguer, autre

---

(*) *Fragm. phil.*, t. I, p. 36.

chose est séparer. On distingue les objets, quand on reconnaît leurs différences réelles; on les sépare, quand on les met en opposition les uns avec les autres ou que l'on nie leurs rapports réciproques. Dans son enfance, la science confond; fausse, elle sépare; véritable et mure, elle distingue et met d'accord les divers ordres des choses. C'est ce qui a lieu dans presque toutes les branches des connaissances humaines, et c'est à cette sage distinction qu'il faut en grande partie attribuer l'état florissant où elles sont à présent. Pourquoi procéder autrement en philosophie et en religion? Ne vous apercevez-vous pas qu'en les mêlant ensemble, au lieu de leur faire faire des progrès, vous les faites rétrograder au-delà des époques barbares du moyen-âge?

« Réduire la philosophie à la théologie est un anachronisme
» intolérable (*). »

Il n'est pas moins intolérable de réduire la théologie à la philosophie.

« La philosophie est à jamais émancipée. Il y a presque du
» ridicule à venir lui proposer aujourd'hui de n'être plus que
» la servante de la théologie (**). »

Mais vous faites la théologie la servante de la philosophie. Trouvez-vous que cela soit équitable? Et quelle servitude y a-t-il pour le philosophe à ne point entrer dans les mystères de la religion, s'ils n'appartiennent point à la science qu'il professe? La philosophie est-elle donc servante, parce qu'elle ne peut s'occuper de physique, de chimie, de mathématiques? A ce compte, il y a servitude dans quelque science que ce soit. Distinguez dans les sciences, comme dans la vie civile, la

---

(*) *Fragm. phil.*, tom. I, p. 36.
(**) *Ibid.*, p. 36 et 37.

liberté de l'usurpation. L'une se contente des droits qui lui sont propres, l'autre s'empare des droits d'autrui et se trouve être la plus grande ennemie de la première.

«Laissons-leur à chacune une convenable indépendance (*).»
Nous n'en demandons pas davantage.

« Elles peuvent très bien subsister ensemble. Leur domaine
» est distinct, et il est assez vaste pour qu'elles n'aient pas be-
». soin d'entreprendre l'une sur l'autre. La religion qui s'a-
» dresse à tous les hommes manquerait son but si elle se
» présentait sous une forme que l'intelligence seule pût attein-
» dre, car alors ses enseignements seraient perdus pour les
» trois quarts de l'espèce humaine (**). »

Mais qui vous dit que la différence existante entre les vérités religieuses et les vérités philosophiques ne consiste que dans la forme et non dans la substance? Si c'est vous, philosophe, qui l'affirmez, vous mettez la faux dans la moisson d'autrui, et vous dépouillez la religion de cette indépendance que vous faites profession de respecter. Belle indépendance, qui consiste à disposer des formes, tandis que vous vous arrogez le droit et même le privilége de juger des choses et de les diriger selon votre bon plaisir ! Vous ressemblez à un individu qui s'imaginerait respecter la liberté qu'ont les citoyens de parler et d'agir comme il leur plaît, en leur laissant la faculté de choisir leur langage et leurs vêtements, mais en les obligeant à n'exprimer que les idées et à ne faire que les choses qu'il leur prescrirait. Si vous croyez ensuite que la religion elle-même avoue ce que vous dites être vrai, il serait bon que vous allégassiez son témoignage.

(*) *Fragm. phil.*, tom. I, pag. 37.
(**) *Ibid.*

« Elle (la religion) ne parle pas seulement à l'intelligence,
» mais elle parle aussi au cœur, aux sens, à l'imagination, à
» l'homme tout entier. C'est là ce qui rend son utilité in-
» comparablement supérieure à celle de la philosophie, par la
» multitude des créatures humaines sur lesquelles elle agit.
» Mais cet immense avantage entraîne aussi des inconvénients
» qui paraissent peu à peu dans le progrès du temps et de
» la civilisation. A la lettre, les religions sont les institutrices
» et les nourrices du genre humain. C'est à elles qu'appar-
» tiennent les temples, les places publiques, toutes les grandes
» influences, la popularité, la puissance. Il n'en est point ainsi
» de la philosophie. Elle ne parle qu'à l'intelligence, et par
» conséquent à un très petit nombre d'hommes; mais ce petit
» nombre d'hommes est l'élite et l'avant-garde de l'humanité.
» Les fonctions de la philosophie et de la religion étant aussi
» différentes, pourquoi donc se combattraient-elles (*)? »

Si la religion ne se contente pas de ce partage, il faut avouer qu'elle est bien indiscrète. A elle d'enseigner aux enfants et au peuple l'alphabet de la science; mais celle-ci et l'élite de l'espèce humaine sont l'héritage de la philosophie. L'auteur vous le dira plus clairement encore; écoutez :

« Toujours et partout les masses qui seules existent, vivent
» dans la même foi, dont les formes seules varient. Mais les
» masses n'ont pas le secret de leurs croyances, la vérité n'est
» pas la science; la vérité est pour tous, la science pour peu :
» toute vérité est dans le genre humain, mais le genre humain
» n'est pas philosophe. Au fond, la philosophie est l'aristo-
» cratie de l'espèce humaine. Sa gloire et sa force, comme
» celle de toute vraie aristocratie, est de ne point se séparer

---

(*) *Fragm. phil.*, tom. I, pag. 37.

» du peuple...... La science philosophique est le compte sé-
» vère que la réflexion se rend à elle-même d'idées qu'elle
» n'a pas faites..... L'humanité en masse est spontanée et
» non réfléchie; l'humanité est inspirée. Le souffle divin qui
» est en elle lui révèle toujours et partout toutes les vérités sous
» une forme ou sous une autre, selon les temps ou selon les
» lieux. L'ame de l'humanité est une ame poétique qui dé-
» couvre en elle-même les secrets des êtres, et les exprime en
» des chants prophétiques qui retentissent d'âge en âge. A
» côté de l'humanité est la philosophie qui l'écoute avec atten-
» tion, recueille ses paroles, les note pour ainsi dire ; et quand
» le moment de l'inspiration est passé, les présente avec res-
» pect à l'artiste admirable qui n'avait pas la conscience de
» son génie, et qui souvent ne reconnaît pas son propre ou-
» vrage. La spontanéité est le génie de la nature humaine,
» la réflexion est le génie de quelques hommes. La différence
» de la réflexion à la spontanéité, est la seule différence pos-
» sible dans l'identité de l'intelligence. Je crois avoir prouvé
» que c'est la seule différence réelle dans les formes de la rai-
» son, dans celles de l'activité, peut-être même dans celles de
» la vie : en histoire c'est aussi la seule qui sépare un homme
» d'un de ses semblables : d'où il suit que nous sommes tous
» pénétrés du même esprit, tous de la même famille, enfants
» du même père, et que notre fraternité n'admet que les dis-
» semblances nécessaires à l'individualité (*). »

Si la philosophie est l'aristocratie de l'espèce humaine, et si les philosophes en sont les nobles, les hommes religieux en seront le peuple, et nous aurons ainsi un gouvernement intellectuel parfaitement organisé. Ne trouvez-vous pas qu'elle

(*) *Fragm. phil.*, tom. I, p. 79, 80, 81.

est vraiment belle et digne de la civilisation de notre siècle, cette organisation à l'inverse des castes orientales, cette émancipation des classes laïques et philosophes par laquelle les Brachmanes deviennent les Parias de la société moderne? La religion considère certainement le peuple et les petits, c'est-à-dire le grand nombre et les malheureux, comme la partie la plus précieuse de l'humanité, et elle se fait un plaisir et un honneur de remplir auprès de tous ces hommes les fonctions d'instituteur et de protecteur; mais elle n'excepte pas pour cela *l'élite*, c'est-à-dire les philosophes, de l'obéissance due à ses décrets. L'empire de la religion est universel et égal pour tous; elle n'établit aucune différence entre le savant et l'homme de génie d'une part et l'homme dépourvu d'intelligence de l'autre; mais elle juge les premiers infiniment plus coupables que le second, quand ils n'écoutent pas sa voix. C'est en cela que consiste l'égalité intellectuelle des chrétiens; car la foi est *un joug suave,* qui doit être commun à tous sans distinction de rang : admettre deux espèces de foi, l'une pour le petit nombre et les savants, l'autre pour le grand nombre et les simples d'esprit, c'est une maxime qui répugne aux premiers principes de l'Évangile. La connaissance peut et doit varier selon les individus, mais la foi est une pour tous. L'illustre auteur conserve en apparence cette unité de foi; mais en réalité il l'anéantit. Il paraît la conserver en identifiant, pour la substance, la connaissance spontanée avec la réflexion; il l'anéantit en réalité, en subordonnant la croyance du plus grand nombre à la spéculation du plus petit. Et remarquez que, selon lui, *la philosophie après avoir écouté l'humanité avec attention, et recueilli ses paroles,* les lui présente modifiées de telle sorte *que souvent celle-ci ne reconnaît point son propre ouvrage.*

Oh! quelle espèce de foi est-ce là? Pourriez-vous assister

sans rire à cette belle scène des philosophes présentant à l'humanité qui les instruit, les sacrés mystères, mais tellement transformés *qu'elle ne peut plus les reconnaître elle-même.* Et quand cela arrivera, quel parti faudra-t-il prendre? Devrons-nous croire bonnement aux mystères, tels qu'ils sont entendus par *l'humanité inspirée*, ou recevoir les enseignements des philosophes bien qu'ils ne soient pas reconnus par cette même humanité? Qui gagnera ce procès, des philosophes ou du genre humain? Je ne sais si cette comédie a jamais été jouée; mais je sais bien que, dans ses ouvrages, M. Cousin présente, non pas à *l'humanité*, mais à ses lecteurs, les dogmes du Christianisme arrangés de telle façon qu'ils *ne seront* bien certainement *pas reconnus* pour légitimes si le lecteur est catholique. Or, à qui devons-nous donner notre adhésion, en pareil cas? à M. Cousin ou à l'Église?

Du reste, la base de cette plaisante fiction est un pêle-mêle d'idées très disparates. Distinguez de grâce les idées rationnelles des mystères révélés. Tous les hommes ont le germe des premières; mais quant aux secondes, si vous voulez les recevoir de *l'humanité* privée de secours naturels, vous pourrez les attendre pendant des siècles. Autrement il vous faudra dire que le sauvage de la Californie, des terres de Magellan et de l'Australie sait en substance autant de théologie chrétienne que saint Augustin et que Alighieri. Si votre spontanéité est impuissante à produire jamais la connaissance des mystères, si cette connaissance vient uniquement de la révélation, comment voulez-vous que la réflexion, c'est-à-dire la philosophie, juge d'une chose qui ne se trouve pas dans les données sur lesquelles elle travaille et qui est infiniment au-dessus d'elle?

Si, en permettant à la philosophie d'arranger à son gré les mystères de la religion et de les dépouiller de leurs voiles, l'illustre auteur veut en réalité délivrer ceux qui cultivent cette science du joug de la religion, on peut demander quel sera le sort de celle-ci dans la suite des temps. Il semble de prime-abord que, comme la religion est le seul patrimoine de la multitude, elle devra toujours durer, et qu'il ne pourra jamais venir une époque où elle sera complétement privée de disciples. C'est ce que paraît indiquer notre auteur quand il dit :

« La spontanéité..... est le phénomène qui donne naissance
» immédiatement à la religion, et qui indirectement, par la
» réflexion qui s'appuie sur elle, contient et engendre la phi-
» losophie. Ainsi, en abordant la spontanéité, la réflexion se
» place à la source même, et sur la limite de la religion et de
» la philosophie; par là elle opère donc une sorte de com-
» promis entre la religion et la philosophie (*). »

Mais, comme il nous le déclare dans le même lieu, ce compromis c'est le *mysticisme*, qui étant de sa nature transitoire et défectueux, ne peut constituer la condition stable de la science. Cherchons ailleurs le sens de sa pensée :

« Quel est le nom populaire de la spontanéité et de la ré-
» flexion? Messieurs, on les appelle la religion et la philoso-
» phie. La religion et la philosophie sont donc les deux grands
» faits de la pensée humaine..... La religion précède, vient
» ensuite la philosophie. Comme la réflexion a pour base
» l'intuition spontanée, de même la philosophie a pour base
» la religion; mais sur cette base elle se développe d'une ma-
» nière originale. Considérez l'histoire, cette image vivante
» de la pensée : partout vous verrez des religions et des philo-
» sophies, partout vous les verrez distinctes : partout vous les
» verrez se produire dans un ordre invariable, partout la re-
» ligion paraît avec les sociétés naissantes, et partout, à me-

---

(*) *Cours de l'hist. de la phil.*, leçon 4.

» sure que les sociétés se développent, de la religion sort la
» philosophie (*). »

Donc, quand la société sera suffisamment *développée*, la religion cessera, et la philosophie se mettra en possession de toute sa puissance. Alors tous les mortels seront philosophes, et l'on pourra réaliser la république de Platon. Cette idée du règne futur et absolu de la philosophie doit être bien chère aux sages modernes, car je la trouve répétée dans une foule de livres, et c'est un de ces lieux communs qui circulent dans les journaux.

« Mais, Messieurs, comment la philosophie sort-elle de la
» religion? Puisque la religion et la philosophie représentent
» dans l'histoire deux moments distincts et successifs de la
» même pensée, il semble qu'elles pourraient se distinguer
» l'une de l'autre, et se succéder l'une à l'autre dans l'histoire
» aussi paisiblement que dans la pensée. Par exemple, il sem-
» ble que la religion, comme une bonne mère, devrait con-
» sentir de bonne grâce à l'émancipation de la philosophie,
» quand celle-ci a atteint l'âge de la majorité; et que de son
» côté la philosophie, en fille reconnaissante, tout en reven-
» diquant ses droits, et en en faisant usage, devrait être, pour
» ainsi dire, en recherche de vénération et de déférence en-
» vers la religion (**). »

Donc, quand le genre humain sera devenu majeur, sa *bonne mère* devra le délivrer des lisières et le laisser courir avec ses propres jambes. Et si la religion succède à cette condescendance légitime, il pourra se faire que *la fille reconnaissante* use envers elle de ce bon traitement que Macron,

---

(*) *Cours de l'hist. de la phil.*, leçon 2.
(**) *Ibid.*

pour servir Caligula, fit subir à Tibère décrépit, lequel ne se pressait pas de mourir (*). Direz-vous par hasard, que le genre humain ne sortira jamais de tutelle? Dans ce cas, je vous laisserai vous débattre avec les partisans du progrès continu.

« Non, Messieurs, il n'en va point ainsi. Que dit l'histoire?
» L'histoire atteste que tout ce qui est distinct dans la pensée
» se manifeste sur ce théâtre du temps et du mouvement, par
» une opposition qui elle-même éclate par des déchirements....
» Partout vous voyez la religion essayer de prolonger l'en-
» fance de la philosophie, et de la retenir en tutelle; et partout
» aussi vous voyez la philosophie se mettre en révolte contre
» la religion et déchirer le sein qui l'a nourrie (**). »

Cette manière générale de parler sur le combat de la religion et de la philosophie, sans distinguer ni les choses, ni les hommes, ni les temps, demanderait une foule de considérations. Certes, Socrate envoyé à la mort par la superstition de son siècle pour avoir voulu renouveler le monothéisme antique (***), et Vanini brûlé vif pour l'avoir nié ou altéré parmi les populations chrétiennes, ne sont pas deux martyrs qui appartiennent à la même catégorie. Si l'on parle de l'Europe Chrétienne, la discorde entre la religion et la philosophie y fut presque toujours occasionnée, non point par les injustes prétentions de la première, mais par les tentatives que faisait la seconde pour se substituer à elle. C'est pourquoi, quand vous donnez à la religion le premier tort et que vous lui re-

---

(*) Tac., *Ann.*, vi, 5o.
(**) *Lieu cité.*
(***) La philosophie de M. Cousin, qui justifie tout succès, parce qu'elle confond le fait avec la Providence, donne raison à Anitus et à Mélitus contre le sage Athénien. — Voyez *Œuv. de Platon*, tom. I, p. 55 et suiv. — *Nouv. fragm.*, p. 151 et suiv. — Ses arguments sont à peu de chose près ceux que produit Gibbon pour défendre les persécuteurs des Chrétiens.

prochez d'avoir voulu *prolonger l'enfance de la philosophie*, vous voulez en inférer que, quand la philosophie revêt la robe virile, sa mère, si elle est sage, doit poliment prendre sa retraite et disparaître du commerce des hommes.

« Dans l'ame du vrai philosophe, la religion et la philoso-
» phie se lient intimement, coexistent sans se confondre, et
» se distinguent sans s'exclure, comme les deux moments de
» la même pensée (*). »

Dites que, dans l'ame du vrai philosophe, la religion n'est pas autre chose que la philosophie (revêtue si vous le voulez, d'un habit dont on laisse l'usage au vulgaire) (**), et vous exprimerez plus exactement votre pensée.

« Mais dans l'histoire tout est combat, tout est guerre.....
» Toujours la religion enfante la philosophie, mais elle ne
» l'enfante que dans la douleur ; toujours la philosophie suc-
» cède à la religion, mais elle lui succède dans une crise plus
» ou moins longue, plus ou moins violente, de laquelle les
» lois éternelles du développement de la pensée ont voulu que
» la philosophie sortît constamment victorieuse (***). »

Si la philosophie est *constamment victorieuse* dans son conflit avec la religion, celle-ci doit être constamment battue et périr, en vertu *des lois éternelles du développement de la pensée*. Voilà l'augure que l'on tire tacitement du Christianisme qui ne pourra certainement contredire l'ordre *constant* des choses et les lois *éternelles*. Il devra donc avoir une fin; mais à quelle époque? Combien lui reste-t-il encore de temps à vivre? On peut croire qu'il ne lui en reste plus guère,

---

(*) *Cours de l'hist. de la phil.*, leçon 2.

(**) Un Français pourrait dire que, suivant la doctrine de M. Cousin, *la religion est la philosophie en blouse*, ou *en casquette*, ce qui est tout un.

(***) *Cours de l'hist. de la phil.*, leçon 2.

puisque le conflit est commencé depuis plus d'un siècle et que nous sommes dans la *crise plus ou moins longue* de l'agonie qui annonce sa mort prochaine.

J'avoue que je suis parfaitement tranquille sur la perpétuité du Christianisme, et je n'adhère en aucune façon aux pronostics (dois-je dire aux craintes ou aux espérances?) de l'illustre auteur. Deux choses suffiraient pour me rassurer : la première, c'est de voir que la splendeur et la décadence des sciences spéculatives et de la culture morale de la société, les deux parties les plus nobles de la pensée et de l'action humaine, sont en rapport parfait avec la splendeur et la décadence de la religion. Celui qui n'est pas persuadé de cette vérité, celui qui ne voit pas que la philosophie, les lettres, les vertus morales et civiles, tout ce qui grandit véritablement les individus et les nations est depuis un siècle dans un état de décadence manifeste qui va chaque jour encore en augmentant; celui qui ne prévoit pas que, malgré quelques progrès accessoires et partiels, si l'on continue d'étudier et de vivre comme on le fait aujourd'hui, l'Europe va, d'ici à un petit nombre de générations, redevenir barbare; celui-là doit prier Dieu qu'il lui ouvre en même temps les yeux du corps et ceux de l'esprit. La seconde, c'est de lire dans l'histoire des peuples que la religion n'a jamais péri, et que, dans ces *crises* dont parle l'auteur, ce n'est pas elle mais la philosophie qui a essuyé des défaites. La bonne philosophie a toujours vaincu, et vaincra toujours les hérésies, la rebelle au contraire a été et sera toujours vaincue et écrasée par la religion. Et ce n'est pas sans une raison très haute qu'il en est ainsi; c'est parce que la vérité seule peut triompher : or, la philosophie qui combat les hérésies est vraie, celle qui combat la religion est fausse. Et quand je dis hérésies, j'entends généralement toute altération humaine des enseignements divins, et par conséquent toute secte corruptrice de la révélation, soit que l'on considère celle-ci dans ses ordres primitifs, soit qu'on la prenne dans le renouvellement qu'y a apporté le Christianisme. Le polythéisme italo-grec, le sivaïsme indien et toutes les superstitions païennes furent de véritables hérésies, et ce fut contre la plupart de ces erreurs que luttèrent avec succès les philosophes qui ramenèrent en partie les croyances des hommes à leurs principes, et rétablirent, quoique imparfaitement, l'orthodoxie primitive.

« Elles (la religion et la philosophie) servent toutes deux
» l'espèce humaine, chacune à sa manière et selon les formes
» qui leur sont propres. La philosophie serait insensée et cri-
» minelle de vouloir détruire la religion, car elle ne peut es-
» pérer la remplacer auprès des masses, qui ne peuvent suivre
» des cours de métaphysique. D'un autre côté, la religion
» ne peut détruire la philosophie; car la philosophie repré-
» sente le droit sacré et le besoin invincible de la raison hu-
» maine de se rendre compte de toutes choses. Une théologie
» profonde, qui connaîtrait son véritable terrain, ne serait
» jamais hostile à la philosophie, dont à la rigueur elle ne
» peut se passer; et en même temps une philosophie qui
» connaîtrait bien la nature de la philosophie, son véritable
» objet, sa portée et ses limites, ne serait jamais tentée d'im-
» poser ses procédés à la théologie. C'est toujours la mau-
» vaise philosophie et la mauvaise théologie qui se que-
» rellent (*). »

Est-ce que la mauvaise philosophie et la bonne théologie peuvent être d'accord? Et qu'importe à la théologie que la

---

(*) *Fragm. phil.*, tom. I, pag. 37, 38.

philosophie ne veuille pas lui *imposer ses procédés,* ou en d'autres termes, qu'elle lui permette de s'exprimer comme elle l'entend, dans les catéchismes, les séminaires, les églises, si cette même philosophie détruit d'un côté ce que la théologie édifie de l'autre? si dans les universités, dans les académies, dans la foule innombrable des journaux et des livres on corrompt, on déchire à plaisir les enseignements des écoles chrétiennes? Et vous appelez cela respecter la religion? Croyez-vous que, pour respecter la religion, il suffise de ne pas fermer la bouche à ses ministres? Si des hommes qui n'auraient aucune connaissance en physique et en chimie se mettaient à imprimer des livres sur ces matières et à les enseigner du haut des chaires publiques à d'autres hommes plus ignorants qu'eux, croiriez-vous qu'ils seraient restés fidèles au respect qui est dû à ces sciences? Quelle idée M. Cousin se fait-il de la religion, s'il croit qu'elle porte sa condescendance jusqu'à ce point? N'est-ce pas se moquer d'elle que de la louer et de la défendre de la sorte? Certainement la théologie aime, favorise, respecte la bonne philosophie et en tire avantage, comme celle-ci fait de la religion. Mais la bonne philosophie n'est point celle qui veut *se rendre compte de toutes choses,* c'est-à-dire des choses qui ne la regardent pas. Et remarquez que les mots *se rendre compte* ne signifient pas ici connaître les motifs sur lesquels se fonde l'assentiment raisonnable de la foi, connaissance pour laquelle il suffit du droit sens de tous les hommes, à laquelle la philosophie peut être utile mais n'est pas nécessaire. L'auteur veut dire que la raison doit transformer en vérités purement philosophiques les mystères révélés. Voici comment il nous le déclare lui-même :

« Le Christianisme est le berceau de la philosophie mo-
» derne, et j'ai moi-même signalé plus d'une haute vé-

» rité cachée sous le voile des images chrétiennes (*). »

L'élément philosophique mis de côté, les dogmes chrétiens ne sont donc que des images; les idées révélées de purs fantômes.

« Que ces saintes et sublimes images entrent de bonne
» heure dans les ames de nos enfants et y déposent les germes
» de toutes les vérités : la patrie, l'humanité, la philosophie
» elle-même y trouveront les plus précieux avantages; mais
» il ne faut pas prétendre que jamais la raison n'essaie de se
» rendre compte de la vérité sous une autre forme que celle-là.
» Ce serait méconnaître la diversité et la richesse des facultés
» humaines, leurs besoins distincts et la portée légitime de
» ces besoins; ce serait s'opposer à la marche nécessaire des
» choses (**). »

Le *compte à se rendre*, dont parle l'auteur, est donc une véritable transformation philosophique. *Le droit sacré et le besoin invincible de la raison humaine* réclament cette transformation; la religion est le lait qui nourrit les enfants, elle ne peut être l'aliment des hommes faits. Prétendre le contraire, maintenir le Christianisme tel qu'il est, tel qu'il a été jusqu'à présent, *c'est s'opposer à la marche nécessaire des choses.* — Pour moi, je pense au contraire, que c'est s'opposer à la marche nécessaire des choses que de vouloir substituer au Christianisme une doctrine sans bases et sans liaison, une doctrine née d'hier, et probablement destinée à être un objet de risée pour nos neveux.

« Mais au milieu de ces égarements, c'est à la philosophie
» attaquée et calomniée, de rendre le bien pour le mal, et tout

---

(*) *Fragm. phil.*, tom. I. p. 38.
(**) *Ibid.*

» en maintenant son indépendance avec une fermeté inébran-
» lable, de maintenir aussi, autant qu'il est en elle, l'alliance
» naturelle qui l'unit à la religion. Ce serait d'ailleurs une
» philosophie bien superficielle que celle qui serait embarrassée
» du Christianisme. Par là, elle s'avouerait elle-même atteinte
» et convaincue d'une manifeste insuffisance, puisqu'elle ne
» comprendrait pas et ne pourrait expliquer le plus grand
» événement du passé, la plus grande institution du pré-
» sent (*). »

Il n'y a pas de doute que la philosophie de certains modernes ne sera jamais *embarrassée du Christianisme*, car grâce à leur alchimie et à leur adresse, ils peuvent convertir en fer et en plomb les métaux les plus précieux. Mais la vraie philosophie ne peut se complaire en de telles œuvres; elle n'aspire point à *expliquer*, c'est-à-dire à comprendre l'incompréhensible, mais à en faire sortir la réalité comme dogme révélé. Elle reconnaît l'existence de la révélation comme elle admet celle de la nature sensible, et dans les deux cas elle se borne aux données manifestes qui montrent la vérité du fait sans vouloir pénétrer dans son essence. Il n'appartient pas plus au philosophe *d'expliquer*, dans le sens de l'auteur, le surnaturel que d'expliquer la nature. Et de même que, pour obtenir au plus haut degré possible la connaissance de celle-ci, on s'adresse, non pas au philosophe dont on n'a que faire, mais au physicien, au chimiste, au naturaliste; de même, pour avoir la connaissance la plus approfondie possible de l'ordre surnaturel, il ne faut point interroger la philosophie, mais la religion. Toute autre méthode répugne à la nature du sujet. La philosophie ne doit point s'im-

---

(*) *Fragm. phil.*, t. I, p. 38.

miscer dans ce qui n'appartient qu'à la révélation, comme la théologie ne doit pas non plus s'occuper de ce qui ne regarde que la raison humaine. Ce n'est que dans ces conditions que *l'alliance* est possible entre ces deux sciences. Toute autre union ne serait point *naturelle*, parce qu'elle serait contraire à la nature des choses et funeste à l'une ou à l'autre science. L'Eglise est tellement disposée à accueillir cette vérité, que non-seulement elle n'a jamais toléré les usurpations des faux philosophes, mais qu'elle a combattu dans l'occasion celles des mauvais théologiens, et défendu contre ceux-ci les droits légitimes de la philosophie. Quand, à une époque peu éloignée, quelques défenseurs célèbres de la religion, emportés par un excès de zèle, crurent être utiles à leur cause en sapant les bases de la raison et en établissant la foi sur le scepticisme, l'épiscopat français et le saint-siége réprouvèrent cette doctrine. Tant est sage l'Eglise catholique, tant elle est éloignée de toute ombre d'exagération ! Tant elle est peu disposée à *attaquer* et à *calomnier* la philosophie, ainsi que vous paraissez le lui reprocher, comme si, depuis plus d'un siècle, c'était celle-ci et non pas la religion qui eût les plus justes raisons de se plaindre ! Mais si vous voulez que, non contente de respecter la philosophie légitime, la religion se renie elle-même et livre le dépôt sacré aux mains de son ennemi ; si vous voulez qu'elle rende vain et mette en péril ou étouffe de ses propres bras ce que vous avouez être *le plus grand événement des siècles passés, la plus grande institution du présent* ; si telles sont les conditions que vous posez pour faire alliance avec elle, vos caresses et vos menaces seront tout-à-fait inutiles. Si vous maintenez *l'indépendance*, ou plutôt la licence de la philosophie, *avec une fermeté inébranlable*, la religion, de son côté, ne faiblira pas dans la défense de ses droits, et elle se fortifiera par la pensée que ce n'est point aux philosophes mais à l'Église que furent faites les promesses du Christ.

« A quelle condition le culte rappelle-t-il efficacement
» l'homme à son auteur? A la condition inhérente à tout culte,
» de présenter ces rapports si obscurs de l'humanité et du
» monde à Dieu sous des formes extérieures, sous de vives
» images, sous des symboles. Parvenue là, sans doute l'hu-
» manité est arrivée bien haut; mais a-t-elle atteint sa borne
» infranchissable? Toute vérité, c'est-à-dire ici, tous les rap-
» ports de l'homme et du monde à Dieu sont déposés, je le
» crois, dans les symboles sacrés de la religion. Mais la pensée
» peut-elle s'arrêter à des symboles? L'enthousiasme, après
» avoir entrevu Dieu dans ce monde, crée le culte, et dans
» le culte entrevoit Dieu encore. La foi s'attache aux sym-
» boles ; elle y contemple ce qui n'y est pas, ou du moins ce
» qui n'y est que d'une manière indirecte et détournée ; c'est
» là précisément la grandeur de la foi, de reconnaître Dieu
» dans ce qui visiblement ne le contient pas. Mais l'enthou-
» siasme et la foi ne sont pas, ne peuvent pas être les der-
» niers degrés du développement de l'intelligence humaine.
» En présence du symbole, l'homme, après l'avoir adoré,
» éprouve le besoin de s'en rendre compte. Se rendre compte,
» Messieurs, se rendre compte, c'est une parole bien grave
» que je prononce. A quelles conditions en effet, se rend-
» on compte? A une seule : c'est de décomposer ce dont on
» veut se rendre compte, c'est de le transformer en pures
» conceptions que l'esprit examine ensuite, et sur la vérité
» ou fausseté desquelles il prononce. Ainsi à l'enthousiasme
» et à la foi succède la réflexion. Or, si l'enthousiasme et la
» foi ont pour langue naturelle la poésie, et s'exhalent en
» hymnes, la réflexion a pour instrument la dialectique, et
» nous voilà, Messieurs, dans un tout autre monde que celui

» du symbolisme et du culte. Le jour où un homme a réfléchi,
» ce jour-là la philosophie a été créée (*). »

La philosophie exerce donc sur les dogmes religieux trois sortes d'opérations : 1° elle les décompose; 2° elle les transforme en pures conceptions ; 3° elle en examine la valeur, prononce sur leur vérité ou fausseté, et conséquemment met en question s'ils sont vrais avant de les avoir examinés. Quelle espèce de dogmes pourront sortir de cet alambic, chacun peut le voir. M. Cousin a certainement quelque expérience de la nature et des choses humaines, comment peut-il donc croire qu'avec un pareil système la religion et la philosophie elle-même puissent subsister quelque temps dans le monde? Comment peut-il rendre bon dans les matières les plus abstraites et les plus difficiles un procédé qui serait impraticable dans la morale elle-même? Ne s'aperçoit-il donc pas qu'en relevant trop la philosophie et en l'investissant d'un pouvoir absolu sur toutes choses, il la rendrait funeste, sinon impossible et ridicule?

« La pensée ne se comprend qu'avec elle-même, comme,
» au fond, elle ne comprend jamais qu'elle-même. Ce n'était
» qu'elle encore qu'elle comprenait dans les sphères infé-
» rieures que nous avons parcourues ; mais elle se comprenait
» mal, parce qu'elle s'y apercevait sous une forme plus ou
» moins infidèle ; elle ne se comprend bien qu'en se resaisis-
» sant elle-même, en se prenant elle-même comme objet de sa
» pensée..... La pensée ne peut donc dépasser la limite que
» nous venons de poser; mais elle tend nécessairement à
» l'atteindre, elle aspire à se saisir, à s'étudier sous sa forme
» essentielle : tant qu'elle n'est pas parvenue jusque-là, son

---

(*) *Introd. à l'hist. de la phil.*, leçon I.

» développement est incomplet. La philosophie est ce complet
» développement de la pensée (*). »

Ce raisonnement, qui s'appuie sur les principes panthéistiques de Hégel, n'est pas difficile à réfuter. Dans la connaissance immédiate et directe, l'objet de la pensée ne peut être la pensée elle-même, mais quelque chose qui en diffère. Notre pensée est l'instrument, mais non pas la matière ou pour mieux dire l'objet de la philosophie, sauf dans une de ses parties très secondaires, c'est-à-dire dans la psychologie, où la pensée se considère et s'étudie elle-même au moyen de la réflexion. Mais dans l'ontologie, qui est la partie la plus élevée de la science philosophique, et dans ses autres branches, l'objet sur lequel la science s'exerce est distinct de l'instrument scientifique, et les confondre l'un avec l'autre, suivant la manière de voir de Hégel, ce serait une hypothèse gratuite, lors même qu'elle ne répugnerait pas à la nature des choses. Or, les objets qui peuvent être pensés étant variés, il en résulte diverses espèces de sciences, telles que la philosophie, la physique, les mathématiques, qui se distinguent les unes des autres par la diversité des matières dont elles s'occupent, et non par l'instrument scientifique qui est unique et qui leur est commun à toutes. De ces objets il n'y en a aucun qui puisse se transformer en notre pensée ou se confondre avec elle et avec sa *propre forme*, si l'on excepte celui de la psychologie, laquelle n'occupe pas certainement (soit dit sans offenser M. Cousin), le premier rang dans les sciences spéculatives. Puisqu'il y a un triple ordre de réalités objectives, indépendantes de l'esprit et pouvant être connues naturellement, sur lesquelles s'exerce l'encyclopédie humaine, pourquoi répugnerait-il d'ad-

---

(*) *Introd. à l'hist. de la phil.*, leçon 1.

mettre une quatrième sphère d'objets qui ne seraient saisissables qu'à l'aide de la révélation et de certaines analogies déduites des choses naturelles? Qu'en réalité il en soit ainsi ou non, cela dépend d'une question de fait, c'est-à-dire de l'existence de la révélation. Mais de toute manière, il est certain que, si cette lumière surnaturelle brille aux yeux des hommes, les réalités objectives qu'elle nous manifeste ne pourront être réduites à la forme cogitative, de même qu'il est impossible d'y réduire les objets propres des autres sciences, la psychologie exceptée. D'un autre côté, il n'est pas étonnant que les rationalistes s'efforcent de transfigurer les vérités révélées, et de les ramener à la forme de la pensée, puisqu'ils ont tenté de faire la même chose pour les vérités naturelles, parmi lesquelles il faut ranger les vérités physiques et les vérités mathématiques. Quels sont les fruits qu'a produits cet idéalisme panthéistique et cette *philosophie* dite *de la nature*? quels avantages en a retiré le vrai et solide savoir? Le lecteur ne l'ignore probablement pas, et ce n'est point ici le lieu de le rechercher.

« La philosophie est le culte des idées et des idées
» seules ; elle est la dernière victoire de la pensée sur toute
» forme et tout élément étranger ; elle est le plus haut degré
» de la liberté de l'intelligence. L'industrie était déjà un
» affranchissement de la nature ; l'État un affranchissement
» plus grand ; l'art un nouveau progrès ; la religion un progrès
» plus sublime encore ; la philosophie est le dernier affran-
» chissement, le dernier progrès de la pensée (*). »

En prenant le mot *idée* dans le sens objectif et platonicien, on peut dire avec vérité que *les idées* sont l'objet, au moins

---

(*) *Introd. à l'hist. de la phil.*, leçon 1.

principal, de la philosophie. Mais dans ce cas, les idées sont l'objet de la pensée, et non la pensée elle-même ; elles en diffèrent réellement, bien qu'elles aient avec elles une liaison toute particulière, que nous n'avons pas à rechercher pour le moment. Ensuite la liberté et *l'affranchissement* de la pensée ne consistent nullement à la rendre indépendante de tous les *éléments* qui lui sont *étrangers* (si par *étranger* on entend *distinct*), mais seulement des éléments qui ne doivent point la dominer. Or, tels sont les éléments qui n'ont rien d'idéal ; car l'Idée est le seul maître légitime de l'esprit. Et comme la pensée n'est point l'Idée, il s'ensuit que la pensée, pour être libre et souveraine, ne peut se reposer en elle-même, ne peut se considérer comme se faisant à elle-même sa loi ; mais qu'elle doit s'élever jusqu'au vrai idéal, et en reconnaître l'autorité suprême.

Ainsi, M. Cousin se trompe de deux manières, d'abord en confondant panthéistiquement la pensée avec l'Idée ; ensuite en se persuadant que l'affranchissement de la pensée consiste à ne dépendre que d'elle-même, ce qui est la pire de toutes les servitudes. La philosophie affranchit réellement la pensée du joug de la nature, quand elle l'élève aux vérités idéales ; mais elle ne peut l'affranchir de la religion, puisque l'objet de celle-ci est idéal, aussi bien que celui de la philosophie. La seule différence qu'il y ait de l'une à l'autre regarde le mode de la connaissance et non la perfection de l'objet connu ; l'Idée révélée est absolue aussi bien que l'idée rationnelle, et c'est pour cela qu'elle n'a pas un droit moins légitime que celle-ci à commander à l'esprit humain ; mais l'une ne peut, comme l'autre, être connue naturellement. Cette relation différente de l'Idée avec notre connaissance, ne peut influer sur l'empire légitime qui dérive de sa nature ; et c'est pour cela que la religion et la philosophie étant égales par leur dignité objective, on ne peut considérer la seconde comme un *affranchissement* de la première. La philosophie ajoute l'élément intelligible qui lui est propre, à l'élément surintelligible de la religion, mais elle ne peut ni annuler, ni transformer, ni altérer en aucune manière ce second élément, dont la réalité et l'autorité objective ne sont pas moindres que celles du premier. *L'affranchissement* dont parle l'illustre auteur, consiste à nier le surintelligible pour lui substituer l'intelligible pur et simple, tel que nous le fournit la raison ; mais que gagne-t-on à ce procédé ? Est-ce enrichir la philosophie, que d'appauvrir et de réduire à néant la révélation ? Si les dépouilles de la religion augmentaient le patrimoine de la philosophie, peut-être excuserait-on cette entreprise ; mais puisque ce que perd la religion ne profite point à sa compagne, et que celle-ci demeure ni plus ni moins telle qu'elle était précédemment, la tentative des rationalistes est déraisonnable sous tous les rapports. La philosophie ne pourra jamais posséder autre chose que les idées rationnelles ; et si vous ramenez à celles-ci les mystères révélés, vous détruisez la foi, sans que la raison fasse aucune nouvelle conquête. Au contraire, vous appauvrissez l'homme, qui n'est pas seulement philosophe, et qui par sa nature a bien moins de penchant pour la philosophie que pour la religion ; en effet, des deux trésors précieux qu'il possède, je veux dire la raison et la révélation, vous ne lui en laissez qu'un seul, et vous lui laissez celui qui, eu égard à la faiblesse de la nature humaine, est le moins propre à le rendre meilleur et plus heureux.

« L'artiste ne doit pas avoir son secret ; il ne devient phi-
» losophe qu'en cessant d'être artiste. Il en est de même de
» la religion ; dans ses saintes images, dans ses augustes ensei-
» gnements, elle contient toute vérité ; aucune ne lui manque ;
» mais toutes y sont sous un demi-jour mystérieux. C'est par

» la foi que la religion s'attache à ses objets, c'est la foi
» qu'elle provoque ; c'est à la foi qu'elle s'adresse, c'est ce
» mérite de la foi qu'elle veut obtenir de l'humanité; et c'est en
» effet un mérite, c'est une vertu de l'humanité de pouvoir
» croire à ce qu'elle ne voit pas dans ce qu'elle voit. Mais il
» implique que l'analyse et la dialectique aient précédé les
» symboles et les mystères. La forme rationnelle est néces-
» sairement la dernière de toutes..... La philosophie est donc
» la lumière de toutes les lumières, l'autorité des auto-
» rités (*). »

Si l'artiste, en devenant philosophe, *cesse d'être artiste,* et si tel est aussi le sort de la religion, il s'ensuit que l'homme, en devenant philosophe, doit cesser d'être religieux. D'un autre côté, ce passage de la religion à la philosophie, est le *dernier affranchissement de la nature et un véritable progrès;* la philosophie a le privilége d'être *la lumière des lumières, l'autorité des autorités,* et en somme le comble de la sagesse. Donc, en admettant que le progrès spécial de chaque individu doit produire avec le temps le progrès de toute l'espèce, on peut prévoir un avenir plus ou moins éloigné, dans lequel toute religion étant éteinte, la philosophie seule ou presque seule régnera sur la terre.

« Sœur de la religion, elle (la philosophie) puise dans un
» commerce intime avec elle des inspirations puissantes; elle
» met à profit ses saintes images et ses grands enseignements;
» mais en même temps elle convertit les vérités qui lui sont
» offertes par la religion dans sa propre substance et dans
» sa propre forme; elle ne détruit pas la foi; elle l'é-
» claire et la féconde, et l'élève doucement du demi-jour du

(*) *Introd. à l'hist. de la phil.*, leçon 1.

» symbole à la grande lumière de la pensée pure (*). »

Ce privilége d'élever pleinement les vérités de la foi *du demi-jour du symbole à la grande lumière de la pensée pure,* n'appartient maintenant qu'à un petit nombre d'individus, c'est-à-dire à *l'aristocratie de l'espèce humaine*, c'est ce que nous avons déjà vu plusieurs fois.

« Ma foi est que, dans un avenir inconnu, l'esprit philoso-
» phique s'étendra, se développera, et que tout comme il est
» le plus haut et le dernier développement de la nature hu-
» maine, le dernier venu dans la pensée, de même il sera le
» dernier venu dans l'espèce humaine, et le point culminant
» de l'histoire. Ainsi dans l'Orient, sur cent créatures pen-
» santes, et par conséquent en possession de la vérité, il y en
» avait une (je parle par chiffres pour me faire entendre),
» qui cherchait à se rendre compte de la vérité et à s'entendre
» avec elle-même. En suivant ce calcul, en Grèce, il y en
» avait trois peut-être. Eh! bien, aujourd'hui, même dans
» l'enfance de la philosophie moderne, on peut dire qu'il y en
» a sept à huit qui cherchent à se comprendre, qui réfléchis-
» sent. Le nombre des penseurs, des esprits libres, des phi-
» losophes, s'accroîtra, s'étendra sans cesse, jusqu'à ce qu'il
» prédomine, et devienne la majorité dans l'espèce humaine.
» Messieurs, point de présomption, car nous sommes, je vous
» le répète, nous sommes d'hier, et nous sommes arrivés très
» peu loin; mais ayons foi dans l'avenir, et par conséquent
» soyons patients dans le présent. Il y aura toujours des masses
» dans l'espèce humaine; il ne faut pas s'appliquer à les dé-
» composer et à les dissoudre d'avance. La philosophie est

(*) *Introd. à l'hist. de la phil.*, leçon. 1.

» dans les masses sous la forme naïve, profonde, admirable de
» la religion et du culte (*). »

Si le plus grand nombre des hommes doit un jour être philosophe, *les masses*, qui seront exclues de ce privilége, ne comprendront plus que ceux qui par un défaut absolu de nature, se trouveront inhabiles à le recevoir. Alors *la forme naïve, profonde, admirable de la religion et du culte* sera le partage des enfants, des fous, des imbéciles, des radoteurs, et elle devra s'en contenter. Le sens contradictoire qui se cache presque toujours dans les phrases dont M. Cousin est si prodigue envers la religion, et le sens véritable de sa doctrine, me paraissent dignes de remarque. Qui pourrait croire qu'une institution dont il fait si souvent de magnifiques éloges, n'est au fond qu'un *pis-aller*, comme disent les Français?

« J'ai vu un peu l'Europe, et elle n'est pas près de se dis-
» soudre. Il y a seulement, il y a, je le reconnais, un progrès
» considérable, un progrès perpétuel de l'esprit philosophique,
» de la réflexion appliquée à toute chose. L'espèce humaine
» aujourd'hui prend la robe virile ; elle veut voir clair dans
» plus d'une chose où jadis des ténèbres respectables étaient
» devant elle. Eh ! bien, moi aussi, à ce spectacle, je
» remercie la Providence de m'avoir fait naître à une épo-
» que où il lui plaît d'élever peu à peu au degré le plus
» haut de la pensée un plus grand nombre de mes sem-
» blables (**). »

Dépouillées de toute figure de rhéthorique, ces paroles signifient que chaque jour l'incrédulité se propage de plus en

---

(*) *Introd. à l'hist. de la phil.*, leçon 2.
(**) *Ibid.*

plus en Europe et affaiblit le nombre de ceux qui suivent les dogmes de la foi chrétienne. L'auteur s'en réjouit, il appelle cela un *progrès*, il regarde cela comme un *bienfait de la Providence*; il désire qu'un si grand bienfait soit étendu *au plus grand nombre de ses semblables*. Remarquons encore ici le paralogisme continuel dans lequel tombe M. Cousin avec tous les rationalistes, et qui consiste à croire que la philosophie s'accroît de tout ce qu'elle enlève à la religion. Combattre les mystères révélés, ou ce qui est la même chose, les réduire à des vérités naturelles, peut être très nuisible à la philosophie, mais non en élargir en aucune façon le cercle. La philosophie n'est et ne peut être que la science des intelligibles, dont la somme peut diminuer, mais non certainement s'accroître par la négation des surintelligibles. Si, pour s'élever à la *pensée pure*, comme vous dites, il fallait altérer les vérités d'un autre ordre en les réduisant à de purs intelligibles, vous devriez par la même raison altérer aussi les sensibles; vous devriez travailler à transformer en idées les impressions sensitives, embrasser la folie de l'idéalisme, nier la science des corps, considérer la philosophie comme la science unique. Et quand même vous feriez tout cela, quel avantage vous en reviendrait-il? Puisque la philosophie ne pourra jamais être plus qu'elle n'est, elle ne pourra jamais sortir de ses limites, sans tomber dans les fantômes et dans les chimères. Si vous admettez le monde naturel, sans détriment de la *pensée pure*, pourquoi n'admettriez-vous pas également le monde de la révélation? Par conséquent, l'incrédulité dont vous vous réjouissez comme d'un progrès, n'est en substance qu'une diminution de science; votre rationalisme est une augmentation d'ignorance; et en vous en glorifiant, vous vous assimilez à ces savants qui rejettent comme faux tous les phénomènes qu'ils ne comprennent pas, et qui se persuadent qu'ils ont bien mérité de la science, parce qu'ils l'ont enrichie de négations (*).

La vertu chrétienne par laquelle l'esprit adhère aux vérités révélées, à cause de la révélation et de l'autorité infaillible qui l'interprète, c'est la foi. L'objet propre de la foi consiste dans les surintelligibles qui, fondés seulement sur la parole divine, ne peuvent être, ni directement ni indirectement, connus par la raison. Telle est l'idée que tous les catholiques se forment de cette vertu fondamentale, et pour en avoir connaissance il suffit d'ouvrir le catéchisme. Mais si la révélation n'est autre chose que la connaissance naturelle spontanément acquise, et si les mystères sont des dogmes accessibles par les seules lumières de la raison, la foi sera pareillement un assentiment purement naturel. On pourra donner ce nom au consentement vif, involontaire et énergique, que l'homme ignorant et grossier accorde aux vérités rationnelles quand elles s'offrent à lui pour la première fois revêtues d'emblèmes et d'images ; et tel est le sens que l'illustre auteur attache à ce mot dans quelques-uns des passages cités ci-dessus. Mais nous allons en rapporter plusieurs autres dans lesquels il parle de cette habitude de l'esprit, afin que l'on voie sa doctrine dans toutes ses conséquences, et que l'on connaisse l'étrange abus qu'il fait du langage religieux.

« La foi s'attache aux symboles; elle y contemple ce qui
» n'y est pas, ou du moins ce qui n'y est que d'une manière
» indirecte et détournée; c'est là précisément la grandeur de
» la foi, de reconnaître Dieu dans ce qui visiblement ne le

(*) La *Vulgate* traduit ainsi le commencement du psaume xi : *Diminutæ sunt veritates a filiis hominum.* Le siècle du Psalmiste devait être bien progressif.

» contient pas. Mais l'enthousiasme et la foi ne sont pas, ne
» peuvent pas être les derniers degrés du développement de
» l'intelligence humaine (*). »

L'objet de la foi n'est donc pas la vérité, mais le symbole qui la couvre. Quand l'homme est parvenu à dépouiller la vérité de son enveloppe, la raison prend la place de la foi. La foi, c'est l'enthousiasme, c'est-à-dire la spontanéité qui saisit le vrai revêtu de symboles; elle doit cesser quand vient à sa place la réflexion qui comprend la vérité pure. La foi est donc une chose qui appartient au peuple et elle n'oblige point *l'aristocratie de l'espèce humaine*.

« Messieurs, qu'est-ce que croire? C'est comprendre en
» quelque degré. La foi, quelle que soit sa forme, quel que
» soit son objet, vulgaire ou sublime, la foi ne peut pas être
» autre chose que le consentement de la raison à ce que la
» raison comprend comme vrai. C'est là le fond de toute foi.
» Otez la possibilité de connaître, il ne reste rien à croire, et
» la racine de la foi est enlevée. Dira-t-on que si Dieu n'est
» pas entièrement incompréhensible, il l'est un peu? Soit;
» mais je prie qu'on veuille bien déterminer la mesure, et
» alors je soutiendrai que c'est précisément cette mesure de
» la compréhensibilité de Dieu qui sera la mesure de la foi
» humaine (**). »

Si l'auteur eût voulu dire que la foi doit se fonder sur de solides raisons, quoique indirectes; qu'il faut avoir des vérités à croire une certaine idée, une idée au moins analogique, pour pouvoir les croire en effet, on n'aurait rien à reprendre dans ses paroles. Mais comme il affirme que *la mesure de la*

(*) *Lieu cité*, leçon 1.
(**) *Introd. à l'hist. de la phil.*, leçon 5.

compréhensibilité de Dieu est la mesure de la foi, il est évident qu'il parle de preuves directes et de l'idée propre de la chose. Or, si on ne peut croire qu'aux choses dont on a une connaissance et une certitude immédiate, comme sont les vérités rationnelles, la foi chrétienne et catholique est impossible.

« Nous ne débutons pas par la science, mais par la foi,
» par la foi dans la raison, car il n'y en a pas d'autre.
» S'il est certain que nous n'avons foi qu'à ce qui n'est pas
» nous, et que toute autorité qui doit régner sur nous doit être
» impersonnelle, il est certain aussi que rien n'est moins per-
» sonnel que la raison..... et que c'est elle, elle seule qui,
» en se développant, nous révèle d'en haut des vérités qu'elle
» nous impose immédiatement et que nous acceptons d'a-
» bord sans consulter la réflexion : phénomène admirable et
» incontestable qui identifie la raison et la foi dans l'apercep-
» tion primitive, irrésistible et irréfléchie de la vérité (*). »

Ici même il appelle la raison spontanée *règle et mesure de foi*. On avait cru jusqu'ici que *la mesure* de la foi était la révélation, et que l'Eglise en était *la règle*. D'après le nouveau Christianisme, la spontanéité les remplace toutes les deux.

« C'est la raison qui est le fond de la foi et de l'enthou-
» siasme, de l'héroïsme, de la poésie et de la religion ; et
» quand le poëte, quand le prêtre répudient la raison au nom
» de la foi et de l'enthousiasme, ils ne font pas autre chose
» que mettre un mode de la raison au-dessus des autres modes
» de cette même raison ; car l'intuition immédiate est au-
» dessus du raisonnement, elle n'appartient pas moins à la

(*) *Introd. à l'hist. de la phil.*, leçon 5.

» raison : on a beau répudier la raison, on s'en sert tou-
» jours (*). »

La foi doit certainement s'appuyer sur les données rationnelles, mais l'objet auquel elle se rapporte n'est pas rationnel ; et c'est en cela que consiste précisément la suprême excellence de cette vertu au moyen de laquelle la raison s'élève au-dessus d'elle-même, et obtient une sorte de connaissance de ce qui la surpasse. Mais il ne plaît point à l'illustre auteur de dire qu'il y ait des vérités supérieures à la raison, et la distinction lui semble *plus spécieuse peut-être que profonde* (*). Et en effet, comment pourrait-il y avoir des vérités suprarationnelles, si les mystères de la religion ne sont autre chose que des idées philosophiques ?

« Mystère est un mot qui appartient non à la langue de la
» philosophie, mais à celle de la religion. Le mysticisme est
» la forme nécessaire de toute religion, en tant que religion ;
» mais sous cette forme sont des idées qui peuvent être
» abordées et comprises en elles-mêmes. La forme symbo-
» lique et mystique est inhérente à la religion. Mais si la
» forme est sainte, les idées qui sont dessous le sont aussi, et
» ce sont ces idées que la philosophie dégage, et qu'elle con-
» sidère en elles-mêmes. Laissons à la religion la forme qui
» lui est inhérente : elle trouvera toujours ici le respect le plus
» profond et le plus vrai ; mais, en même temps, sans toucher
» aux droits de la religion, j'ai déjà défendu et je défendrai
» constamment ceux de la philosophie. Or, le droit comme
» le devoir de la philosophie est, sous la réserve du plus pro-
» fond respect pour les formes religieuses, de ne rien com-

(*) *Cours de l'hist de la phil.*, leçon 24.
(**) *Ibid.*

» prendre, de ne rien admettre qu'en tant que vrai en soi et
» sous la forme de l'idée. La forme de la religion et la forme
» de la philosophie, disons-le nettement, sont différentes;
» mais en même temps le contenu, si je puis m'exprimer
» ainsi, de la religion et de la philosophie est le même. C'est
» donc une puérilité, là où il y a identité de contenu, d'insister
» hostilement sur la différence de la forme. La religion est
» la philosophie de l'espèce humaine; un petit nombre
» d'hommes va plus loin encore; mais en considérant l'iden-
» tité essentielle de la religion et de la philosophie, ce petit
» nombre entoure de vénération la religion et ses formes; et
» il ne la révère pas, Messieurs, par une sorte d'indulgence
» philosophique, qui serait fort déplacée, il la révère sincère-
» ment parce qu'elle est la vérité en soi (*). »

Dans un petit écrit récemment publié, où l'illustre auteur raconte un voyage philosophique fait par lui en Allemagne, il dit que Hégel lui plaisait beaucoup, parce que, entre autres choses, il était « un esprit d'une liberté sans bornes. Il sou-
» mettait à ses spéculations toutes choses, les religions aussi
» bien que les gouvernements, les arts, les sciences; et il
» plaçait au-dessus de tout la philosophie (**). » Ce qui cependant n'empêchait pas M. Cousin d'avoir beaucoup de respect pour la religion. « J'étais plein de respect pour le Christia-
» nisme, et même pour le Catholicisme. » Remarquez ce *même*, cher lecteur, il est ici d'un prix infini; « mais alors
» comme aujourd'hui j'étais persuadé que la raison peut com-
» prendre l'un et l'autre, puisqu'elle doit les accepter (***). »

Mais si, en ce qui regarde les mystères, le Christianisme, et le Catholicisme doivent être *acceptés* librement, cela veut

---

(*) *Introd. à l'hist. de la phil.*, leçon 5.
(**) *Revue française*, tom VI, p. 230.
(***) *Ibid.*

dire qu'ils ne peuvent être *compris ;* car s'ils resplendissaient d'une évidence intrinsèque, ils ne seraient pas *acceptés* par l'homme, mais ils lui seraient imposés.

Il faut avouer que si la philosophie ne s'est jamais montrée plus cérémonieuse, plus révérentieuse envers la religion que dans les écrits de M. Cousin, les cérémonies et les hommages ressemblent merveilleusement, chez elle, à une farce de comédie, pour ne pas dire à une moquerie satirique. Représentons-nous en effet les philosophes faisant à la religion leur institutrice, beaucoup de saluts et de génuflexions et lui tenant ensuite ce langage :

Nous vous respectons, nous vous adorons sincèrement, parce que vous êtes la forme de la vérité en elle-même. Vous êtes une forme belle, ingénue, admirable, sublime, utile et favorable aux enfants et au peuple ; nécessaire jusqu'au moment où l'espèce humaine aura pris la robe virile ; mais vous n'êtes en substance, soit dit sans vous offenser, qu'une simple forme. Or, les formes ne peuvent durer toujours, elles s'effacent peu à peu à mesure que la civilisation grandit et se propage parmi les hommes, et qu'elles font place aux idées. Un temps viendra où tous les hommes, ou du moins presque tous, seront philosophes et n'auront plus besoin de culte, de symboles, de mystères, de prêtres ; alors vous serez inutile et vous serez bannie du commerce des humains. Mais comme ce temps est encore éloigné, et que la foule des ignorants est fort grande, vous êtes encore nécessaire au monde ; voilà pourquoi nous vous chérissons, nous vous vénérons profondément, nous contentant de désirer et d'accélérer de tous nos vœux ce jour bienheureux où nous pourrons nous passer de vous. En attendant, vous nous permettrez à nous, pour ce qui concerne nos personnes en particulier, de participer jusque-là aux priviléges de l'avenir, et de nous conduire en tout comme il convient à des philosophes. Car ayant pris par avance possession de la civilisation future, la raison veut que nous jouissions dès à présent de ses priviléges. Nous louerons donc vos formes, mais nous n'en tiendrons aucun compte pour nous-mêmes ; nous les recommanderons au peuple, mais nous nous contenterons de les laisser subsister. Nous prêcherons la nécessité de la foi, tout en faisant profession d'incrédulité ; nous dirons à la jeunesse et aux simples : Croyez, parce que vous n'êtes encore ni dignes ni capables d'être philosophes, parce que les jeunes gens et les simples doivent croire. En résumé, nous parlerons du Christ avec le plus grand respect, mais nous penserons et nous enseignerons comme ses ennemis ; tout en conservant le nom de chrétiens, nous retournerons à la philosophie du Paganisme, ce qui sera un véritable progrès. Que si par hasard il vous prenait fantaisie de ne pas approuver notre doctrine, et d'affirmer que vos mystères ne sont point des symboles, que vos rites ne sont point de simples formes privées d'efficacité, que vos dogmes sont des vérités effectives auxquelles ne peut atteindre la raison de l'homme, que le Christianisme est toute autre chose qu'une poésie et qu'une mythologie philosophique ; si vous prétendez enfin connaître votre fait mieux que nous ne le connaissons nous-mêmes, nous crierons à l'intolérance et à la persécution, nous dirons que vous calomniez la philosophie et que vous en usurpez les droits ; ou bien, afin d'user de plus de bienveillance, nous nous contenterons d'affirmer que vous êtes tombée en enfance, que vous avez altéré le sens de vos propres enseignements, et que vous ne savez plus ce que vous dites. Nous agirons avec vous comme avec ces infortunés qui ont perdu la tête sans qu'il y ait eu de leur faute ; pénétrés du plus profond respect, nous aurons pitié de votre délire et nous vous traiterons comme une aliénée.

CHAPITRE CINQUIÈME.

M. COUSIN DÉTRUIT EN PARTICULIER LES DOGMES DE LA TRINITÉ, DE L'INCARNATION ET DE LA GRACE.

Le rationalisme que nous avons exposé ci-dessus est tellement universel et absolu, qu'il ne laisse et ne peut laisser place à un seul dogme chrétien en particulier, et qu'il supprime complétement tous les ordres révélés. La seule chose qui soit épargnée dans cette œuvre de destruction, ce sont les métaphores, les phrases et les mots. Moins dédaigneux que les autres philosophes, le rationaliste ne rejette pas le langage chrétien, il se plaît au contraire à en faire parade afin de faire croire par cet artifice à la pureté de sa foi; là se borne l'hommage qu'il rend au Christianisme et à l'Eglise. On avait cru jusqu'ici qu'il ne suffisait pas, pour être catholique, de parler comme l'Eglise, mais qu'il fallait encore penser comme elle, et que ses formules les plus saintes pouvaient, par un abus des plus coupables, être employées à déguiser les opinions les moins orthodoxes. On avait cru que l'Eglise était en droit de s'enquérir non-seulement de la manière de parler, mais encore de la façon de penser de ses enfants, et que lorsqu'elle les avait jugés dignes de censure dans leurs paroles ou dans leurs actions, il y avait obligation pour ceux-ci d'obéir sincèrement à ses décisions. Mais aujourd'hui les rationalistes nous enseignent que l'on peut être chrétien et même, s'il plaît à Dieu, catholique, en rejetant les idées de la révélation et de l'Eglise, pourvu toutefois qu'on en conserve les mots. Ils nous enseignent que, loin d'être obligé d'obéir à l'Eglise, on peut s'ériger en docteur à son égard et lui faire la leçon, sans qu'elle ait sujet de le trouver mauvais. Peu importe que, sous les mots, on cache précisément le contraire de ce qu'établit l'enseignement ecclésiastique, puisqu'aujourd'hui la foi n'est plus que dans le vocabulaire.

Ne vous semble-t-il pas que ce nominalisme théologique est une belle découverte de notre siècle? N'allége-t-il pas merveilleusement les consciences? N'est-il pas le meilleur expédient pour mettre fin aux sectes et aux divisions et pour réunir tout le genre humain sous un seul drapeau? Car lorsque chacun pourra penser et croire ce qu'il lui plaira, et que pour être chrétien et conquérir le ciel, il suffira de répéter quelques mots, il ne sera plus difficile de rétablir l'unité religieuse dans le monde. Quel serait l'homme assez inflexible pour se refuser à un accommodement aussi facile, en présence d'un résultat qui doit produire un si grand bien.

Spinoza fut un des premiers à imaginer de réunir les avantages de l'athéisme avec ceux de la religion; il donna le nom de Dieu à cette substance inventée par lui, substance qui n'a aucune des perfections qui caractérisent l'Etre absolu, et il parla d'amour de Dieu, de devoir, de vertu, de résignation, d'espérance, de béatitude, quoiqu'il détruisît par la base les idées représentées par ces expressions. Or, telle est la souveraine et même l'unique importance des mots, que la religion toute en paroles de Spinoza a suffi pour en faire un saint, pour le mettre sur la même ligne que l'auteur de l'*Imitation*, du moins si nous voulons en croire M. Cousin qui s'est chargé de le canoniser à ses propres frais (*).

Nous n'avons plus maintenant autre chose à faire que de nous servir de notre mieux de cette précieuse découverte, en l'appliquant à toutes les parties de la religion et en transportant tout d'une pièce dans les matières philosophiques le langage du catéchisme. C'est vraiment un malheur que cette admirable alchimie ait été ignorée de nos pères; sans cela, ces innombrables hérésies, ces milliers de dissensions religieuses, qui ont agité et ensanglanté le monde, n'auraient jamais vu le jour; le Christ lui-même aurait mieux atteint son but, il aurait épargné à sa nation l'énormité du déicide, si, au lieu de vouloir changer l'esprit et le cœur des hommes, il se fût contenté de réformer le dictionnaire et le cérémonial de son temps.

Il est donc hors de doute que, si la foi catholique consiste à répéter certaines formules, il n'y a pas de rationaliste qui ne puisse sans la moindre peine être catholique tout aussi bien que le chef suprême des chrétiens. Les mystères de la sainte Trinité et de l'Incarnation sont la base de l'ordre surnaturel, et joints à ceux du péché originel et de la grâce, ils composent l'Idée révélée, qui complète et perfectionne l'idée rationnelle, et forme avec elle l'Idée absolue. Tous ces dogmes, avec leurs conséquences, sont composés de surintelligibles qui cor-

---

(*) *Fragm. phil.*, tom. II, p. 166.

respondent aux intelligibles naturels et se rapportent comme ceux-ci aux trois termes fondamentaux, Dieu, l'homme et le lien qui les unit l'un à l'autre ; ainsi la formule idéale de la révélation, quoique distincte de celle de la nature, concorde merveilleusement avec elle. Or, que font les rationalistes? Ils s'efforcent de ramener les mystères à de pures intellections; ils nient les surintelligibles qui forment l'essence des mystères, mais ils conservent avec grand soin les noms consacrés ; ils vous parlent de personnes divines, de Verbe, de médiateur, de rédemption, de grâce, de foi ; ils ne font aucune difficulté, si on le désire, d'adopter même les formules établies par les conciles généraux ; ils disent anathème à Sabellius, à Arius, à Nestorius, à Pélage, à tous les hérétiques ; ils parlent comme les pères de Nicée, d'Ephèse, de Chalcédoine, tandis qu'au fond ils ont des opinions pareilles à celles des Sociniens et de pires peut-être. Ce n'est pas que leur langage soit toujours orthodoxe, car s'il en était ainsi on ne saurait pénétrer la réalité de leur système. Les rationalistes, marchant sur les traces de presque tous les hérésiarques, pour ne pas en venir à une rupture trop manifeste avec l'universalité des chrétiens et ne pas se déclarer expressément novateurs, adoptent les formules reçues, mais ils en travestissent ensuite le sens par les explications dont ils les accompagnent. Telle est la manière de procéder employée par M. Cousin, comme on l'a déjà vu dans les passages cités plus haut, et comme on le verra bien mieux encore par ceux que nous rapporterons bientôt, plutôt pour compléter le tableau de l'hérésie dominante aujourd'hui et pour la montrer dans toutes ses parties, que pour mettre dans tout son jour le rationalisme déjà suffisamment connu de notre auteur.

Je n'entreprendrai point d'exposer le dogme catholique ; il doit être connu de ceux qui me lisent, et s'il en est parmi eux qui aient besoin de s'en instruire, ils peuvent puiser les notions qu'il leur est nécessaire d'en avoir dans une foule de livres élémentaires qui font autorité. Je dois cependant faire observer que la théologie catholique des mystères comprend deux points : le dogme et les opinions. Le dogme consiste en certaines formules composées d'idées analogues, déterminées par l'Eglise, et fondées sur les documents de la révélation. Les opinions reposent sur la recherche plus subtile des analogies qui existent entre les vérités rationnelles et les vérités révélées ; recherche qui peut être utile, mais qui n'est jamais nécessaire à la foi catholique ; qui laisse une libre carrière au génie, à la condition cependant de n'altérer en rien les idées contenues dans les formules révélées et définies par l'Eglise. Cette recherche des analogies, à laquelle se sont livrés les plus grands maîtres de la science sacrée, ne doit pas être confondue avec l'explication philosophique des mystères, telle que l'ont essayée dans les temps passés quelques théologiens plus téméraires que judicieux, telle surtout que la donnent un grand nombre de philosophes de nos jours. Si, en éclaircissant et en expliquant les mystères, on s'attache simplement à les éclairer autant qu'il est possible au moyen des analogies, il n'y a là rien d'illicite, pourvu qu'on le fasse sans blesser le dogme. Mais prétendre au contraire réduire la vérité révélée à un pur théorème philosophique, qu'on puisse comprendre et démontrer par les seules forces de la raison, c'est tomber dans l'erreur des rationalistes. L'essence du mystère c'est le surintelligible, dans lequel consiste le dogme révélé et défini par l'Eglise ; et par conséquent vouloir le réduire à l'état de pur intelligible, c'est détruire substantiellement le mystère et le dogme catholique. Il est vrai que le surintelligible ne pourrait être objet de foi, s'il n'était pas, sous quelque rapport, objet de connaissance ; car, pour croire, il faut avoir quelque idée des choses que l'on vous propose de croire ; aussi la révélation et l'Eglise, en proposant les mystères à notre foi, les revêtent de concepts rationnels, qui ont quelque rapport avec ce qu'ils expriment. Mais en même temps elles nous avertissent de faire attention que la convenance et l'analogie, surtout si elles sont très éloignées, ne peuvent être prises pour une identité, et que c'est précisément dans la différence qu'il y a entre les dogmes révélés et les concepts rationnels, au moyen desquels on les exprime, que consiste l'élément surintelligible des premiers (*). Les philosophes aujourd'hui à la mode, qui prétendent expliquer les mystères, confondent au contraire l'analogie avec l'identité, et prenant les symboles rationnels pour les choses symbolisées, ils anéantissent le surintelligible, et avec lui l'essence même des mystères.

Substituer les intelligibles aux surintelligibles c'est donc plus que suffisant pour détruire les mystères, puisque c'est en changer l'essence ; par cela seul les rationalistes se déclareraient étrangers au catholicisme et même au Christianisme. Mais non contents de mettre à la place du surintelligible ce qui ne l'est pas, ils vont plus loin, ils lui substituent un faux intelligible ; en sorte que, dans leur système, ce n'est pas une vérité qui en chasse une autre, mais le faux qui prend la place du vrai. Je m'explique à l'aide d'un exemple. Les Sabelliens, qui considéraient les personnes divines comme des attributs rationnellement et non pas réellement distincts entre eux, substituaient une vérité rationnelle au mystère révélé. En effet, il est vrai que les perfections absolues que nous pouvons connaître naturellement, comme par exemple, la puissance, la sagesse, la bonté, se trouvent dans Dieu, sans être réellement

---

(*) *Théor. du surnat.*, num. 89-94 et not. 41-42.

distinguées entre elles ; mais il est faux, d'après les dogmes chrétiens, que ces perfections constituent les personnes divines. Sabellius n'errait donc pas sur l'idée rationnelle des attributs, mais bien sur le concept révélé des personnes ; il errait en confondant les données naturelles de la raison avec le dogme de la révélation. Les rationalistes au contraire, panthéistes déclarés pour la plupart, se font de la divinité une idée absolument fausse ; privés d'intellections pures, et voulant cependant en mettre à la place des mystères, ils substituent aux vérités révélées, non point des vérités rationnelles, mais des absurdités et des chimères. En effet, s'il est vrai, comme nous le démontrons dans notre *Introduction*, que le panthéisme consiste dans la confusion du sensible avec l'intelligible, embrasser un pareil système c'est admettre purement et simplement des intelligibles faux, c'est-à-dire de purs sensibles revêtus de formes intelligibles. Aussi le rationaliste qui se jette dans les erreurs du panthéisme, outre qu'il se méprend en enlevant aux mystères leur surintelligible, tombe dans une autre faute non moins grande en substituant à ce dernier certains intelligibles apparents qui ne sont que de purs sensibles. Il y a donc double erreur dans ce rationaliste, erreur dans ce qu'il affirme, erreur dans ce qu'il nie ; erreur dans les idées qu'il rejette, erreur dans celles qu'il conserve ; son système réduit à néant l'Idée sous toutes ses faces. En effet, l'Idée parfaite, rationnelle et révélée, se composant de l'intelgible et du surintelligible, le rationaliste l'attaque sous ces deux points de vue, en y substituant le sensible, et par conséquent il l'anéantit tout entière. Telle est la belle et précieuse théologie qu'on nous conseille de préférer à la doctrine catholique.

Telle est en particulier la théologie de M. Cousin lorsqu'il entreprend de discourir sur les mystères du Christianisme.

Nous avons déjà vu plus haut (*) qu'en considérant l'univers, selon l'usage des panthéistes, comme une portion de la substance divine, il admet en Dieu une variété réelle et phénoménale, production nécessaire de l'unité absolue et partie intégrante de son essence. Voyons maintenant quelle idée il se forme de cette variété et de ses relations avec l'unité divine. Procédant selon la méthode psychologique, et voulant aller de l'homme à Dieu, il commence par rechercher quelle est la nature de l'intelligence humaine.

« A quelle condition y a-t-il intelligence pour nous ? Ce
» n'est pas à la seule condition qu'il y aura un principe d'in-
» telligence en nous, mais à la condition que ce principe se
» développera, c'est-à-dire à la condition qu'il sortira de lui-
» même, afin de se pouvoir prendre lui-même comme objet
» de sa propre intelligence. La condition de l'intelligence,
» c'est la différence ; et il ne peut y avoir acte de connaissance
» que là où il y a plusieurs termes. L'unité ne suffit pas à la
» conception, la variété y est nécessaire ; et encore il ne faut
» pas seulement qu'il y ait variété, mais il faut qu'il y ait
» aussi un rapport intime entre le principe de l'unité et la va-
» riété, sans quoi la variété n'étant pas aperçue par l'unité,
» l'une est comme si elle ne pouvait apercevoir, et l'autre
» comme si elle ne pouvait être aperçue (**). »

Telle est donc la nature de l'esprit humain qu'il ne pourrait être intelligent si, outre l'unité, il ne renfermait la *variété* et la *différence* ; et il n'y aurait point *variété* et *différence*, si l'unité pensante ne *se développait* en s'objectivant par l'acte de la pensée, et si sortant d'elle-même, elle ne se contemplait comme objet de sa propre connaissance.

(*) Chap. Ier.
(**) *Introd. à l'hist. de la phil.*, leçon 5.

« Transportez tout ceci de l'intelligence humaine à l'in-
» telligence absolue, c'est-à-dire rapportez les idées à la seule
» intelligence à laquelle elles puissent appartenir, vous avez,
» si je puis m'exprimer ainsi, la vie de l'intelligence absolue,
» vous avez cette intelligence avec l'entier développement des
» éléments qui lui sont nécessaires pour être une vraie intel-
» ligence : vous avez tous les moments dont le rapport et le
» mouvement constituent la réalité de la connaissance (*). »

Voilà les premiers fruits du psychologisme. Au lieu de se considérer, conformément à l'ontologie orthodoxe, comme créé à l'image de Dieu, l'homme fait Dieu à son image, et vérifie ainsi la remarque plaisante de Fontenelle. Il se considère lui-même comme le type de l'Etre absolu, et transporte en conséquence dans cet Absolu les conditions de sa propre nature. Or, qu'est-ce que la pensée humaine, considérée en elle-même, sinon un sensible? En effet, elle ne se pense elle-même qu'autant qu'elle se sent, et l'objet de la pensée réfléchie n'est autre chose que le sentiment de cette pensée elle-même. En deux mots, quand nous pensons notre pensée au moyen de la réflexion, l'objet propre de l'acte cogitatif est une chose que nous sentons, c'est-à-dire un sensible. Par conséquent, si vous transportez en Dieu notre pensée telle qu'elle nous est représentée par la conscience, vous mettez dans l'Etre absolu une forme sensible bien qu'immatérielle, et vous tombez dans l'anthropomorphisme. Il y aura donc en Dieu une variété et une unité sensitive, puisque d'une part nous ne pensons notre unité et notre variété propre qu'autant que nous en avons le sentiment, et que de l'autre l'unité et la variété divines ressemblent à celles que nous possédons. Or, l'unité et la variété

(*) *Introd. à l'hist de la phil.*, leçon 5.

constituent la pensée divine, et c'est dans la pensée que réside l'essence divine. *Donc l'essence de Dieu consiste en un pur sensible.* Première conséquence souverainement absurde sans doute, mais qui n'en résulte pas moins, selon toute la rigueur de la logique, de la méthode psychologique de l'auteur.

« Il y a dans la raison humaine deux éléments et leur rap-
» port, c'est-à-dire trois éléments, trois idées. Ces trois idées
» ne sont pas un produit arbitraire de la raison humaine ; loin
» de là, dans leur simplicité et dans leur unité, elles constituent
» le fond même de cette raison ; elles y apparaissent pour la
» gouverner, comme la raison apparaît dans l'homme pour le
» gouverner. Ce qui était vrai dans la raison humainement
» considérée, subsiste dans la raison considérée en soi ; ce qui
» faisait le fond de notre raison fait le fond de la raison éter-
» nelle, c'est-à-dire une triplicité qui se résout en unité, et
» une unité qui se développe en triplicité (*). »

Dieu est la seule *intelligence* à laquelle *puissent appartenir* les trois idées fondamentales de *l'unité*, de la *variété*, et de leur *rapport* (**). Or, comme l'ensemble de ces idées forme la raison, il s'ensuit que la raison à laquelle l'homme participe, n'est point une chose qui lui soit propre, mais la raison divine elle-même. Ceci s'accorde très bien avec les sentiments de l'auteur sur l'impersonnalité de la raison, sentiments qu'il expose dans plusieurs passages que nous avons déjà cités et dans quelques-uns que nous rapporterons encore. Donc la raison suprême, une et triple en même temps, tout en se montrant dans l'homme, n'est point une chose qui lui

---

(*) *Introd. à l'hist de la phil.*, leçon 5.
(**) *Supra.*

soit propre, mais c'est Dieu lui-même. D'un autre côté, cette raison une et triple, siége de toutes les idées, qui fait la substance de notre pensée, n'est qu'un pur sensible, puisqu'il ne nous est point donné de la penser qu'en tant que nous en avons le sentiment. Donc *le sensible qui constitue l'essence divine, est le même sensible qui constitue la raison humaine.* Seconde conséquence non moins absurde et non moins rigoureuse que la première.

« Dieu, la substance des idées, est essentiellement intelli-
» gent et essentiellement intelligible (*). »

La substance des idées est pensée en tant qu'elle est intelligente, et raison, en tant qu'elle est intelligible. Or, la raison divine ne se distingue ni spécifiquement ni numériquement de la raison humaine, et forme avec elle une seule et même chose. D'autre part, la raison humaine n'est point distinguée de la pensée humaine, et la pensée humaine est un sensible, puisque nous ne pouvons la connaître que par le moyen du sentiment. Donc *l'intelligible en soi n'est pas autre chose que le sensible ; l'intelligible et le sensible sont une seule et même chose.* Troisième conséquence semblable aux deux précédentes.

« L'unité de cette triplicité est seule réelle, et en même
» temps cette unité périrait tout entière sans un seul des trois
» éléments qui lui sont nécessaires ; ils ont donc tous la même
» valeur logique, et constituent une unité indécomposable.
» Quelle est cette unité ? L'intelligence divine elle-même (**). »

Quelle est la pensée de l'illustre auteur, quand il dit que l'unité seule est réelle ? Il ne veut certainement pas en inférer

---

(*) *Introd. à l'hist. de la phil.*, leçon 5.
(**) *Ibid.*

que la vérité soit absolument nulle, puisqu'on ne peut comprendre comment le néant peut être produit, et que cela posé, tout son système de la nécessité de la création croulerait immédiatement. Il est vrai, et nous l'avons remarqué, que M. Cousin paraît incliner au panthéisme idéalistique dont les partisans réduisent réellement à un pur néant l'apparence du multiple; mais comme ce sentiment répugne évidemment, ces philosophes sont forcés d'être continuellement en contradiction avec leurs propres doctrines en parlant de ce néant comme de quelque chose de réel. Ainsi, la contradiction étant inévitable, nous sommes obligés, pour nous faire une idée du système professé par M. Cousin, de supposer qu'il admet l'apparence en tant qu'apparence, et non pas comme un pur néant, et que par conséquent, quand il nie la réalité, il ne veut en exclure que la réalité substantielle. Cela s'accorde parfaitement avec les passages déjà cités, dans lesquels il identifie l'unité avec la substance, la variété avec la cause, et conséquemment l'unité avec la divinité et le multiple avec les créatures. L'unité est donc la seule chose réelle, parce qu'elle est la seule substantielle; la variété avec son rapport à l'unité n'est qu'une simple forme de cette substance unique. Or, l'unité, la substance unique, c'est l'intelligence divine elle-même, et celle-ci est identique à l'intelligence humaine qui est un pur sensible. Donc *la seule chose qui soit au monde, la substance unique, la réalité et l'existence universelle est un pur sensible.* Quatrième conséquence qui met dans tout son jour l'essence du panthéisme et sa connexion logique avec le sensisme et avec la méthode psychologique.

Voici en peu de mots à quoi se réduit la doctrine de notre auteur : Il n'y a qu'une seule substance, et comme elle est douée d'une intelligence semblable à la nôtre, elle a besoin de se multiplier et de se diversifier en quelque sorte, pour pouvoir exercer l'acte intellectif et pour être en même temps sujet et objet. En vertu de l'énergie nécessaire de sa propre nature, elle produit une variété qui lui devient inhérente comme à sa propre substance, et se manifeste comme idée, nature, ame humaine. Les intelligibles, les sensibles externes et les sensibles internes, c'est-à-dire les idées, le monde et la personnalité humaine sont les trois éléments qui composent cette grande variété, les trois manifestations de la substance unique. L'homme, qui est une forme de cette substance, participe aux idées qui constituent sa raison et forment l'essence de sa pensée; d'où il suit que la pensée humaine est substantiellement la pensée divine. C'est au moyen de la raison qu'il a l'idée de la substance unique, du monde, de lui-même; la manière dont il connaît les choses est identique à celle dont Dieu les produit, et le fondement de cette identité c'est l'identité substantielle de Dieu avec notre esprit et avec tout ce qui est.

Il n'est pas besoin d'avertir le lecteur que les points essentiels de cette doctrine appartiennent à Frédéric Schelling et à Hégel, le plus célèbre de ses disciples. La base de tous ces systèmes est le psychologisme qui, se proposant de déduire la connaissance de Dieu de celle que l'homme a de lui-même, au lieu de la tirer de l'idée pure et immédiate qui rayonne à l'esprit, se trouve dans la nécessité d'en altérer le concept naturel, et de transporter dans l'Être infiniment parfait les imperfections de ses créatures.

Dieu est certainement intelligent; mais son intelligence n'est point spécifiquement semblable à celle des hommes. L'une est absolue, nécessaire, infinie, souverainement imparfaite; l'autre a les propriétés contraires. Il existe entre les deux une analogie générique et rien de plus; de sorte que vouloir appliquer à l'esprit divin la notion concrète que nous avons de notre pensée, c'est vouloir une chose absurde. La différence qu'il y a entre ces deux intelligences correspond à celle qui distingue le nécessaire du contingent; l'intelligence divine est nécessaire comme l'essence infinie à laquelle elle appartient, et, en cette qualité, elle exclut les caractères propres à la contingence. Or, que l'homme, pour penser et pour raisonner, se distingue comme sujet et comme objet, qu'il aille d'une chose à une autre, d'une idée à une autre idée, en les séparant les unes des autres, en décomposant chacune d'elles jusque dans ses moindres parties et en les recomposant ensuite, qu'il procède en un mot par voie d'analyse et de synthèse, qu'il multiplie ses actes intellectuels comme les termes objectifs auxquels ils se rapportent, tout cela a lieu en lui parce qu'il est contingent; mais toutes ces opérations répugnent à la pensée absolue. Celle-ci en effet doit être connue d'une manière plutôt négative que positive, en mettant de côté tout ce qui sent l'imperfection et en ne conservant que la notion de pensée la plus générale, sans aucun mélange de ces défauts et de ces limites qui la concrétisent dans notre intelligence. La pensée divine doit donc être parfaitement une et exclure toute espèce de variété, une dans l'acte pur et immanent, d'où elle tire son principe, une dans le terme auquel elle se rapporte; de plus, son principe et son terme doivent être une seule et même chose.

Disons en d'autres termes que la pensée absolue doit être exempte de toute multiplicité d'actes, d'opérations, d'idées. Dieu connaît tout par un seul acte, par une seule idée ; et cet acte est l'idée, et cette idée est l'acte, et tous deux ensemble sont l'essence divine. Il suit de là qu'en Dieu l'intelligent et l'intelligible s'identifient l'un avec l'autre; et cette unité souverainement parfaite qui se comprend elle-même, et qui comprend toutes choses en soi parce qu'elle est intelligible, parce qu'elle est l'intelligibilité absolue, d'où dérivent toute intelligibilité et toute intellection, ne contient aucun élément sensible, car le sensible est contingent et répugne à la nature de l'absolu. Or, la pensée humaine est un sensible, puisqu'elle ne se connaît elle-même qu'autant qu'elle a le sentiment d'elle-même; donc la pensée humaine n'est point la pensée divine, ni une modification de la substance absolue; donc la pensée divine n'a aucune ressemblance concrète avec la pensée humaine et en diffère complètement. Donc la pensée divine est l'Intelligible pur, l'Intelligible absolu, sans aucun mélange de sensible, de varié, de multiple; la pensée humaine au contraire est un pur sensible, qui devient un intelligible relatif, en tant qu'il est éclairé par l'intelligibilité absolue. Nous attribuons à Dieu la pensée, non en transportant en lui notre pensée, et en procédant par induction, selon l'usage des psychologistes, mais bien en raisonnant d'après le principe de causalité, en argumentant *a priori* d'après l'intelligibilité de l'Etre absolu, et en suivant une méthode ontologique que je ne rappellerai pas ici, attendu que je l'ai déjà exposée dans mon *Introduction*.

La notion que les panthéistes modernes se font de l'intelligence divine est donc radicalement absurde, et entre autres contradictions, elle ôte à l'Etre absolu un caractère essentiel de sa nature en le privant de son intelligibilité propre et en le ramenant à l'état de pur sensible. Inutile de dire que l'intelligibilité absolue une fois exclue de Dieu, elle ne peut plus se placer nulle part; or, l'intelligible absolu supprimé, le relatif disparaît aussi. Mais alors, comment connaissons-nous? comment pouvons-nous connaître? D'où jaillit cette lumière intellectuelle qui inonde l'esprit et met en acte sa puissance; cette lumière sans laquelle les panthéistes eux-mêmes ne pourraient produire leurs rêves philosophiques? *Dieu*, dit notre auteur, *est essentiellement intelligent et essentiellement intelligible.* Mais si la pensée divine est comme celle de l'homme, elle ne peut être *essentiellement intelligible,* elle ne l'est que par accident et par participation. Or, que notre pensée soit intelligible par participation, cela se conçoit très bien, si l'on admet en Dieu une intelligibilité absolue qui se communique aux esprits intelligents. Mais si Dieu lui-même n'était pas essentiellement intelligible, où prendrait-il, où prendrions-nous cette lumière qui nous rend intelligents? Comment Dieu lui-même pourrait-il l'être? Elle n'est donc ni gratuite ni calomnieuse la conséquence que nous empruntons aux principes professés par l'illustre auteur, et qui tend à anéantir complétement l'intelligible et à réduire tout au pur sensible.

Après avoir exposé la doctrine de M. Cousin sur l'idée rationnelle de Dieu, il est inutile de chercher comment il entend la Trinité divine, puisque, selon lui, elle se trouve renfermée dans cette même idée. « Voilà, s'écrie-t-il, le Dieu » trois fois saint que reconnaît et adore le genre humain, et » au nom duquel l'auteur du système du monde découvrait » et inclinait toujours sa tête octogénaire (*). »

— Je ne sais si le genre humain et Isaac Newton seraient contents de cet éloge. —

« Savez-vous, Messieurs, quelle est la théorie que je vous » ai exposée? Pas autre chose que le fond même du Chris- » tianisme. Le Dieu des Chrétiens est triple et un tout en- » semble, et les accusations qu'on élèverait contre la doctrine » que j'enseigne doivent remonter jusqu'à la Trinité chré- » tienne. Le dogme de la Trinité est la révélation de l'essence

---

(*) *Introd. à l'hist. de la phil.,* leçon 5.

» divine, éclairée dans toute sa profondeur, et amenée tout
» entière sous le regard de la pensée (*). »

Non, M. Cousin, la doctrine que vous avez exposée n'a rien de commun avec le dogme auguste du Christianisme qui est le principe et le fondement de notre foi. Depuis que ce grand mystère a été révélé aux hommes, pour élever leur intelligence à une région inaccessible à leur raison, et pour les initier à ce prodige d'amour qui anime et affermit leurs espérances, jamais l'esprit de mensonge ne sut inventer d'erreur plus opposée à ce même mystère que le panthéisme enseigné par vous. Les martyrs qui ont versé leur sang pour défendre la doctrine chrétienne, seraient morts pareillement pour combattre la vôtre. Sabellius, Arius, Socin, inventeurs de dogmes détestables, étaient cependant plus chrétiens que vous. Ils ont corrompu, ils ont anéanti le dogme révélé, mais ils ont conservé intacte l'idée que la raison nous fournit de l'essence divine; ou du moins est-il certain qu'ils ne l'ont pas altérée autant que vous par votre système. Ils ont outragé la foi seule ; mais vous, vous insultez à la foi et à la raison tout ensemble ; vous détruisez l'idée rationnelle et l'idée révélée ; vous éteignez non-seulement la lumière céleste qui est le prix de la rédemption, mais encore cette lumière naturelle qui a été accordée à tous les hommes ; et quand vous leur avez ôté la croyance à cette alliance adorable qui complète l'essence divine, sans en altérer la parfaite unité, vous ne leur laissez pas même l'idée naturelle de Dieu. Et en effet, quel est-il le Dieu que vous enseignez ? Un Dieu fait à l'image de l'homme, chargé de toutes les imperfections, destitué de tous les caractères propres de l'infini, du nécessaire, de l'absolu ; un Dieu

---

(*) *Introd. à l'hist. de la phil.*, leçon 5.

fini, varié, multiple, changeant, sensible; dépourvu de liberté, nécessité à créer, et cependant impuissant à créer en effet, puisque son œuvre se réduit à un monde de phénomènes sans substance, à une illusion continue et perpétuelle; un Dieu enfin, qui renferme en soi toutes les imperfections, et qu'on peut véritablement appeler éclectique, comme le système philosophique que vous professez. Tel est le Dieu que vous enseignez à l'Europe chrétienne, à la France catholique, et qui eût à bon droit fait rougir de honte Pythagore, Socrate, Platon, Confucius et les autres sages les plus illustres de l'aveugle gentilité.

Or, que peut être la Trinité dans un pareil système? Quelle ressemblance peut-il y avoir entre les trois personnes divines parfaitement égales entre elles, et substantiellement identiques, à part les relations qui les distinguent réellement, et votre triplicité panthéistique au moyen de laquelle vous altérez la nature divine? Selon vous, l'unité c'est la substance divine en elle-même; la variété, c'est l'ensemble des formes innombrables, c'est-à-dire des idées et des phénomènes. Le Père sera donc la substance divine; le Verbe sera, soit la multitude des idées qui se trouvent séparées dans l'esprit fini de l'homme, soit l'ensemble des phénomènes, c'est-à-dire le monde. Croyez-vous que les catholiques donnent leur assentiment à cette doctrine qui confond la personne du Père avec la nature de Dieu prise dans un sens absolu, et le Verbe avec l'univers? Non, Arius lui-même ne l'eût pas approuvée, lui qui considérait cependant le Verbe comme une simple créature, mais comme une créature unique, très simple et de beaucoup plus parfaite que toutes les autres.

Direz-vous par hasard que beaucoup de docteurs catholiques considèrent le Verbe comme l'ensemble des idées qui subsistent dans l'intelligence divine, ou pour mieux dire, comme l'essence éternelle des possibles, ce par quoi ils peuvent être connus? — Remarquez en premier lieu que nous sommes ici dans le champ des opinions et dans la recherche des analogies, laquelle n'est permise qu'autant qu'elle laisse intacte l'intégrité du dogme. — Remarquez, en second lieu, qu'aucun de ces illustres théologiens n'a confondu ni identifié les idées des choses avec les choses elles-mêmes, comme vous le faites, d'après les principes de votre panthéisme. Vous distinguez, il est vrai, dans la variété *le réel* de *l'idéal*, mais vous les considérez l'un et l'autre comme un développement de la substance unique; de sorte que le Verbe doit être, d'après vous, non-seulement l'idée du monde, mais le monde lui-même, c'est-à-dire cette vaine apparence que vous admettez, opinion qui aurait fait horreur aux Ariens eux-mêmes. — Remarquez, en troisième lieu, que les écrivains catholiques dont il est ici question, n'admettent point en Dieu la multiplicité des idées telle qu'elle se trouve dans notre esprit. Ainsi, en considérant le Verbe comme l'intelligibilité des choses, ils n'en font pas une réunion d'idées, mais une idée unique, parfaite, infinie, une idée qui, dans son unité, représente tout le multiple possible, et qui, dans sa simplicité, est digne de la perfection divine. Vous, au contraire, vous admettez une variété d'idées, une multiplicité, une différence qui n'est pas moins opposée à l'unité du Verbe qu'à celle de la nature absolue. — Remarquez enfin, en quatrième lieu, que les catholiques qui placent dans l'intelligible divin la personne du Verbe, y ajoutent le concept de personne engendrée, lequel constitue l'élément surintelligible et révélé du Verbe. Aussi considèrent-ils cet intelligible comme subsistant personnellement, et s'ils lui appliquent dans un sens analogique et très général une notion tirée des choses humaines, ils le font non point en vertu d'une intuition ou d'un raisonnement naturel, mais, avec l'appui de l'autorité révélatrice. Or, votre variété, qui n'est autre chose qu'une simple unité collective, comment peut-elle subsister personnellement ? comment peut-elle former une personne unique ? Il n'y a donc aucune convenance entre l'opinion des théologiens catholiques et la chimère inventée par votre imagination.

De plus, quelle sera, s'il vous plait, dans votre système, la troisième personne divine ? Ce sera sans doute le rapport qui existe entre l'unité et la variété. Or, ce rapport devant ontologiquement précéder la variété, comment pourra-t-on affirmer que l'Esprit procède du Père et du Verbe, et non pas au contraire que c'est le Verbe qui procède de l'Esprit ? Certes ce serait là une fort belle invention que n'a pu jusqu'ici imaginer toute la subtilité de l'esprit des Grecs.

Allez-vous dire que j'ai mal interprété votre trinité philosophique, que la variété correspond à l'Esprit et le rapport de cette même variété avec l'unité au Verbe ? Ou bien encore, que la variété des idées correspond au Verbe et la variété des phénomènes à l'Esprit ? Cette dernière interprétation pourrait bien être appuyée sur vos propres paroles dans le passage où, après avoir fait de Dieu une description entièrement panthéistique, vous dites qu'il est « infini et fini tout ensemble, » triple enfin, c'est-à-dire à la fois Dieu, nature et humanité. » En effet, si Dieu n'est pas tout, il n'est rien..... Partout » présent, il revient en quelque sorte à lui-même dans la » conscience de l'homme, dont il constitue indirectement le » mécanisme et la triplicité phénoménale par le reflet de sa » propre vertu, et de la triplicité substantielle, dont il est » l'identité absolue (*). »

(*) *Fragm phil.*, tom. I, pag. 76.

Toutefois, comme vous n'êtes entré dans aucune particularité, je ne suis pas bien sûr d'avoir compris votre pensée ; car lorsqu'il s'agit non du vrai, mais des caprices de l'imagination, il n'est pas plus facile de deviner les fantaisies d'un philosophe que les idées d'un poëte. Mais, de toute façon, vous n'avez qu'à transporter les objections que je viens d'énoncer. Car quelle que soit l'application que vous voudriez faire de vos idoles panthéistiques au dogme révélé, vous ne pourrez jamais sauver, selon que l'exige la doctrine catholique, l'égalité, la simplicité, la substance, la divinité, et les autres attributs propres aux personnes divines. Ce petit nombre d'observations suffisent, je crois, pour le prouver, et il me semble superflu de m'étendre davantage sur ce point. D'ailleurs, en traitant d'une vérité qui est la plus haute et la plus vénérable de notre foi, il me paraît que ce serait presque la profaner que d'en faire, sans une grande nécessité, l'objet d'une discussion philosophique, et d'employer, pour en parler, un autre langage que ces formules nettes, précises et mesurées, qui sont les plus belles et les plus augustes, par la raison qu'elles sont consacrées par l'Eglise et proposées par elle à la foi des savants aussi bien qu'à celle des enfants et des simples.

J'ajouterai seulement (puisque cette opinion a trouvé de nos jours quelque crédit auprès de certains écrivains catholiques), qu'il y a une grave erreur dans ce que l'auteur dit ailleurs sur l'intelligibilité de ce mystère sacré.

« Il ne paraît pas que le Christianisme croie l'essence di-
» vine inaccessible ou interdite à l'intelligence humaine, puis-
» qu'il la fait enseigner au plus humble d'esprit, puisqu'il en
» fait la première des vérités qu'il inculque à ses enfants (*). »

(*) *Introd. à l'hist. de la phil.*, leçon 5.

De ces seules considérations on pourrait conclure le contraire de ce que veut dire l'auteur. Le Christianisme propose le dogme de la Trinité à la foi, et non à la science des hommes; il le propose expressément aux *humbles d'esprit*, et non pas aux superbes, parce qu'il doit être cru et non pas compris en cette vie. Il le propose comme la *première vérité* de l'ordre révélé; et c'est justement pour cela qu'il en exclut la démonstration, toutes les vérités premières étant indémontrables. La seule différence qu'il y ait entre les premières vérités rationnelles et les révélées, c'est que celles-là tirent leur force de leur évidence intrinsèque, tandis que celles-ci l'empruntent à l'autorité qui les révèle. Les mystères sont des axiomes surnaturels dont l'intelligibilité consiste dans l'autorité de Dieu qui les révèle et de l'Eglise qui les définit.

« Mais quoi ! s'écrie-t-on, oubliez-vous que cette vérité
» est un mystère ? Non, je ne l'oublie pas; mais n'oubliez pas
» non plus que ce mystère est une vérité..... Mystère est
» un mot qui appartient non à la langue de la philosophie,
» mais à celle de la religion. Le mysticisme est la forme nécessaire de toute religion en tant que religion; mais sous
» cette forme sont des idées qui peuvent être abordées et
» comprises en elles-mêmes. Et, Messieurs, je ne fais que
» répéter ce qu'ont dit bien avant moi les plus grands docteurs
» de l'Eglise, saint Thomas, saint Anselme de Cantorbéry,
» et Bossuet lui-même au dix-septième siècle, à la fin de
» l'*Histoire Universelle.* Ces grands hommes ont tenté une
» explication des mystères, entre autres du mystère de la très-
» sainte Trinité; donc ce mystère, tout saint et sacré qu'il
» était à leurs propres yeux, contenait des idées qu'il était
» possible de dégager de leurs formes (*). »

(*) *Introd. à l'hist. de la phil.*, leçon 5.

M. Cousin confond les deux genres d'explications que nous avons distingués plus haut. Les grands théologiens qu'il cite, et les autres écrivains remarquables qui ont suivi la même carrière, ne se sont point proposé de rendre intelligible ce qu'il y a de surintelligible dans les mystères, ni de le démontrer non plus par la raison ; mais ils ont seulement voulu les confirmer par des probabilités, les éclaircir au moyen d'analogies philosophiques, et surtout faire tomber les calomnies des incrédules et des hérétiques, qui prétendent que les mystères répugnent à la raison. Or, prouver que les mystères ne sont point contraires à la raison et les démontrer rationnellement sont deux choses bien différentes : la première est négative et la seconde positive ; l'une présuppose que les mystères sont au-dessus des principes rationnels, l'autre le nie. Les analogies peuvent bien, il est vrai, diminuer les ténèbres de ces vérités mystérieuses, mais non les dissiper entièrement ; car quelle que soit la lumière qu'elles fournissent, l'intervalle qui sépare l'analogie de l'identité demeurera toujours obscur et impénétrable. Quant aux probabilités, elles seraient insuffisantes à mettre en sûreté les dogmes qu'il faut croire, et à produire une foi ferme si l'autorité de la révélation ne venait à leur secours.

Que telle soit l'intention des auteurs précités, c'est ce que démontre l'ensemble de leur doctrine, et chacun peut s'en convaincre en les lisant avec un peu d'attention ; c'est ce que démontre leur manière de procéder, car ils prennent pour base l'autorité de la révélation et empruntent à ses paroles et non à la raison, la connaissance claire et déterminée du dogme, ils se servent des analogies et des vraisemblances pour confirmer le certain et le connu, et non pour découvrir et pour prouver l'incertain et l'inconnu ; c'est ce que démontre enfin l'expresse déclaration qu'ils font en plusieurs endroits, car depuis saint Paul jusqu'à nous, l'incompréhensibilité des mystères a toujours été considérée comme une vérité de foi catholique. Si, au moyen-âge ou dans les temps plus modernes, quelque écrivain orthodoxe a essayé d'expliquer et de prouver philosophiquement les mystères en suivant la méthode que nous réprouvons, outre que l'obscurité de son nom et son isolement complet ou à peu près complet, lui ôtent toute autorité, on ne pourra jamais démontrer que l'Eglise ait approuvé son opinion. Je ferai remarquer au contraire que la majeure partie des hérésies prirent naissance dans cette folle témérité de vouloir accommoder les mystères à la capacité humaine et de les démontrer par la raison.

Le mystère de l'Incarnation est tellement lié à celui de la Trinité, que l'un ne peut demeurer intact si l'on vient à altérer le second. L'un enseigne le premier fait de l'ordre surnaturel, l'autre en exprime la première vérité; l'un est le premier anneau historique, l'autre est le premier anneau idéal de la révélation, et ils correspondent dans la formule révélée aux deux premiers termes de la formule rationnelle(*).

Le dogme catholique de l'Incarnation se compose de quatre points principaux.

1° L'union de la nature humaine et individuelle du Christ avec la nature divine. Ce n'est point la nature humaine en général, ou la nature individuelle de chaque homme en particulier, mais celle d'un seul homme, du second Adam, qui est élevée à la participation de la nature divine; ce qui n'empêche pas que la dignité de cette union ne rejaillisse sur l'espèce tout entière, en vertu de la fraternité commune, et des rapports intimes qui font de tous les individus une seule famille;

(*) Voir l'*Introduction* de l'auteur, liv. I, ch. 8.

2° Le mode spécial de cette union, que l'Eglise appelle *hypostatique*, pour signifier que la nature divine et la nature humaine du Christ sont unies dans la personne même du Verbe, et excluent toute personnalité humaine. L'union de Dieu et de l'homme dans l'Homme-Dieu est donc une union tout-à-fait à part, différente de toutes les autres unions qui existent ou peuvent exister entre le Créateur et les créatures en général, ou les hommes en particulier; tel est, par exemple, le commerce naturel qu'ont les esprits créés avec l'Esprit divin qui les meut comme Cause première, qui les éclaire comme Intelligible et leur fait connaître les choses par l'éclat de sa lumière;

3° Les propriétés divines qui refluent sur les opérations et les souffrances de la nature humaine du Christ, en vertu du principe personnel et divin qui la termine. Les actions et les souffrances du Christ, considéré comme homme, appartenant à la personne du Verbe, sont divines sous ce rapport; elles sont les actions et les souffrances d'un Dieu;

4° La valeur infinie des actions et des souffrances du Christ, considérées dans leurs effets, c'est-à-dire dans les mérites qui en proviennent. Cette valeur qui a sa source dans l'unité et la divinité du principe personnel, constitue la cause finale du mystère de la Rédemption et de son efficacité.

Je ferai remarquer en passant que Nestorius, en niant le second de ces articles, détruisait nécessairement les deux derniers, dans lesquels réside l'importance pratique du dogme catholique, et avec eux il renversait les bases du Christianisme. C'est donc à grand tort que quelques critiques ont voulu l'excuser, comme s'il ne se fût agi que d'une simple question de mots, comme si sa condamnation n'avait été que le résultat de l'animosité d'un homme, ou des subtilités d'une assemblée ecclésiastique.

Le dogme orthodoxe de l'Incarnation comprend donc, outre l'idée primitive du Verbe, telle qu'elle résulte de l'idée de la Trinité, celle des relations surnaturelles qui se trouvent entre le Verbe et la nature humaine. Nous avons vu tout à l'heure la notion panthéistique du Verbe telle que se la forme M. Cousin ; revenons maintenant aux passages où il traite spécialement de l'Incarnation et de ses effets :

« Dieu est impénétrable : la raison n'a pas d'accès jusqu'à
» sa nature : il faut qu'il se manifeste par une enveloppe
» abordable et intelligible : cette enveloppe c'est l'idée du
» vrai, du bien et du beau, c'est le *logos* de Platon. La rai-
» son conçoit l'existence de la vérité absolue ; puis elle l'aban-
» donne à son impénétrable immensité, et ne la contemple
» plus que dans ses formes appropriées à l'intelligence hu-
» maine : dans la vérité, la beauté et la bonté, en un seul
» mot, dans le LOGOS qui est la manifestation de Dieu
» lui-même (*). »

Le LOGOS de Platon n'est autre que l'intelligibilité éternelle et divine des choses qui brille aux yeux de tous les hommes, et met en acte la faculté qu'ils ont de connaître. Ce LOGOS ne correspond à l'idée révélée du Verbe qu'autant qu'on y ajoute l'élément surintelligible de la *substance personnelle*, et de ses relations avec les autres personnes divines, qu'autant qu'on en écarte toute espèce de multiplicité et de variété, conformément à ce que nous avons déjà exposé plus haut. Or, le LOGOS de M. Cousin est varié et multiple ; de plus, les idées dont il se compose se confondent avec les choses, parce que l'idéal et le réel du moderne panthéisme sont substantiellement identiques. En outre, ce LOGOS est uni

---

(*) *Cours de phil. de* 1818, leçon 25.

rationnellement avec tous les hommes, et non d'une manière personnelle avec une nature individuelle en particulier ; et cette union est la même dans tous, bien qu'elle ait des degrés différents sous le rapport de la connaissance réfléchie. Nous n'avons donc jusqu'à présent rien qui corresponde à l'idée catholique de l'Incarnation, et l'on pourrait même croire qu'il n'est fait aucune allusion à ce mystère dans le passage que nous avons cité. Mais il est difficile d'expliquer de la même façon les passages suivants que nous avons déjà rapportés dans une autre circonstance.

« La raison par elle-même n'atteint pas l'être directement
» et ne l'atteint qu'indirectement par l'entremise de la vé-
» rité.

« La vérité est le médiateur nécessaire entre la raison et
» Dieu ; dans l'impuissance de contempler Dieu face à face,
» la raison l'adore dans la vérité qui le lui représente, qui
» sert de Verbe à Dieu et de précepteur à l'homme.

« Or, ce n'est pas l'homme qui se crée à lui-même un mé-
» diateur entre lui et Dieu, l'homme ne pouvant constituer
» la vérité absolue. C'est donc Dieu lui-même qui l'interpose
» entre l'homme et lui, la vérité absolue ne pouvant venir que
» de l'être absolu, de Dieu.

« La vérité absolue est donc une révélation même de Dieu
» à l'homme par Dieu lui-même ; et comme la vérité ab-
» solue est perpétuellement aperçue par l'homme et éclaire
» tout homme à son entrée dans la vie, il suit que la vérité
» absolue est une révélation perpétuelle et universelle de Dieu
» à l'homme.

« Or, la vérité absolue étant l'unique moyen de rappro-
» cher l'homme de Dieu, mais en étant le moyen infaillible,
» puisqu'on ne peut participer à la qualité sans participer à
» la substance, il s'ensuit que la raison humaine, en s'unis-

» sant à la vérité absolue, s'unit à Dieu dans la vérité (*). »

« Que l'homme par lui-même ne puisse atteindre jusqu'à
» l'infini, que la portée de sa conscience et de sa sensibilité
» expire sur les bornes du variable et du fini, qu'un média-
» teur soit nécessaire pour unir ce phénomène d'un jour et
» celui qui est la substance éternelle ; c'est ce dont on ne peut
» douter. De là la nécessité d'un terme moyen entre Dieu et
» l'homme ; de là encore cette nécessité que ce soit Dieu qui
» se manifeste à l'homme, et que le terme intermédiaire
» vienne de lui pour aller à l'homme, l'homme étant dans une
» impuissance absolue de créer lui-même l'échelle qui doit
» l'élever jusqu'à Dieu ; de là la nécessité d'une révélation.
» Or, cette révélation commence avec la vie dans l'individu
» comme dans l'espèce ; le médiateur est donné à tous les
» hommes : c'est la lumière qui éclaire tout homme qui
» vient en ce monde.....

« La vérité conduit donc à la substance même ; à Dieu qui,
» profondément invisible en son essence, se manifeste ou se
» révèle à nous par la vérité, rapport sacré qui unit l'homme
» à Dieu. Telle est la théorie platonicienne et chrétienne.....

« Puisque Dieu ne se révèle que par la vérité, la vérité est
» Dieu : c'est de lui tout ce que nous en pouvons con-
» naître (**). »

Le rationalisme est là de la dernière évidence. Il est question dans ces passages d'une union naturelle de l'esprit de l'homme avec la vérité divine ; d'une connaissance commune à tous les hommes, sans distinction d'individus, de lieux et de temps ; d'une connaissance qui embrasse tous les instants de la

---

(*) *Fragm. phil.*, tom. I, pag. 316, 317.
(**) *Ibid.*, p. 224, 225, 226 et 227.

vie intellectuelle, et qui constitue l'essence même de l'intelligence humaine. D'un autre côté, en affirmant que c'est là *l'unique moyen, le moyen infaillible de rapprocher l'homme de Dieu,* que de lui seul procède *tout ce que nous pouvons connaître de vérité,* on exclut toute autre espèce d'union de l'homme avec Dieu, toute révélation extraordinaire, toute élévation spéciale et surnaturelle de notre nature à la société divine. Il suit de là, ou bien que l'Incarnation à laquelle croient les chrétiens n'est qu'une fable, ou bien qu'elle ne contient et n'exprime rien autre chose que cette union naturelle et commune des hommes avec Dieu. Que l'illustre auteur fasse ici allusion au dogme catholique, on peut déjà le conclure des mots techniques qu'il emprunte à la théologie positive, tels que ceux de *révélation, médiateur, Verbe;* on peut le conclure encore de l'épithète *chrétienne* qu'il donne à sa théorie. Mais les paroles suivantes ne laisseront plus aucun doute :

« La raison est donc à la lettre une révélation, une révé-
» lation nécessaire et universelle, qui n'a manqué à aucun
» homme, et a éclairé tout homme à sa venue en ce monde :
» *illuminat omnem hominem venientem in hunc mun-*
» *dum.* La raison est le médiateur nécessaire entre Dieu et
» l'homme, ce LOGOS de Pythagore et de Platon, ce *Verbe*
» fait chair qui sert d'interprète à Dieu, et de précepteur à
» l'homme, homme à la fois et Dieu tout ensemble. Ce n'est
» pas sans doute le Dieu absolu dans sa majestueuse indivisi-
» bilité; mais sa manifestation en esprit et en vérité; ce n'est
» pas l'Etre des êtres, mais c'est le Dieu du genre hu-
» main (*). »

(*) *Fragm. phil.*, t. I, p. 78.

Si la raison est *la révélation nécessaire, le médiateur nécessaire et l'homme, le Verbe fait chair* dont parle saint Jean dans son Évangile, *l'interprète de Dieu et le précepteur de l'homme*; si ce précepteur est *homme à la fois et Dieu tout ensemble*, s'il est *manifestation* de Dieu *en esprit et en vérité*, il est évident que l'union de la raison avec l'esprit de l'homme est la seule incarnation divine que l'on puisse admettre, que l'on doive reconnaître comme exprimée par le dogme chrétien. Donc le Christ fut Dieu comme le sont tous les hommes; donc l'union de la nature humaine avec la nature divine ne fut personnelle que dans un sens panthéistique; donc les enseignements de l'Evangile n'ont pas plus d'autorité en eux-mêmes que les inspirations de la raison dans chaque individu; donc la religion chrétienne n'est ni plus ni moins divine que les autres cultes. En résumé, Dieu ne s'est donc point incarné dans un individu, mais dans tout le genre humain; telle est précisément la doctrine des panthéistes et des rationalistes allemands et de ceux qui les copient en France. Que M. Cousin entende parler expressément du dogme chrétien, il suffira pour s'en convaincre de remarquer qu'il n'admet les mystères qu'autant qu'ils expriment quelque vérité purement rationnelle. Or, quelle est la vérité qu'on puisse croire symbolisée par l'Incarnation, si ce n'est la présentialité de l'esprit divin dans l'intelligence de tous les hommes? Mais certainement l'union hypostatique et les autres points de la doctrine catholique mentionnés plus haut, ne pourront jamais être ramenés à de pures intellections. Il est vrai que, dans une de ses premières leçons, l'illustre auteur a dit :

« La raison absolue est invisible et impalpable; comme
» elle ne descend point en personne sur la terre, et que d'ail-
» leurs nul effort ne peut élever l'homme jusqu'à elle, elle
» reste inaccessible à l'humanité. Ainsi, la raison absolue

» est le seul médiateur, le seul modérateur infaillible des
» pouvoirs rivaux, et elle n'est point de ce monde (*). »

Mais on peut dire ou que M. Cousin, quand il prononça
ces paroles, n'avait point encore embrassé la symbologie des
rationalistes allemands, et se contentait de rejeter tout bonnement la révélation chrétienne ; ou bien qu'il ne parlait ici que
d'une communication immédiate entre la raison absolue et
l'homme, communication que ce philosophe rejette en effet
dans tous ses écrits, parce que, selon lui, le commerce entre
Dieu et les hommes se fait au moyen de la Vérité, sorte d'être
abstrait qui remplit le rôle de médiateur entre la Divinité et
ses créatures. Et cette vérité ne peut être, dans le sens de
l'auteur, que la variété idéale produite par l'unité absolue.
J'incline à penser qu'il faut prendre dans ce sens les paroles
de M. Cousin que nous venons de citer, parce que, après les
avoir prononcées en forme d'objection, il ajoute :

« Oui, sans doute, la raison absolue n'habite point ce
» monde, mais elle s'y manifeste ; si elle ne le remplit pas de
» sa présence, elle l'éclaire de sa lumière. Les traces de la
» raison sont partout ici-bas, bien qu'elle dérobe son essence
» à tous les regards (**). »

Cette opinion s'accorde avec la doctrine panthéistique professée par l'auteur dans des écrits plus récents sur l'incarnation de la Vérité, émanation de la Raison absolue, dans l'esprit
de tous les hommes, dans la nature elle-même et dans tout
l'univers, en vertu de l'identité du réel et de l'idéal dans
l'unité absolue.

Comme les dogmes de la Trinité et de l'Incarnation for-

(*) *Cours d'hist. de la phil. mor. du XVIIIe siècle*, de 1819 et 1820,
publié par Vacherot, leçon 8.

(**) *Ibid.*

ment l'ontologie, ainsi ceux du péché originel et de la grâce constituent l'anthropologie révélée. Ces quatre points principaux résument tout l'ensemble de la révélation ; car les doctrines du culte extérieur, des sacrements, des indulgences, et toutes les autres vérités catholiques sont synthétiquement renfermées dans quelqu'un de ces points. D'un autre côté, de même que le dogme de l'Incarnation est uni d'une manière intime à celui de la Trinité, de même les mystères du péché originel et de la grâce se rattachent à celui de l'Incarnation, de sorte que toutes les vérités de la foi sont potentiellement renfermées dans la trinité des personnes divines, qui est l'axiome suprême et le germe idéal du système révélé. L'histoire des hérésies fortifie ces rapports logiques et nous les fait toucher au doigt, en nous montrant l'enchaînement réciproque des erreurs, comme par exemple de l'hérésie de Pélage avec celles de Nestorius et d'Arius.

M. Cousin ne pouvait pas plus que ses prédécesseurs se soustraire à cette fatalité logique ; il n'est donc pas étonnant qu'après avoir attaqué la Trinité et l'Incarnation au point de n'en conserver qu'une ombre, il en renverse aussi les conséquences. Il est vrai, autant du moins que je m'en souvienne, qu'il ne fait point une mention expresse de la chute primitive de l'homme, dans aucun de ses ouvrages. Mais dans ce cas, le silence tout seul l'accuse ; car s'il n'appartient pas au philosophe de se donner mission de discourir en particulier sur le péché d'origine, comme dogme purement révélé, il ne peut et ne doit même pas taire l'état dégénéré dans lequel se trouve la nature humaine. Ce n'est pas un secret que nous apprenne la révélation toute seule ; mais un fait manifeste, continu, universel, qui tombe sous l'expérience de chacun, et que l'on ne peut révoquer en doute quand on a reconnu l'empire de la Providence. L'athée seul peut regarder l'état actuel de l'homme comme naturel et primitif; et quand je dis l'athée, j'entends aussi le panthéiste rigoureux, comme Spinoza, qui enlève à son Dieu les attributs les plus importants, c'est-à-dire les perfections morales, et qui ne diffère point sous ce rapport des plus vulgaires ennemis de l'Etre suprême.

Mais si l'on admet en Dieu la Providence et la sainteté, on ne peut supposer que l'homme soit sorti de ses mains tel qu'il est, et nous sommes forcés de penser que l'œuvre divine a été troublée, qu'elle est déchue de son état primitif, n'importe la cause qui a produit ce changement. Cette cause, la révélation seule peut nous la faire connaître; mais le fait est clair et manifeste aux yeux de la raison. Or, le philosophe, et spécialement le moraliste, qui veut et qui doit parler de l'homme tel qu'il est, et non pas seulement de l'homme tel qu'il pourrait être, tel qu'il nous est donné de l'imaginer, ne doit jamais perdre de vue que la nature humaine est sortie de son état normal et contient des germes de corruption. Autrement il ne pourrait raisonner juste sur le libre arbitre, les passions, le vice, la vertu, l'ordre moral; il ne pourrait surtout agiter les grands problèmes de l'origine du mal, et de la perfection de l'univers. Et si de nos jours, et depuis plus d'un siècle, on a l'habitude de faire tout le contraire, si la morale est infectée de Pélagianisme, même chez beaucoup d'écrivains catholiques; il ne me serait pas difficile de prouver que c'est là une des principales causes de la décadence de cette noble science et des graves erreurs dont elle abonde. En s'appuyant, en effet, sur une idée fausse ou pour le moins inexacte de la nature humaine, en travaillant sur une chimère, il est impossible que l'on arrive au but. René Descartes, celui de tous les génies modernes qui a peut-être été le plus funeste à la philosophie, introduisit le Pélagianisme dans les sciences spéculatives; le reproche lui en fut fait par les plus savants théologiens de son temps. Les éclectiques modernes de France, ses admirateurs et ses disciples, marchent sur ses traces ; déjà nous avons parlé de deux d'entre eux, Jouffroy et Damiron, qui nient le péché originel de la manière la plus expresse (*). Nous avons aussi remarqué ailleurs que M. Guizot n'avait pas compris la controverse qui divisait saint Augustin et les Pélagiens, puisqu'il veut la réduire à une simple dispute philosophique (**). M. Cousin est plus prudent, et bien que, quand il dit, en parlant de l'homme primitif, qu'au « sortir des mains de Dieu, » il en reçoit immédiatement toutes les lumières et toutes les » vérités, bientôt obscurcies et corrompues par le temps et » par la science incomplète des hommes (***), » il exclue indirectement le fait de la chute tel qu'il résulte du récit de l'Ecriture, et celui du péché originel qui en est la suite, il se garde bien néanmoins d'attaquer directement ce dogme. Mais qu'importe, si dans tous ses ouvrages philosophiques, il parle toujours de l'homme, comme s'il était dans son état normal et primitif, et du libre arbitre, comme si ses forces naturelles suffisaient à l'accomplissement de la loi ?

Pour ce qui regarde le dogme de la grâce en particulier, M. Cousin est moins réservé, et il nous déclare en termes explicites sa manière de voir. A propos d'entretiens qu'il a eus avec un professeur de Francfort, il expose en détail sa doctrine sur la grâce dans un morceau de théologie que je citerai en entier, parce qu'il me paraît extrêmement curieux.

« Il faut entendre le Christianisme, dit-il, et il ne faut pas, » comme Calvin, exagérer encore la doctrine de saint Au- » gustin sur la grâce ; car cette doctrine est déjà très forte

---

(*) *Supra*, chap. 3.
(**) *Théor. du Surnat.*, note 81.
(***) *Introd. à l'hist. de la phil.*, leçon 7.

» et elle a besoin d'être expliquée comme elle l'a été par
» l'Eglise. »

Que signifient ces mots : *exagérer encore?* Que veut-on dire en affirmant que la doctrine de saint Augustin *est déjà très forte?* La doctrine de ce grand homme, solennellement approuvée par les souverains pontifes et par l'Eglise catholique tout entière, est donc déjà *exagérée* en elle-même, et Calvin n'a fait que l'exagérer davantage ? Il n'est donc pas notable, il n'est donc pas grand, il n'est donc pas essentiel et pour ainsi dire infini, l'intervalle qui sépare les opinions d'un hérésiarque de celles d'une des plus grandes lumières de l'Eglise ? Mais passons sur ces niaiseries, et apprenons de M. Cousin comment *il faut entendre le Christianisme.*

« Sans pélagianisme ni semi-pélagianisme, on peut inter-
» préter la doctrine augustinienne de la grâce de manière à ne
» détruire ni le mérite des œuvres et la liberté de la volonté
» humaine, ni la nécessité d'une lumière divine qui éclaire la
» volonté pour que la volonté la suive, sans exclure par con-
» séquent, comme sans admettre exclusivement le mérite
» suprême de celui qui, pour le genre humain, est la lumière,
» la voie et la vie. Dans l'acte vertueux il y a à la fois et de
» Dieu et de l'homme. Le Verbe divin intervient pour montrer
» le but et la règle, et aussi l'espérance. C'est là la grâce,
» c'est là la foi. Cette vue de la vérité qui n'est refusée à per-
» sonne, touche la volonté, et c'est de là que l'homme part
» pour agir. L'action de la volonté, quoiqu'elle ait été nécessai-
» rement précédée, et qu'elle doive toujours être accompagnée
» de la connaissance de la loi pour être une action morale, n'est
» pas le pur effet de cette connaissance. Cette connaissance
» dispose à l'action, mais n'y contraint pas ; cela est si vrai
» que mille fois on y résiste. L'acte de la volonté appartient
» directement à la volonté elle-même qui a sa force limitée

» mais réelle, et par conséquent sa part de mérite (*). »

Certes, non-seulement les semi-pélagiens, mais encore Pélage, Célestius et tous leurs adhérents auraient souscrit volontiers à cette profession de foi. On sait que Pélage, pressé par la logique de ses adversaires, reconnut, outre la doctrine et la loi extérieure, une illumination intérieure et surnaturelle de l'intellect ; mais cette condescendance ne satisfit ni saint Augustin, ni l'Eglise. On peut discuter, entre catholiques, en quoi consiste précisément l'action de la grâce divine sur la volonté de l'homme, et comment elle se concilie avec le libre arbitre ; mais on ne peut révoquer en doute la réalité de cette action, ni son parfait accord avec la liberté humaine. Tous les catéchismes sont unanimes sur ce point, et si M. Cousin eût lu avec soin celui de Bossuet, dont il parle ici (**), il nous épargnerait la peine de le lui rappeler. Si la grâce divine, nécessaire pour faire le bien, regardait seulement l'intellect et non le mouvement de la volonté humaine, elle ne serait plus le principe du mérite qui dépend de la volonté et non de la connaissance ; l'humilité et la confiance chrétiennes n'auraient plus de fondement ; on rejetterait la doctrine catholique sur la faute originelle, sur l'affaiblissement et la diminution du libre arbitre ; on détruirait les dogmes de la justification, de la satisfaction du Christ, de la nécessité absolue de la rédemption divine. Il serait, je pense, tout à fait superflu d'arrêter ici nos lecteurs par des citations sur un point si connu, enseigné dans tous les livres élémentaires sur la religion.

Mais, dira M. Cousin, j'admets la nécessité d'une grâce intérieure, relative à l'intellect, et influant, au moins d'une ma-

---

(*) *Revue française*, tom. VI, p. 222 et 223.
(**) *Ibid*, pag. 223.

nière indirecte, sur la volonté de l'homme ; ce qui est cependant quelque chose pour un philosophe. Je parle d'une *lumière divine qui éclaire la volonté et l'invite à la suivre ;* du *Verbe, qui est la lumière, la voie et la vie, qui intervient pour montrer le but, la règle et aussi l'espérance ;* du *mérite suprême*, qui procède du Verbe lui-même ; je dis que, *dans l'acte vertueux, il y a de Dieu et de l'homme ;* je prononce les mots de *satisfaction* (*), de *foi*, de *grâce*. Ne vous semble-t-il pas que ce cortége de phrases et de mots orthodoxes suffit pour montrer clairement que ma doctrine est saine ?

Cela suffirait peut-être, si nous ne connaissions pas le sens que l'auteur attache à ces paroles et à d'autres plus expressives encore. Mais nous avons vu que la *révélation* et *l'inspiration* admises par M. Cousin ne sont pas autre chose, d'après lui, que la connaissance spontanée de la raison ; que pour lui, *la foi* c'est l'adhésion naturelle aux vérités rationnellement et spontanément connues ; que *le Verbe* c'est la variété des idées qui se manifestent à l'esprit de l'homme ; que *l'intervention du Verbe* n'est autre chose que celle de la raison ; que l'Incarnation et la Rédemption, dans le sens catholique, sont mises par lui au rang des chimères ; que par conséquent, dans son système, les mérites du Christ ne diffèrent pas essentiellement de ceux des autres hommes. Or, que peut être la *grâce* dans un pareil système, sinon le phénomène naturel de la connaissance commune à tous les esprits ? Si la grâce, comme l'entend M. Cousin, se réduit substantiellement à l'illumination de l'intellect, et celle-ci à la seule lumière de la raison, n'est-il pas manifeste qu'il nie complète-

---

(*) *Revue française,* tom. VI, p. 223.

ment la grâce elle-même, telle que la comprennent les catholiques? N'est-il pas plus pélagien que Pélage même? Celui-ci, en effet, dès les premiers pas de son hérésie, admettait une révélation extérieure et surnaturelle; tandis que M. Cousin ne veut reconnaître ni au-dedans ni au-dehors de l'homme aucune intervention divine extraordinaire, et que pour lui tout se réduit aux moyens et aux secours de la nature. N'est-il pas évident qu'il ne pourrait affirmer le contraire, sans contredire totalement les principes de son système, et que par conséquent dans cette tirade théologique, il mystifie tout bonnement ses lecteurs.

Et réellement, lorsque cet auteur parle plus sérieusement qu'il ne le fait ici, il emploie un langage bien différent. Après avoir rapporté ailleurs les paroles suivantes de Leibniz : « La » foi est fondée sur des motifs de crédibilité et sur la grâce » interne qui y détermine l'esprit immédiatement, » il ajoute : « Cette distinction théologique de Leibniz est au fond notre » distinction philosophique de la raison spontanée et de la » raison réfléchie (*). »

Pourrait-on parler plus clairement? En quatre mots, il renverse tout le système de la révélation. Si *les motifs de crédibilité* et la *grâce interne* d'où dérive *la foi*, ne sont autre chose que *la raison spontanée et la raison réfléchie*, il s'ensuit nécessairement que la révélation, l'inspiration, les miracles, les prophéties, la Bible, l'Incarnation, la Rédemption, l'Eglise, le culte, la grâce et tout le système surnaturel, ne sont que des fables, ou, pour parler plus respectueusement, des symboles dans lesquels il n'y a de réel que la raison et les autres facultés de l'homme avec leurs effets naturels. Les

---

(*) *Cours de l'hist. de la phil.*, leç. 24.

mots *au fond* ne signifient rien autre chose, et ils veulent dire que la *théologie* de Leibniz est une simple forme de la *philosophie* que M. Cousin enseigne dans ses livres. Il est inutile de rechercher s'il entend faire correspondre la grâce à la raison spontanée, et les motifs de crédibilité à la raison réfléchie, comme cela me paraît plus conforme à sa doctrine, ou réciproquement; de toute manière, il suffit que la raison soit la seule grâce qui agisse sur notre esprit et la seule base de toute croyance. Voici qu'il ne nous le dit pas moins positivement dans un autre endroit où, parlant de la spontanéité qu'il appelle inspiration, il s'exprime ainsi :

« Le caractère de l'inspiration est 1° d'être primitive, anté-
» rieure à toute opération réfléchie; 2° d'être acompagnée
» d'une foi vive, d'où résulte une autorité supérieure ; 3° l'ins-
» piration est vivifiante, sanctifiante ; et elle répand dans l'ame
» un sentiment d'amour pour l'auteur même de toute inspira-
» tion. Or, l'auteur de toute inspiration est sans doute im-
» médiatement la raison humaine rattachée à son principe,
» parlant pour ainsi dire au nom de ce principe, c'est ce prin-
» cipe lui-même faisant son apparition dans la raison de
» l'homme (*). »

La raison spontanée produisant *la foi*, et une *foi vive, vivifiante, sanctifiante*, opère le triomphe de la grâce, qui est *l'amour de Dieu*. Tous ces dons et ces prodiges spirituels, qui sont les effets de la Rédemption, et que les Ecritures attribuent à l'action extraordinaire de l'Esprit incréé, sont attribués par M. Cousin à cette raison qui réside continuellement dans tous les hommes. Voilà donc de quelle

---

(*) *Cours de l'hist. de la phil.*, leçon 24.

manière *il faut entendre le Christianisme* ; si ce n'est pas le Christianisme de Jésus-Christ, c'est certainement celui que l'on trouve dans les écrits de M. Cousin.

CHAPITRE SIXIÈME.

DANS LES CHOSES MÊMES QUI TIENNENT A LA RELIGION, M. COUSIN SUBSTITUE A LA MÉTHODE CATHOLIQUE DE L'AUTORITÉ LA MÉTHODE HÉRÉTIQUE DE L'EXAMEN PRIVÉ ; IL INTRODUIT UNE MANIÈRE DE PHILOSOPHER INCOMPATIBLE AVEC L'AUTORITÉ DE L'ÉGLISE.

A mesure que j'avance danc ces considérations, je m'aperçois que mes paroles et mes preuves peuvent paraître superflues. En effet, à quoi bon démontrer qu'une doctrine convaincue de panthéisme et de rationalisme théologique, n'est point catholique? Cependant l'article de l'Eglise est d'une telle importance, et le respect apparent que l'illustre auteur professe à son égard, dans quelques endroits de ses ouvrages, est si propre à faire illusion, quand on perd de vue le reste de sa doctrine, qu'il peut être de quelque utilité de faire connaître d'une manière expresse sa façon de penser sur ce point. Que le lecteur me permette donc d'examiner encore quelques textes ; je serai court.

Si la seule révélation possédée par l'homme est celle de la

raison; si les seules vérités qu'il puisse connaître et qu'il doive croire, sont les dogmes rationnels; si toute religion, et par conséquent le Christianisme, n'est que l'intuition naturelle et spontanée du vrai revêtu de formes poétiques; si la seule foi possible consiste dans l'assentiment de l'intellect aux vérités connues par les formes de la raison; il est évident que l'autorité de l'Eglise ne peut plus avoir lieu et que, quand même elle existerait, elle serait parfaitement inutile. Quel serait en effet l'objet sur lequel l'autorité de l'Eglise pourrait encore s'exercer? Seraient-ce les dogmes? Mais la raison seule les fournit, et c'est à la philosophie de les admettre ou de les rejeter, et d'en déterminer la valeur réelle. Seraient-ce les symboles? Mais ce ne sont que des images arbitraires par elles-mêmes, indifférentes, accidentelles et sans valeur intrinsèque; pourquoi l'Eglise prescrirait-elle les unes à l'exclusion des autres? Pour quelle raison me commanderait-elle de préférer les symbole chrétiens à ceux d'un autre culte? D'ailleurs les symboles ne sont pas nécessaires au philosophe.

Et quand même on accorderait à la société ecclésiastique un pouvoir disciplinaire, comme celui que possèdent les membres d'une académie, un tel pouvoir ne serait certainement pas cette autorité essentielle et suprême que les catholiques lui reconnaissent. Serait-ce le culte? Mais si l'homme est le créateur du culte, comme M. Cousin le déclare expressément, quel droit peut avoir l'Eglise de le déterminer? Quel droit peut-elle avoir de me faire préférer les rites catholiques à ceux des Brahmanes ou des Guèbres? De quel droit m'imposerait-elle un culte quelconque, si j'ai le privilège d'être philosophe? — Seraient-ce le sacerdoce et la hiérarchie? Mais la hiérarchie et le sacerdoce se composent des pasteurs de la société ecclésiastique, et les pasteurs ne pourront probablement pas gouverner, si personne ne veut être

gouverné. Or, sur qui pourra s'exercer le pouvoir des pasteurs, d'après les enseignements du rationalisme? Ce ne sera pas sur les philosophes qui, parvenus à jouir du bienfait de la *pensée* pure, n'ont plus besoin ni de prêtres, ni d'Eglise. Il s'exercera donc sur le peuple ! Mais le peuple est appelé par les progrès de la civilisation à devenir, lui aussi, philosophe; les philosophes l'y invitent, comme nous l'avons vu, en lui tendant *doucement la main pour l'aider à s'élever et le faire monter à leur hauteur* (*). L'autorité de l'Eglise sur le peuple est donc tout à fait précaire; l'ignorance et la simplicité du peuple en sont le fondement, et par conséquent ce n'est pas une autorité véritable. L'autorité ecclésiastique, reconnue par les catholiques, est basée sur le privilège de l'infaillibilité; or, ce privilège, selon les rationalistes, se trouve dans la raison spontanée de chaque homme et non point dans les décrets réfléchis de l'Eglise, puisque l'Eglise, selon eux, ne diffère d'aucune autre société d'individus. Le peuple même, qui paraît croire aux paroles de l'Eglise, ne croit en réalité qu'à sa propre raison, puisque l'homme débute par la foi dans la raison, et qu'il *n'y a point de foi hors d'elle* (**). De plus, l'autorité infaillible de l'Eglise exclut chez ses enfants le droit du libre examen, tandis que M. Cousin invite tous les hommes à examiner et leur en fait un devoir, « sous la ré-
» serve du plus profond respect pour les formes religieuses,
» de ne rien comprendre, de ne rien admettre qu'en tant
» que vrai en soi et sous la forme de l'idée (***). »

Cette singulière protestation de *respect* suffirait-elle pour sauver l'autorité de l'Eglise, quand on prescrit à chacun de ses

---

(*) *Introd. à l'hist. de la phil.*, leçon 2.
(**) *Ibid*, leçon 6.
(***) *Ibid.*, leçon 5.

enfants de la révoquer en doute, en faisant seulement une exception en faveur de ceux qui seraient assez stupides pour n'avoir ni la faculté ni le désir de se livrer à cet examen.

Mais il y a plus, M. Cousin ne se borne pas à détruire entièrement l'infaillibilité et l'autorité de l'Eglise; il accorde cette autorité souveraine à la philosophie et aux philosophes, et transporte le privilége divin du sanctuaire dans l'école. Tous les catholiques avaient cru jusqu'ici que définir les dogmes de la foi était un privilége de l'Eglise, et qu'en tout ce qui regarde la foi, la philosophie devait se soumettre à l'autorité de cette même Eglise. Mais l'illustre auteur nous enseigne qu'il en est tout autrement. Même dans les choses qui regardent la foi, la philosophie n'est point la servante de la religion, c'est au contraire la religion qui est la servante de la philosophie. Celui qui est véritablement appelé à définir les dogmes, c'est le philosophe qui, en les dépouillant de leur enveloppe symbolique et en déclarant le sens réel qu'il faut leur attribuer, les réduit à l'état *d'idées pures*. Ce n'est pas aux successeurs de Pierre et des Apôtres que le Christ a confié le dépôt sacré, qu'il a donné le privilége de lier et de délier, qu'il a promis de les protéger éternellement contre l'enfer; c'est aux philosophes. Et à quels philosophes? A ceux de son temps ou à ceux des siècles futurs? Aux sensistes, aux panthéistes ou aux sceptiques? Serait-ce par hasard aux éclectiques de notre époque? Nous attendrons que M. Cousin nous l'apprenne. Jusque-là nous pouvons tenir pour certain que, dans ce qui regarde l'essence de la foi, l'Eglise n'a rien à y voir. Elle peut, si bon lui semble, s'amuser à examiner les formes, forger à son gré des symboles et des mythes; mais quand elle voudra en connaître le véritable sens, il lui faudra interroger les philosophes. Si *les prêtres veulent savoir ce qu'ils font*; s'ils veulent connaître, par exemple, ce qu'il faut croire sur la Trinité et sur l'Incarnation, qu'ils se gardent bien de consulter les Conciles et les Pères de l'Eglise; mais qu'ils s'adressent aux philosophes et qu'ils attendent patiemment leur réponse. — En vérité, ils n'ont pas peu disserté sur ces matières, et notre siècle est si plein de ces discoureurs, que l'embarras ne peut venir de l'absence, mais bien plutôt de l'abondance des interprétations. Ainsi les prêtres sauront enfin ce qu'ils font, et pourront nous enseigner une théologie en harmonie parfaite avec les *idées pures* ; et ce sera en vérité une belle théologie !

Cette suprême autorité de la philosophie, l'illustre auteur la proclame et l'inculque à chaque pas :

« La philosophie est donc la lumière de toutes les lumières,
» l'autorité des autorités (*). »

N'allez pas vous imaginer que la philosophie soit la suprême autorité, parce qu'elle nous fournit les motifs qui font croire aux autres autorités; elle est telle, parce que la raison ne peut admettre d'autorité de cette sorte, sinon en tant que « elle s'en fait une idée, et l'accepte à ce titre, et alors c'est » elle-même qu'elle prend pour mesure, pour règle, pour au-
» torité dernière (**). »

Ce qui signifie, dans le style de l'auteur, que les décisions de l'autorité ne peuvent jamais être admises en vertu de l'autorité elle-même, mais seulement en vertu de leur évidence intrinsèque.

« Après avoir ainsi proclamé la suprématie de la philoso-
» phie, hâtons-nous d'ajouter qu'elle est essentiellement to-
» lérante (***). »

(*) *Introd. à l'hist. de la phil.*, leçon 1.
(**) *Ibid.*
(***) *Ibid.*

Voyez comme les rôles sont changés ! C'était à la religion à être tolérante, quand elle possédait l'autorité suprême. Aujourd'hui que ce privilége a passé aux mains de la philosophie, celle-ci se montre avec l'appareil et la majesté d'une reine ; elle parle en souveraine et promet à sa nouvelle vassale une douce et tolérante condescendance.

« Le caractère éminent de l'inspiration, savoir l'imperson-
» nalité, renferme le principe de l'autorité ; et le caractère
» de la réflexion, la personnalité, renferme le principe de
» l'indépendance (*). »

Voici que la raison est le principe de l'autorité, et qu'en dehors de la raison et de son intuition évidente, il n'y a point d'enseignement digne de foi. Remarquez en effet l'enchaînement des doctrines de l'auteur. *L'inspiration* ou *l'impersonnalité* c'est la raison spontanée, c'est-à-dire la religion ou la révélation dans le sens de notre philosophe ; elle donne pour appui à ses enseignements leur évidence intrinsèque. Donc la seule autorité qui mérite notre adhésion, c'est l'évidence directe et immédiate de la vérité. Donc on ne peut admettre la vérité d'une doctrine obscure en elle-même et fondée uniquement sur une autorité extrinsèque, telle qu'est celle de l'Eglise. Cette autorité elle-même ne pourrait s'accorder avec le *principe de l'indépendance* qui naît de la réflexion ; parce que la raison réfléchie ne serait plus libre, si elle n'avait pas la faculté d'interpréter à sa façon la raison spontanée (c'est-à-dire le principe d'autorité). Admettez une autorité enseignante, qui ait le droit de fixer les décrets de la raison spontanée, vous détruisez cette indépendance absolue que vous attribuez à la philosophie.

(*) *Cours de l'hist. de la phil*, leçon 2.

« Le Christianisme est une religion, ce n'est point une
» philosophie. Or..... ou les lois de l'esprit humain devaient
» être suspendues, ou il fallait que sur la base même du
» Christianisme s'élevât une philosophie qui, quel que fût le
» fond de ses principes, eût une parfaite indépendance (*). »

Cette *parfaite indépendance* doit embrasser jusqu'aux matières de religion, sans quoi elle ne serait point *parfaite*, et la philosophie qui en dérive ne pourrait recevoir le nom *d'intelligence absolue, d'explication absolue de toutes choses* (**). Aussi l'auteur exalte-t-il *la philosophie indépendante*, qui succéda dans le seizième siècle à la doctrine des écoles, dans lesquelles « l'autorité vous imposait les prin-
» cipes, et elle surveillait les conséquences, sauf à vous à
» aller comme vous vouliez du principe à la conséquence (***) »

Ce n'est pas ici le lieu de rechercher si cette méthode est aussi peu philosophique que l'auteur nous l'a représentée.

« L'esprit nouveau au seizième siècle..... c'était un esprit
» d'indépendance : par conséquent il avait pour adversaire
» l'esprit opposé, le principe d'autorité : et entendez-moi bien,
» je parle du principe d'autorité, non dans les matières de la
» foi, et dans le domaine de la théologie, où l'autorité a sa
» place légitime, mais dans le domaine de la philosophie, où
» doit régner la libre réflexion. L'autorité et la liberté, tels
» sont les deux véritables adversaires, qui entrent en lutte au
» seizième siècle (****). »

Séparées du reste de la doctrine, ces paroles seraient susceptibles d'une interprétation favorable. Mais le *principe*

(*) *Cours de l'hist. de la phil.*, leçon 2.
(**) *Introd. à l'hist. de la phil.*, leçon 1.
(***) *Cours de l'hist. de la phil.*, leç. 1.
(****) *Ibid.*

d'autorité réservé à la religion par M. Cousin n'est qu'apparent. Et quelles sont en effet, d'après lui, *les matières de la foi,* quel est *le domaine de la théologie ?* Seraient-ce par hasard les doctrines révélées ? Non, certainement; puisque elles sont communes à la philosophie et qu'elles sont du *domaine de la philosophie où doit régner* la libre réflexion. Donc le *domaine de la théologie,* celui qui lui appartient en propre et dont elle peut disposer à son gré, ce ne sont point les idées révélées, mais les symboles qui les revêtent, c'est-à-dire leur forme. Voilà en substance ce que l'auteur appelle gravement les *matières de la foi* et le *domaine de la théologie;* voilà le champ dans lequel il permet à l'Eglise d'exercer le pouvoir que le Christ lui a confié. L'Eglise ne pourra dorénavant se mêler des choses que l'on doit croire, mais seulement des paroles; ses définitions devront rouler sur des tropes et des figures; c'est à ce but que tendront les canons des Conciles et les décrets des souverains pontifes; ils auront une autorité qui sera poétique, tout comme le système de l'auteur l'est à nos yeux.

M. Cousin montre partout une singulière prédilection pour la révolution intellectuelle commencée dans le seizième siècle; il la regarde, et en cela il a raison, comme le principe de la philosophie moderne. Et bien qu'il ne le dise pas clairement, ce qui lui est par-dessus tout le plus cher, c'est la réforme protestante; non pas qu'il soit lui-même plus protestant que catholique, mais c'est qu'il tient le protestantisme pour un progrès, comparativement au catholicisme; pour une de ces formes nouvelles qui doivent frayer la voie à la *dernière de toutes,* à cette forme qui lui est si chère, après laquelle il soupire si ardemment, la pure philosophie. Aussi n'aime-t-il pas la forme catholique, et chaque fois que l'occasion se présente de lui donner obliquement quelque coup de fouet, il le fait de bon cœur, sans toutefois manquer au *respect* qu'il lui doit. Lisez, par exemple, ce qu'il dit à propos du *discours* de Bossuet *sur l'histoire universelle*.

« L'Eglise enseigne que ce monde a été fait pour l'homme,
» que l'homme est tout entier dans son rapport à Dieu dans
» la religion ; que la vraie religion est le Christianisme ; que
» par conséquent l'histoire de l'humanité n'est et ne peut pas
» être autre chose que l'histoire du Christianisme, l'histoire
» de ses origines les plus lointaines, de ses préparations les
» plus secrètes, de ses progrès, de son triomphe, de son dé-
» veloppement. Voilà ce qu'enseigne l'Eglise : à ses yeux,
» tout se rapporte au Christianisme. Les individus ne sont
» rien pour elle, comme individus : elle ne les aperçoit qu'au-
» tant qu'ils ont ou servi ou contrarié le Christianisme ; c'est
» là précisément la vraie théorie des individus dans l'histoire.
» Elle enseigne encore, et elle ne peut pas ne pas enseigner
» que les empires n'ont d'importance comme les individus
» que par leur rapport avec le service de Dieu, c'est-à-dire
» avec le Christianisme. En un mot, l'Eglise a son histoire
» de l'humanité que le dogme lui impose, histoire aussi in-
» flexible que le Christianisme lui-même, et qui est la seule
» histoire universelle orthodoxe, qu'au XVIIe siècle un fidèle
» et un évêque pût proposer à des fidèles. De là, Messieurs,
» la nécessité du plan de Bossuet (*). »

Le dessein historique de Bossuet, de l'Eglise, du Christianisme est-il intégralement et exactement représenté dans ces paroles de l'auteur ? Je n'en crois rien ; mais ce n'est pas ici le lieu de se livrer à cet examen. Il me suffit que M. Cousin estime que cette manière de penser est propre

---

(*) *Introd. à l'hist de la phil.*, leçon 11.

à l'Eglise et essentiellement liée au *dogme* chrétien, selon l'orthodoxie du xviie siècle. Or, après avoir dit si expressément que cette manière générale d'envisager l'histoire appartient à l'essence de l'enseignement orthodoxe, l'approuve-t-il? Non, au contraire, il la rejette comme *exclusive*, et il la juge inconciliable avec les progrès de la science moderne [*]. Il ne s'agit point ici, je le répète, de rechercher si M. Cousin a bien exposé la pensée catholique sur l'histoire du genre humain, mais seulement de remarquer le jugement qu'il porte sur ce qu'il croit être la doctrine catholique. Or, peut-on donner tort à l'Eglise, et mettre d'une manière plus évidente ses dogmes anciens en contradiction avec la science moderne ?

Parlant du clergé protestant d'Allemagne, l'auteur l'appelle : « Un clergé réformé une fois pour toutes, en identité » parfaite avec les populations par les doctrines et par les » mœurs, et jouissant d'une autorité et d'une vénération sans » bornes [**]. »

A Dieu ne plaise que je veuille retrancher ce qu'il y a de vrai dans cet éloge ! Je me plais, au contraire, à avouer qu'il y a parmi les ministres protestants un très grand nombre d'hommes qui se recommandent par leurs vertus morales et civiles; des hommes dont l'Eglise s'honorerait, si elle pouvait les presser sur son sein et les compter parmi ses enfants. Mais tout en louant les pasteurs des sectes hérétiques, on peut fort bien déplorer les erreurs dans lesquelles ils sont plongés; on ne peut, on ne doit pas même faire l'un sans l'autre, parce que, sans cela, l'amour pour le prochain et la

---

[*] *Introd. à l'hist. de la phil.*, leçon 11.
[**] *Ibid.*, leçon 13.

justice dont on userait envers lui, tourneraient au détriment
de la vérité. La mode introduit de nos jours une manière
molle et facile de louer les hommes et de les applaudir, qui
fait croire aux lecteurs que les croyances religieuses sont indifférentes et qu'il n'y a point de distinction à faire entre le
vrai et le faux. Cela s'appelle tolérance, courtoisie, politesse;
tandis que c'est en réalité une faiblesse inexcusable qui accuse
un cœur amolli et un esprit léger. Ils ne s'aperçoivent pas,
ces hommes polis, que pour se montrer courtois à l'excès envers leurs semblables, ils font injure à la religion. Qu'on loue,
je le répète, qu'on loue hautement et chaleureusement la
vertu, qu'on loue le bien partout où il se trouve ; mais qu'on
ne les confonde pas avec l'erreur qui parfois les accompagne;
qu'on ne sépare point les égards, la condescendance, la politesse de cette franche et noble sévérité qui convient surtout
au chrétien et au philosophe. Que l'on bannisse surtout des
esprits cette funeste préoccupation d'après laquelle ils croient
que réprouver l'erreur c'est manquer de respect à celui qui
la professe. Qu'on foule aux pieds ce respect humain qui,
dans les petites choses comme dans les grandes, doit s'effacer en présence de la vérité et des obligations sacrées qui
en découlent.

Mais pour en revenir à M. Cousin, quand il loue la liberté
des cultes établie par la loi française parce qu'elle « permet
» de choisir dans les différentes communions de la même
» Eglise (*) » n'apporte-t-il pas une mauvaise raison pour
justifier une tolérance raisonnable? Les divisions religieuses,
dans la famille humaine, sont très fâcheuses; mais quand elles
surviennent dans une même nation, la liberté modérée des

(*) *Introd. à l'hist. de la phil.*, leçon 13.

cultes peut être convenable, elle peut être quelquefois nécessaire, soit pour éviter de plus grands maux, soit parce qu'il n'y a aucun homme sur la terre qui puisse légitimement faire violence à la conscience de ses frères. Mais louer cette liberté parce qu'elle *permet de choisir entre les différents cultes*, c'est-à-dire entre l'erreur et la vérité, c'est une singulière espèce d'éloge, à moins que celui qui le donne ne fasse profession d'indifférence en matière de religion. Ces observations paraîtront peut-être trop minutieuses ; mais je les crois utiles, parce que quelquefois les minuties, et pour ainsi dire les demi-mots épars dans un livre, aident beaucoup mieux que les longues tirades, à faire connaître le caractère d'un auteur. Du reste, je n'ai fait que toucher à ces passages et comme pour essayer ; il serait trop long et trop ennuyeux de poursuivre ce genre de critique. Qu'on me permette seulement d'indiquer encore quelques jugements historiques de l'illustre auteur.

La prédilection de M Cousin pour les hérétiques perce partout où il en rencontre quelqu'un sur son passage. Le doute, l'innovation, l'insurrection contre l'autorité légitime sont à ses yeux un titre à la louange ; seulement il voudrait que tout en se révoltant, l'homme gardât une certaine modération ; mais si l'on outrepasse les bornes, il excuse, en faveur du courage, l'audace et les excès. « Il ne faut pas oublier, dit-il, que ce » n'est pas la parfaite sagesse qui entreprend et achève les » révolutions même les plus utiles (*). »

A propos de Roscelin, le père des nominalistes, il parle de son trithéisme, de sa condamnation par le concile de Soissons, de son obstination à ne pas vouloir se rétracter ;

(*) *Ouvrages inédits d'Abélard*, publiés par M. V. Cousin, Introd., p. c.

puis il loue chez lui *une constance qui ne s'est jamais démentie*, et il se plaît, pour cette raison même, à lui rendre *un juste et tardif hommage* (*).

Parmi les divers écrits d'Abélard, il en vante un dans lequel cet auteur, au moyen *d'antinomies théologiques*, condamnait *l'esprit à un doute salutaire*, et il trouve excellent le dessein qu'il avait d'introduire un *doute provisoire*, parce que « Abélard se réservait de lever ensuite les contra-
» dictions qu'il avait d'abord amassées, et de reconduire à la
» foi et à l'orthodoxie chrétienne à travers le doute et par la
» puissance même de la dialectique (**). »

L'illustre éditeur de Descartes et d'Abélard (qu'il appelle le *Descarte du* XIIe *siècle*), se complaît dans cette analogie et dans les autres points de ressemblance qui se rencontrent entre ses deux auteurs de prédilection ; selon lui ce sont « in-
» contestablement les plus grands philosophes qu'ait produits
» la France, l'un au moyen-âge, l'autre dans les temps mo-
» dernes (***). » Et il laisse de côté Malebranche : oh ! quel jugement ! — La seule chose que M. Cousin semble ne pas approuver dans le célèbre scholastique, c'est de n'avoir pas assez douté.

« On voit, observe-t-il, qu'il redoute de passer pour un
» téméraire, et de paraître trop donner à la raison : aussi
» va-t-il jusqu'à recommander de porter dans l'interprétation
» sacrée l'esprit d'humilité et cette charité, *qui croit tout,*
» *espère tout, supporte tout, et ne soupçonne pas aisé-*
» *ment les défauts de ceux qu'elle aime.* Il faut avouer,
» que, sous cet appareil de précautions et de citations, la

(*) *Ouv. inéd. d'Abélard*, Introd., p. XCIV-C.
(**) *Ibid.*, p. CLXXXIX.
(***) *Ibid.*, p. IV-V.

» pensée d'Abélard fléchit au milieu de ce prologue, et le style
» avec la pensée; mais l'un et l'autre se relèvent à la fin,
» quand Abélard arrive au but du *Sic et Non*. Là il proclame
» hautement que la vraie clef de la sagesse est le doute (*). »

Voilà le grand mérite d'Abélard, mérite bien supérieur à *l'esprit d'humilité et de charité chrétienne* qui n'est pas du goût de notre auteur dans les matières philosophiques. Saint Bernard au contraire eut le grand tort de croire que la foi, et non le doute, était la clé de la sagesse; et l'illustre auteur nous enseigne que « il représente l'esprit conservateur
» et l'orthodoxie chrétienne..... dans ses ombrages et dans
» ses limites parfois trop étroites (**). »

Quels sont ces *ombrages*, quelles sont ces *limites étroites de l'orthodoxie*, qui furent nuisibles au génie de saint Bernard? M. Cousin ne les spécifie point; mais c'est vraisemblablement à ce défaut qu'il attribue ses démêlés avec Abélard. Or, Abélard n'eut d'autre tort que d'avoir composé quelques ouvrages dans lesquels se trouve *l'esprit caché du nominalisme y minant les bases du Christianisme*(***), et d'avoir pensé sur les mystères sacrés comme Sabellius, Arius, Pélage et Nestorius.

« On peut le dire aujourd'hui, si Roscelin était trithéiste,
» Abélard était sabellien (****). — Ce qui, comme on le voit, était une bagatelle (*****). —

(*) *Ouv. inéd. d'Abélard*, Introd., p. cxciii.
(**) *Ibid.*, cxcix. cc.
(***) *Ibid.*, p. cxcvii.
(****) *Ibid.*, p. cxcix.
(*****) Un peu plus haut, M. Cousin avait dit que : « Abélard est en théologie
» ce qu'il est en philosophie : ni tout à fait orthodoxe, ni tout à fait hérétique ;
» mais beaucoup plus près de l'hérésie que de l'orthodoxie. »
Mais comment peut-on être demi-catholique en étant sabellien ? Est-ce que

Les opinions et les tendances qui enfantèrent le protestantisme sont légitimes au dire de notre auteur; et la funeste dissidence du seizième siècle, loin d'être regardée par lui comme une déviation ou un faux pas de la civilisation, est à ses yeux le principal événement qui a contribué à l'accélérer et à en accroître les progrès. Et en effet il est difficile de s'en faire une autre idée, quand on admet les doctrines du fatalisme historique qui confond la raison et la justice avec l'heureuse issue des choses entreprises.

« Fils légitime du Christianisme, l'esprit nouveau a fait
» son apparition dans le monde vers le seizième siècle : son
» but final est de substituer au moyen-âge une société nou-
» velle; donc, ses premiers efforts devaient se diriger contre
» la puissance qui domina dans le moyen-âge; de là, la néces-
» sité que la première révolution moderne fût une révolution
» religieuse. Sans doute cette révolution a eu ses antécédents
» et ses préparations, comme tous les grands événements,
» d'abord dans la tentative d'une réforme légale au concile de
» Bâle, puis dans l'affaire des Hussites; mais c'est le seizième
» siècle, c'est l'Allemagne, c'est Luther, qui l'ont véritable-
» ment produite, et qui lui ont donné leur nom (*). »

Remarquez que si la tentative de réforme faite à Bâle ne fut que *légale*, l'heureux succès de celle de Luther, préparé par les Hussites, fut *un fils légitime du Christianisme*. Le protestantisme fut légitime parce qu'il réussit, et il réussit

---

les sabelliens ne sont pas tout à fait hérétiques? Comment encore peut-on être orthodoxe en partie, et en partie hétérodoxe? En quoi consiste ce milieu? Quel est ce thermomètre théologique qui divise en degrés l'hérésie et le catholicisme? Il nous semble que l'illustre auteur veut plutôt exciter que satisfaire la curiosité de ses lecteurs.

(*) *Cours de l'hist. de la phil.*, leçon 1.

parce qu'il était nécessaire, parce qu'il y avait alors *nécessité d'une révolution religieuse*. Je n'entreprendrai pas ici d'examiner jusqu'à quel point on peut, catholiquement parlant, appeler *légale* la réforme tentée dans le synode de Bâle; mais je me contenterai de faire quelques remarques sur le fatalisme historique de l'auteur.

Peut-on imaginer quelque chose de plus immoral, de plus opposé à la forme philosophique que de faire ainsi dépendre du succès des événements leur bonté et leur justice ? N'est-ce pas là renverser les bases de la morale et se moquer de la vertu? Vous réprouvez avec raison ces moralistes qui légitiment les moyens, quels qu'ils soient, en vue de la fin ; et puis vous légitimez vous-même les moyens et la fin, quelque détestables qu'ils soient, en faveur du résultat ! Ce qu'il y a d'intime, de beau, de grand, d'absolu, d'éternel dans l'acte moral, vous le faites dépendre de l'élément contingent et extrinsèque qui l'accompagne, de cette trace fugitive qu'il laisse sur la terre !

— Mais la Providence ne gouvernerait plus rien, si tout ce qui arrive n'était pas bien ? — Je le crois aussi, pourvu qu'on l'entende dans le sens convenable. Mais pensez-vous que le bien suprême auquel vise la Providence, consiste dans les faits extérieurs ? que la fin vers laquelle la sagesse divine dirige l'univers soit restreinte dans les limites du temps; qu'elle consiste dans ces accidents qui, pour grands qu'ils paraissent et pour brillants qu'ils soient, n'en sont pas moins un néant, puisqu'ils sont soumis à de continuelles vicissitudes et s'évanouissent après un instant de durée? — Non, certes, il n'en est pas ainsi. La seule fin digne de Dieu dans la conduite des choses humaines consiste dans cet ordre moral qui participe de l'absolu; c'est l'actualisation du nécessaire avec le contingent ; c'est la réalisation à l'extérieur d'une image de l'harmonie idéale et éternelle, moyennant le concours des esprits créés. La vertu libre des créatures est le seul objet digne d'elle que puisse se proposer hors d'elle-même la sagesse créatrice ; parce que l'acte vertueux est l'unique phénomène qui dure perpétuellement, et qui participe au privilége de l'éternité. La permission même du mal est réglée pour servir à la fin sublime du libre développement des esprits et de l'exercice de cette faculté incomparable au moyen de laquelle l'homme peut en quelque sorte se diviniser et se rendre semblable à son Auteur.

Voilà ce qu'il y a d'important dans l'histoire du monde ; voilà la seule grandeur qui ne soit pas une misère ; le reste n'est rien ; rien devant Dieu, rien même devant les hommes, parce que ce qui passe n'a point de valeur pour des esprits immortels. Si vous ne faites point de cas des efforts qui ne réussissent pas, l'ensemble des phénomènes du monde, l'univers entier, détaché de l'ordre moral, n'est plus qu'un immense avorton, une machine d'une proportion démesurée, admirable il est vrai, mais sans ordre, et qui doit périr. Si la nature tout entière venait tout d'un coup à cesser de vivre, et qu'un silence profond s'établît dans l'immensité de l'espace, de quelle importance seraient les vicissitudes, les événements célèbres et toutes les merveilles des siècles passés ? Qu'importent à l'homme lui-même qui aspire à une destinée immortelle les biens et les maux périssables de cette vie ? Donc, le véritable, l'unique succès qui puisse avoir du prix aux yeux de Dieu et des hommes, c'est celui de la vertu, déposé dans l'ame de quiconque la pratique et indépendant des accidents extérieurs. La vertu ne peut perdre de son prix et contient en elle-même son complément. Et s'il est juste, comme le pense l'illustre auteur, que l'homme le plus généreux que la fortune ne favorise pas, *l'homme incomplet qui a manqué sa des-*

tinée (*), ainsi qu'il l'appelle, soit privé de tout honneur en ce monde et de toute renommée auprès de la postérité, nul n'a bien réellement le droit de se plaindre de cette singulière justice; car la gloire terrestre et le souvenir des hommes sont fort peu de chose, et ne méritent certainement pas qu'on se donne beaucoup de peine pour les acquérir. Le sage regrette fort peu d'être oublié de ses semblables, si son nom est écrit dans le livre de vie et réservé à cette gloire qui n'aura point de fin. Dans l'ordre même des choses terrestres, le succès réel et permanent est souvent accompagné de malheurs, d'amertumes et privé de cet éclat momentané qui éblouit les yeux du vulgaire. Les victoires durables sont presque toujours précédées de défaites passagères, et le règne des martyrs est plus stable et plus long que celui des triomphateurs.

M. Cousin déclare ailleurs en termes plus clairs encore sa pensée sur la grande hérésie du xvie siècle :

« Deux hommes commencèrent cette révolution, deux
» Allemands, deux hommes du Nord, dont l'un protesta avec
» une éloquence passionnée contre le despotisme religieux,
» et l'autre appuya cette protestation de son épée : je veux
» parler de Luther et de Gustave Adolphe. Les discours de
» Luther minèrent le Catholicisme; l'épée de Gustave abattit
» la maison d'Autriche et émancipa l'Allemagne. Mais, je dois
» le dire, ces deux grands hommes, en détruisant une forme
» qui ne convenait plus à l'esprit général, ne la remplacèrent
» par aucune forme nouvelle, ferme et durable (**). »

Le *despotisme religieux* attaqué par Luther, c'est l'autorité du Pape, essentielle au Catholicisme. L'auteur le dé-

---

(*) *Revue des Deux-Mondes*, tom. xxi, p. 642, 688.
(**) *Kant et sa philosophie* (*Revue des Deux-Mondes*), t. xxi, p. 387).

clare lui-même en ajoutant : « Quand Luther eut détruit
» l'influence de Rome dans une grande partie de l'Allemagne,
» les esprits une fois sortis de la vieille autorité, n'en surent
» plus reconnaître aucune (*). »

Il distingue dans l'œuvre de Luther : la destruction de l'ancien ordre de choses et l'établissement d'un nouveau. Or, quel fut le tort de l'hérésiarque? Serait-ce de s'être révolté contre l'autorité catholique? Non ; cette révolte fut au contraire un bien, puisque la forme catholique était vieillie, usée, dégénérée, despotique et *ne convenait plus à l'esprit général*. M. Cousin aime beaucoup les variations des formes religieuses, parce qu'elles applanissent la voie à la dernière de toutes, la pure philosophie. Sa doctrine sur ce point, est celle de Benjamin Constant ; seulement le célèbre publiciste admet ou paraît admettre l'origine surnaturelle des formes judaïque et chrétienne, tandis que l'illustre philosophe, plus sévère dans sa logique, place tous les cultes dans la même catégorie, celle de la raison naturelle.

Le tort de Luther fut donc, non pas de se faire hérétique, mais de n'avoir pas réussi à fonder une hérésie susceptible de stabilité. S'il avait su créer *une forme nouvelle, ferme et durable*, en faisant reconnaître et respecter à ses disciples et aux imitateurs de sa rébellion une *autorité nouvelle*, il ne mériterait que des éloges pour avoir renversé la *vieille autorité, détruit en Allemagne l'influence de Rome, et fait disparaître une forme qui ne convenait plus à l'esprit général*. Trouvez-vous que cette profession de foi soit bien convenable sur les lèvres d'un catholique? Ne croiriez-vous pas plutôt qu'elle sort de la bouche d'un mé-

---

(*) *Kant et sa philosophie* (*Revue des Deux-Mondes*), p. 387, 388.

thodiste, d'un membre de l'Eglise russe ou anglicane? Les paroles qui l'accompagnent, et la manière dont l'illustre auteur associe le blâme avec l'éloge, me paraissent très curieuses et très plaisantes.

Luther fut un grand homme en détruisant l'ancienne autorité, mais il ne sut point en créer une nouvelle.

Pensez-vous donc qu'on puisse créer une autorité nouvelle en ce genre, comme on peut construire un temple nouveau, lorsque l'essence de l'autorité religieuse est de n'être point une œuvre mortelle, d'être indépendante de la volonté de l'homme? Pensez-vous qu'on puisse constituer une autorité nouvelle, au moment même où l'on renverse tout principe d'autorité en détruisant l'autorité ancienne et légitime? Avec quelles armes Luther a-t-il combattu l'Eglise, sinon avec l'examen privé et l'interprétation individulle? Et tels sont les instruments dont est forcé de se servir tout hérésiarque pour atteindre son but. Or, l'indépendance de la pensée et du sens individuel est un principe complétement opposé à celui de l'autorité, et il ne peut, sous aucun rapport, se concilier avec l'existence d'une autorité enseignante. Ainsi dire : *Luther aurait dû créer une autorité nouvelle,* c'est prétendre que *Luther aurait dû conserver ce qu'il détruisait, faire et ne pas faire en même temps.* Autant vaudrait soutenir que *les Français de 1793 auraient bien fait d'introduire l'anarchie dans leur pays, s'ils avaient eu la pensée d'y joindre un gouvernement régulier et légitime.*

Le principe essentiel du protestantisme est en effet une vraie et parfaite anarchie intellectuelle et religieuse, puisqu'il établit chaque individu juge et arbitre de ses croyances, et qu'il exclut toute autorité régulatrice. Voudriez-vous dire par hasard que Luther se trompa en fondant sa secte sur ce principe sans base? Mais il ne pouvait faire autrement ; car c'est le principe nécessaire de toute hérésie, et la nature d'une institution ne peut être en contradiction avec son origine. Né de la révolte d'un homme contre l'Eglise, le protestantisme ne pouvait s'établir qu'en conférant à chaque individu une indépendance absolue en matière de religion. Luther et les autres chefs de la réforme, s'étant bientôt aperçus des résultats mortels de leurs innovations, cherchèrent à y porter remède en établissant un simulacre d'autorité ; mais leurs efforts furent inutiles, parce que la volonté de l'homme ne peut rien contre la nature des choses et les résultats logiques du temps. Si M. Cousin avait fait ces remarques, il n'aurait point dit que le Catholicisme était *une forme qui ne convenait plus à l'esprit général du* XVIe *siècle.* La religion catholique convient à tous les temps, parce que seule elle correspond aux besoins essentiels de l'humanité ; elle est immuable, parce qu'elle est vraie ; elle est efficace, parce qu'elle est indépendante de l'homme et revêtue d'une véritable autorité ; elle est perpétuelle et certaine de l'avenir, parce qu'elle est aussi ancienne que le monde, et qu'elle remonte, par une tradition certaine et non interrompue, jusqu'à l'époque divine de la création.

CONCLUSION.

M. Cousin a récemment publié une courte notice sur la vie d'un illustre Italien, Santorre de Santa-Rosa. Il termine ce travail par ces nobles et éloquentes paroles :

« Encore quelques jours peut-être, la voix, la seule voix
» qui disait son nom parmi les hommes et le sauvait de l'ou-
» bli, sera muette, et Santa-Rosa sera mort une seconde et
» dernière fois. Mais qu'importe la gloire, et ce bruit misèra-
» ble que l'on fait en ce monde, si quelque chose de lui sub-
» siste dans un monde meilleur, si l'ame que nous avons
» animée respire encore avec ses sentiments, ses pensées su-
» blimes, sous l'œil de celui qui la créa? Que m'importe à
» moi-même ma douleur dans cet instant fugitif, si bientôt je
» dois le revoir pour ne m'en séparer jamais? O espérance

» divine qui me fait battre le cœur au milieu des incertitudes
» de l'entendement ! O problème redoutable que nous avons
» si souvent agité ensemble ! O abîme couvert de tant de
» nuages mêlés d'un peu de lumière ! Après tout, mon cher
» ami, il est une vérité plus éclatante à mes yeux que toutes
» les lumières, plus certaine que les mathématiques, c'est
» l'existence de la divine Providence. Oui, il y a un Dieu, un
» Dieu qui est une véritable intelligence, qui, par conséquent,
» a conscience de lui-même, qui a tout fait et tout ordonné
» avec prodige et mesure, dont les œuvres sont excellentes,
» dont les fins sont adorables, alors même qu'elles sont
» voilées à nos faibles yeux. Ce monde a un auteur parfait,
» parfaitement sage et bon. L'homme n'est point orphelin :
» il a un père dans le ciel. Que fera ce père de cet enfant
» quand celui-ci lui reviendra ? Rien que de bon. Quoi qu'il
» arrive, tout sera bien. Tout ce qu'il a fait est bien fait ;
» tout ce qu'il fera, je l'accepte d'avance, je le bénis. Oui,
» telle est mon inébranlable foi, et cette foi est mon appui,
» mon asile, ma consolation, ma douceur dans ce monde
» formidable (*). »

J'ai voulu rappeler ces sentiments exprimés avec une simple et affectueuse éloquence, parce qu'ils me paraissent indiquer chez l'illustre auteur un commencement de ce retour à la vérité que l'on est en droit d'attendre de son talent et de sa célébrité. Le Dieu bon et intelligent dont il parle ici, le Dieu qui a conscience de lui-même et qui dirige vers une fin souverainement sage la grande machine de l'univers, n'est pas le Dieu des panthéistes. Les panthéistes n'admettent, ne peuvent admettre ni bonté, ni sagesse, ni paternité divine,

---

(*) *Revue des Deux-Mondes*, tom. XXI, p. 687, 688.

ni providence. Le dogme de la Providence, largement et profondément entendu, embrasse toute la religion, parce que, si le Christianisme n'était point vrai, si les priviléges qui le distinguent pouvaient se séparer de sa divinité, l'homme n'aurait plus aucun moyen de distinguer le vrai du faux et serait en proie à une inévitable et perpétuelle illusion. De même que l'harmonie de l'univers démontre l'existence d'un ordonnateur souverainement sage, ainsi l'excellence intrinsèque du Christianisme et ses conditions historiques et extrinsèques prouvent qu'il est l'œuvre immédiate de ce même ouvrier. Les cultes faux et superstitieux sont des œuvres imparfaites qui accusent la faiblesse de l'art humain; l'Évangile, comme la nature, atteste la sagesse infinie du Créateur. Dieu est bon et miséricordieux; il presse contre son cœur, comme un tendre père, les enfants qui reviennent se jeter dans ses bras. Quel est le chrétien qui pourrait en douter, puisque c'est pour établir cette foi consolante que Dieu lui-même est descendu parmi les hommes et s'est fait un de leurs frères? Mais Dieu est juste aussi, et sa justice n'est pas moins que sa bonté et sa miséricorde, une partie essentielle de sa nature. Dieu est père, mais il est juge en même temps. Il reçoit l'enfant prodigue qui vient implorer son pardon; il accueille la brebis égarée qui ne fuit point la main compatissante qui la cherche pour la ramener au bercail; mais il veut que le repentir soit fervent et efficace, il veut que le retour soit volontaire, sincère et parfait. Hors de ces conditions, il répugne que Dieu puisse donner la béatitude souveraine aux esprits créés, parce que le bien suprême c'est l'amour, et que l'amour est libre. Dieu ne condamne l'homme qu'autant que l'homme lui-même est le premier auteur de son infortune. Mais quand l'homme s'obstine à repousser les tendres invitations de son Créateur; quand il ferme les yeux à la lumière de la vérité, son cœur à l'amour du bien, et qu'il persiste volontairement jusqu'à la mort dans son aveuglement et dans sa misère, Dieu l'abandonne à sa propre destinée ; il ne pourrait faire autrement sans bouleverser l'ordre idéal et moral du monde.

Cet ordre exige que le salut de l'ame ait ses conditions d'épreuve, que la conquête des cieux soit le prix de ceux qui luttent avec courage, parce que c'est à vaincre ses ennemis et à triompher des obstacles que consiste l'excellence incomparable de la vertu et ce je ne sais quoi de divin qui brille dans ses œuvres. Sans doute, tout est bien par rapport à Dieu et à l'ordre universel ; mais tout peut être ou bien ou mal pour l'homme, dont le singulier privilège est de pouvoir devenir l'auteur ou de son éternelle félicité ou de son malheur éternel. Il est impossible de nier cette vérité sans enlever à la vertu sa valeur intrinsèque, sans détruire le Christianisme, sans rendre inutile la Rédemption. Si en effet la condamnation suprême n'était point irrévocable, si le prix de notre ame n'était point infini, comment le salut de l'homme aurait-il pu coûter le sang d'un Dieu ?

Les dispositions pleines de candeur, de confiance et de résignation qui animent les pages récemment publiées par M. Cousin, nous font croire qu'il n'est pas bien éloigné de tels sentiments, et elles nous inspirent une douce espérance par laquelle nous nous faisons un plaisir de terminer l'examen que nous venons de faire de ses doctrines.

FIN DU TOME QUATRIÈME.

TABLE

DU QUATRIÈME VOLUME.

CHAPITRE HUITIÈME,

DES RAPPORTS DE LA FORMULE IDÉALE AVEC LA RELIGION RÉVÉLÉE.

	Pages
— Le surintelligible et le surnaturel sont les deux pivots de la religion.	3
— Analyse du premier.	Ibid.
— Exclusion des fausses origines que l'on peut assigner au concept qui le représente.	4
— De la *surintelligence*.	Ibid.
— En quoi consiste la nature spéciale de cette faculté.	7
— Son analogie avec l'instinct.	8
— Du sentiment que l'homme a de ses puissances non développées.	9
— Définition de la surintelligence.	11
— Comment le concept négatif du surintelligible naît de cette faculté.	Ibid.
— Objectivité du surintelligible; elle est figurée par la philosophie orientale.	13
— Analogie du surintelligible avec le *noumène* de Kant; erreur du criticisme.	16
— Des surintelligibles naturels.	19
— Rapport du surintelligible avec les intelligibles.	20
— Comment le surintelligible doit être reconnu et respecté par la philosophie.	22
— Des surintelligibles révélés.	24

	Pages
— Leur importance et leur harmonie avec les dogmes rationnels.	25
— Les surintelligibles de la révélation ont une étendue indéterminée.	26
— Du surnaturel.	27
— En quoi il consiste, et ses rapports avec la formule.	31
— Connexion de son concept avec la magie des peuples payens.	32
— Diverses espèces de surnaturels.	33
— Nécessité de l'idée de surnaturel pour la philosophie de l'histoire; son importance pour la philosophie en général.	34
— Le surnaturel appartient au second cycle créatif; ses relations avec lui.	35
— Démonstration *a priori* de la réalité de l'ordre surnaturel.	36
— L'altération de cet ordre constitue le retour en arrière.	37
— De la formule surnaturelle; sa correspondance avec la rationnelle.	38
— Du cycle chrétien.	40
— De l'Église; comment elle est le pivot de la civilisation.	45
— Du syncrétisme des sectes chrétiennes hétérodoxes et de l'idolâtrie renouvelée par elles.	46
— Réfutation d'un passage de M. Guizot sur l'unité religieuse.	50
— De la superstition; en quoi elle consiste.	56
— Du procédé *a priori* employé par la foi catholique.	58
— Deux cycles révélatifs correspondants aux deux cycles créatifs.	60
— Nécessité de la foi pour bien philosopher.	61
— La foi seule place l'homme dans son état naturel.	Ibid.
— La discipline catholique est rationnelle.	62
— Hors d'elle il n'y a point d'éducation idéale.	63
— Le scepticisme exclut la véritable grandeur du génie, même humainement parlant.	70
— La foi est libre, et c'est en cela que consiste son mérite.	73
— Trois qualités de la foi catholique, très utiles à l'homme et au philosophe.	74
— Efficacité de cette vertu pour fortifier l'esprit ontologique.	75
— Importance de la forme ontologique pour la croyance au surnaturel.	76
— Toutes les vertus théologales influent d'une manière profitable sur l'homme qui pense et qui agit.	79
— De la vraie mysticité et ses différences d'avec la fausse.	81
— Impiété de l'autonomie rationnelle.	84
— Nécessité de la foi pour la conservation des principes idéaux.	85
— L'incrédulité moderne est la cause principale de la faiblesse des ames et des esprits.	86
— Utilité des mystères en général.	87
— Examen de quelques mystères.	88
— De la prédestination et de l'éternité des peines.	Ibid.
— De l'inviolabilité scientifique de la théologie.	96
— De quelques théologiens novateurs et de leur témérité.	97
— L'invention en fait de choses idéales est impossible.	98
— De la jeunesse perpétuelle du Christianisme catholique.	100
— D'une certaine classe de pleureurs qui croient la religion mourante ou même déjà morte; réfutation de leurs craintes.	Ibid.
— De l'étendue de l'idée catholique; son utilité pour les sciences en général.	105
— Nécessité de la philosophie pour faire fleurir la théologie comme science.	109
— La théologie et la philosophie ont besoin l'une de l'autre.	111
— Des causes qui ont fait déchoir la théologie catholique de son ancienne splendeur.	112
— Le clergé catholique doit être un concile de savants.	114
— Il doit cultiver spécialement les sciences philosophiques.	116
— De l'acroamatisme hiératique.	121
— Les laïques qui cultivent la philosophie doivent commencer une	

TABLE. 267

	Pages
nouvelle ère rationnelle sous la souveraineté intellectuelle de l'Église.	124
— La philosophie hétérodoxe qui a régné jusqu'ici est morte sans retour.	128
— Conclusion du chapitre et du livre 1er.	129

NOTES.

NOTE 1. — Démonstration *a priori* du surintelligible.	137
NOTE 2. — Sur le mot essence (*essenza*).	143
NOTE 3. — Du surintelligible chez les philosophes hétérodoxes.	164
NOTE 4. — Rapports du surnaturel avec le surintelligible.	165
NOTE 5. — Du surnaturel initial et final du Christianisme.	167
NOTE 6. — Du surnaturel transitoire et continu.	168
NOTE 7. — Sur quelques passages de M. Guizot.	169
NOTE 8 — Sur un fragment théologique de M. Nisard.	177
NOTE 9. — Sur le fait moral de la justification.	178
NOTE 10. — Sur les diverses époques philosophiques de l'histoire.	180
NOTE 11. — Des *idées pures*.	182
NOTE 12. — Sur la valeur théologique des rationalistes allemands.	183
NOTE 13. — La décadence de la philosophie prouve la vérité du catholicisme.	192

CONSIDÉRATIONS SUR LES DOCTRINES RELIGIEUSES DE M. V. COUSIN.

— Avertissement de l'auteur.	III
— Préface.	V
— CHAPITRE I. — *M. Cousin est panthéiste.*	1
— Définitions du panthéisme données par M. Cousin.	Ibid.
— Elles sont inexactes.	2
— En quoi consiste l'essence du panthéisme.	3
— Ses diverses formes.	Ibid.
— Son origine psychologique.	Ibid.
— C'est un véritable acosmisme substantiel.	4
— Passages qui prouvent le panthéisme de M. Cousin.	6
— On démontre qu'il ne peut justifier ses expressions en les interprétant dans le sens de la philosophie orthodoxe.	11
— Examen des subterfuges qu'emploie M. Cousin pour se disculper de l'accusation de panthéisme.	16
— 1° Quand il parle d'une substance unique, il prend le mot de substance dans le sens platonicien.	18
— On prouve par plusieurs passages que, lorsqu'il soutient qu'il n'y a qu'une substance, il emploie ce mot dans le sens le plus général, et qu'ainsi il nie la pluralité des substances, même dans le sens ordinaire du mot.	Ibid.
— 2° Il ne dit pas que le monde et l'âme humaine soient des modifications d'une substance unique.	28

	Pages
— Il dit la même chose en d'autres termes non moins clairs ni moins significatifs.	Ibid.
— Identité de son système avec celui de Spinoza.	29
— 3° Il appelle le monde et l'ame humaine des phénomènes, en tant qu'ils ne sont pas des substances dans le sens platonicien.	Ibid.
— La définition qu'il donne du phénomène exclut toute substantialité dans le sens ordinaire du mot.	30
— 4° Il nomme forces et causes, le monde et l'ame humaine, et par conséquent il les considère comme des substances.	Ibid.
— L'auteur lui-même rejette cette conséquence.	31
— 5° Il considère l'ame humaine comme une force libre; il la regarde par conséquent comme une substance.	Ibid.
— Les premiers principes de l'auteur sont diamétralement opposés à la liberté de l'homme; donc, ou il se contredit, ce qui arrive souvent aux panthéistes, ou son indéterminisme n'est qu'apparent.	33
— 6° Il affirme la nécessité de la création dans un sens opposé au panthéisme.	35
— On prouve que dans le système de l'auteur, la création est phénoménale et nécessaire, et que par conséquent Dieu n'est pas libre.	37
— Nombreux passages de l'auteur dans lesquels il professe expressément ces trois opinions.	Ibid.
— L'auteur confirme notre assertion par la réponse même qu'il nous fait; car en voulant démontrer que la création n'est pas nécessaire et que Dieu est libre, il lui arrive de conclure le contraire de ce qu'il avait entrepris de prouver.	41
— Il sort donc de la question; il attribue gratuitement à ses adversaires des erreurs et il répète la sienne au moment même où il s'efforce de se justifier.	48
— 7° En affirmant la nécessité de la création, il ôte à Dieu la liberté réfléchie et non la liberté spontanée.	58
— On examine la doctrine de l'auteur sur ces deux espèces de liberté par rapport à l'ame humaine.	59
— La liberté divine n'est point comme la liberté humaine; idée que nous pouvons nous en former; l'auteur les confond.	61
— D'après l'auteur, la liberté humaine, spontanée et réfléchie, n'est pas *a necessitate*, comme parle l'école, mais seulement *a coactione*; elle n'est donc pas une liberté véritable.	62
— Après avoir prouvé ce point par un minutieux examen du texte de l'auteur, on conclut qu'il nie la liberté dans Dieu et dans l'homme, et qu'il introduit un fatalisme universel.	74
— On finit par l'examen de quelques extraits dans lesquels l'auteur établit dans le sens panthéistique l'universalité de l'idée de Dieu.	78
— CHAPITRE II. — Dans quelques endroits de ses ouvrages, M. Cousin s'exprime avec ambiguité sur l'immortalité de l'ame.	85
— Le dogme de l'immortalité de l'ame consiste en deux points très distincts; l'un, la perpétuité de la substance pensante; l'autre, la perpétuité de la pensée, c'est-à-dire de la conscience et de ses propriétés essentielles.	87
— Cela posé, on démontre que l'auteur révoque en doute ce dogme, qui en effet ne peut être admis, du moins comme certain, dans les principes du panthéisme.	89
— On prouve de plus qu'en raisonnant ainsi, M. Cousin ne se borne pas à exposer la doctrine de Socrate ou de Platon, mais la sienne propre.	91
— Autres textes qui confirment notre interprétation.	94
— On conclut en montrant que la doctrine de l'auteur ne diffère qu'en apparence de celle des matérialistes.	100
— CHAPITRE III. — *M. Cousin nie l'existence de la révélation prise dans le sens catholique et celle de l'ordre surnaturel.*	

TABLE.

	Pages
— Ce que les catholiques entendent par révélation et par ordre surnaturel.	107
— Aucune de ces deux choses ne peut s'accorder avec le panthéisme professé par l'auteur.	109
— Le panthéisme et le rationalisme théologique sont inséparables.	110
— L'auteur considère le culte et la religion en général comme une œuvre humaine.	111
— On prévient les subterfuges dont l'auteur pourrait faire usage pour colorer ses assertions.	112
— La seule révélation qu'il admette est celle de la raison.	114
— La seule inspiration qu'il reconnaisse est celle de la raison spontanée.	122
— Il anéantit ainsi toute l'importance et toute l'efficacité du Christianisme.	124
— La doctrine de l'auteur sur l'enthousiasme tend au même but.	132
— L'auteur nie toute révélation immédiate et spéciale.	136
— Il rejette les miracles qui accompagnent la révélation.	138
— Il anéantit la révélation primitive, la révélation mosaïque, la révélation chrétienne.	141
— Examen des différents passages de l'auteur sur le Christianisme.	140
— L'auteur fait passer d'Allemagne en France le rationalisme théologique.	154
— De MM. Damiron et Jouffroy, disciples de M. Cousin.	155
— On conclut par la critique d'un passage de M. Jouffroy, touchant l'état actuel de la religion.	156
— Chapitre IV. — *M. Cousin anéantit généralement les mystères de la foi en voulant les réduire à des vérités rationnelles.*	
— Dans les choses scientifiques, la réalité diffère souvent de l'apparence.	161
— Le rationalisme théologique est spécieux en apparence, absurde en réalité.	162
— Les principes de l'auteur discutés précédemment, le conduisent nécessairement à la négation des mystères du Christianisme.	163
— Examen critique des textes dans lesquels il subordonne la théologie à la philosophie; il considère la religion comme un pur assemblage de symboles et de formes exprimant les vérités rationnelles; il annonce et prédit un temps où, la religion ayant disparu, la philosophie seule régnera dans le monde.	164
— Idée fausse que l'auteur se fait de la philosophie en suivant les principes de Hégel.	183
— On montre l'alliance de la philosophie avec la religion, et on donne la solution des sophismes de l'auteur.	185
— Ses doctrines sur la *foi*; elles anéantissent l'idée de la foi chrétienne.	191
— Fausse définition qu'il donne du mystère révélé.	194
— On conclut en faisant voir que le respect témoigné par l'auteur pour la religion et pour le Christianisme, est illusoire.	195
— Chapitre V. — *M. Cousin détruit en particulier les dogmes de la Trinité, de l'Incarnation et de la Grâce.*	
— Le rationalisme théologique ne conserve de la religion que les mots.	199
— L'essence des mystères révélés consiste en un élément surintelligible.	201
— Dans les mystères, il faut distinguer le dogme des opinions.	202
— M. Cousin, comme tous les rationalistes qui professent le panthéisme, tombe dans une double erreur, en ce qui concerne les mystères révélés : 1° il en exclut l'élément surintelligible; 2° il lui substitue un intelligible apparent, qui n'est en réalité qu'un pur sensible.	204
— Preuve de cette accusation, examen de la doctrine de l'illustre auteur sur la notion rationnelle de Dieu et sur la Trinité.	205
— Réfutation de cette doctrine.	215

	Pages
— Le mystère de la Trinité est incompréhensible et rationnellement indémontrable.	219
— En quel sens on peut l'expliquer catholiquement.	221
— Du mystère de l'Incarnation.	222
— On réduit à quatre points la doctrine catholique sur ce dogme, et on montre qu'ils sont tous attaqués par l'auteur.	Ibid.
— Les mystères du péché originel et de la grâce forment l'anthropologie de la révélation, comme ceux de la Trinité et de l'Incarnation en sont l'ontologie.	229
— L'auteur nie implicitement et indirectement le dogme du péché originel.	230
— Le pélagianisme infecte la plupart des moralistes modernes, même les catholiques.	234
— L'auteur attaque directement le dogme catholique de la grâce, et se montre plus pélagien que Pélage lui-même.	236
— CHAPITRE VI. — *Dans les matières mêmes qui tiennent à la religion, M. Cousin substitue à la méthode catholique de l'autorité la méthode hérétique de l'examen privé, il introduit une manière de philosopher incompatible avec l'autorité de l'Eglise.*	
— L'infaillibilité et l'autorité de l'Eglise répugnent aux principes du rationalisme théologique précédemment exposés.	239
— L'auteur transporte de l'Eglise aux philosophes l'infaillibilité et l'autorité.	242
— Il ne laisse à l'Eglise d'autre droit que celui de décider sur les symboles et sur les mots.	244
— *Soufflets respectueux* donnés par lui à l'Eglise et au Catholicisme.	246
— Sa prédilection pour les hérétiques.	248
— Eloge et justification du protestantisme par M. Cousin.	249
— Son fatalisme historique ; on le combat.	253
— On montre, en terminant, les contradictions dans lesquelles tombe l'auteur lorsqu'il fait le panégyrique de la réforme.	256
— Conclusion.	264

FIN DE LA TABLE.